제5판 CURRICULUM FOR EARLY CHILDHOOD EDUCATION

유아교육과정

이기숙 김정원 이현숙 전선옥 공저

YANGSEOWON
양서원

머리말

2019년에 누리과정이 개정되면서 그동안 『영유아교육과정』으로 출판되었던 책을 제5판으로 개정하게 되었다. 책의 제목도 영유아교육과정에서 『유아교육과정』으로 바꾸었다. 제목을 수정한 가장 큰 이유는 유아라는 용어 자체가 영유아를 모두 포함하는 개념이므로 구태여 구분지을 필요성이 없었기 때문이다.

유아교육과 보육에 관한 논의에서 유아교육과정은 핵심을 이루는 중요한 부분이라고 할 수 있다. 교육 및 보육의 목적과 내용, 교수방법과 평가에 이르기까지 실제 유아를 교육하기 위하여 반드시 고려해야 하는 핵심적이며 총체적인 내용을 다루기 때문이다.

유아교육은 대상자의 연령적 특성으로 인하여 초·중등교육 및 교육과정에서 보다 더 종합적이며 실천적, 응용적 특성이 강하다. 또한 어린 시기에 보호와 양육은 교육과 분리되지 않으며 유아교육에서는 이 개념이 모두 강조되고 있다.

저자들이 이 책을 처음 집필하고자 했을 때, 공부하는 사람들에게 보다 쉽게 다가갈 수 있는 교재를 만들어 보자는 동기가 있었다. 유아교육과정이 개정되어 가면서 해를 거듭할수록 많은 변화와 함께 다루어야 할 내용이 많아지다 보니 너무 부담이 되는 경우가 많았기 때문이다. 본서는 유아교육을 전공하는 대학 및 대학원생, 그리고 유치원과 어린이집 현장의 교사 등 관계자들에게 유아교육과정의 이론과 실천을 위한 방향을 제시하면서 쉽게 다가갈 수 있는 교재가 될 수 있기를 희망한다.

이러한 관점에서 유아교육과정에 대한 기본 이해, 유아교육과정의 동향에 대한 이해, 그리고 교육실천가로서 유아를 위한 최적의 교육과정을 계획, 실천하는 것에 바탕이 되는 이론과 적용 방향에 대해 부담 없이 접근할 수 있는 책이라고 자부한다. 그러한 저자들의 의도가 반영되어서인지 출판하고 나서 많은 영유아교육 관계자들이 그동안 본서를 찾아주어 소소한 개정을 계속하게 되고, 판을 다시 찍으면서 고마운 마음이 컸다. 그러면서도 이 책이 의도하였던 대로 유아교육 및 보육을 전공하는 학생, 현장의 교사 등 독자들에게 필요한 내용을 어렵지 않고 쉽고 적절하게 제시하였는지 늘 되돌아보게 되었다. 이와 같은 초판 발행 시기의 의지를 되새기며 이번 개정 작업도 심도 있게 진행하였다.

개정 과정에서 각 장별 내용을 보완하고, 최근의 동향 및 국가 교육과정의 개정에 따른 새로운 내용을 반영하도록 노력하였다.

이 책은 총 8장으로 구성되어 있으며 부록으로 2019년 개정되어 현재 시행되고 있는 누리과정과 제4차 표준보육과정을 수록하였다.

제1장은 유아교육과정에 대한 이해로서 유아교육과정의 개념과 유형을 다루었다.

제2장은 유아교육과정의 기초로서 교육과정 구성의 철학적 · 사회적 · 심리적 기초를 전반적으로 분석하였다.

제3장은 유아교육과정의 동향을 살펴보았다. 유아교육과정 구성에 영향을 주고 있는 공공성 강화, 포스트모더니즘과 놀이에 대한 강조, 역량중심 교육과정에 관한 관심, 그리고 뇌 과학의 발달과 적기교육 등을 소개하였다.

제4장은 우리나라의 영유아교육과정으로서 유치원 교육과정의 변천과정과 표준보육과정, 그리고 2019 개정 누리과정의 내용을 살펴보았다.

제5장과 6장은 유아교육과정의 구성 및 유형과 함께 통합적 유아교육과정의 편성과 운영을 위한 기본내용들을 소개하였다

제7장은 2019 개정 누리과정과 제4차 어린이집 표준보육과정이 새롭게 개정되면서 그 편성과 운영의 특징들을 알기 쉽도록 별도의 장으로 종합 정리하였다.

제8장은 현대 유아교육에서 많이 논의되고 있는 주요 유아교육 프로그램들을 새롭게 보완하여 소개하였다.

이상의 내용은 대학에서 한 학기에 다룰 수 있도록 그 내용을 조절하였지만 아직도 분량이 다소 많다고 생각한다. 그만큼 유아교육과정에서 다루어야 할 내용이 방대하고, 대상 연령의 폭도 넓으며, 기관도 다양하여 단순화하기 힘들다는 것을 나타내는 것이기도 하다. 개정판을 준비하면서 전체적으로 내용을 살피고 수정하였으나 아직도 많은 부분이 부족하고 보충되어야 할 곳이 있어 아쉽다. 이는 앞으로의 과제로 계속 연구하고자 한다.

본서가 출판되기까지 많은 분들이 격려해 주시고 도움을 주신 것에 감사드린다.

특히 개정 출판을 허락해 주시고 편집을 맡아 수고해 주신 양서원의 여러분께 감사의 인사를 드린다.

2021년 8월

저자 일동

차 례

CHAPTER 01 유아교육과정의 이해

CHAPTER 02 유아교육과정 구성의 기초

CHAPTER 03

유아교육과정의 동향

CHAPTER 04

우리나라의 유아교육과정

CHAPTER

1

유아교육과정의 이해

1. 교육과정의 개념
2. 유아교육과정의 개념
3. 유아교육기관의 유형

Chapter 01

유아교육과정의 이해

학생들에게 무엇인가를 의도적으로 가르치는 행위를 교육이라고 정의할 때, 교육과정은 무엇을, 어떻게, 왜 가르칠 것인가를 탐구하는 학문 또는 실천 영역이다. 출생에서 8세까지의 유아를 대상으로 하는 유아교육과정은 개념 자체가 추상적이고 보는 시각과 관점에 따라 다양하게 해석된다는 특징이 있다. 특히 유아교육과정은 교육과정이 실행되면서 나타나는 유아의 반응과 상황을 고려하여 적절히 운영해야 한다는 것이 강조되면서 그 개념을 형식적으로 규정짓는 것을 꺼리는 경향도 있다. 그럼에도 불구하고 유아교육과정은 유아교육의 전반적인 틀을 형성하는 유아교육에 대한 학문적 논의의 핵심이라고 할 수 있다. 본 장에서는 교육과정의 개념을 살펴보고, 유아교육의 특성을 기초로 유아교육과정의 개념을 정의하고자 한다.

1 교육과정의 개념

1) 교육과정의 정의

교육과정은 교육을 보는 시각이나 인간과 사회를 보는 시각, 그리고 시대적 · 사회적 변화에 따라 다양하게 해석되므로 그 개념을 한마디로 정의하기는 어렵다. 현재 교육과정의 의미는 교과목 또는 교과에 담긴 내용, 학교의 지도하에 학생이 갖는 실제 경험, 계획된 활동으로 구성된 프로그램, 의도한 학습 결과, 문화적 재생산의 도구 등으로 표현되고 있다.

라틴어의 '쿠레레(currere)'라는 어원을 가진 '교육과정(curriculum)'이라는 용어는 '달린다', '경마장의 경주로', '수행해야 할 교수요목' 등을 의미한다. 즉 교육과정이라는 말은 경마장에서 말이 경주하기 위해 출발점에서 종착점까지 달리던 정해진 코

스라는 의미에서 유래된 것이다. 따라서 학교 교육과정의 의미는 학생이 입학해서 졸업할 때까지의 코스, 혹은 학생이 학습할 내용을 일정한 순서에 따라 조직하고 배열한 것이라고 할 수 있다(이기숙, 2000). 이후 교육과정이 하나의 학문적 탐구 분야로 정립되고 발전되어 가는 과정에서 그 개념이 다음과 같이 다양하게 정의되고 있다.

- 교사의 입장에서 교육과정은 가르치는 내용이나 교과, 혹은 의도적 계획으로 정의된다. 학생을 중심으로 보면 학습경험 또는 학습의 결과가 교육과정이다(이귀윤, 1990).
- 교육의 현장에서 학습자를 위한 교육적인 학습 결과를 의도하고, 이를 성취하기 위하여 무엇을 어떻게 가르칠 것인가를 일관된 관점으로 계획한 것이다(Eisner, 1994).
- 학습자를 위한 학습의 경험을 선정하고 조직하여 교육 경험의 질을 구체적으로 관리하는 교육의 기본 설계도이다(교육부, 1998).
- 교육을 주도하는 기관이 그 기관의 교육목표에 따라 학습자의 성장과 발달을 돕기 위하여 체계적으로 개발하여 수립하는 지식과 경험을 포함한 모든 종류의 교육내용에 대한 사전 계획과 기대하는 결과이다(이성호, 2004).

2) 교육과정의 유형

교육과정의 유형을 교육과정의 내용 및 교육 사조와 관련하여 살펴보면 다음과 같다.

① 교과중심 교육과정(Subject-centered curriculum)

교과중심 교육과정이란 인류의 문화유산 가운데 항구적인 가치를 지닌 본질적인 요소를 찾아서 학교 교육을 통해 다음 세대에 계승시키는 것을 목적으로 하는 교육과정이다. 교육과정은 성인이 중요하다고 생각하는 주제를 열거하는 식의 교수 요목으로 구성되는데, 일반 학교 교육에서는 교수 요목을 국어, 수학, 과학, 사회 등 이수해야 할 교과별로 작성하기 때문에 교과과정이라고도 한다.

교과중심 교육과정은 문화유산의 전달이 주된 교육의 내용이고, 교사중심의 설명 위주 교수법, 한정된 교과 영역 내에서의 학습활동 등이 특징이다. 또한 단편적이며 분과적인 교과 조직이 될 가능성이 있고, 교사의 판단으로 교과의 내용과 학습방법을 선정하기 때문에 학습자의 흥미나 필요를 고려하지 못할 수 있다.

② 경험중심 교육과정(Experience-centered curriculum)

경험중심 교육과정은 학습자의 흥미, 요구, 경험에 초점을 둔 진보주의(progressivism) 교육철학에 기초한다. 이 유형의 교육과정에서는 학습자의 흥미와 경험에 기초해서 개인의 성장과 문제해결 능력을 기르는 것이 교육의 목적이다. 따라서 교육의 내용은 실제로 학습을 하는 아동중심, 학습자중심의 경험이어야 하므로 교과목뿐만 아니라 일상생활에서 학습자가 해결해야 할 문제나 과제도 중요한 교육의 내용으로 포함된다. 경험중심 교육과정은 교사의 일방적인 교수가 아니라 교사와 학습자 간의 상호작용을 중시한다. 또한 학습자 스스로 자신의 교육활동을 계획, 조직, 평가하는 자발적 활동과 자율학습을 강조하고, 교사는 조력자, 안내자, 상담자의 역할을 수행한다.

경험중심 교육과정에서는 학습자의 흥미와 경험을 중시한다. 또한 공식적으로 의도한 것은 아니지만 직·간접적으로 학습자의 학습에 영향을 미치는 교실 안팎의 모든 환경과 관련된 경험인 잠재적 교육과정을 중요하게 여긴다. 경험중심 교육과정은 지식의 체계성을 소홀하게 다루었다는 것이 문제점으로 제기된다.

③ 학문중심 교육과정(Discipline-centered curriculum)

학문중심 교육과정은 학문이나 지식의 구조를 강조하는 브루너(Bruner) 등의 학자에 의해 제시된 개념으로 탐구학습 또는 발견학습을 통해 체계적 지식과 탐구능력을 기르는 것이 목적이다. 교육내용은 지식의 구조, 즉 지식의 기본 개념, 기본 아이디어, 핵심개념이며 교과의 내용은 초등학교에서 고등학교까지 동일하되 학년에 따라 그 수준이 달라지는 나선형 방식으로 조직된다. 학문중심 교육과정에서는 교사가 학습자에게 지식을 주입하는 교수-학습방법이 아니라 학습자가 학문 자체의 특성에 대해 내재적 흥미를 갖도록 하는 발견학습이나 탐구학습을 강조한다.

급속히 변화하는 4차 산업혁명 시대에는 학교 교육을 통해 모든 지식을 다루는 것은 불가능하다. 따라서 새로운 지식을 접했을 때 전체적인 구조를 통해 스스로 개념을 탐구할 수 있는 능력을 갖추는 것에 초점을 맞춘 학문중심 교육과정이 유용하다. 그러나 학문중심 교육과정은 학교 교육에서 지식교육에 지나치게 초점을 맞춘 것이 비판을 받고 있다.

④ 인간중심 교육과정(Human-centered curriculum)

인간중심 교육과정은 감성, 태도, 가치관, 자아실현을 강조하는 인본주의 심리학을 배경으로 하며, 인간다움을 회복하고 자아충족감이 넘치는 인간을 육성하는 것이 교육의 목적이다. 교육과정의 핵심 요소는 '인간', '자아실현'이며, 대화, 약속, 용서, 봉사, 아름다움, 생명력, 정의, 공감 등이 교육과정의 주요 내용이다. 인간중심 교육과정에서 교사는 학습자를 인간으로서 존중하고 경청하며, 가르치는 과정에서도 인간적인 관계와 정서적인 관계 형성을 중요하게 여긴다.

인간중심 교육과정은 그 범위가 넓고 개인의 주관 및 가치관의 차이에 따라 평가나 해석이 다양하므로 교육현장에서 구체화된 계획을 하기가 어렵다는 문제가 있다. 따라서 인간중심 교육과정을 실천할 수 있는 자료의 개발이 필요하고, 교사가 학교의 비인간화 요소를 제거하려고 노력하는 것이 중요하다.

이상에서 교육과정의 유형별 개념을 살펴보았다. 하나의 고정된 개념으로는 교육과정의 전체적 의미를 타당하게 묘사할 수 없다(Tanner & Tanner, 1980)는 말이 있을 정도로 교육과정의 개념은 학자나 교육 사조 등에 따라 다양하다. 그러나 대부분의 교육과정은 가치지향성, 의도성, 계획성 등의 특성을 공통으로 내포하고 있다. 즉, 교육과정에는 학습자와 부모, 사회가 지향하는 인간상을 나타내는 가치가 내포되어 있으며, 교육과정을 통해서 성취하고자 하는 학습의 결과나 학습자의 행동 변화를 기대하는 의도가 내재되어 있다. 그리고 교육목표를 달성하기 위하여 교육내용, 교수-학습방법, 그리고 평가 등의 계획으로 구성되어 있다. 이러한 교육과정의 공통적 특성을 고려할 때 교육과정은 '학습자를 위한 가치 있고 바람직한 목표를 설정하고, 이를 성취하기 위하여 교육내용과 방법, 평가 등을 체계적으로 조직한 교육의 기본 설계도'라고 정의할 수 있다.

2 유아교육과정의 개념

유아교육과정은 교육과정의 관점에 근거를 두고 개념을 이해할 수 있지만 교육과정과는 다른 독특한 특성이 있다. 다음으로는 유아교육의 특성을 살펴보고 이에 기초하여 유아교육과정의 개념을 정리해 보고자 한다.

1) 유아교육의 특성

(1) 대상 연령의 다양성

유아교육의 대상은 다양하다. 초등학교에 입학하기 전의 취학 전 유아를 대상으로 하기도 하고, 유치원에 다니는 만 3세부터 취학 전까지의 유아를 대상으로 하기도 한다. 또는 어린이집에 다니는 출생에서부터 만 8세까지의 유아나 더 나아가 12세까지의 아동을 모두 유아교육의 대상으로 보기도 한다. 그러나 일반적으로 유아교육은 출생부터 만 8세까지의 유아를 대상으로 하는 교육이라고 정의되고 있다(이기숙, 2000; Morrison, 2008).

유아교육의 대상이 되는 0세부터 만 8세까지의 시기는 연령의 범위가 넓고 발달의 변화가 큰 시기이므로 유아교육에서는 특히 유아의 발달 수준과 흥미를 고려하여 적절한 교육과정을 운영하는 것이 강조된다(Spodek, 1991). 유아교육은 또한 폭넓은 연령대의 유아를 대상으로 교육하기 때문에 교육과정을 통하여 유아들의 경험이 적절하게 연계되고 통합성이 유지되도록 하는 것이 중요하다.

(2) 유아교육기관과 프로그램의 다양성

유아교육은 다양한 연령의 유아를 대상으로 하기 때문에 교육기관과 프로그램이 다양하다. 유아교육은 다양한 교육철학과 목표를 가진 어린이집과 유치원, 그리고 초등학교 저학년 교실 등에서 이루어지고 있으므로 학습자인 유아의 연령과 기관 유형, 그리고 운영 시간에 따라 다양한 프로그램이 존재한다.

유치원이나 어린이집의 경우에는 국가 수준 유아교육과정인 누리과정과 표준보육과정을 통해 교육목표와 교육내용, 교수방법, 그리고 평가에 대한 전체적인 기준을 제시하고 있지만 유아교육의 특성상 개별 유아교육기관의 운영 철학, 운영 형태, 유아의 연령, 가족 및 지역의 특성 등에 맞는 다양한 프로그램이 운영되어 왔다. 1960년대 이후 미국과 유럽에서 교육철학과 아동발달에 대한 심리학 이론 등이 제시되면서 유아를 위한 다양한 프로그램들이 이러한 교육철학과 심리학 이론 등에 근거하여 개발되어 우리나라의 교육현장에 도입되고 적용되고 있기도 하다. 그러나 최근에는 국가 수준 교육과정의 실시 여부와 유아교육기관에 대한 국가 재정 지원이 맞물려 유아교육기관의 특성에 따른 다양한 프로그램 운영이 과거에 비하여 제한되고 있는 경향이 증가하고 있다.

(3) 가르침과 보살핌의 역할 수행

유아교육의 가장 큰 특징 중의 하나는 유아에 대한 교육과 보호가 동시에 이루어져야 한다는 것이다. OECD 국가들은 유아교육에서 교육과 보호는 분리될 수 없는 개념이고 양질의 유아교육 서비스는 이 두 가지를 모두 제공해야 한다는 입장에서 '유아교육과 보호(early childhood education and care)'라는 용어를 사용하고 있다. 이 용어에는 환경, 재원, 운영 시간, 프로그램의 내용과 상관없이 초등교육 단계 이전의 유아를 위한 교육에서는 일체의 교육과 보호 서비스가 포함되어야 한다는 의미가 내포되어 있다(나정, 장영숙, 2002).

우리나라의 경우 과거에는 유아원과 유치원은 중산층 가정의 유아를 대상으로 하는 교육 프로그램을 운영하고, 어린이집은 저소득층 자녀를 대상으로 취업모를 대신하여 신체적 필요를 충족시켜 주는 프로그램을 운영한다는 인식이 있었다. 그러나 어린 자녀를 둔 맞벌이 가정이 보편화된 현대사회에서는 유치원과 어린이집 프로그램의 구별 자체가 의미가 없다. 에듀케어(edu-care)의 개념이 포함된 유치원 방과후 과정에서도 전인적인 교육의 기회와 사회·정서발달, 건강, 영양이 포함된 종합적인 보호의 기능을 함께 제공하고 있다(서울특별시교육청, 2004).

과거에는 유아교육에 보호나 보살핌의 개념이 포함되는 것을 비전문적이라고 생각하여 중요성을 부여하지 않으려는 경향이 있었으나 이러한 생각에 대한 문제점도 지속적으로 제기되고 있다. 유아들에게 발달에 적합하지 않은 학문적 자극과 경험을 제공하고 조기교육을 강조하는 경향에 대하여 많은 유아교육 전문가들이 우려를 표명하며 유아교육의 본질은 전인적 발달을 위한 통합적이고 조화로운 교육이 되어야 한다고 주장하고 있다(이기숙, 2015a; Morrison, 2008). 그리고 유아의 전인적 발달을 추구하는 교육의 과정에서는 사랑과 배려를 경험하고 학습할 수 있도록 구성되어 적용되는 보살핌의 교육과정이 더욱 강조되고 있다(양옥승, 2004; Goldstein, 2001). 이러한 보살핌의 교육과정은 학문적 지식을 교육하는 것에 못지않게 유아의 신체적, 정서적, 사회적 보살핌에 대한 전문적인 지식과 이해를 갖추어야 효과를 성취할 수 있다.

(4) 교수방법과 교재 · 교구의 차별성

유아교육에서의 교수방법과 교재 · 교구는 초 · 중등교육과는 상당한 차이가 있다. 초 · 중등교육에서는 주로 교과서를 사용하는 교과중심의 교육과정이 운영되지만, 유아교육에서는 일상생활의 경험과 놀이를 통해 교육이 이루어지기 때문이다. 유아교육에서는 유아와 교재 · 교구의 상호작용, 유아와 유아의 상호작용, 그리고 유아와 교사의 상호작용이 중요한 교육의 내용이자 교수방법이다. 즉, 유아는 유아교육기관에서 일상생활과 놀이를 하면서 발달에 적합한 다양한 유형의 교재 · 교구를 가지고 또래 유아와 교사와 능동적으로 상호작용하면서 학습하고 발달한다(교육부, 2019a; 보건복지부, 2020a, b). 유아교육에서의 교재 · 교구는 교사가 유아의 학습을 위해서 제시한 동화나 게임 자료, 이야기 나누기 자료, 인형 등만을 의미하는 것이 아니다. 유아교육에서는 유아가 환경에서 접하게 되는 모든 사물이 유아의 학습을 위한 교재와 교구가 될 수 있다. 따라서 유아교육기관의 환경 전체는 유아가 학습하고 발달하는 데 매우 중요한 역할을 한다고 할 수 있다.

2) 유아교육과정의 개념

유아교육과정의 개념을 정의할 때 숙고해야 할 가장 중요한 문제는 유아의 전인적 발달과 효율적 학습을 위하여 무엇을, 왜, 어떻게 가르칠 것인가에 관한 것이다. 일반적으로 대부분은 유아교육이 인지적, 사회적, 신체적 능력을 모두 갖춘 전인적 아동을 길러내기 위한 교육이어야 한다는 데 동의한다. 유아의 발달 영역은 분리된 것이 아니므로 유아의 전인적인 발달을 위한 학습에서는 다양한 영역들이 통합적으로 포함되어야 하며 효과적인 교수도 각 영역들 간의 통합이 적절히 이루어져야 가능하기 때문이다(Williams, 1999). 유아교육의 개념을 정의하기 위하여 이러한 측면들을 고려하면서 다양한 유형의 유아교육과정에 대한 슈바르츠와 로비슨의 분류를 살펴본 후 유아교육과정의 개념을 정의해 보고자 한다(Schwartz & Robison, 1982, 이기숙, 2000, 재인용).

(1) 우연히 일어난 것으로서의 교육과정

우연히 일어난 것으로서의 교육과정에서는 개별 유아의 요구와 흥미를 중심으로 교육의 경험이 결정된다. 이 유형의 교육과정에서는 유아가 스스로 선택한 활동에 능동적으로 참여하여 학습한다. 교육과정을 우연히 일어난 사건으로 개념화할 때 학습의 형식적인 내용보다는 학습활동과 경험 속에 포함된 유아의 흥미 그 자체에 가치를 두고 학습의 과정 자체를 중요하게 여긴다.

우연히 일어난 사건으로 개념화되는 유아교육과정에서 교사는 교육의 내용을 미리 선별하거나 계획하기보다는 유아의 흥미와 요구에 따른 적절한 교육의 경험이 이루어질 수 있도록 교육환경을 마련해 주고 세심한 관찰을 통해 유아의 학습을 안내해야 한다. 이러한 교육과정은 유아 개개인의 흥미와 관심을 고려하는 개별화된 교육이 가능하다는 것이 장점이다. 그러나 교육과정의 범위가 모호하고 유아의 요구와 흥미에 반응적인 교육과정을 운영해야 하기 때문에 역량이 뛰어난 유능한 교사가 필요하다.

(2) 유아가 교육기관에서 갖게 되는 모든 경험으로서의 교육과정

유아가 교육기관에서 갖게 되는 모든 경험으로서의 교육과정에서는 교사가 의도적으로 계획하여 적용하는 경험뿐만 아니라 의도하지 않았어도 유아에게 영향을 줄 수 있는 잠재적 교육과정까지가 모두 교육의 경험으로 포함된다. 이 유형의 교육과정에서는 교사가 의도한 경험뿐만 아니라 계획되지 않은 다양한 요인들이 유아의 학습과 발달에 영향을 미치는 것으로 본다. 예를 들어, 교실의 분위기, 유아와 유아, 유아와 교사, 유아와 교구의 상호작용, 언어적 의사소통 등 교실의 모든 인적·물적 환경이 유아의 교육적 경험이 된다.

유아가 교육기관에서 갖게 되는 모든 경험이 교육이라고 보기 때문에 교사는 학습이 일어나는 모든 상황에 좀 더 세심한 주의를 기울여야 한다. 교사는 교육과정에서 계획하고 준비한 교육 경험이 아니더라도 예측하지 않은 많은 요인들이 유아의 학습에 영향을 미칠 수 있다는 것을 고려하여 유아교육기관과 교실, 그리고 사회적 분위기와 변화 경향 등에도 관심을 기울일 필요가 있다. 이러한 교육과정에서는 교사의 민감성과 융통성, 그리고 창의성이 유아교육과정의 효과적인 적용에 많은 영향을 미치게 된다.

(3) 교수계획으로서의 교육과정

교사의 의도에 의해서 미리 구성된 교수계획을 교육과정이라고 보는 입장으로 오래전부터 교육과정의 개념으로 이해되고 있는 보편적인 정의이다. 의도된 계획으로서의 교육과정은 매우 구체적일 수도 있고 포괄적일 수도 있으며, 장기적 계획일 수도 있고 단기적 계획일 수도 있다. 유아를 위한 교육목표, 내용, 방법 등의 계획을 중심으로 하며, 그 형태는 매일매일의 교육내용을 진술하고 있는 것에서부터 주제나 내용 영역에 따라 일련의 활동을 진술하는 것까지 다양하다. 이러한 교육과정 계획은 사실이나 정보, 개념, 아이디어 등의 내용에 대한 계획, 활동에 대한 계획, 유아의 장기적 발달 형태를 강조하는 과정에 대한 계획 및 이들 세 가지를 모두 고려한 종합적인 계획으로 구분할 수 있다.

교수계획으로서의 교육과정에서는 교육의 경험에 대한 계획을 유아를 위한 교수의 기초로 본다. 이러한 교육과정은 연구의 결과나 자료, 정보 등을 통해 유아의 욕구와 흥미, 그리고 이에 따른 활동을 예견하고 자료와 환경을 체계화한 교수계획을 제공함으로써 경력 교사와 초임 교사 모두 큰 어려움 없이 현장에서 적용할 수 있다. 그러나 교사에 의해서 미리 준비된 교수계획은 매일매일의 유아의 요구와 흥미를 융통성 있게 반영하기 어렵다는 문제점이 있다. 따라서 이러한 유형의 교육과정을 적용하는 교사는 상황에 따라 대체하여 운영할 수 있는 교수계획을 준비할 필요가 있다.

(4) 교수요목으로서의 교육과정

유아에게 가르칠 교육목표와 내용, 순서를 일련의 문서로 작성한 교수요목을 교육과정이라고 보는 입장으로 매우 좁은 의미의 정의이다. 이러한 문서화된 교육과정은 국가적으로 믿을 만한 공식적인 문서의 성격을 가지므로 목표 설정이나 수행과정을 관찰하기에 용이한 장점이 있다. 또한 교사들이 실제로 교수계획안을 계획하는 데 참여함으로써 유아의 학습 욕구에 대한 생각을 재검토하고 교실 내의 적용을 평가하는 데 도움이 되는 자료로 활용된다. 그러나 교수요목으로서의 교육과정이 국가 수준에서 획일화된 문서로 제시되고 특히 이러한 교육과정의 적용과 관련된 평가의 결과가 교육 예산 배정에 반영된다면 유아교육기관 및 지역사회의 특성, 유아의 흥미와 요구, 현장에서의 실제적인 경험들이 반영되기 어렵다는 문제가 발생할 수 있다.

(5) 프로그램으로서의 교육과정

프로그램으로서의 교육과정은 몬테소리 프로그램, 하이스코프 프로그램, 디스타 프로그램 등과 같이 특정 접근방법이나 이론에 기초한 유아교육 모델을 교육과정이라고 보는 것이다. 이러한 관점은 유아교육에서 찾아볼 수 있는 독특한 관점이다.

유아교육 프로그램은 실제 현장에서 가르치는 교육내용을 상세하고 구체적으로 기술함으로써 일반적인 유아교육과정의 개념에 비하여 협의의 개념이라고 볼 수 있다. 프로그램으로서 교육과정을 보는 개념은 유아교육기관의 종류, 설립 목적 및 설립 주체, 대상 유아의 연령과 발달수준, 운영 시간 등 실제적 상황에서 차이가 있으며, 특히 유아의 발달, 학습, 교육 등에 대한 이론적 관점에서 차이가 있다. 많은 유아교육 프로그램들은 유아의 학습과 발달에 관한 기본 이론으로 성숙주의,

행동주의, 구성주의 등 세 가지 이론들에 기반을 두고 개발되었다.

이상에서 유아교육의 특성과 이에 따른 유아교육과정의 유형별 특징과 장단점 등에 관하여 살펴보았다. 교육과정의 개념이 다양하고 유아교육의 특성이 다양하기 때문에 유아교육과정의 개념 또한 다양하게 정의된다. 유아교육과정의 개념을 정리하면 다음과 같다.

- 유아교육과정은 유아가 학습할 내용(contents), 교육과정 목표를 성취해 나가는 과정(process), 유아가 교육과정 목표를 성취하도록 지원하는 교사의 역할, 교수와 학습이 발생하는 상황에 관해 서술한 조직화된 틀(framework)이다(NAEYC & NAECS/SDE, 2003).
- 유아교육과정은 프로그램의 목적에 따라 계획되고 조직된 학습 경험의 목록이다(Spodek, 1991).
- 보육과정은 출생부터 만 5세까지 모든 영유아의 성장과 발달을 촉진하고 전인적 인간 형성 및 기본 생활 형성을 돕는 어린이집에서 영유아가 경험하는 모든 내용의 총체이다(김명순, 이기숙, 이옥, 2005).
- 유치원 교육과정은 유아의 전인적 성장과 발달을 돕기 위해 유아가 학습할 내용, 교육과정 목표를 성취해 나가는 과정, 유아의 목표 성취를 돕기 위한 교사의 역할, 교수와 학습이 발생하는 상황에 관해 계획된 조직화된 틀이다(한국유아교육학회, 1996).

위에서 살펴본 교육과정의 개념은 유아교육현장에서 혼용되고 있다. 일반적으로 이제까지의 유아교육과정에서는 교사가 교수를 위해 계획하는 교수계획으로서의 교육과정과 국가 수준 교육과정이라고 볼 수 있는 교수요목으로서의 교육과정에 기초한 교육과정을 기반으로 유아의 흥미와 요구, 경험을 반영하는 우연히 일어나는 것으로서의 교육과정과 경험으로서의 교육과정이 함께 강조되어 적용되고 있다.

즉 유아교육과정에서는 유아의 흥미와 요구, 경험이 중요하며 비계획적으로 우연히 일어나는 사건들이 잠재적 교육과정으로서 큰 비중을 차지한다고 볼 수 있다.

유아교육에서 경험중심, 아동중심, 생활중심 교육과정이 강조되면서 지식의 계열성 측면이 소홀히 될 수 있다는 지적이 지속적으로 제기되고 있다. 따라서 유아의 흥미와 요구에 반응적이면서도 교육활동을 구체화하고 체계화할 수 있는 방안에 관한 지속적인 관심과 연구가 필요하다. 또한 유아교육현장에서 프로그램이 기초하고 있는 이론이나 철학에 대한 깊은 이해가 없이 다양한 프로그램으로서의 교육과정이 실시되고 있는 측면이 있다. 이러한 현상을 고려할 때 특정 프로그램의 가치와 철학, 교육목표와 내용 등에 대한 정확한 이해를 기초로 각 유아교육기관의 상황에 맞는 최선의 프로그램을 선택해서 실시하기 위한 노력이 필요하다(이기숙, 2000; 이기숙, 김정원, 이현숙, 전선옥, 2018).

결론적으로 유아교육과정이란 교육목표, 내용, 교수방법, 유아의 흥미와 요구, 경험 등의 요소를 포괄하는 개념으로 '어린이집이나 유치원 등의 유아교육기관에서 유아의 전인적 성장과 발달을 위해서 계획되고 조직된 학습경험의 총체'라고 정의할 수가 있다.

3 유아교육기관의 유형

우리나라의 유아교육기관은 관할부처의 이원화로 인하여 교육부 산하의 유치원과 보건복지부 산하의 어린이집으로 구분된다. 유아교육에서 보면 두 기관의 목적과 기능은 유사하지만 체제나 운영 면에서 상이한 점이 있기 때문에 분리하여 살펴보고자 한다.

1) 유치원

(1) 설립 유형에 따른 분류

유치원은 설립 유형에 따라 국립유치원, 공립유치원, 그리고 사립유치원으로 구분된다(유아교육법 제7조, 2010.3.24. 개정, 2020.12.22. 일부개정).[1)]

표 1-1 설립 유형에 따른 유치원 분류

구분	내용
국립유치원	국가가 설립 · 경영하는 유치원
공립유치원	지방자치단체가 설립 · 경영하는 유치원 (설립주체에 따라 시립유치원과 도립유치원으로 구분함)
사립유치원	법인 또는 사인(私人)이 설립 · 경영하는 유치원

(2) 운영 과정에 따른 분류

유치원은 교육과정을 운영하여야 하며, 교육과정 운영 이후에는 방과후 과정을 운영할 수 있다(유아교육법 제2조 제6항, 개정 2021.3.21. 제13조 제1항, 개정 2012.3.21.). 국가교육위원회는 제13조 제1항에 따른 교육과정이 기준과 내용에 관한 기본적인 사항을 정하며 교육감은 국가교육위원회가 정한 교육과정의 범위에서 지역 실정에 적합한 기준과 내용을 정할 수 있다(유아교육법 제13조 제2항, 신설 2021.7.20). 교육부장관은 유아교육법 제13조 제1항에 따른 방과후 과정의 기준과 내용에 관한 기본적인 사항을 정하며, 교육감은 교육부장관이 정한 방과후 과정의 범위에서 지역 실정에 적합한 기준과 내용을 정할 수 있다(유아교육법 제13조 제3항, 개정 2021.7.20).

1) 유아교육법 [시행 2021.6.23.] [법률 제17661호, 2020.12.22. 일부개정]

2) 어린이집

어린이집을 설치 주체와 운영 시간에 따라 분류하면 다음과 같다.

(1) 설치 주체에 따른 분류

영유아보육법에 나타난 어린이집 유형은 설치 주체에 따라 국·공립어린이집, 사회복지법인어린이집, 법인·단체등어린이집, 직장어린이집, 가정어린이집, 협동어린이집, 민간어린이집(영유아보육법 2017.3.14. 개정[2])으로 구분된다. 영유아보육법에 따른 보육사업안내에 제시된 각 유형의 정의는 다음과 같다(보건복지부, 2021).

- 국공립어린이집 : 국가나 지방자치단체가 설치·운영하는 어린이집
- 사회복지법인어린이집 : 「사회복지사업법」에 따른 사회복지법인이 설치·운영하는 어린이집
- 법인·단체등어린이집 : 각종 법인(사회복지법인을 제외한 비영리법인)이나 단체 등이 설치·운영하는 어린이집으로서 대통령령으로 정하는 어린이집
- 직장어린이집 : 사업주가 사업장의 근로자를 위하여 설치·운영하는 어린이집(국가나 지방자치단체의 장이 소속 공무원 및 국가나 지방자치단체의 장과 근로계약을 체결한 자로서 공무원이 아닌 자를 위하여 설치·운영하는 어린이집 포함)(고용보험기금의 지원을 받는 직장어린이집의 경우 사업장 소속의 피보험자의 자녀 수가 전체 보육아동 수의 3분의 1 이상이거나 4분의 1 이상이면서 피보험자(다른 사업장 소속 피보험자 포함)의 자녀의 수가 2분의 1 이상이어야 함)
- 가정어린이집 : 개인이 가정이나 그에 준하는 곳에 설치·운영하는 어린이집
- 협동어린이집 : 보호자 또는 보호자와 보육교직원 11인 이상이 조합(영리를 목적으로 하지 아니하는 조합에 한정한다)을 결성하여 설치·운영하는 어린이집
- 민간어린이집 : 국공립, 사회복지법인, 법인·단체등, 직장, 가정, 협동어린이집이 아닌 어린이집

---

2) 영유아보육법 [시행 2021.6.30] [법률 제17785호, 2020.12.29, 일부 개정]

표 1-2 설립 주체에 따른 어린이집 분류

유형별 명칭	규모	설치, 운영 주체	설치 절차
국공립 어린이집	11명 이상	국가, 지방자치단체	국가 및 지방자치단체장이 인가 없이 직접 설치(신고)
사회복지법인 어린이집	21명 이상	「사회복지법」에 의한 사회복지법인	관할 특별자치도지사 · 시장 · 군수 또는 구청장(인가)
법인 · 단체등 어린이집	21명 이상	각종 법인(비영리법인)이나 단체	관할 특별자치도지사 · 시장 · 군수 또는 구청장(인가)
직장어린이집	5명 이상	사업주 단독 혹은 공동 운영	관할 특별자치도지사 · 시장 · 군수 또는 구청장(인가)
가정어린이집	5명 이상 20명 이하	개인	관할 특별자치도지사 · 시장 · 군수 또는 구청장(인가)
협동어린이집	11명 이상	보호자 또는 보호자와 보육교직원이 조합을 결성하여 설치 · 운영	관할 특별자치도지사 · 시장 · 군수 또는 구청장(인가)
민간어린이집	21명 이상	사회복지법인이 아닌 법인, 단체, 개인	관할 특별자치도지사 · 시장 · 군수 또는 구청장(인가)

(2) 운영 시간에 따른 분류

어린이집은 영유아보육법에 따라 기본보육과 연장보육으로 구분하여 운영한다. 기본보육은 어린이집을 이용하는 모든 영유아에게 필수적으로 제공되는 과정으로 보건복지부령으로 정하는 시간 이하의 보육이다. 연장보육은 기본보육을 초과하여 보호자의 욕구 등에 따라 제공되는 보육을 말한다(영유아보육법 제24조의 제2항, 개정 2019.12.31). 어린이집은 주 6일 이상, 하루에 12시간 이상 운영하여야 한다. 다만 보호자의 동의하에 운영일 및 운영시간을 조정하여 운영할 수 있다(영유아보육법 시행규칙 개정 2021.6.30). 기본보육시간은 하루 7시간으로 운영하고 연장보육시간은 보건복지부장관이 정하는 바에 따라 기본보육시간의 종료 전 · 후부터 운영해야 한다.

표 1-3 운영 시간에 따른 어린이집 분류

분류	내 용
시간연장보육	기준보육시간(7:30~19:30)을 경과하여 21:30 이후까지 시간을 연장하여 보육
휴일보육	일요일 및 공휴일에 이루어지는 보육
시간제보육	백화점, 공연장, 병원 등 부모의 필요에 따라 일정한 시간 동안 보육
방과전 · 후 보육	학령기 아동의 방과 전 · 후 동안 운영되며 과제나 특별활동 지도가 기본적으로 이루어짐
전일제보육	24시간 운영되는 형태로 잠자리와 식사가 제공되는 보호적 보육

유치원과 어린이집의 특성을 비교하면 다음 〈표 1-4〉와 같다.

표 1-4 유치원과 어린이집의 비교

구분		유치원	어린이집
관련 법령		유아교육법	영유아보육법
관할 부서 및 운영지침		• 교육부 유아교육지원과 소속 • 관할 '지역교육청'의 지도와 감독 • 교육부의 지침에 따라 운영	• 보건복지부 보육정책관 소속 • '시 · 군 · 구청'의 지도와 감독 • 보건복지부의 보육사업지침에 따라 운영
인가		관할 교육청장	관할 시장, 군수, 구청장
운영 주체		국가, 지방자치단체, 법인 또는 사인	국가지방자치단체, 사회복지법인, 비영리법인, 단체, 개인, 조합
교원	자격증	유치원 정교사 자격증	보육교사 자격증
	급여 기준	교육부 '공무원 보수 지침'의 '유치원 · 초등학교 · 중학교 · 고등학교 교원 등의 봉급표, 수당표'	원장, 보육교사 1급, 보육교사 2급, 보육교사 3급
	직급	원장, 원감, 수석교사, 정교사(1급, 2급), 준교사	원장, 보육교사 1급, 보육교사 2급, 보육교사 3급
교육대상		만 3~5세(초등학교 취학 전)	만 0~12세(방과후 보육 포함)
대상계층		모든 계층 대상	모든 계층 대상
교육과정		누리과정	누리과정(만 3~5세) 표준보육과정(만 0~2세)

정리해 보세요

1 교육과정의 개념을 정리해 보세요.

2 교과중심 교육과정, 경험중심 교육과정, 학문중심 교육과정, 인간중심 교육과정의 특징을 정리해 보세요.

3 유아교육과정의 근거가 되는 유아교육의 특성은 무엇인가요?

4 유아교육과정의 개념을 정리해 보세요.

토론해 보세요

1 유치원과 어린이집 유아교육과정의 가치지향성, 의도성, 계획성에 대하여 생각해 보세요.

- 지향하는 인간상을 나타내는 가치는 무엇인가요?
- 교육과정을 통해 성취하고자 의도하는 학습성과나 학습자의 행동은 무엇인가요?
- 교육내용과 교수-학습방법, 평가 등이 계획되어 있나요?

2 유아교육기관에서 유아가 경험하는 모든 것을 유아교육과정이라고 보는 관점에 대해서 어떻게 생각하세요? 이러한 유아교육과정을 운영하는 유치원이나 어린이집의 교사라면 어떤 측면에 더 많은 관심을 기울여야 할까요?

3 유아교육에서 가르침과 보살핌의 역할 수행에 관하여 토의해 보세요.

CHAPTER

2

유아교육과정 구성의 기초

1. 철학적 기초
2. 심리적 기초
3. 사회적 기초

Chapter 02

유아교육과정 구성의 기초

유아를 대상으로 한 보호와 교육의 과정은 인류의 역사와 함께 해 왔다고 볼 수 있다. 유아교육의 역사는 그만큼 오랜 역사를 지닌 과정이라고 할 수 있겠으나, 실제로 유아를 위하여 체계적인 교육 프로그램에 대한 연구와 적용이 구체화되기 시작한 것은 1960년대 이후의 일이다. 아직 과학문명이 그리 발달하지 못했던 20세기 이전의 유아교육은 주로 자연스러운 일상생활 속에서 유아들의 모습을 관찰하고 관찰 결과에서 발견된 행동 특성들을 깊이 사유하여 어린이의 본성이나 교육의 큰 흐름을 제시하는 철학적이고 관념론적인 측면에서 연구되었다. 그 이후 1920년대로 접어들면서 다양한 심리학 이론들이 제시되어 유아가 어떻게 발달하고 학습하는가에 관한 정보를 제시하게 되자, 보다 과학적인 연구 결과에 기초하여 유아교육과정을 체계화하려는 시도가 이루어지기 시작하였다. 1960년대 이후부터는 산업화로 인한 가족제도의 변화, 여성의 사회참여, 복지사회에 대한 관심, 정보화·세계화 등 각종 사회적인 이슈들이 유아교육에 큰 변화를 불러일으키며 기존의 철학적·심리학적 기반 위에 유아교육과정의 사회적 관점이 개입되게 되었다.

현대 유아교육과정을 이해하고 평가하기 위해서는 유아교육과정에 영향을 미치고 있는 다양한 이론적 근거들을 엄밀히 분석해 볼 필요가 있다. 즉, 우리가 가르치는 유아들이 앞으로 어떤 인간상으로 성장하기를 바라는가? 과거와 달리 빠르게 변화하며 성장을 거듭하고 있는 오늘날 유아의 발달적 특징은 무엇이며, 유아의 발달을 유도해 줄 수 있는 적합한 교육방법은 무엇인가? 우리 사회의 다양한 변화와 요구는 유아교육과정의 방향 및 내용과 어떤 관계를 가질 것인가? 등의 요소를 함께 고려해 보아야 한다.

이에 교육과정을 이루는 기초로 이귀윤(1990)은 교육과정의 철학적 기초, 심리적 기초, 사회적 기초 등에 관련된 지식을 아는 것이 필수라고 하였다. 철학적 기초는 교육과정 계획 시에 요구되는 이슈와 문제를 명료화하고 의사결정을 하는 데 여러 관점과 체계적 절차를 제공해 준다. 역사적 기초는 과거 교육과정 개발의 배경, 특징을 알게 함으로써 현재의 교육과정의 특징을 이해하는 데 도움을 준다. 심리적 기초는 학습자의 성장, 발달 그리고 학습에 관련된 지침을 제공해 주며, 사회적 기초는 교육과정을 계획할 때 고려해야 할 사회의 가치, 변화, 문제, 상태 등에 대한 정보를 제공해 준다. 이 외에도 각 사회에 영향을 미치고 있는 문화적 요소와 유아교육과 관련된 정책을 결정하는 정치적 요소 등도 사회적 측면에서 유아교육과정을 구성하는 데에 영향을 미칠 수 있다. 그러므로 유아를 위한 교육과정을 제대로 설계하거나 이해하고 실천하기 위해서는 다학문적인 접근이 필수적이라 할 수 있다. 본 장에서는 유아교육과정을 구성하기 위하여 상호 밀접한 관련을 이루고 있는 철학적 기초, 심리적 기초, 사회적 기초 등을 살펴볼 것이다.

1 철학적 기초

1) 프뢰벨 이전

유아교육의 철학적 기원은 고대 그리스의 플라톤(Platon, B.C. 427~347)에서 시작하여 중세를 거쳐 근대와 현대로 이어지는 오랜 역사를 지녔다. 고대 그리스의 플라톤은 『국가론(Republic, 國家論)』에서 정의가 실현되는 이상적인 국가를 건설하기 위해서는 교육이 매우 중요함을 강조하고, 특히 가소성이 풍부한 어린 시기에 가급적 빨리 교육을 시작하여야 한다고 하였다. 어린 시기부터 습관과 성격이 형성되므로 유아기부터 놀이를 통해 교육할 것을 주장하였다.

그러나 그리스 문명 이후에 이어진 중세에는 성서를 바탕으로 한 기독교 사상이 모든 면에 영향을 주어 교육에서도 예외가 아니었다. 기독교의 원죄설에 따라 유아를 엄격하게 훈육하였고, 아기들은 이미 수태되는 순간에 작지만 완전하게 만들어진 인간으로 세상에 태어난다는 전성설(preformation, 前成說)을 믿었다. 그러므로 중세의 어린이들은 성인과 똑같이 성인사회에 참여하여 일하고 놀이하였으며, 어린이 나름대로의 독특한 발달적 요구는 고려되지 않았다.

중세의 기독교적 인간관에 반기를 들었던 르네상스와 종교개혁을 거쳐, 16세기 자연과학의 발달은 17세기 이후의 교육사상에 영향을 주었다. 경험을 통한 감각교육의 중요성을 강조한 코메니우스, 아동은 성인과 분리된 독자적인 존재라는 루소와 페스탈로치의 아동존중사상들이 이어서 등장하였다. 이러한 교육사상가들이 피력한 아동존중사상을 이어받아 프뢰벨은 유치원을 창설하였고, 몬테소리는 어린이의 집을 운영하면서 유아교육을 실천에 옮겼다.

17세기 대표적 교육사상가인 코메니우스(Comenius, 1592~1670)는 세계 최초의 체계적인 교육학서인 『대교수학(Didactina Magna, 大教授學)』에서 어린이는 신의 가장 귀중한 선물이며 헤아릴 수 없이 소중한 보배이고 인간의 교육은 어릴 때에 가장 잘 이루어진다고 하였다. 놀이를 통한 교육을 강조하고 감각교육이 모든 학습의 기초가 된다는 생각에서 최초로 그림이 들어간 책인 『세계도회(Orbis Sensualum Pictus)』를 편찬하였다.

이어서 등장한 로크(Locke, 1632~1704)는 인간의 발달에 미치는 환경의 영향을 중요하게 여겨 '백지설(tabula rasa)'을 주장하였다. 로크에 따르면 인간은 마치 백지나 깨끗하게 닦인 칠판과 같은 상태로 태어나므로 이후에 어떤 경험을 하느냐에 따라 다른 그림이 그려지게 된다는 것이다. 즉, 태어난 이후에 아동이 경험하는 모든 것이 그의 모습을 결정하게 된다고 보았다. 그러므로 로크는 바람직한 성격 형성을 위해 유아기의 습관 형성을 강조하였고, 심신의 조화로운 발달과 함께 체벌이나 질책보다는 칭찬으로 교육할 것을 주장하였다.

18세기의 대표적인 계몽주의 사상가인 루소(Rousseau, 1712~1778)는 어린이 존중사상과 자연주의 사상을 강조하였다. 그는 대표적인 저서 『에밀(Emile)』을 통하여 성선설에 입각한 아동관을 주장하며 어린이가 어떻게 존중되어야 하는가를 서술하였다. 어린이는 본래 선한 자연의 상태로 태어난다는 성선설과 어린이 존중사상은 인간의 본성을 무시한 전통적인 지식 위주의 교육으로부터 유아중심 교육으로의 전환을 강조했다는 점에서 당시의 권위적이고 전통적인 교육관과 대립되었다. 루소의 자연주의 사상은 19세기 이후의 페스탈로치, 프뢰벨, 듀이 등에게 많은 영향을 주었다.

표 2-1 18세기의 유아교육

아동관	• 중세 유럽에서 유래된 부정적 아동관 • 성악설 : 성서 구절을 읽는 학습이 구원에 이르는 길임 • 교사는 엄격한 규율을 통해 악한 본성을 억제함
교육환경 및 교육과정	• 쓰기(글씨 익힘책)와 읽기를 위한 도구의 제한 • 고전적 교육과정에 따르도록 강요하고 규칙을 따르게 함 • 교육과정 : 찬송가와 알파벳을 암송하는 것과 규율을 강조함
교사의 역할	• 집단교육은 하지 않고 개별적으로 유아들이 교사 앞에서 암송을 함 • 신체적 체벌이 교육방법으로 존재함(2세부터) 예 조롱하기, 유아를 부끄럼 의자에 앉히기 등
학교·부모·지역사회	• 쓰기, 라틴어, 예술, 경제 같은 교육은 상류층 유아(특히 남아)의 특권임 • 읽기를 가르치는 것이 일반적이며 교수법은 교사의 성향에 의존함 • 학교 교육의 주요 요소 : 규율과 체벌 • 매를 아끼는 것은 유아의 상태를 나쁘게 한다고 여김

루소의 뒤를 이은 페스탈로치(Pestalozzi, 1746~1827)는 루소의 사상을 이어받아 합자연의 원리를 바탕으로 인간중심, 아동중심 교육을 실천하고자 노력한 자연주의 교육사상가이자 교육실천가이다. 페스탈로치는 교육의 출발점을 가정으로 보고 가정교육, 특히 어머니에 의한 교육의 중요성을 강조하였으며, 교육은 가급적 어린 시절부터 이루어져야 한다고 보았다. 페스탈로치의 교육사상과 교육실천은 최초의 유치원을 창설한 프뢰벨(Froebel)과 경험중심 교육이론을 강조한 듀이(Dewey)에게도 지대한 영향을 주었다.

표 2-2 19세기 페스탈로치의 유아교육

구분	내용
아동관	• 성선설 지지 • 인간발달은 자연의 법칙을 따르게 된다는 루소의 견해에 동의 • 자연의 법칙 : 지속적이며 점진적인 성장, 다음 단계로 가기 위해서는 이전 단계의 완성이 필수적임
교육환경 및 교육과정	• 유아의 경험적 학습을 위해 가정과 유사한 환경을 준비하는 것을 강조 • 자연적 발달 관점에 기초하여 연속적 교육과정을 고안 : 자료와 교수법은 유아의 발달단계에 맞도록 고안 • 가까운 곳에서 먼 곳으로의 학습 : 학습자의 즉각적인 경험이 시작되면 교육과정은 점차적으로 새로운 것, 보다 먼 맥락으로 옮겨져야 함
교사의 역할	• 교사와 유아 간의 관계에 기초하여 교육과정이 구성됨 • 과제를 학습하는 데 체벌과 보상의 사용을 피함 • 집단교수를 창안 : 읽고, 그리고, 암송하는 것을 다른 유아와 함께 하도록 하여 서로의 학습동기를 유발시키도록 함
학교·부모·지역사회	• 가정과 학교의 환경은 연속적이고 밀접하게 연결되어 있음 • 가정에서의 유아교육과 사랑, 지원이 학습의 기초가 됨 • 교사의 교육태도와 언어교육, 도덕교육, 가정의 신체교육은 유아의 바람직한 성장에 필수적임

2) 프뢰벨의 유치원

코메니우스, 루소, 페스탈로치 등에 의하여 유아교육에 대한 사상이 전개되었으나, 프뢰벨(Froebel, 1782~1852)은 유아교육의 중요성에 대한 사상적 강조에 머무르지 않고 실제로 유치원을 창설하여 처음으로 유아를 위하여 교육과정을 계획하고 적용하였다(이기숙, 2000). 프뢰벨이 만든 유아교육과정은 유아의 본성과 세계관에 기초한 그의 사상을 전개한 것이었다. 프뢰벨은 조화와 통합을 중시하는 유아교육 철학을 바탕으로 어린이를 의미하는 'kinder'와 어린이들이 마음껏 뛰어놀 수 있는 정원을 뜻하는 'garten'을 합성하여 '어린이의 정원'이라는 뜻을 가진 유치원(kindergarten)에서 자신의 교육사상을 실천에 옮겼으며 『인간교육(Die Menschener-

Zeihung)』을 저술하였다.

프뢰벨의 교육사상은 이상주의 혹은 상징주의라고 불리며, 이를 바탕으로 프뢰벨의 유치원에서 이루어졌던 교육과정과 철학의 기본 개념은 '통합의 개념'이라고 할 수 있다. 그는 세상의 모든 만물은 신의 조화이며 교육의 궁극적 목적은 신과 인간과 자연의 통합을 이해하는 것이라고 강조하였다. 유아에게 지나치게 인위적으로 무엇을 부과하거나 수정하기보다는 유아 자신이 가지고 있는 능력을 자연스럽게 전개(unfolding)해 주어야 한다고 믿었으며, 이를 위하여 유치원 교육과정에서 상징적인 활동들을 많이 다루었다. 프뢰벨이 어린이들의 교육을 위하여 고안한 세계 최초의 교육용 놀잇감인 '은물(gift)'도 유아들이 은물을 가지고 놀이함으로써 궁극적으로 통합의 개념을 상징적으로 학습시키기 위한 것이었다. 프뢰벨은 유아들이 은물을 가지고 놀이함으로써 자발적인 '자기활동'을 통하여 유아 스스로 내적인 동기에 입각하여 자신이 가지고 있는 내면의 힘을 기르도록 하였다.

프뢰벨 유치원 교육과정의 가장 두드러진 특징은 놀이(play)로서, 자연스럽게 놀이를 통한 교육을 실천하기 위하여 은물, 작업(occupation), 게임과 노래, 자연학습과 언어, 수 교육 등을 교육과정의 기본 요소로 하였다. 은물은 제1은물에서 제10은물까지이며 세상만물 중 가장 완벽한 형태를 상징하는 구(球), 즉 여섯 가지 색깔의 공과 나무로 만들어진 여러 가지 육면체, 직선과 곡선, 점을 상징하는 작은 나무구슬 등으로 구성되어 프뢰벨이 추구하는 통합의 개념을 가르치는 데 사용되었다.

11가지의 작업은 구멍 뚫기, 바느질하기, 그림 그리기, 색칠하기, 종이접기와 오리기, 점토놀이 등으로 구성되었으며 다양한 작업 활동을 통하여 유아들이 소근육이나 손과 눈의 협응력, 색과 수에 대한 개념을 기를 수 있도록 하였다. 게임과 노래시간에는 통합의 개념을 길러주기 위하여 주로 원으로 모여 앉아 율동과 손유희를 하였고, 자연학에서는 동식물의 관찰과 자연의 경이에 대한 관찰로 종교적인 심성을 길러주었다.

이와 같은 프뢰벨의 유치원 교육은 유아교육의 발달에 중대한 영향을 미쳤다.

유치원을 설립하였고, 당시의 성인중심적인 교육에서 벗어나 놀이중심 교육의 장을 열었으며, 유아에 대한 존중과 수동적 학습보다는 놀이를 통한 신체적 움직임이 중요하다는 노작교육의 기초를 이룩하였다. 또한 유치원은 유아기 어린이들에게 또래집단과의 상호작용을 통한 사회성 발달과 같은 새로운 유아교육의 모형을 가장 먼저 제시하였다(Lazerson, 1972). 프뢰벨의 철학적 이상주의는 1900년대 듀이의 등장 이후에 아동의 발달단계에 적합하지 않고 학습이 지나치게 단계적이며 상징적이라는 비판을 받았으나, 유아의 자발성과 자연적인 흥미를 중시하고 유치원의 교육내용과 교수방법을 처음으로 체계화시켰다는 점에서 유아교육과정에 공헌한 바가 매우 크다고 할 수 있다.

표 2-3 프뢰벨의 유아교육

구분	내용
아동관	• 유아기는 고결하고, 온순한 시기이며, 타고난 지식과 기술을 가지고 있다고 생각함 • 유럽의 선험철학, 인간을 신성하다고 보는 시각 • 유아의 신성이 그들 안에 있다는 개념들을 강조, 종교적인 교리보다는 종교적임 • 양육 : 유아의 의지를 꺾는 것은 죄이고 유아 개개인을 존중함
교육사상	• 통합의 원리(principle of unity) : 인간과 자연은 신과 조화를 이룬다는 것에 영향을 받음. 이는 가정에서 최초로 실현되며, 이후 확장된 가족인 유치원과 같은 사회적 맥락에서 성취 • 유아의 자기활동(self-activity) : 유아의 타고난 선함과 창의적인 잠재력은 유치원에서 자연스럽게 전개될 수 있다고 생각
Kindergarten의 특징	• 자유놀이(free play) 강조 : 노래, 율동과 게임. 놀이를 교육의 중요한 매개체로 소개함 • 은물(gifts) : 특별하게 고안된 교구로 상징적 학습에 사용 • 작업(occupation) : 소근육 발달과 주의력 향상에 초점을 둔 짜기, 점토 소조, 종이접기, 자수 같은 구성놀이 활동

교사의 역할	• 관찰하고 친절히 안내하되 유아의 창조적 조작을 방해해서는 안 됨 • 유아가 은물을 탐구하고 창조하는 것을 허락하기보다는 그 방법으로만 하도록 하였음 • 프뢰벨은 놀이를 통해 학습을 고무시키려 한 것이었지만 현대의 놀이에 대한 개념과는 차이가 있음. 특히 프뢰벨의 놀이는 그의 본래의 의도보다는 현장에서 좀 더 교사 지시적이며 구조적인 형태로 발전되었음
학교 · 부모 · 지역사회	• 조기 가정교육과 학교 교육 사이의 연결을 중요시함 • mother play : 가족 간의 사랑과 관계를 찬사, 부모교육의 초기 형태 • 독일 정부의 반대로 유치원 교육이 금지되고 유럽, 미국으로 그의 사상이 널리 전파됨

3) 듀이의 실험학교

20세기에 접어들어 인간의 성장과 발달에 있어서 유아기의 중요성이 부각되고 유아를 과학적으로 이해하려는 시도가 이루어지면서 등장한 듀이는 실용주의 철학을 강조하면서 프뢰벨의 상징주의를 비판하였다. 듀이(Dewey, 1859~1952)는 프뢰벨의 이론을 더욱 발전시키고 유아에 관한 사상에 있어 많은 공통점을 가지고 있었으나, 인간과 환경 간의 사회적 상호작용의 개념을 제시하였다. 그는 교육이란 이상이나 관념의 추구가 아니라 생활이며, 성장이고, 계속적인 경험의 재구성인 동시에 사회적 과정이라고 보았다. 학교는 어떤 막연한 미래를 위해서라기보다는 현실을 위해 존재해야 하며, 교육은 삶의 과정이지 미래의 삶을 위한 준비가 아니라고 하였다.

그러므로 그는 교육의 원리로 경험을 통한 '상호작용 · 변화 · 계속성'을 강조하면서, 이는 생활 속에서 자신과 사회적 환경의 상호작용이 현재뿐 아니라 과거의 경험과도 연결되어 연속성을 가짐으로써 이것이 성장과 연결되어 교육이 이루어진다고 보았다. 듀이는 경험이 이와 같은 계속성을 갖지 않으면 성장에 연결되지 아니하며, 성장에 연결되지 못하는 경험은 교육적이라고 할 수 없다고 보았다. 그는 유아가 사회적 상호작용을 통한 성장을 이루기 위해서는 유아 스스로가 자발적으로 흥미 있는 활동에 적극적으로 참여하여야 한다고 보았다.

듀이는 유아 스스로가 성장 가능성을 가지고 있다고 보았고 이 성장 가능성이 주변 환경과의 상호작용을 통해 변화하면서 교육이 이루어지는 것이라고 생각하였다. 이와 같은 듀이의 영향으로 진보주의 입장에 기초한 유아교육학자들은 유아의 흥미, 활동, 상호작용, 협동적 태도 등을 교육과정 계획의 중요 요소로 삼게 되었다(이기숙, 2000).

듀이는 1896년 자신이 재직하고 있던 미국의 시카고 대학 내에 4~5세 유아를 위한 실험학교인 준초등학교(sub-primary)를 세워 기존의 프뢰벨식 유치원 교육과정과는 다른 점이 많은 새로운 교육과정을 소개하였다. 두 사람 모두 교육의 목적을 성격형성(character building)에 두었으나, 학습활동과 교사 역할에서 관점이 달랐다. 프뢰벨의 유치원에서는 성격이란 유아가 상징적 놀잇감인 은물을 가지고 교사에 의해 전달되는 짜여진 프로그램을 경험함으로써 얻어지는 것으로 본 반면, 듀이의 준초등학교에서는 놀이를 통한 매일의 경험이 유아의 문제해결력을 길러줌으로써 발달이 이루어지는 것으로 보았다. 따라서 듀이의 입장에서 교사는 안내자의 역할을 해야 하고, 성장이란 유아 스스로가 계획하고 수행하며 경험을 구성함으로써 촉진되는 것이었다.

이와 같은 듀이의 진보주의 사상은 1920년대에 기존의 프뢰벨식 유치원 교육과정을 개혁하려는 개혁유치원의 개혁유아교육과정에 영향을 주었고, 단원학습과 흥미 영역의 개념이 처음으로 등장하게 하였다. 유아를 위한 단원(unit) 또는 프로젝트(project)는 주로 계절과 휴일에 관한 것이었으며 그 외에도 일상생활과 주변의 지역사회에서 유아들에게 흥미의 대상이 되는 가족, 우리 집, 동네, 경찰관, 소방서 등이 채택되었다. 흥미 영역도 오늘날 유아교육기관에서 볼 수 있는 것과 유사하게 쌓기놀이, 극화놀이, 목공놀이, 미술, 과학, 도서와 그림 맞추기 등의 영역으로 구성되었다. 단원과 프로젝트를 통한 학습은 유아 주변에서 쉽게 접할 수 있는 교육적 주제들을 중심으로 통합적인 접근을 시도하는 것이므로 학습에 효율적인 것으로 판단되었고, 특히 프로젝트를 통한 학습방법은 유아가 자신이 선택한 주제에 관하여 주도권을 가지고 심층적으로 학습해 나가기 때문에 자연스럽고 자발적인 학습이 이루어지는 것으로 보았다. 당시의 진보주의에서 시도한 단원학습과 프로젝트 학습은 현재까지도 유치원 교육과정의 운영에 주축이 되고 있다.

유아의 흥미중심, 경험중심, 생활중심 교육을 강조한 듀이의 실용주의 철학은 유아교육과정의 틀을 다지는 데에 큰 영향을 주었다. 이는 또한 프뢰벨의 사상을 더욱 발전시켰으며 인간과 환경 간의 사회적 상호작용의 개념을 제시하여, 프뢰벨 이후 유아교육과정 개혁의 근본이 되었다.

4) 몬테소리 어린이의 집

몬테소리(Montessori, 1870~1952)는 이탈리아 최초의 여의사로서 정신지체아를 대상으로 교육을 실시하다가 이후 로마에 3~7세 도시 빈민 유아를 대상으로 한 '어린이의 집(Casa dei Bambini)'을 설립하고 그곳에서 자신만의 독특한 교구와 교수법을 개발하여 어린이를 교육하였다. 몬테소리는 유아가 스스로 발달을 이룰 수 있는 능력을 가지고 있으며, 유아 자신으로부터 발달이 전개되어 가는 과정을 교육의 핵심으로 삼았다. 유아는 지적 흡수력이 왕성하여 특정 기술을 보다 쉽게 배울 수 있는 민감기에 마치 스펀지가 물을 흡수하듯 몰입하여 집중적으로 학습을 하므로 외적 환경을 교육적으로 잘 준비해 주면 유아 스스로가 자기 자신의 관심과 수준에 따라 자기 자신을 교육하게 된다는 몬테소리 교육방법을 고안하였다.

이러한 자기 자신만의 교육방법을 설명하기 위하여 몬테소리는 아동존중사상을 기본으로 정상화된 어린이, 민감기, 흡수정신, 준비된 환경, 제한된 자유, 자기교육 등의 교육원리를 소개하였다. 정상화란 몬테소리 교육의 목적이 되는 상태라고 볼 수 있는데, 유아가 작업을 선택하여 흥미를 가지고 집중하여 만족감을 느끼는 상태를 말한다. 준비된 환경이란 유아를 관찰한 후 유아의 발달에 가장 적합한 활동들로 환경을 조성해 줌으로써 자발적인 선택을 통하여 발달이 이루어질 수 있도록 교사가 준비해 놓은 환경을 의미한다. 몬테소리는 특별히 잘 준비된 교육 환경을 위하여 유명한 몬테소리 교구를 고안해 내었는데, 이는 시각, 미각, 청각, 촉각 등을 발달시켜 주는 감각교구와 유아가 스스로 입고 벗고 먹는 것을 연습함으로써 자조능력을 키워주는 일상생활 훈련 교구, 인지적 발달을 도모하는 수 교구와 언어 교구 등으로 구성되었다. 이 교구들은 유아 스스로가 자신의 실수나 오류를 발견할 수 있도록 고안되어 교사가 잘못을 정정해 주지 않아도 수정이 가능하였다. 몬테소리 교육과정에서 유아는 이처럼 다양한 교구로 잘 준비된 환경에서 정해진 원리와 방법에 따라 제한된 자유를 누리며 스스로 놀잇감을 가지고 놀이함으로써 자기교육이 이루어지므로, '지도자'라고 불리는 교사는 유아를 방해하지 않고 주로 관찰하며 필요시에만 도와주는 소극적인 역할을 하였다.

몬테소리 교육은 유아가 스스로 선택한 교구와의 상호작용이 강조되고 또래나 교사와의 상호작용이 거의 없어 1900년대 이후 개혁유치원운동으로 집단활동과 사회성 발달을 강조하는 사회적 분위기와 맞지 않아 쇠퇴하게 되었다. 그러나 1960년대 이후 피아제를 중심으로 한 인지이론이 대두되면서 다시 부각되었으며, 그녀만의 독특한 교육방법과 다양한 교구로 대표되는 몬테소리 교육과정은 오늘날까지도 전 세계의 많은 국가에서 보완을 거듭하며 꾸준히 이어지고 있다.

이상과 같이 1960년대 이전 유아교육과정에 주로 영향을 미친 철학적 기초는 프뢰벨의 상징주의, 듀이를 중심으로 한 진보주의, 몬테소리 등이었으며, 이후 1920년대부터 일어난 아동연구운동에 기초한 심리학 연구의 결과와 1960년대 이후의 다양한 사회적 변화 요인은 철학적 기초와 더불어 유아교육과정을 구성하는 데 많은 영향을 미치며 오늘에 이르고 있다.

5) 현대적 경향

현대에 들어와서 유아교육을 위한 새로운 교육철학이 대두되거나 커다랗게 변화되는 일은 거의 찾아볼 수 없다. 가드너는 교육과정의 기초가 되는 심리학 이론이 오랜 학문의 역사를 통하여 상당히 분명해진 것에 비하여 철학적 기초는 아직도 모호하고 파악하기가 힘들다고 하면서 유아교육에 있어 미래에 가장 큰 요구는 유아교육의 철학적 기초를 구성하는 일이라고 하였다(Gardner, 1969). 이에 웨버(Weber, 1970)는 유아교육의 명료한 철학이 설정될 것을 주장하면서 독창성 · 창조성 · 적절성을 오늘날 유아교육에서 강조하는 세 가지 우세한 가치라고 보았다(이기숙, 2000 재인용). 독창성은 인간의 성장에 있어 개개인이 자아실현을 할 수 있는 역동적인 힘을 말하며, 창조성은 인간 최대의 잠재력을 충분히 실현하는 것에 대한 관심이며, 적절성은 어린 유아의 초기 경험과 발달에 의미 있는 적절성이 있는 교육을 제공한다는 것이다. 교육과정의 기초가 되는 철학이 단일하게 합의되어 있으면 교육과정을 개발하는 과정이 매우 수월하겠지만 현대사회는 다양한 가치와 철학이 공존하는 특성을 갖기 때문에 새로운 교육철학의 창출이나 기존 교육과정 철학에의 합의는 이루어지기 어려운 일이다.

교육과정에서의 포스트모더니즘의 현상은 유아교육과정에서 교육과정 유형의 다원화와 교육내용과 방법의 탈구조화를 불러오게 되었다. 유아들에게 무엇을 가르칠 것인가에 대한 철학적 관점에 대하여 그동안 유아교육에서 중심이 되었던 발달이론에 기초한 교육내용들이 많은 비판을 받게 되었다. 또한 비고츠키 등 개인의 문화적 · 사회적 특수성에 대한 사회문화적 구성주의 등장과 유아교육에서의 재개념화는 이제까지 보편적이고 절대적이라는 인지이론의 관점을 탈피하게 하였다. 교육과정 유형의 다원화는 발현적 교육과정(emergent curriculum)으로서 레지오 에밀리아 접근법, 프로젝트 접근법과 발도르프 교육에 관심을 모으게 되고, 특히 다문화 교육, 반편견 교육, 장애아 통합교육 등에 대해 강조하게 되었다. 선진국의 유아교육과정은 일반적으로 볼 때 인지와 기능에 초점을 둔 영미권 교육과정과 통합적이며 총체적 전인발달 목적의 북유럽권 교육과정 두 가지 전통으로 구분된다. 유아를 위한 교육내용은 총체적인 전인발달 목적의 교육과정을 적용하는 노르웨이, 스웨덴, 핀란드의 북유럽의 경우에는 연령을 구분하지 않고 유아의 발달적 개인차를 구별하여 통합적으로 적용하는 반면, 이와 달리 인지에 초점을 둔 유아교육과정을 운영하는 미국, 영연방, 뉴질랜드에서는 교육과정의 책무성을 높이기 위하여 학습 표준을 제시하고 연령별 세분화된 교육과정을 제시하는 특징이 있다. 이러한 관점에서 볼 때 유아교육에서는 가장 좋은 단 하나의 교육과정은 있을 수 없으며 그보다는 각 나라별 주어진 상황과 맥락에서 최선의 결과를 낼 수 있는 적절한 교육과정의 요소를 찾는 것이 더 중요함을 강조하고 있다(OECD, 2006; 2012).

오랫동안 유아교육에서 강조되었던 발달에 적절한 것과 부적절한 관점을 강조하던 NAEYC의 발달에 적합한 실제(DAP)에 비판을 가하게 되고, 이것은 기존의 발달에 적합한 실제의 재개념화를 가져오면서 유아의 개별성과 사회・문화적 관점을 보강한 새로운 내용을 첨가하게 되었다. NAEYC와 NAECS/SDE(2003)는 유아교육의 효과적인 체제 구축을 위하여 유아교육과정에 대한 입장을 표명하면서 유아를 위한 교육과정은 철저하게 계획되고, 도전적이며 매력적이어야 하며, 특히 발달적으로 적합하고 문화적・언어적으로 반응적이고 포괄적인, 모든 유아의 긍정적인 성취를 촉진하는 교육과정이어야 함을 제안하고 있다. 그러므로 유아교육과정은 사회의 가치, 내용기준, 책무성, 연구결과, 지역사회 기대, 문화와 언어, 유아의 개인적 특성과 같은 많은 요소를 고려하여 그 방향이 정해져야 함을 제안한다. 또한 유아에게 교육과정이란 재미있는 활동들을 모아놓는 것이어서는 안 되며, 그 이상이어야 한다는 것을 강조하고 있다(NAEYC & NAECS/SDE, 2003). 따라서 이제까지 유아의 흥미를 중심으로 교육해야 한다는 미명 아래 교육내용의 지식 없이 단순히 유아가 좋아하는 활동이나 방법을 중심으로 이루어졌던 유아교육의 관점도 비판을 받게 되었다. 유아에게 제시되는 내용들이 유아에게 가르칠 만한 가치가 있는 것인가? 교과내용 지식을 교사는 충분히 숙지하고 있는가? 교수 지식 또한 유아에게 적합한 내용인가? 혹은 유아교육에서 통합교육의 중요성이 단순히 음악, 과학, 미술, 언어, 수 등의 활동들을 나열한 것인가? 등에 대한 반성이 이루어지면서 그 어느 때보다도 유아교육에서의 내용지식과 교수방법에 대한 논의가 이루어지고 있다. 이러한 경향은 앞으로 유아교육에서 유아에게 무엇을, 왜 가르쳐야 하는가에 대하여 단순히 유아의 발달에 맞기 때문에 주어지는 것이 아니라 그 근본 철학적 관점을 재조명해 보고자 하는 시도로서 앞으로 많은 논의가 이루어져야 할 것이다.

2 심리적 기초

유아는 성인과 다르며 유아기의 경험이 이후의 성장과 발달에 지속적인 영향을 미친다는 생각은 이미 오래전부터 많은 사람들에 의해 제시되어 왔다. 이러한 생각들이 20세기에 들어와 과학문명의 발달로 과학적인 연구를 통하여 구체적으로 검증되기 시작하면서, 1900년부터 1920년대에는 아동연구운동으로 이어져 유아의 발달을 측정하고 이해할 수 있는 다양한 방법들이 시도되었다. 1900~1925년은 유아교육과정의 혼란과 실험, 재수정의 시기라고 할 수 있다. 프뢰벨의 이상주의와 듀이의 진보주의의 이념적 논쟁으로 개혁유치원운동이 일어났고, 유아와 유아교육에 관한 과학적인 연구가 집중적으로 시작되어 유아원 등에 적용해 보는 시기였다.

학습자인 유아가 어떤 사고과정이나 활동을 통하여 주변의 사상들을 학습한다고 볼 때, 학습자가 어떤 단계와 과정을 거쳐 성장하고 어떻게 학습하는지에 대한 정보를 제공해 주는 학습자에 대한 심리학적 이해는 유아교육과정을 구성하는 데 많은 도움이 된다. 20세기 초에 듀이의 아동에 대한 연구에 힘을 얻어 심리학자들의 아동연구운동(Child Study Movement)이 시작되었다. 이러한 아동연구운동과 유아원에 대해 정리해 보면 다음 〈표 2-4〉와 같다.

표 2-4 아동연구운동과 유아원

아동연구의 흐름	• 홀(Stanley Hall, 1846~1924) - 다윈의 『종의 기원』의 영향으로 유아의 발달에 대한 과학적인 연구 촉진 - The contents of children's minds on entering school(1893) : 부모, 유아와의 인터뷰 결과를 토대로 출판, 아동 발달 분야의 시작 • 게젤(Arnold Gesell, 1880~1961) - 유아 행동에 대한 과학적인 관찰 및 분석을 토대로 발달 규준 작성 : 연령에 적합한 발달에 대한 자료로 현재까지 적용 • 왓슨(John Watson, 1878~1958) - 습관형성 모델(habit-training model) : 규칙적이고 일상적인 일상생활을 강조함. 손다이크와 왓슨의 이러한 습관형성은 20세기 초의 유아원과 유치원교육에 상당한 영향을 미치게 되고, 특히 힐(Patty Smith Hill)의 『Conduct curriculum for the kindergarten and first grade』(1923)는 습관훈련과 진보주의 사상을 혼합하여 유아교육현장에 적용한 대표적인 저서임
아동연구의 영향	• 아동연구운동과 유아원 교육이 사회의 이목을 끌게 됨 : 1923년 Rockfeller 기금이 아동연구와 부모교육의 영역에 투자됨 - 대학에 실험유아원 설립이 활성화됨 - 부모협동유아원(Parent cooperative nursery school)이 1923년 처음 설립됨 - 1928년 뉴욕에서 전미부모교육협의회(National Council of Parental Education)가 구성됨

1920년대 아동연구운동을 시작으로 오늘날 다양한 유아교육의 심리학적 이론들이 유아교육과정에 영향을 미치고 있다. 그 대표적인 이론으로 성숙주의이론, 정신분석이론, 행동주의이론, 인지발달이론 그리고 최근 많은 관심을 받고 있는 생태학적 체계이론 등이 있다. 유아교육과정은 이러한 이론적 입장의 차이에 따라 각기 다른 이름으로 다르게 구성되고 운영되기도 한다. 유아교육과정의 심리적 기초가 되는 네 가지 이론은 다음과 같다.

1) 성숙주의이론

성숙주의이론은 유아의 발달이 주로 생물학적, 유전적, 혹은 내재적 요인에 의해 이루어진다는 입장으로, 루소의 주장처럼 인간은 태어나면서부터 모든 발달의 가능성을 가지고 있기 때문에 스스로 자연스럽게 성숙할 수 있다고 믿는다. 이 이론은 루소의 자연주의 사상에서 비롯되어 프뢰벨의 유치원 교육과정으로 이어졌으며, 다윈(Darwin), 홀(Hall), 게젤(Gesell) 등의 심리학자로 발전하였다. 특히 게젤은 표준행동목록(normative data)을 만들었고 '성숙'이라는 용어를 사용하면서 아동의 성장과 발달은 유전적으로 프로그램된 내적인 생물학적 시간표에 따라 이루어진다고 하였다. 게젤의 표준행동목록은 출생에서 청년기까지의 성장과 발달을 직접 관찰과 부모면담을 통하여 자료를 수집하여 각 연령단계에 맞는 행동목록을 만든 것이었다. 이 표준행동목록은 유아의 신체적 · 사회적 · 지적 · 언어적 행동을 각 나이별로 상세히 모은 자료로서 각각의 연령수준에 따른 특성과 능력이 서술되고 그대로 행동하도록 기대되었다. 따라서 당시 유치원 교사들에게 유아교육내용 그 자체가 되어버리는 경우가 많아서 유아 각 개인의 개인차를 고려하기보다는 연령에 따른 고정된 발달을 강조하는 경우가 많았다(이기숙, 2000). 그러나 게젤학파들은 미리 설계해 놓은 틀에 유아들을 맞추려고 강요해서는 안 되며, 유아의 발달에 지나친 기대를 함으로써 유아의 발달을 넘어서는 성취를 강요하지 말 것을 경고하였다. 교육은 어린이가 성장의 기본적인 힘을 표현할 때 거기에서 나오는 단서에 따라야 한다고 주장하며, 준비도(readiness)의 개념은 그러한 견해의 중심이 된다.

성숙주의 견해에 기초한 유아교육 프로그램에서 교사는 정서적으로 풍부한 환경을 제공함으로써 자기표현을 충분히 하도록 도와주며 유아가 학습활동을 자유롭게 선택하도록 안내해 주는 역할을 한다.

2) 정신분석이론

프로이트(Freud)에 의해 창안된 정신분석이론은 인간의 정서, 동기, 인성 등 정신적인 과정을 이해함으로써 인간의 행동을 설명하는 데에 관심을 가졌다. 프로이트에 의하면 인성은 원초아(id), 자아(ego), 초자아(superego)의 세 가지 구성요소로 개념화된다. 원초아는 본능적 욕구나 충동으로 쾌락원리에 의해 지배되기 때문에 반드시 충족되어야 하며 출생 시부터 존재한다. 자아는 자신의 욕구와 현실의 조화를 고려하여 현실적으로 실현 가능한가를 판단하는 현실원리에 의해 지배를 받으며 2세에서 4세경에 발달하기 시작한다. 마지막으로 초자아는 자아 이상이나 양심과 같은 도덕적이고 초월적인 가치이며 약 4~5세경 오이디푸스 콤플렉스를 해결하고 부모와의 동일시를 이루면서 발달되기 시작한다. 프로이트에 따르면 인간의 성격은 자아의 현실원리가 원초아의 욕구와 초자아의 이상 사이에서 중재하는 구조로 이루어져 있으며, 따라서 인간의 이상성격이나 정신이상은 원초아와 초자아 사이의 갈등을 자아가 제대로 조절하지 못할 때 발생하는 것으로 보았다.

프로이트는 인간에게는 리비도(libido)라고 부르는 성적인 에너지가 존재한다고 보고, 유아가 성장함에 따라 이 리비도가 신체의 특정 부위로 이동하는 것에 따라서 출생에서 사춘기까지의 발달단계를 설명하였다. 그에 따르면 리비도는 입에서 항문, 성기를 거쳐 잠재하였다가 다시 생식기로 옮겨가므로, 발달단계는 구강기, 항문기, 남근기, 잠복기, 생식기의 다섯 단계로 진행되어 간다.

각 발달단계에는 충분히 충족되어야 할 독특한 욕구가 존재하는데, 이 욕구가 지나치게 충족되거나 결핍되면 발달에 문제가 생기게 된다고 보았다. 즉, 영유아기에 충분히 충족되지 못한 욕구는 인간의 행동에 결정적인 영향을 주는 무의식 속에 부정적인 정서로 잠재되어 영유아가 건전한 인성을 갖춘 성인으로 성장하는 데 방해요소가 될 수도 있다. 이에 정신분석학자들은 잠재된 부정적인 정서를 해소하기 위해서 영유아기의 놀이가 반드시 필요하다고 보았다. 정신분석이론은 유아교육에 있어 매우 중요한 놀이 활동에 이론적 근거와 합리성을 부여해 주었다(Nourot, 2005). 유아는 놀이를 통하여 자신의 내적 감정을 표현하며, 부정적인 정서, 갈등, 긴장, 적대감 등을 해소시켜 건전한 인성으로 성장하는 기초를 다지게 된다.

한편 같은 정신분석이론가인 에릭슨(Erikson)은 심리성적 이론을 주장한 프로이트와 달리 심리사회적 이론을 주장하였다. 에릭슨은 인성의 발달은 각 개인이 접하고 있는 사회, 역사, 문화 등과의 상호작용을 통해 이루어진다고 보았고, 출생에서 노년기까지 인간의 발달단계를 8단계로 구분하며, 특히 건전한 자아의 발달을 중요하게 여겼다.

프로이트에서 시작되어 에릭슨으로 이어지는 정신분석이론은 유아교육과정에 상당한 영향을 미쳐 유아의 정서발달과 사회성 발달의 중요성을 강조하게 되었다.

유아의 발달에서 양육자와 초기 영아의 정서적 질의 중요성에 관심을 집중시키

표 2-5 정신분석모델과 유아교육

아동관	• 유아들의 정서생활에 초점을 둠 • 무의식적으로 나오는 유아들의 일련의 행동들(수줍음, 두려움 등)을 새로운 의미를 나타내는 것으로 보고 교사는 이를 주의 깊게 기록하도록 함 • 감정의 표현으로서의 놀이와 정화로서의 놀이를 유아들 경험의 중추로 봄 • 정신건강 예방과 교육적 치료로서 놀이를 생각함 • 에릭슨의 연구로 상징적 놀이를 통해 갈등을 재구성해 줌으로써 현재의 갈등을 해소해 주는 놀이의 역할이 추가됨
교육환경 및 교육과정	• 높은 수준의 자유와 허용 : 아동중심적 환경이 특징 - 물감, 모래 등과 같은 원자료들이 유아의 무의식적 충동을 자유롭게 표현해 준다고 믿어 인형 같은 교구들과 함께 교실에 제공됨 • 일상적인 일과 생활습관에 대해 강조하지 않음, 즉, 습관훈련으로 특성화되었던 일상적인 일에 대한 지나친 강조로부터의 전환을 의미함
교사의 역할	• 교사의 수동적인 역할 강조 - 유아의 감정 표현을 방해하지 않고 이를 표현하도록 격려할 것을 권고함 • 교사를 비롯한 성인의 감정도 함께 인식 • 교사들은 가정과 학교의 연계를 시도함(부모교육)

고, 유아의 요구나 발달과업은 연령에 따라 변하며, 부모와 교사는 이처럼 변화하는 유아에게 맞추도록 노력할 것을 제안하였다. 정신분석이론은 객관적으로 측정하기 어려운 인간의 내면에 관한 이론으로 객관화에 한계를 갖기도 하지만 인간의 인성적 발달을 연구하고 유아기 놀이의 중요성과 역할을 부각시켰다는 점에서 커다란 공헌을 하였다.

3) 행동주의이론

행동주의이론은 인간이 백지 상태로 태어난다고 본 로크의 철학에 뿌리를 두고 파블로프(Pavlov), 왓슨(Watson), 손다이크(Thorndike), 스키너(Skinner) 등의 심리학자를 통해 발전하였다. 이 이론에서는 눈에 보이지 않는 인간의 내적인 과정보다는 직접 관찰이 가능한 자극과 반응의 결과 나타나는 외적인 행동의 변화에 관심을 가졌다. 행동주의이론을 집대성한 스키너는 인간은 일정한 자극에 일정하게 반응하게 되어 있다는 자극-반응이론, 어떤 자극은 반응의 빈도를 높이며 어떤 자극은 반대로 반응의 빈도를 떨어뜨린다는 강화와 소멸의 원리, 반복적인 경험은 습관이 된다는 습관형성의 원리 등을 여러 가지 실험을 통하여 객관적으로 증명해 보임으로써 인간이 환경적 자극에 수동적 존재임을 보여주었다.

그러므로 행동주의이론에 의하면 유아는 계속적인 반복과 연습 및 모방을 통해 학습하며 강화나 보상을 주면 더욱 잘 학습한다. 유아는 만족스러운 결과를 가져다준 행동은 반복해서 하고, 만족스럽지 못한 결과가 따르는 행동은 하지 않으려고 한다. 따라서 교사나 부모는 유아의 바람직한 행동의 빈도를 높이기 위해 직접적인 교수, 여러 가지 물질적인 보상, 칭찬과 같은 사회적 격려와 인정 등의 방법을 적절히 활용할 수 있어야 한다.

행동주의는 학습을 전체적 · 통합적으로 보려는 것이 아니라 요소별 분석의 방법으로 보려는 입장으로서, 학습은 학습주체자의 목적이나 심리적 필요에서 기인하는 것이 아니고 생리적인 충동이나 외부의 기계적인 통제에 기인한다고 보았다.

그러므로 이 이론은 유아의 행동을 이해하는 데 많은 도움을 주지만 유아의 행동을 기본적인 단위나 단순한 요소들로 나누어 이해하려 하기 때문에 발달의 총체적인 모습을 파악하기 힘들다는 문제점을 갖는다.

행동주의이론에 영향을 받은 유아교육과정은 학습내용을 조각들로 아주 작게 나누어 위계적으로 서열화하여 교사에 의해 구조적이며 반복적으로 교육한다. 특히 강화의 개념이 행동주의적 유아교육과정에 중요한 역할을 하고 있으며, 학습자를 수동적인 존재로 보고 교사 주도적이며 조직적·반복적이고 학습의 논리적 순서를 강조한다.

4) 인지발달이론

인지란 인간이 지식을 획득하여 사물을 알게 되는 과정과 이 지식을 활용하여 문제를 해결하는 정신적 활동을 가리킨다(최경숙, 2001). 그러므로 인지발달이론의 주된 관심은 인간의 지적 능력이 어떤 과정을 통하여 획득되는지에 있다. 즉, 인간의 지적 능력이 환경과의 상호작용을 통하여 어떻게 변화되어 가는가를 연구하였으며 피아제(Piaget)와 비고츠키(Vygotsky)로 대표된다. 이 이론에서는 영유아가 주변 환경과 적극적으로 상호작용을 함으로써 경험을 통해 자기 스스로 지식을 구성해 나간다고 보았으므로 상호작용주의 혹은 구성주의라고 불린다. 그러나 피아제는 사고의 근원을 영유아의 개인적인 탐구에서 찾은 반면, 비고츠키는 사회적 상호작용을 중시한 관계로 피아제를 인지적 상호작용주의, 비고츠키를 사회적 상호작용주의로 구분한다. 최근에는 가드너(Gardner)의 다중지능이론이 대두되어 기존에 인지적 영역에 국한되어 있던 지능의 개념을 확장시켜 교육에 다양한 시사점을 주고 있다. 인간의 지적 능력을 연구한 심리학 이론을 피아제, 비고츠키, 가드너의 순으로 살펴보기로 한다.

(1) 피아제 이론

피아제는 인지구조의 기본 단위를 도식(scheme/schema)이라 칭하였는데, 이는 유기체가 외계의 사물을 인지하기 위해 사용하는 이해의 틀이다. 이 도식은 환경 속에서 적극적으로 상호작용을 함으로써 점차 확장되고 정교화되어 가는데, 이 과정이 인지가 발달하는 과정이다. 인지가 발달해 나가는 과정은 동화와 조절, 평형의 세 과정을 반복함으로써 이루어지며, 발달단계는 감각운동기, 전조작기, 구체적 조작기, 형식적 조작기의 순서로 진행된다. 이때 인간은 각 단계마다 질적으로 전혀 다른 사고를 하게 된다고 하였다. 피아제 이론은 어린이의 성장에 따른 지적 능력의 발달에서 양적인 문제가 아니라 생각하는 방법에서의 질적인 차이를 다루고자 하였다.

(2) 비고츠키 이론

비고츠키는 피아제와 마찬가지로 일차적으로 지식의 근원을 이해하는 데 관심이 있었으나 사회적 상호작용을 강조한 면에서 차이가 있다. 그는 어린이가 스스로 과제를 해결할 수 있는 현재의 실제적 발달 수준과 자신보다 인지적으로 유능한 성인이나 또래의 도움을 받아 과제를 해결할 수 있을 것으로 기대되는 잠재적 발달수준과의 차이를 근접발달지대(ZPD: Zone of Proximal Development)라고 명명하고, 교사는 유아에게 도전적인 과제를 제시하여 비계설정(scaffolding)을 하여 줌으로써 이 근접발달지대의 발달을 도모해야 한다고 보았다. 그러므로 유아들이 자신보다 발달이 빠른 또래나 성인과의 사회적 상호작용을 통하여 발달을 앞당길 수 있다고 보았다.

인지발달이론은 유아의 발달에서 인지의 중요성을 부각시키고 유아의 외적인 행동에 대한 관심에서 내적인 인지과정으로 관심을 변화시켰다. 피아제의 이론은 교육이 유아의 발달수준에 적합하여야 하고, 유아가 능동적으로 환경을 탐색하고 교육과정에 적극적으로 참여할 때 학습이 효율적으로 이루어진다는 원리를 강조하였다. 비고츠키 또한 유아가 학습에 능동적으로 참여하는 것의 중요성과 더불어 교사 역할의 중요성을 강조하였다. 그러므로 피아제나 비고츠키와 같이 구성주의 심리학에 기초한 유아교육과정에서는 유아에게 구체적인 자료와 다양한 경험을 제공하고 유아 스스로 활동할 수 있는 충분한 시간이 주어지며 교사 및 또래와의 활발한 상호작용이 강조된다.

(3) 가드너 이론

근래에 와서 가드너(Gardner, 1993)는 과거 지능이론이 일차원적인 개념 아래 이루어졌기 때문에 인간의 지적 능력을 너무 좁게 해석하여 모두 파악하는 데 한계가 있으며, 행동에 결정적인 영향을 주는 정서나 사회적 측면을 고려하지 못하고 있다면서 다원적인 지능을 이해해야 한다고 주장하였다. 즉, 지능을 일상생활에서 직면하는 문제를 해결하는 능력, 해결해야 할 문제를 발견하는 능력, 그리고 특정한 문화 상황 속에서 가치가 있다고 인정되는 것을 만들어 내는 능력 등 다원적인 시각에서 접근하였다(Armstrong, 1994). 가드너는 인간은 수백만 년을 통하여 적어도 여덟 가지 형식의 앎의 방식 또는 정보처리 형식을 수행할 수 있도록 진화해 왔다고 하였다.

정상적인 인간은 이 여덟 개 영역의 각각에서 어느 정도의 능력을 소유하고 있으며, 특정 영역에서는 탁월한 능력을 보일 수 있다고 하였다(Gardner, 1999; 2006).

가드너가 초창기에 제시했던 일곱 가지 지능은 음악적 지능(musical intelligence), 신체-운동적 지능(bodily-kinesthetic intelligence), 논리-수학적 지능(logical- mathematical intelligence), 언어적 지능(linguistic intelligence), 공간적 지능(spatial intelligence), 대인관계 지능(interpersonal intelligence), 그리고 자기이해 지능(intrapersonal intelligence)이었다. 이러한 지능은 어디까지나 가드너가 제시한 여덟 가지 조건을 충족시키는 것이며, 그 이외에도 다른 많은 지능들이 있을 수 있다는 문을 열어 놓았다. 가드너(Gardner, 1999)는 여덟 번째 지능인 자연탐구 지능(naturalist intelligence)을 새롭게 목록에 첨가하였고, 아홉 번째인 실존적 지능(existential intelligence)을 제기하기도 했지만, 아직 널리 인정되지는 않았다.

가드너가 제시하고 있는 여덟 가지 지능의 정의를 유아기에 맞추어 제시한 내용을 소개하면 다음의 〈표 2-6〉과 같다(Gardner, 1993; 신화식, 2007).

표 2-6 유아 다중지능을 위한 하위 영역의 종류와 정의

종류	정 의
음악적 지능	• 음악적 능력 : 리듬, 소리 그리고 멜로디에 대한 지식과 민감성 • 악기 : 악기를 다루는 기술이나 경험 • 가창력 : 가창에 맞고 조화롭게 노래 부르는 능력 • 감상 : 음악을 적극적으로 즐기는 능력
언어적 지능	• 언어적 민감성 : 실용적인 목적이나 표현을 위해 언어를 사용하는 기술 • 읽기 : 읽는 기술 • 쓰기 : 시, 이야기, 책이나 편지와 같은 쓰는 과제에 대한 흥미와 능력 • 말하기 : 설득, 기억, 서술에 언어적인 의사소통을 사용하는 기술
논리 · 수학적 지능	• 문제해결 : 조직화, 문제해결, 논리적 추론 기술, 호기심과 조사 • 계산 : 덧셈, 나눗셈과 같은 수학적 작업을 위해 수를 가지고 작업하는 능력
공간적 지능	• 심상 : 관찰, 예술적, 창조적 그리고 다른 시각적 활동들에 심상을 사용하는 것 • 예술적 디자인 : 예술적 디자인, 그림, 채색 또는 다른 공예들을 창조하는 것
신체 · 운동적 지능	• 신체기술 : 균형, 조정, 스포츠와 같은 신체적인 활동에 전신을 움직일 수 있는 능력 • 춤추기, 움직이기 : 표현적이고 리드믹하고 모방적인 방법으로 신체를 사용하는 것 • 손작업 : 구체적인 활동들과 세밀한 작업에 기술과 손재주를 가지고 손을 사용하는 것
개인 간 지능 (대인관계 지능)	• 사람 이해 : 다른 사람의 기분, 느낌 그리고 관점의 이해와 민감성 • 다른 사람과 지내기 : 다른 사람들, 특히 친구들, 형제, 자매들과 좋은 관계를 유지하는 능력 • 리더십 : 문제해결 과정에서 다른 사람 사이에서 통솔하는 능력
개인 내 지능 (자신이해 지능)	• 자기 자신 알기 : 자신의 아이디어, 능력에 대한 자각, 개인적 의사결정 기술 • 목표 알기 : 목표의 견지에서 목표와 자기수정과 모니터링에의 자각 • 감정관리 : 자신의 느낌, 기분 그리고 감정적인 반응들을 조절하는 능력 • 행동관리 : 자신의 정신적 활동들과 행동을 조절하는 능력
자연탐구 지능	• 동물 돌보기 : 동물 행동, 욕구, 특성을 이해하는 기술 • 식물 돌보기 : 식물, 조원, 농장 경영, 원예를 할 수 있는 능력 • 과학 : 음식, 계절, 물리를 포함한 자연적인 삶의 에너지와 힘에 대한 지식

가드너는 모든 인간은 여덟 개의 상이한 능력을 가지고 태어나며 환경과의 상호작용을 통해 지능의 프로파일을 형성한다고 하였다(Gardner, 1993). 이는 1970년대까지 심리측정적 입장에서 개념화되었던 지능이론과 지능검사, 지능지수 및 지능의 요인이론 등을 비판하면서 대안적 관점에서 인간의 능력을 재해석함으로써 교육자들로 하여금 어떻게 교육할 것인가에 대한 매우 실제적인 문제에 대하여 논의할 수 있는 기초를 마련하였다(최영애, 2006). 지능에 대한 이처럼 새로운 관점은 각 개인이 지닌 다양성을 수용하고 각자의 지적 가능성을 극대화할 수 있어야 한다는 점에서 교육에 시사하는 바가 크며, 개인차를 중시하고 전인아동을 교육의 목적으로 하는 유아교육에서는 더욱 의미 있게 받아들여질 수 있다.

5) 생태학적 체계이론

생태학적 체계이론의 대표적인 학자 브론펜브레너(Bronfenbrenner)는 유아의 발달은 영유아를 둘러싼 환경들 간에 끊임없이 얽혀 있는 상호관계의 영향을 받아 이루어지는 것이라고 생각한다. 유아가 접하고 있는 환경을 여러 수준의 체계로 구분하고 이러한 체계들의 복잡한 관계 속에서 유아의 발달이 직접적이거나 간접적으로 영향을 받을 수 있다고 보았다. 유아는 가까이로는 가족, 친구, 친척으로부터 유아교육기관, 종교단체, 이웃, TV 등의 대중매체의 영향을 받는다.

브론펜브레너는 유아가 속한 환경생태계를 미시체계(microsystem), 중간체계(meso-system), 외체계(exosystem), 거시체계(macrosystem), 시간체계(chronosystem)의 다섯 가지로 나누어 그 환경들 간의 상호관계를 분석하고 설명하였다. 그에 의하면 환경은 역동적이며 늘 변화하고, 환경의 변화는 유아의 발달에 영향을 미친다. 발달에 영향을 주는 사건은 외적으로 부과될 수도 있지만 유아 내에서 일어날 수도 있다. 유아는 자신의 주위 환경과 경험을 선택하고, 수정하며 창조할 수도 있다. 그러므로 유아는 환경의 산물이면서 동시에 산출자이며 이 두 가지는 상호의존적인 영향을 주는 관계에 있다(최경숙, 2001).

브론펜브레너는 개인과 환경 간의 상호작용뿐만 아니라 환경 간의 상호작용도 강조하였다. 피아제의 인지발달에서 강조되는 상호작용은 개인이 속해 있는 즉각적인 환경으로 브론펜브레너의 미시체계적인 환경을 의미하고, 비고츠키는 더 큰 맥락으로 보아 유아의 사회문화적 환경을 강조하였다. 그러나 생태학적 관점에서는 피아제와 비고츠키의 이론이 미시체계와 거시체계를 연결하는 중간체계나 외체계를 간과하였다고 하며 그 존재를 중요하게 고려하였다(전인옥, 박선희, 2001).

결과적으로 이 이론은 유아를 둘러싼 환경에 대한 새롭고 폭넓은 시각을 제공해 줌으로써, 우리가 유아를 보다 더 잘 이해하고 교육하기 위해서는 유아를 둘러싼 환경을 이해해야 할 것을 강조하고 있다.

6) 심리학 이론과 유아교육 프로그램

1920년대 아동연구운동 이후 다양하게 발달해 온 심리학 이론들은 이후 학습자의 발달적 특성에 대한 이해 및 교수방법 측면에서 유아교육과정에 꾸준히 영향을 미쳐왔고, 유사한 성격을 가진 이론들을 중심으로 세 가지의 현저한 주류로 구분되었다. 각각의 입장은 특별한 발달이론에 그 가정을 두고 있으며 행동주의적 입장, 아동발달 모델, 구성주의이론이 세 가지 주류를 대표한다(이기숙, 2000).

행동주의적 입장에서 교사는 유아의 행동에 보상을 해주고 유아에게 정확한 행동목표를 제시하고 원하는 행동을 만들기 위하여 단계적 전략을 활용한다. 로크에서부터 스키너까지에 이르는 이론들을 따르는 프로그램이며 문화적 전달 모델이라고도 한다. 아동발달 모델은 기본 목표가 유아 개개인이 자신의 학습에 깊이 젖어들어 독자적인 학습을 하도록 도와주는 데 있다. 이 형태는 사회·정서발달을 중심으로 하며 1960년대 이전의 프뢰벨, 프로이트, 게젤 등의 심리학 이론이 바탕이 된다. 마지막으로 구성주의이론은 피아제, 비고츠키 이론 등을 중심으로 하는 프로그램 모델들로 학습은 환경이나 성숙적 요인보다는 유기체와 환경의 상호작용을 통해서 일어나는 것으로 본다. 피아제 이론을 현장에 적용시킨 프로그램으로는 카미, 와이카트, 라바텔리 등의 프로그램이 대표적이다. 현대의 많은 유아교육 프로그램들은 비고츠키의 이론을 적용하고 있으며, 최근에는 가드너의 다중지능이론을 적용한 프로젝트 스펙트럼과 같은 접근법도 등장하고 있다.

3 사회적 기초

1920년대부터 활발하게 이루어진 심리학적 연구결과들의 성과와 더불어 1960년대 이후 산업화·도시화와 함께 다양하게 변화된 사회적 요인들은 유아교육과정에 영향을 주는 중요한 요인이다. 20세기 후반 전 세계는 농경사회에서 산업사회로의 빠른 변화를 이루었고, 21세기로 접어들어서는 정보화 사회로 진보하였다.

이와 같은 사회적 변화는 가족의 구조 및 기능과 역할 등에 변화를 가져왔고, 여성의 사회적 진출이 일반화되었으며, 사람들로 하여금 복지사회와 환경, 미래사회에 대한 준비 등에 대하여 많은 관심을 불러일으키게 되었다.

인간의 삶은 그가 속해 있는 사회적 분위기와 무관할 수 없고, 사회적 차원에서 교육이란 사회 구성원들에게 특정 상황에서 어떻게 행동하는가 하는 행동양식을 가르쳐 주는 사회화라고 폭넓게 정의될 수 있다. 따라서 인간은 교육을 통해 사회적으로 성장하고 발달한다고 볼 수 있으며, 교육은 사회가 추구하는 인간상을 목표로 하여 그 사회의 이상이나 요구, 변화를 교육의 실제에 반영할 수밖에 없다(윤기영, 1998). 한 사회의 차세대를 교육하는 교육과정은 그 사회의 변화를 반영하며, 유아교육도 사회적 개혁과 변화를 위한 시도와 불가분의 관계를 가지고 발달하였다(Lazerson, 1972). 미래사회의 구성원인 유아를 대상으로 하는 유아교육과정은 현재 사회의 모습에 대한 통찰과 다가올 미래사회의 변화에 대한 예견이 동시에 이루어져, 현재 사회에 잘 적응하고 미래사회에 적절히 대처할 수 있는 능력을 길러주는 것이어야 한다. 과거 유아교육에 영향을 주었거나 현재 영향을 미치고 있는 사회적인 요인과 더불어 앞으로 전개될 미래사회의 변화와 유아교육과정에서의 강조점을 분석해 볼 필요가 있다.

1) 변화하는 가족

(1) 가족구조의 변화

전통적인 농경사회에서는 집안의 노동력을 확보하기 위하여 대가족제도가 일반적이었으나 사회가 산업화, 도시화되면서 가족의 구조는 독립된 부부중심의 핵가족이 일반화되었다. 이와 같은 핵가족화 경향은 부모의 역할과 책임에 변화를 가져왔으며, 가족의 고립이 촉진되고 가족의 본래 기능이었던 자녀양육 및 사회화의 기능이 약화되었다(Morrison, 1998). 또한 핵가족화 현상은 가정 내에서 대인관계 기회의 감소를 초래하여, 소수의 특수한 인간관계밖에 체험하지 못하고 결국 인간 상호작용의 결핍을 가져올 수도 있으며, 유아의 사회화 과정의 기능 약화를 초래하기도 한다(Bronfenbrenner, 1986).

이러한 핵가족화 이외에도 현대사회는 '가족해체'라는 표현이 있을 만큼 가족의 구조가 다양화되고 있다. 우리나라의 조이혼율(인구 1천 명당 이혼 건수)은 1980년 1.0%에서 2003년 3.5%로 급속히 증가하였으며 2017년에는 2.1%로 약간 감소하였지만 과거에 비해 현저히 증가하였다(통계청 보도자료, 2018. 3. 21). 지난 2019년에는 이혼 건수가 11만 8백 건으로 전년 대비 2.0% 증가하였고, 조이혼율은 2.2건으로 전년보다 0.1건 증가하였다(통계청, 2020). 최근에는 이혼율뿐만 아니라 조혼인율도 관련 통계가 작성되기 시작한 1970년 이후 가장 최저 수준으로 줄어들었고,

혼인이 줄어들면서 자연히 출생아 수도 역대 최저 수준을 기록하였다(중앙일보, 2018.3.21). [그림 2-1]은 우리나라 가족해체의 원인이 되고 있는 이혼율의 변화를 보여준다.

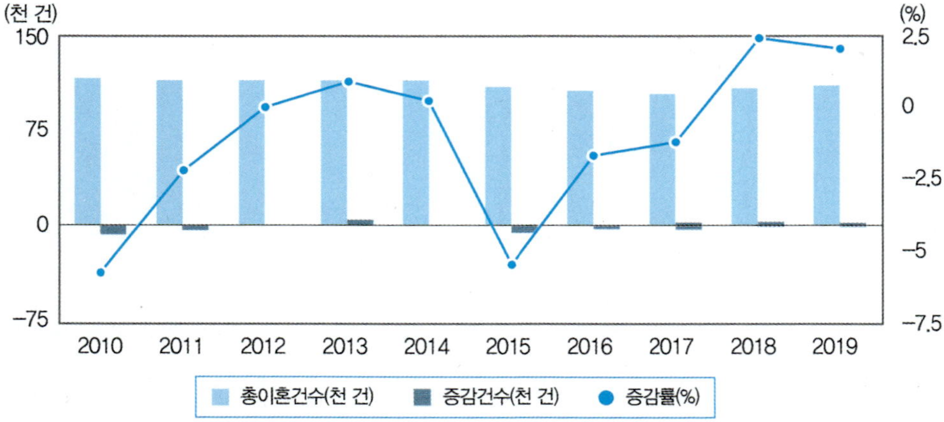

출처: 통계청(2020). 2019년 혼인·이혼 통계

그림 2-1 총이혼건수 및 조이혼율 추이(2010~2019)

오늘날 우리 사회는 이처럼 잦은 이혼으로 인한 한부모 가족, 결혼이나 입양으로 맺어진 복합가족, 가족처럼 살고 있는 동성애 가족, 주말부부 가족, 조부모와 손자녀로 구성된 조손가정, 십대 부모들의 가정 등 다양한 가족의 형태가 증가하고 있다. 그러므로 과거와 같이 생물학적 부모와 그 자녀로 구성된 가족을 의미하던 핵가족의 정의에 이러한 가족들을 모두 포함시키는 데에는 어려움이 있다. [그림 2-2]는 점차로 다양해지고 있는 우리나라 가족 형태의 변화를 보여준다.

이에 우리나라의 국가 수준 2019 개정 누리과정의 사회관계 영역에서는 이미 우리 사회 가족구조의 변화를 반영하여 유아들에게 가족의 소중함을 알고 가족과 화목하게 지내는 것의 중요성을 일차적으로 강조하고 있다. 외국의 경우에도 유아교육을 통하여 인간관계 경험을 넓혀주고자 다양한 연령을 함께 교육하는 혼합연령

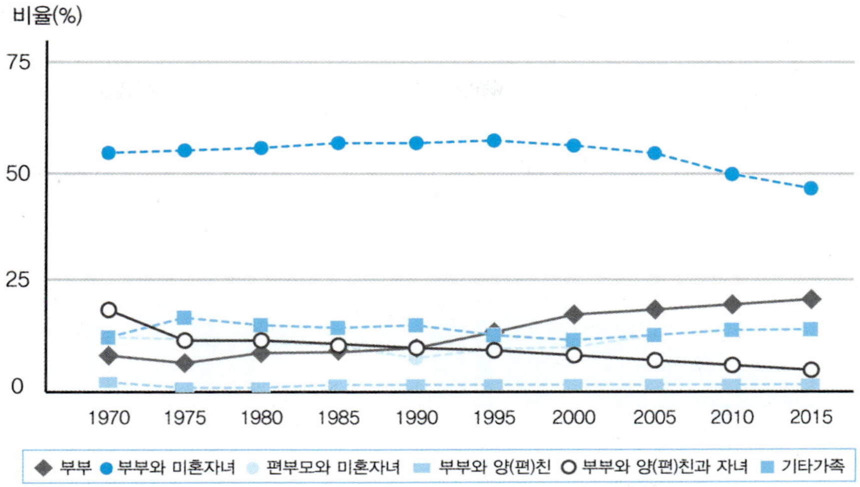

출처: http://www.index.go.kr/potal/main/EachDtlPageDetail.do?idx_cd=1576

그림 2-2 가족의 형태별 분포

집단, 대화중심으로 인간 상호 간의 관계를 도모하는 인간발달 프로그램, 긍정적 자아상을 갖게 하는 프로그램 등이 개발되었다(이기숙, 2000).

(2) 여성의 사회 진출

1960년대 이후에는 여성해방운동의 영향으로 대부분 국가의 여성들이 사회생활을 하기 시작하였다. 전통사회에서와 달리 여성도 남성과 동등한 교육을 받고 자아실현과 경제적 자립의 욕구가 강해졌으며, 변화된 사회의 산업구조는 여성인력을 필요로 하게 되었다. 우리나라도 여성의 경제활동이 해마다 증가하여 1970년에는 전체 여성인구의 38.5%, 1980년에는 42.8%, 1990년에는 47.0%로 증가하였고, 통계청 자료인 '여성경제활동인구 및 참가율'에서 2011~2020년까지 여성경제활동 참여율은 꾸준히 상승해 2020년 52.8%를 기록하였다. 2011년 이후 여성경제활동 참가율의 변화는 다음의 [그림 2-3]과 같다.

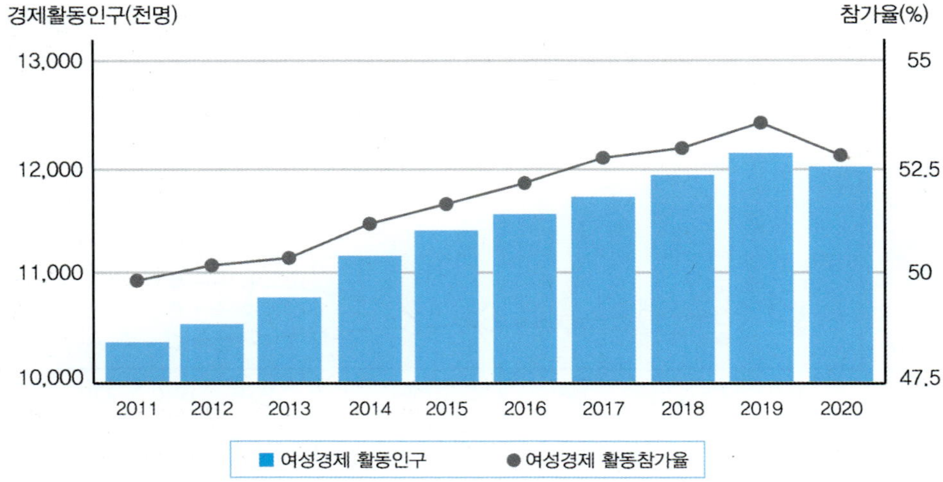

출처: e-나라지표(http://www.index.go.kr/potal/main/EachDtlPageDetail.do?idx_cd=1572)

그림 2-3 여성경제활동 인구 및 참가율

여성의 사회참여 증가는 전통적인 가정의 역할과 기능에 큰 변화를 가져오게 되었다. 긍정적으로는 여성의 경제력이 향상됨에 따라 평등한 부부관계가 형성되기 시작하였고, 남아선호 경향도 감소하게 되었다. 그러나 가족 내 자녀의 수가 심각할 정도로 줄어들었고, 여성이 가정 내에서 전통적으로 담당해 오던 대표적인 두 가지 업무, 즉 가사와 육아에도 커다란 변화가 초래되었다. 가사의 경우 가전제품의 끊임없는 개발로 시간과 노력을 절약하여 간편하게 해결이 가능해졌으나, 인간을 낳고 양육하는 육아의 문제는 그리 간단히 해결할 수 있는 문제가 아니므로 사회적으로 많은 고민을 낳게 되었다. 그 결과 유치원에서는 유아들이 좀 더 장시간 교육을 받을 수 있는 시간 연장제와 종일제 프로그램에 대한 욕구가 급증하였고, 더 나아가 늦은 시간까지 영유아교육기관에서 시간을 보내야 하는 온종일 돌봄과 야간연장제도 등장하게 되었다.

이처럼 급변하는 현대사회에서 가족의 구조가 다양해지고, 여성의 사회진출이 활발하여 맞벌이 가정이 증가하게 되어 정부에서는 2013년부터 누리과정의 실시를 통해 만 0~5세까지 전 연령의 영유아에게 보육료를 지원하게 되었다. 또한 사회 전반에 걸쳐 보육에 대한 필요성이 증대되면서 어린 자녀를 장시간 가정이 아닌 외부의 기관에서 돌보는 보육은 어느 특정 계층의 욕구가 아니라 모든 계층을 위한 서비스가 되었다.

미래사회는 근무 형태의 유연화 및 비정규직의 확산으로 인해 우리나라의 노동시장이 더욱 다양하게 세분화될 것이라고 볼 때, 더욱 많은 보육 수요의 증가와 함께 보육서비스의 다양화에 대한 요구도 늘어날 것으로 전망된다. 특히 3세 이전 영아에 대한 보육, 초등학교 저학년에 재학하고 있는 어린이들에 대한 보육 수요도 증가할 것이므로 자녀양육의 책임을 사회와 국가가 함께 나누어야 할 것이다.

(3) 아버지 역할의 변화

현대사회의 산업화·도시화로 인한 핵가족화와 더불어 진행된 여성의 사회진출은 과거 어머니가 주로 담당했던 자녀교육을 아버지도 함께 담당할 필요성을 가져왔다. 이러한 아버지 역할에 대한 관심은 1970년대 중반부터 증가하였으며, 아버지의 역할에 관한 많은 연구결과들은 기존의 인식과는 달리 아버지도 어머니 못지않게 자녀를 잘 돌볼 수 있는 능력이 있으며 자녀의 성장과 발달에 매우 큰 영향을 미친다고 하였다(Lamb, 1987).

과거 한국 전통사회에서의 이상적인 아버지상은 효를 절대적인 윤리규범으로 삼고 자녀에게 일방적인 명령과 복종, 지배와 의존을 당연시하는 권위적인 존재였다. 그러므로 아버지는 생계부담자로서의 역할을 주로 담당해 왔고, 어머니는 가사와 자녀의 양육을 주로 맡아왔다. 그러나 현대사회의 아버지는 가정 내에서 가정의 경제를 책임지는 도구적 역할과 자녀에게 애정을 표현해 주는 표현적 역할을 할 수 있는 능력과 의욕이 있으며 양성적인 아버지의 역할을 하게 되었다. 양성적인 아버지 역할의 특징은 성역할 고정관념의 영향으로부터 자녀를 자유롭게 해주며, 아버지가 전보다 더 자주 양육에 참여하고 자녀와 상호작용을 많이 하는 아버지라고 한다. 또한 어머니가 인식하는 아버지의 역할도 변화되어 대부분의 어머니들이 아버지에게 양성적인 역할을 기대한다는 연구가 있다(김정옥, 1990). 그러나 실제 생활에서는 이러한 아버지에 대한 역할이 기대에 못 미치고 있음을 알 수 있다. 즉, 이기숙 등(2007)이 연구한 한국 · 중국 · 일본 3개국 유아의 일상생활 비교 연구발표에서 한국의 3~5세 자녀를 둔 가정에서 아버지의 자녀양육과 가사 참여도에 대한 어머니들의 만족도를 조사해 본 결과 아직도 아버지의 자녀양육, 가사에 대한 참여가 부족하다고 인식하고 있었다.

최근 어린 자녀를 둔 가정에서 어머니의 취업이 보편화되면서 아버지가 자녀양육에 참여하는 것이 보다 당연시 여겨지고 있으나 우리나라에서 아직은 아버지의 육아참여가 충분히 이루어지고 있다고 보기는 어렵다. 자녀의 성장과 발달에 미치는 아버지 역할의 중요성이 강조되고 보다 열심히 자녀양육에 참여하는 아버지일수록 행복하다는 사실(김정실, 김정원, 2010)을 고려할 때, 아버지가 적극적으로 자녀양육에 참여할 것이 요구된다. 요즈음에는 아버지와 자녀가 함께 등장하는 TV의 인기 육아예능 프로그램을 통해 가정과 자녀들에게 관심을 쏟는 아버지들의 모습이 친근하게 비춰지면서 아빠 육아 열풍이 불고 있고, 친구 같은 아빠, 정서적 교감을 나누는 아빠라는 뜻의 '프렌대디(Friend+Daddy)' 혹은 플레이대디(Play Daddy)' 등의 신조어도 등장했다(김정원, 전선옥, 2016).

우리나라는 세계 최저의 출산율을 끌어올리기 위한 방법 중의 하나로 아버지의 육아휴직을 정부 차원에서 적극적으로 장려하고 있는데, 많은 선진국들에서는 아버지에게도 부모의 역할을 원활히 수행하도록 돕는 육아휴직제, 유연한 근무시간, 가족이 아플 때의 병가 등 많은 사회적 지원을 하고 있다. 오늘날 대부분의 유아교육기관에서는 아버지의 자녀교육에 대한 관심을 더욱 불러일으키고 자녀와의 친밀감을 더욱 강화해 주고자 '아버지 참여수업'을 실시하고 있다.

(4) 한국사회 저출산의 문제

1960년대에 우리나라는 경제성장을 이루고 빈곤에서 탈출하고자 늘어나는 인구의 증가를 억제할 필요가 있었다. 이러한 이유로 국가가 가족계획사업을 추진하여 1961년에 합계출산율이 6.0명이었던 것이 1970년에 4.53명, 1983년에는 2.06명으로 감소하였다. 그 후 1985년에서 1995년 사이에는 출산율이 1.6명 전후를 유지하다가 2005년에는 1.08명으로 떨어져 세계에서 가장 낮은 출산율을 기록하였고, 이러한 추세는 그칠 줄을 모른 채 급기야 2019년에는 0.92명으로 역대 최저 출산율을 기록하였다. 2008년부터 2019년까지 우리나라 합계출산율의 변화추이를 제시하면 [그림 2-4]와 같다.

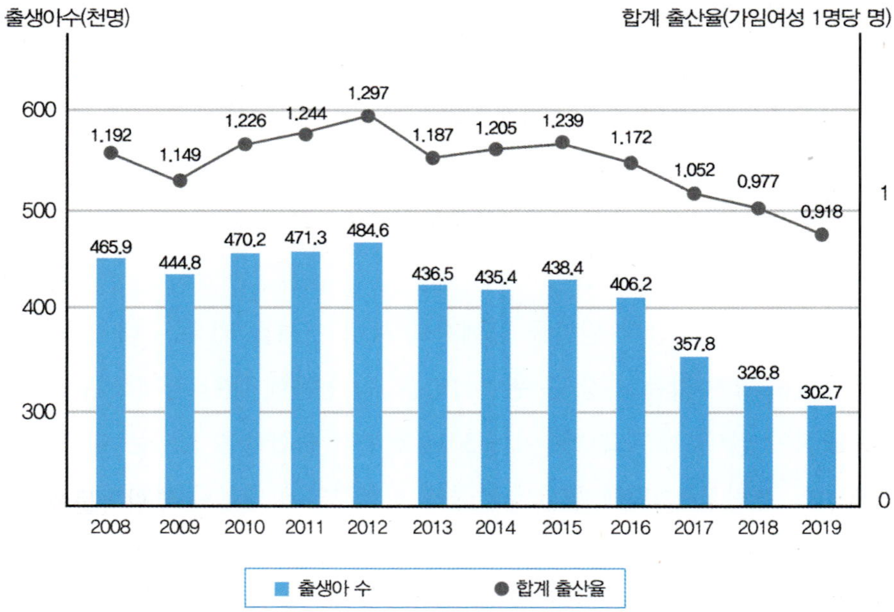

출처: 통계청(2019). 2019년 출생통계(확정), 국가승인통계 제10103호 출생통계

그림 2-4 합계출산율의 변화 추이

이처럼 심각한 출산율의 저하에는 개인적 요인, 사회적 요인, 정책적 요인 등 다양한 원인이 존재한다. 개인적 요인으로는 가장 먼저 자녀에 대한 가치관의 변화로 과거처럼 결혼을 하면 반드시 자녀를 가져야 한다는 생각을 하지 않는 사람이 늘어나, 맞벌이는 하겠으나 자녀는 갖지 않겠다는 DINK(Double Income No Kid)족이 등장하였다. 결혼에 대한 가치관도 변화하여 결혼이 과거처럼 필수가 아닌 선택이 되었으며 독신을 희망하는 사람들의 숫자도 증가하였는데, 특히 교육수준이 높은 여성의 경우 육아와 가사의 부담이 남성에 비하여 상대적으로 높기 때문에 더욱 결혼을 기피하거나 늦추고 비혼을 희망하는 경향이 증가하였다.

대부분의 젊은이들이 결혼에 대한 욕구보다는 직장에 대한 욕구가 높아져 초혼 연령이 1960년에 남자 25.4세, 여자 21.6세이던 것이 2017년에는 남자 32.9세, 여자 30.2세로 나날이 늦어지고 있고(중앙일보, 2018.3.21), 2020년에는 남자 33.23세, 여자 30.78세로 더욱 늦어졌다(통계청, 2021). 결혼을 하더라도 사회적·경제적 지위가 안정될 때까지는 출산을 미루는 경향이 있어 첫 자녀의 출산시기가 늦어지는 것도 저출산의 원인이 되고 있다. 저출산의 사회적 요인으로는 여성의 사회참여로 출산과 육아에 대한 부담이 증가하는 현실과 도시화·산업화로 인한 개인주의적 사고의 확산, 가족계획사업의 성공 등이 있다.

이렇듯 다양한 저출산의 원인들 중에서도 특히 자녀를 키우는 데 드는 경제적 부담이 아이를 낳지 않는 가장 큰 원인이라는, 즉 양육에 대한 경제적 부담이 너무 크다는 관점이 있다(김승권, 2005). 이미 30년 전부터 출산율을 높이는 데 관심을 가졌던 프랑스, 핀란드, 스웨덴 등의 국가들은 적극적인 양육부담 완화정책으로 이제 출산 걱정을 하지 않고 있다. 이들 국가가 하고 있는 대표적인 육아지원 정책으로는 아동수당 지급, 무상 유아교육 제공, 공적 재정으로 운영하는 시설 확충, 출산휴가와 육아휴직 등이 있다(나 정, 2005). 우리나라도 급속한 인구 변화에 대처하기 위해 저출산과 고령화 관련 정책을 총괄하는 저출산·고령사회위원회를 대통령 직속기관으로 운영하면서 '일하며 아이 키우기 행복한 대한민국'을 실현하기 위해 다양한 노력을 기울이고 있다. 정부는 육아지원정책으로는 연말정산 시 보육료와 교육비의 소득공제, 출산휴가와 육아휴직제 실시, 취학 전 유아의 점진적인 무상교육 실시 확대, 저소득층 가정 취학 전 영유아에 대한 보육료와 교육비 지원 등의 노력을 기울이고 있다.

2) 복지사회와 건강한 삶에 대한 노력

(1) 보상교육

1960년을 전후하여 교육학자 · 사회학자 · 행정가 등은 인간의 발달에 있어 조기경험의 중요성을 인식하고 유아교육에 대한 관심도가 상당히 높아졌다. 이러한 관심은 미국의 헤드 스타트(Head Start Project), 세서미 스트리트(Sesame Street)와 같은 불우아동을 위한 교육프로그램을 등장시키고 이들에게 보상해 줄 수 있는 교육을 시작하였다. 특히 미국의 헤드 스타트 프로젝트는 정부가 '가난의 극복(War onpoverty)'이라는 사회복지정책의 일환으로 개입한 저소득층을 위한 집중적이고 포괄적인 유아교육 접근법이었기 때문에 많은 시사점을 주었다(이기숙, 2000). 이는 가난이 미치는 부정적 효과를 방지하고 교육의 기회를 균등하게 주기 위하여 문화적으로 혜택을 받지 못하는 '불리한 환경의 유아들(disadvantaged children)'에게 보다 더 체계적이고 조직적인 교육을 실시함으로써 그 불리함을 극복하자는 국가적 차원의 개입 노력이었다. 저소득층 유아들의 복지 차원에서 이루어진 헤드 스타트 프로그램은 교육, 부모참여, 건강진단, 사회봉사, 영양, 교사와 부모들을 위한 진로지도 등의 여섯 가지 주된 프로그램으로 구성되었다. 헤드 스타트의 이러한 노력은 유아교육의 중요성에 대한 국가적 관심과 인식, 다양한 유아교육 프로그램의 개발과 기관의 설립, 더 나아가 헤드 스타트의 효과를 검증하는 장 · 단기의 연구들로까지 이어져 유아교육 및 유아교육과정의 발전에 많은 기여를 하였다.

우리나라의 경우 헤드 스타트와 유사한 노력으로 1980년대 초반 제5공화국이 들어서면서 취업모 자녀의 증가와 저소득층 유아에 대한 교육의 일환으로 정부가 적극적으로 개입하여 전국에 새마을유아원을 설립하였다. 새마을유아원은 1991년 영유아보육법이 제정되면서 유치원과 어린이집으로 전환하도록 하여 현재는 존재하지 않는다. 최근에는 정부가 2013년부터 만 0~5세 전 계층에 무상보육을 실시하고 유치원과 어린이집에 연령별로 보육료와 양육수당을 지급함으로써 보편적 복지정책을 시도하고 있다. 또한 보건복지부는 2004년부터 민간단체와 지방자치단체를 중심으로 추진되었던 '위스타트 마을 만들기 사업'을 모델로 하여, 2007년부터 한국형 포괄적 빈곤아동 조기지원 서비스를 제공하는 것을 목적으로 드림스타트 사업을 추진하고 있다. 또한 교육부는 2003년부터 교육복지 투자우선지역 지원사업의 일환으로 유치원 단계의 저소득층 영유아들에게 예방적 · 치료적인 개입을 통해 교육, 복지, 문화 측면에서 평등한 출발을 보장하기 위한 사업을 시작하여 점차 전국적으로 확대하였다. 이 사업은 교육부가 주관하고 교육청, 단위학교 및 지역사회단체 및 기관들이 네트워킹하여 수행되는 것을 특징으로 하며, 2011년부터 명칭을 교육복지우선지원사업으로 변경하였다. 저소득층 밀집지역을 중심으로 저소득층 유아들에게 요구되는 교육적 지원을 하고 문화, 복지의 영역에 대한 지원까지 함께 제공함으로써 좀 더 적극적 개념의 교육 불평등과 격차를 해소해 나가기 위해서 시도되고 있다(교육복지우선지원사업, 2013).

(2) 환경교육의 강조

오늘날 현대사회의 급속한 산업화와 무분별한 경제성장, 인구 증가로 인한 소비형태의 다양화 등은 생활수준의 향상을 가져왔지만 인간 생존의 기반인 지구 생태계의 급속한 파괴로 이어지고 있다. 지구상의 수많은 동식물들이 멸종위기에 놓이게 되었고, 환경오염으로 인한 이상기온 현상이 지구 곳곳에서 발생하고 있으며, 최근에는 심각한 미세먼지로 마스크를 사용하지 않으면 외출이 두려울 정도가 되었다. 이와 같은 자연파괴는 어린이들의 삶에 직접적인 영향을 미치게 되어 어린이들이 자연에서의 다양한 놀이를 할 수 없는 것은 물론이고 나날이 늘어가는 자동차들로 안전한 놀이터마저 잃어버렸고, 자연물 대신 아기 때부터 플라스틱 장난감을 주로 가지고 놀며 TV와 컴퓨터 게임기에 빠져들거나, 학습지를 하며 많은 시간을 보내게 되었다. 또한 환경오염으로 아토피나 만성적인 천식, 납중독과 같은 신체적인 고통을 감수해야 하는 유아들 또한 나날이 늘어가고 있다. 이러한 상황에서 전 세계는 환경에 대한 관심이 고조되고 있고, 환경에 대한 건전하고 바른 태도를 길러주는 환경교육이 21세기에 반드시 필요한 교육으로 인식되고 있으며, 유아교육도 예외가 될 수는 없다.

환경교육은 환경을 구성하는 여러 요소들 간의 상호의존성에 대한 지식과 환경에 영향을 미치는 행동을 할 때 올바른 태도를 갖도록 하는 데 중점을 둔다(환경처, 1994). 유아 대상의 환경교육은 환경에 대한 인식과 태도를 형성하고 환경에 대한 지식을 습득하는 것이며 환경보전에 참여하는 행동을 기르는 것이다(윤애희, 박정민, 1998). 이러한 교육은 가치관을 내포하는 교육이므로 다양한 가치관 및 태도를 형성하기 시작하는 최적의 시기인 유아기에 이루어지는 것이 효율적이다. 더욱이 유아교육은 생활중심으로 이루어지므로 환경교육을 효율적으로 적용할 수 있으며, 어린 시절 경험한 환경에 대한 감수성은 이후의 인생에 중요한 영향을 미칠 수 있다. 최근에는 이러한 노력의 일환으로 많은 유아교육기관들이 텃밭에서 식물 재배하기, 꽃씨 심고 가꾸기, 동물 기르고 보호하기, 재활용품 사용하기, 분리수거하기 등의 활동을 실시하고 있다. 여기에서 더 나아가 일부에서는 공동육아 프로그램을 포함하는 다양한 대안 프로그램과 숲 체험이나 생태유아교육 프로그램들도 등장하였고, 국가 수준의 2019 개정 누리과정에서도 사람과 자연을 존중하고 배려하며 소통하는 태도를 기르는 것을 구성방향에 포함하였다.

3) 21세기의 정보화 · 세계화 사회

(1) 정보화 · 세계화 사회의 도래

현대사회는 인터넷을 포함한 정보통신매체와 교통의 발달로 인하여 세계가 하나의 생활권으로 묶이게 되면서 세기적 변혁의 시대를 맞고 있다. 우리나라도 통신위성이 발사된 이후 TV 스위치만 켜면 세계 곳곳에서 일어나는 일들을 위성채널을 통해 실시간으로 시청할 수 있게 되었다. 이러한 정보화 · 세계화 사회를 사회학자들은 '그물망사회', '다원화사회', '지구촌' 등의 개념으로 표현하고 있다(김정원 외, 2005).

누구에게나 정보가 개방되는 현대의 정보화 사회는 소수만이 정보를 가지고 대우를 받던 과거에 비하여 매우 평등한 사회가 될 것이며, 개인들의 삶이 보다 다양해지고 선택의 폭도 넓어질 것이다. 그러므로 현대사회는 누구나 공유할 수 있는 기존의 정보가 아닌 새로운 정보를 창출하고 활용하는 사고능력과 창의성 개발이 무엇보다 중요하게 부각되고 있다. 빠른 사회변화에 대처할 수 있는 능동적이고 적극적인 성향, 자신의 삶을 계획하고 선택하는 자기주도적인 태도, 다양한 관계를 형성하고 의사소통할 수 있는 열린 마음 등이 정보화 사회에서 요구되는 인성적 특성들이다. 이러한 측면에서 21세기 교육의 방향을 논할 때에는 항상 창의력 신장이 화두로 떠오르게 된다. 이에 국가 수준 2019 개정 누리과정의 성격에서는 유아중심 · 놀이중심을 추구하며 자율성과 창의성을 기르는 데 중점을 두고, 전인발달을 이루도록 강조하고 있다.

정보화 사회와 함께 도래한 세계화로의 변화는 단일민족국가를 자랑으로 삼던 우리에게 하나의 도전이 되고 있다. 지역과 지역 간, 문화와 문화 간의 교류가 빈번해지고, 세계가 시 · 공간적으로 가까워짐에 따라 세계 여러 나라와 함께 공존하는 법을 배워가는 것은 중요한 과제가 되었다. 다양한 문화가 공존하는 세계시민으로 살아가기 위해서는 우리와 다른 것에 대한 편견 없는 수용과 다른 문화에 대한 긍정적인 태도와 이해가 요구된다. 이러한 사회적인 변화를 반영하여 최근 유아교육에서는 성, 인종, 민족, 능력, 장애 여부 등에 관계없이 모든 사람을 존중하도록 하는 반편견 교육과정(anti-bias curriculum)과 인간의 삶 속에 존재하는 다양성에 대한 이해와 존중을 도모하는 다문화 교육(multi-cultural education)에 노력을 기울이고 있다. 더불어 세계 언어로 인식되는 영어교육에 관한 관심이 지나치다 해도 과언이 아닐 만큼 높다고 할 수 있다.

(2) 우리나라 전통문화의 중요성에 대한 인식

21세기 세계화 · 정보화 시대의 특징을 한마디로 정의하기는 어렵지만 한 가지 분명한 점은 각 나라마다 고유의 민족정신을 반영하는 교육이념 및 가치가 매우 강조되리라는 것이다. 국가 간의 거리가 좁혀지고 세계가 하루 생활권에 접어들었지만 오히려 대등한 국가관계나 민족관계를 유지하기 위해서 각국 고유의 문화정신을 계승하는 전통문화교육이 더욱 필요하게 되었다. 이러한 현상을 '세계화'와 동시에 출현하는 '민족화'라고 부르며 사람들은 삶의 스타일이 서로 동질적이 될수록 외부적인 영향에 반발하면서 자신의 문화적 독특성을 주장하게 된다는 것이다(Naisbitt, 1987). 우리가 흔히 사용하는 '가장 한국적인 것이 가장 세계적인 것'이라는 표현은 이러한 전통문화의 중요성을 잘 표현한 것이며, 우리 것에 대한 이해와 존중이 다른 문화에 대한 이해와 존중의 기초가 됨을 나타내 주는 것이다.

이에 우리나라의 국가 수준 교육과정인 제6차 유치원 교육과정에서부터는 21세기 세계화에 대비한 교육개혁 중점 사항으로 전통문화교육에 충실할 것을 제시하고 유아를 위한 전통놀이 교육활동 지도자료, 전통문화교육활동 지도자료 등을 개발하여 유아교육현장에 배부하기도 하였다. 그러나 꾸준히 계승하고 발전시켜야 할 우리의 전통문화에 대한 교육이 마치 관광객이 특정 장소를 평생에 한 번 여행하면서 경험하듯이 일회적으로 소개하는 관광식 교육과정(tourist curriculum)으로 전락하지 않도록 노력을 기울여야 할 것이다.

(3) 4차 산업혁명 시대에 대비한 교육 패러다임의 변화

최근 우리는 언론과 대중매체를 통해서 머지않은 미래에 '4차 산업혁명'의 시대가 도래하게 될 것이라는 말을 자주 듣게 되었다. '4차 산업혁명'이란 인터넷과 재생에너지가 원동력이 되었던 3차 산업혁명을 넘어서는 새로운 산업혁명의 개념으로 2016년 4월 세계경제포럼(WEF: World Economic Forum, 다보스포럼) 제46차 연차총회의에서 처음으로 등장하였다. 제4차 산업혁명은 인공지능(AI: Artificial Intelligence), 사물인터넷(IoT: Internet of Things), 로봇, 바이오의 신기술, 유전공학, 3D 프린팅, 자율주행 운송수단과 드론, 나노기술, 빅데이터 이용과 상호 융합의 발전으로 한계가 어디까지이며 어느 방향으로 발전할지를 예측하기가 쉽지 않다(성태제, 2017). 4차 산업 시대에는 인공지능 자동화 시스템이 인간만이 가능하다고 여겼던 업무의 상당 부분을 대체할 것으로 전망되며(장필성, 2016), 현재와 같은 속도로 4차 산업혁명이 진행된다면 미래에는 전 세계 7세 어린이들의 65%는 현재 존재하고 있지 않은 일자리에서 일하게 됨이 예측되고 있다(김진형, 2016)고 한다.

이처럼 제4차 산업혁명을 대표하는 인공지능과 로봇, 사물인터넷 등은 인간 삶의 질을 높여줄 수 있지만 잘못된 판단이나 오용, 무책임 등이 발생하면 오히려 인류에게 재앙을 가져올 수도 있으므로, 미래에는 과학기술과 산업이 발전하면 할수록 인간에 대한 교육도 더욱 강화될 필요가 있다. 최근에는 제4차 산업혁명에서 발생할 수 있는 문제들에 대한 대응방안으로 교육의 패러다임 전환에 대한 노력이 전 세계적으로 시행되고 있는 추세이고(송윤나, 박희숙, 2017), 우리나라도 급변하는 미래사회에의 적응과 지속가능한 교육을 위해서 기존의 교육에서 벗어나 새로운 미래교육에 대한 계획을 세우는 일에 많은 관심이 모아지고 있다. 4차 산업혁명 시대를 맞이하여 기존의 교육 패러다임에 대대적인 변화를 모색해야 하는 이유는 기존의 사회에서 필요로 했던 역량과 4차 산업혁명 시대에 요구되는 역량이 다르기 때문이다.

이러한 시대의 요청을 반영하여 미국의 교육과학자들은 4차 산업혁명 시대에 아이들에게 무엇을 가르쳐야 하는가를 연구한 결과, 미래에 어떤 환경에 놓이고 어떤 변화를 겪더라도 적응할 수 있는 능력을 키워주어야 한다고 강조하며 '6C 역량'을 키워주어야 한다고 조언하였다(Roberta, M. Golinkoff, Kathy Hirsh-Pasek 저, 김선아 역, 2018). 6C는 협력(Collaboration), 의사소통(Communication), 콘텐츠(Contents), 비판적 사고(Critical Thinking), 창의적 혁신(Creative Innovation), 자신감(Confidence)이며, 6C를 키우기 위해서는 '무엇을 배우느냐'보다는 '어떻게 배우느냐'에 초점을 두고 교육할 필요가 있다고 하였다. 사회 전반에 걸친 교육 분야에서 4차 산업혁명 기반 교육에 대한 관심과 필요성이 제기됨에 따라 유아교육분야에서도 관련된 영역의 연구들이 진행되고 있으며, 기존의 교육과정, 교수와 학습, 평가에 대한 재개념화를 통해 유아의 자율성과 창의성을 키우며 세계 시민으로서의 책무성을 키우고, 미래사회에 필요한 인지적 특성과 정의적 특성을 고루 발달시키기 위한 교육내용과 방법의 개발에 관심을 기울이고 있다.

정리해 보세요

1 유치원의 창시자인 프뢰벨의 교육사상과 그가 유아교육과정에 대해 공헌한 내용을 50자 정도로 정리해 보세요.

2 듀이의 교육사상에 대해 간략히 요약하고, 개혁유아교육과정의 내용에 대해 알아봅시다.

3 몬테소리의 교육사상에 대해 정리해 보세요.

4 1900년대 초반 아동연구운동의 결과로 등장한 심리학 이론들의 특징을 정리하고 비교해 봅시다.

5 우리나라에서 저출산 현상이 좀처럼 해결되지 않는 이유에는 어떤 것들이 있을지 알아보고, 저출산 해결 방안이나 정책에 무엇이 있을지 찾아봅시다.

토론해 보세요

1 프뢰벨과 듀이의 교육사상과 실제에서 공통점과 차이점을 찾아서 토의해 보세요.

2 가드너의 다중지능이론에 기초하여 유아들을 관찰하고, 개인 유아들이 보이는 특별한 사례에 대해 비교해 봅시다.

3 전 세계적으로 환경에 대한 관심이 고조되고 있는 요즈음 유아교육기관에서 구체적으로 어떠한 내용과 방법으로 환경교육을 실시해야 할지에 대해 토의해 보세요.

4 21세기 세계화 · 정보화 시대를 맞이하여 우리 전통문화의 중요성이 더욱 강조되어야 하는 이유에 대해서 다른 사람들과 함께 의견을 나누어 봅시다.

5 미래의 4차 산업시대를 대비하기 위하여 유아교육에서 가장 먼저 변화해야 할 것에는 무엇이 있을지 토의해 봅시다.

CHAPTER

3

유아교육과정의 동향

1. 유아교육과정의 공공성 강화
2. 유아교육에 대한 다양한 요구의 반영
3. 발달에 적합한 실제와 논쟁점
4. 포스트모더니즘과 유아교육과정
5. 유아교육과정에서 놀이의 강조
6. 역량중심 유아교육과정에 관한 요구
7. 뇌 과학의 발달과 적기교육

Chapter 03

유아교육과정의 동향

유아교육과정은 교육과정이 운영되는 시기의 철학적, 역사적, 심리적, 사회적인 요구와 맥락을 반영하면서 변화한다. 최근 우리나라의 유아교육과정의 변화 경향을 살펴보면 다음과 같다.

1 유아교육과정의 공공성 강화

최근 유아교육과 관련된 정부의 정책을 제안하는 과정에서 저출산 극복을 위한 교육복지의 실천전략으로 유아교육과 보육의 공공성에 관한 논의가 지속적으로 증가하고 있다. 유아교육 서비스의 질 향상과 공공성 확보가 정부의 유아교육과 보육에 대한 중장기 정책을 수립하는 과정에서 정부 정책의 주요 의제로 부각되고 있는 것이다. 유아교육과 보육의 공공성 강화에 대한 이러한 시도는 세계의 많은 국가들이 저출산 대책, 생애 초기 발달의 중요성, 일과 가정의 양립 지원 등을 이유로 유아교육의 국가적 책임과 공공성을 강화하고 있는 경향과 맥을 같이 한다.

유아교육과 보육의 공공성은 가구의 소득이나 계층 등에 상관없이 우리 사회의 모든 유아들이 질 높은 보육과 교육 서비스를 이용할 수 있도록 재정과 공급의 측면에서 국가의 역할을 강화하는 것이다(이미화, 유해미, 최효미, 조아라, 2015). 유아교육의 공공성은 행위 주체자로서의 정부가 유아교육에 대한 사회적 책임을 지고 학부모의 교육비 부담을 최소화하기 위해 재정 지원을 확대하여 질 높은 유아교육과 보육에의 접근성을 높일 수 있도록 국·공립기관을 확대하는 것을 의미하기도 한다(최은영, 박창현, 송신영, 2016).

유아교육과 보육의 공공성을 강화하기 위한 이러한 논의는 유아교육과정의 공공성 확보를 기본으로 한다. 많은 OECD 국가들이 유아교육과정과 보육과정을 한

부처를 통해 통합된 시스템으로 운영하고 있거나, 적어도 3세 미만 아동과 3세 이상 아동을 분할해서 관할하는 이원화 시스템을 운영하고 있다(최윤경, 2017). 따라서 유아교육과정과 보육과정을 통합하는 것은 유아교육의 공공성 확보를 위한 기본적인 조건으로 중요하게 고려되어야 한다(박은혜, 신은수, 조형숙, 2012).

공공성 확보 차원에서 유아교육과정에 관하여 논하는 것은 취학 전 교육의 질을 높이며 생애 초기의 교육 기회에 있어 공정한 출발선을 보장해야 한다는 주장에 의하여 힘을 얻는다. 우리나라에서는 이 과정에서 유아교육의 질을 담보하기 위하여 국가 수준 유아교육과정인 누리과정을 개발하여 시행하고 있다. 우리나라의 모든 유아를 대상으로 양질의 유아교육을 실시하기 위하여 최소한의 규준에 부합하는 내용을 갖춘 유아교육과정을 보급해야 한다는 필요성에 따라 개발된 누리과정은 2012년 이후 우리나라의 모든 유아교육현장에서 적용되고 있다. 누리과정은 2012년 3월부터 어린이집과 유치원에 '5세 누리과정'으로 공통적으로 실시되기 시작하였고, 2013년 3월부터는 만 3~4세 누리과정으로 확대하여 '3~5세 연령별 누리과정'으로 확장·적용되기 시작했으며 현재 『2019년 개정 누리과정』으로 개정되어 시행되고 있다(교육부, 2019).

누리과정은 유아에게 제공되는 무상교육·보육정책인 동시에 교육·보육과정을 의미한다. 누리과정은 유치원과 어린이집으로 이원화되어 있는 교육·보육과정을 통합하여 유아기 단계에서 교육의 질을 제고하고, 생애 초기 출발점 평등을 보장하는 데 그 의의가 있다. 누리과정은 개정되는 시기에 따른 특징이 반영되어 있다. 누리과정이 처음 제정될 당시에는 특히 유아기부터 타인을 배려하고 존중하며 공감하는 역량을 기르기 위한 인성교육을 대폭 강화하도록 구성되어 있었다(교육과학기술부 보도자료, 2012a). 이후 가장 최근 개정된 『2019 개정 누리과정』에서는 유아교육에 대한 국가의 책임 강화와 교육문화 혁신을 통해 교육의 공공선 실현이라는 비전 아래 유아·놀이중심으로 개편하면서 미래 핵심 역량의 반영을 강조하고 있다(김은영, 임부연, 2019; 보건복지부, 2020a, b). 유아교육의 공공성 확보를 위하여 실시하고 있는 누리과정의 내실화를 위해서는 생애 초기 출발선상의 평등과 기회 보장을 위한 누리과정의 지향점을 분명히 하는 것이 중요하다. 그리고 유아교육현장에의 적용을 위하여 행·재정적 지원을 확대하고 투명한 관리를 위한 다양한 평가 시스템을 보다 확고히 갖출 필요가 있다.

2 유아교육에 대한 다양한 요구의 반영

1) 유아교육 서비스에 대한 다양한 요구의 반영

우리 사회에서는 최근 급격한 사회·경제적 변화가 이루어지고 있다. 어린 영아기 자녀를 둔 여성들의 취업률이 증가하고, 이혼이나 취업, 경제적 여건 등으로 인하여 한부모 가정이나 부부가 떨어져서 생활하는 가정도 점점 많아지고 있다. 핵가족화 경향으로 인하여 조부모나 친인척의 양육 지원을 받기가 점점 더 어려워지고 있는 것과 동시에 손자녀들의 양육을 자의반 타의반으로 떠맡아야 하는 조부모들의 양육으로 인한 부담은 빠른 속도로 상승하고 있다(방지선, 2017). 이러한 사회·경제적 변화로 인하여 가정에서 부모의 보살핌을 받고 성장하던 많은 영아와 유아들이 사회적 양육기관인 어린이집이나 유치원에서 생활하며 성장하게 되었다. 이와 함께 성인의 보호가 제공되지 않는 상황에서 각종 안전사고, 과도한 TV 시청이나 컴퓨터 게임, 그리고 아동 유기와 성폭력 등의 위험에까지 노출되는 초등학생들도 점점 증가하고 있어 초등학생들을 대상으로 하는 방과후 교육 및 돌봄 서비스의 확대가 지속적으로 요구되고 있다(임혜정, 2019; 조영희, 2014). 이렇게 출생에서부터 초등학생에 이르기까지 유아교육에서 담당해야 할 대상 연령의 범위가 점점 더 확대되고 있는 상황에서 3세 미만의 매우 어린 영아를 위한 보육 프로그램과 초등학생을 위한 방과후 프로그램 등 다양한 연령층을 대상으로 하는 유아교육과정의 개발이 요구되고 있는 실정이다.

특히 영아 프로그램은 어린 영아기 자녀를 둔 취업 여성의 증가와 가족 구조의 변화 등 사회적 · 경제적 변화로 인하여 수요가 급증하고 있다. 이 외에도 생후 2~3년 이전에 이루어지는 초기 경험이 유아의 성장과 발달에 결정적으로 중요한 역할을 한다는 질 높은 영아기 교육에 대한 인식의 증가와 자녀 수의 감소로 자녀에 대한 기대와 비용 투자의 증가 등 다양한 요인이 복합적으로 작용하면서 최근 그 수요가 증가되고 있는 상황이다(김민정, 강수경, 주연진, 이방실, 2015; 김희진, 김언아, 홍희란, 2004; Melhuish, 2007). 영아교육과정의 특징을 보면 영아의 신체적 · 생리적 욕구인 일상생활과 관련된 잠자기, 먹기, 씻기, 기저귀 갈기, 배변 훈련, 옷 입고 벗기 등을 중요한 교육의 내용으로 다루고 있다. 이러한 교육과정에서는 영아와 친밀감을 나누면서 애착을 형성하고, 일상생활에서 필요한 자조능력을 길러줌으로써 유능감과 긍정적인 자아존중감을 길러주는 것이 중요하다. 또한 영아교육과정에서는 영아들의 발달에 따른 격차가 매우 크고, 발달의 속도 또한 매우 빠르다는 특성을 고려하여 영아의 연령별 발달적 적합성을 고려하는 것과 동시에 영아 개개인의 성장과 발달의 개별성을 고려하는 보다 융통성 있는 교육과정을 실시하는 것도 매우 중요하다.

방과후 교육은 초등학교에서의 정규 교육과정이 끝난 방과후와 학교 시작 전, 그리고 방학 중에 행해지는 아동의 보호와 교육을 포함하는 개념으로 만 12세 미만의 초등학생들을 대상으로 한다(영유아보육법 제27조). 방과후 교육을 위한 프로그램은 기본생활습관과 학습습관 형성 등을 주로 하여 가정에서 기본적으로 이루어지던 기본생활습관 형성과 관련된 내용으로 구성되어 있다. 방과후 교육과정의 주요 내용은 식사습관 등의 생활지도, 숙제지도, 국어, 수학, 과학, 예술 등의 학업성취도 향상을 위한 교육, 자율학습, 특별활동지도, 놀이, 독서 등으로 구성된다(김정원, 김유정, 2006; 양애경, 조호제, 노신민, 2008; 한국여성개발원, 1997). 최근 들어 다함께 돌봄, 지역아동센터 등의 마을돌봄과 지방자치단체와의 협업으로 이루어지는 교실 이용 돌봄이 초등 방과후 돌봄의 모델로 확정되었고, 초등 돌봄 교실도 지속적으로 그 수가 확대되고 있는 추세로 초등 방과후 돌봄 서비스는 2022년경에는 거의 53만 명 수준으로 확대될 전망이다(이재희, 2018).

이렇게 다양한 유아교육 서비스에 대한 요구에 따라 맞벌이 부모의 자녀를 위한 유치원 종일반 확대, 어린이집 보육시간 연장, 초등학교 방과후 교실이 증가하고 있지만 영아, 유아, 초등학생 등의 발달에 적합하고 이들이 처한 사회문화적 환경을 고려한 질 높은 교육과정은 매우 부족한 실정이다. 비용이나 시설, 교사 수급 등의 문제로 인해 최소한의 보호만 제공하거나, 지나치게 학습 위주로 프로그램이 구성되어 있는 경우도 많다. 사회경제적 변화와 유아기 교육에 대한 인식의 변화를 고려하여 아주 어린 시기부터 가정 밖의 사회적 교육기관에서 장시간 보호되고 교육되는 유아를 위해 이들의 전인적 발달과 성장을 지원할 수 있는 양질의 유아교육과정의 개발 및 보급이 시급하다.

2) 다양한 목적의 프로그램 개발에 대한 요구의 반영

유아들이 살아가고 있는 사회는 지속적으로 변화하고 있다. 특히 최근에는 그 변화가 급격하여 유아교육과정에서도 이러한 변화를 고려할 필요성이 강조되면서 다양한 목적을 가진 프로그램들이 개발되어 유아교육현장에 적용되고 있다. 다양한 목적을 가진 유아교육 프로그램들로는 자연에 대한 친밀감과 아름다움을 느낄 수 있는 감성을 계발하고 자연보호 태도를 길러주기 위한 환경·생태·숲 프로그램(김동찬, 이정님, 2013), 갈등을 슬기롭게 해결하고 다른 사람들과 조화롭고 평화롭게 살 수 있는 능력을 길러주기 위한 평화교육과정(Clark, 2020), 인간의 다양성을 수용하고 편견을 방지하기 위한 다문화·반편견 교육과정(이수진, 신금호, 2019), 장애를 가진 이웃들을 존중하고 함께 살아갈 수 있는 태도를 형성하는 데 도움을 주는 장애통합교육과정(이소현, 2005), 그리고 타인을 배려하고 존중하며 공감하는 역량을 기르기 위한 인성교육을 강화하기 위한 프로그램(교육과학기술부, 2011b) 등이 있다.

자연친화 프로그램은 자연의 아름다움에 대한 감수성과 친밀감을 기르고, 지구의 자연환경의 소중함과 보호의 필요성을 인식하며, 환경을 보호할 수 있는 태도를 기르기 위한 프로그램이다. 자연친화 프로그램은 유아들이 어린이집이나 유치원, 그리고 가정에서 쉽게 접할 수 있는 꽃과 나무, 식물, 동물 등을 주제로 생태환경의 아름다움과 소중함을 알아갈 수 있는 내용으로 구성되어 있다. 이들 중 생태유아교육은 자연친화적 유아교육으로 자연의 본성을 지닌 유아와 자연과의 신체적·정신적 교류와 교감을 통해 인간과 자연의 공생, 상생의 지혜를 터득하고 실천하도록 하는 교육을 의미한다(임재택, 2010). 생태유아교육에서는 생태계 파괴로 인한 환경문제나 인간성 상실의 문제, 유아의 신체적·정신적 문제의 심각성이 날로 더해지고 있는 사실을 인식하고 그 문제에 대한 해결방안을 유아교육을 통해 모색하고자 한다(김은주, 2005).

자연친화교육의 또 다른 형태로 최근에는 숲 프로그램이 많이 운영되고 있다. 숲 프로그램에서는 숲과 함께 하는 다양한 프로그램을 통해 유아들이 숲과 친해지고, 숲의 아름다움과 소중함을 체험을 통해 느낄 수 있도록 한다. 숲 체험은 숲에서 오감을 열고 온몸으로 숲을 느끼며 자연을 직·간접적으로 경험하는 것이다. 유아들은 숲 프로그램에 참여하면서 정신적·심리적으로 마음의 건강을 회복하고, 보건·의학적으로 신체적 건강함도 획득하게 된다. 또한 숲의 다양한 기능을 탐색, 탐방, 학습함으로써 숲의 중요성을 인식하고, 숲에 대하여 이해하게 됨으로써 자연과 생태환경에 대한 올바른 가치관을 형성하고, 생명존중과 더불어 유아 자신을 비롯하여 타인에 대한 존중과 배려의 태도까지 형성하게 된다.

한편 교육학자들은 현대사회의 다양한 사회문제, 즉 전쟁과 테러, 소수민족문화와 생태계 파괴, 인종 및 성차별, 폭력 등에 직면하면서 사회개혁과 함께 교육개혁이 시급하다고 한다. 그리고 이러한 문제를 해결하기 위하여 모든 학교에서는 평화교육과정을 보다 적극적으로 실시해야 한다고 주장하고 있다. 평화교육은 전쟁, 인종분쟁, 무력 사용 등을 넘어 정의, 인권, 환경, 폭력 등의 광범위한 주제에 관한 교육으로 현대사회를 살아가는 데 필수적으로 갖추어야 할 태도를 함양하는 것을 목적으로 한다(고영자, 조안나, 2017; Clark, 2020; Hymel & Darwich, 2018; Lombardo & Polonko, 2015). 평화교육은 독립된 교과를 통해 이루어지기보다는 일정한 기간 동안 교실, 놀이터, 가정, 그리고 우리 사회 전체에서 일상생활을 통해 평화적인 삶의 태도를 배워나갈 수 있도록 학교와 가정, 그리고 사회가 긴밀히 협력해서 실시될 때 효과가 있다. 유아들은 유치원과 어린이집에서 이루어지는 평화교육과정에 참여하면서 자신과 타인에 대한 존중, 협동, 갈등에 대한 평화적인 해결 기술, 문화적 다양성에 대한 이해, 자연과 인간의 조화 등을 배우고 이를 통해 궁극적으로 평화로운 삶의 의미를 깨닫고 평화로운 삶을 사는 태도를 배우게 된다(Minch, 2019).

다문화 반편견 교육과정도 성, 인종, 장애, 민족과 문화의 다양성과 차이 등을 이해하고 존중하며 편견에 대응할 수 있는 능력을 길러주기 위하여 그 중요성이 강조되고 있다(Wardle, 2018). 현대사회에는 다양한 문화적 배경을 가진 사람들이 함께 어울려 살아가고 있으므로 다양한 문화에 대한 이해와 상호존중의 태도는 현대사회를 살아가는 사람들이 필수적으로 갖추어야 할 소양이라고 할 수 있다(Ramsey, 2008). 특히 앞으로 더욱 가속화될 세계화 시대를 살아가야 할 유아들에게 있어 다양한 문화에 대한 반편견적 태도는 매우 중요하다. 따라서 유아교육현장에서는 문화의 다양성을 존중하고 평화로운 세계 공동체 형성을 위한 역할을 수행할 수 있도록 문화, 협력, 편견, 정체성, 평등, 다양성 등을 주요 내용으로 하는 다문화교육 프로그램을 보다 적극적으로 실시할 필요가 있다(Derman-Sparks & Olsen, 2021). 특히 최근에는 성별에 따른 차별이 없는 사회를 이루기 위한 젠더감수성 향상 교육에 대한 관심도 증가하고 있어 여성인지 남성인지에 따라 차별받지 않고 자신이 가진 잠재력을 최적의 상태로 발휘할 수 있도록 하는 교육과정 운영에 대한 요구 또한 증가하고 있다(윤재희, 2018).

장애아 통합교육은 장애를 가진 유아들이 장애를 지니지 않은 또래들과 함께 유치원이나 어린이집 등에서 함께 교육을 받는 것을 의미한다(이소현, 2003; Bowe, 2004). 최근에는 통합교육 프로그램을 운영하는 유치원과 어린이집이 증가하고 있는 추세이다. 장애아 통합 프로그램은 일반 유아와 장애를 가진 유아들이 서로의 차이를 이해하고 긍정적이고 적절히 반응할 수 있도록 가르치기 위한 노력의 일환이다(Sapon-Shevin, 1983). 장애아 통합 프로그램에서 함께 교육을 받는다는 것은 장애아동이 우리 사회에서 동일한 소속감과 동등한 가치를 인정받고 동등한 선택의 자유를 가질 수 있는 권리를 보장받는다는 것을 의미한다. 장애아 통합 프로그램을 통해 우리 사회에서 살아가고 있는 모든 유아들은 장애에 따른 차별 없이 모두 우리 사회의 구성원으로서 동등한 권리를 누리며 살 수 있어야 한다는 것을 배우게 된다(강상, 권정심, 신지혜, 2012). 이러한 교실에서는 서로의 차이를 최소화하거나 무시하기보다는 서로 존중하고 협력하여 보다 나은 교실 공동체를 만들어가기 위해 노력한다(이길동, 2010). 장애아 통합 프로그램을 경험한 유아들은 나중에 성인이 되어 사회생활을 할 때도 서로의 차이를 이해하고 존중하며 최선의 사회를 이루는 데 필요한 역량을 갖추게 될 것이다.

유아교육현장에서의 누리과정의 적용과 함께 유아기부터 타인을 배려하고 존중하며 공감하는 역량을 기르기 위한 인성교육이 강조되고 있다. 이는 우리 사회의 급속한 산업화와 경제화 과정에서 물질주의와 이기주의가 만연하면서 우리 사회 구성원들의 가치관 혼란과 공동체 의식 및 도덕성 상실이 점점 심각해지고 있기 때문이다. 이러한 사회적 상황에서 미래사회의 인재가 갖추어야 할 필수적인 조건으로 바른 인성의 중요성이 강조되면서 특히 인성 형성의 결정적 시기인 유아기 인성교육의 보다 적극적인 실시가 요구되고 있는 것이다(김정원, 민희숙, 방승연, 2014). 유아기 인성교육에서는 배려, 존중, 협력, 나눔, 질서, 효 등의 요인들이 강조되고 있고 지식만이 아니라 정의적인 측면과 실천적인 측면까지 학습하는 것이 중요하다(교육과학기술부, 2011b; 김연진, 김병희, 2019; 육아정책연구소, 2011).

이 밖에도 유아교육기관에서는 다양한 서비스에 대한 요구를 반영한 다양한 목적을 가진 프로그램들이 실시되고 있다. 이들 중 많은 프로그램이 국가지침에 포함되어 어린이집과 유치원에서 실시되고 있다. 예를 들면 건강·급식·위생관리 프로그램, 안전관리 프로그램, 열린어린이집 프로그램, 적응 프로그램 등이 어린이집과 유치원 교육과정에 포함되어 있다. 어린이집에서는 취약(맞춤)보육을 위하여 장애아 통합 프로그램, 영아 프로그램, 다문화 통합 프로그램, 야간연장 프로그램 등을 실시할 것이 권장되고 있다.

3 발달에 적합한 실제와 논쟁점

발달에 적합한 실제에 대한 논쟁은 이미 수세기 전에 미국 유아교육계에서 시작되었기는 하지만 아직도 유아들의 발달적 적합성보다는 학문적 성취와 기술의 획득이 심각할 정도로 강조되고 있는 우리나라의 유아교육현장에 시사하는 바가 크기 때문에 유아교육과정의 동향에서 살펴볼 필요가 있다.

발달에 적합한 실제(DAP: Developmentally Appropriate Practice)는 1980년대 이후 미국에서 천재아 선호 증상과 어린 나이부터 형식적인 교육을 시킬 필요가 있다는 온실이론(hot-housing theory)의 문제가 심각하게 대두되면서 유아의 발달적 적합성을 고려한 유아교육의 중요성을 강조하는 유아교사들에 의하여 제기되었다. 당시 미국사회와 유아교육계에 만연하던 학문적 성취와 테스트에 대한 압력에 대응하기 위하여 전미유아교육협회(NAEYC: National Association for the Education of Young Children)에 소속된 유아교사들과 유아교육 전문가들은 유아의 발달에 적합한 교육과정을 실시해야 할 필요성을 제기하였다(Bredekamp, 1986). 이후 지속적인 개정을 거듭한 발달에 적합한 실제는 유아교육 분야의 새로운 연구결과를 포괄적으로 반영하여 2020년에 제4차 발달에 적합한 실제(The fourth edition of the Developmentally Appropriate Practice: DAP)로 최종 개정되었다. 제4차 발달에 적합한 실제에서는 특히 발달의 사회적, 문화적, 역사적 맥락과 전인적 유아를 지원하는 방법인 놀이와 탐색, 탐구를 통한 적극적인 참여의 필요성을 강조하고 있다(NAEYC, 2020).

발달에 적합한 실제란 연령적 적합성, 개인적 적합성, 사회·문화적 적합성을 고려한 교육과정을 의미한다. 교사가 이러한 세 가지 측면을 고려하여 교육과정을 운영할 때 발달에 적합한 교육이 실시될 수 있다(Bredekamp & Copple, 1997; NAEYC, 2020).

- 연령적 적합성(Age Appropriateness): 연령적 적합성을 고려한 유아교육과정이란 유아가 속한 연령 집단의 발달수준과 특성에 부합하는 교육과정을 의미한다. 유아기의 성장과 변화는 보편적이고 예측 가능하므로, 유아교육현장에서는 특정 연령 유아의 발달에 적합성을 고려한 안전하고 흥미롭고 도전적인 활동과 놀잇감, 그리고 교육적 경험을 제공해 주어야 한다.
- 개인적 적합성(Individual Appropriateness): 유아들은 연령에 따라 보편적인 발달적 특성을 가지고 있는 동시에 모두 개별적으로 각기 다른 발달 능력과 흥미, 요구, 그리고 기질을 가지고 있다. 개인적 적합성을 고려하는 유아교육과정에서는 유아 각자의 개인차와 다양성을 인정하고 수용해 주어야 하며 유아들의 개인적 특성에 민감하게 반응해 주면서 교육과정을 운영해야 한다.
- 사회·문화적 적합성(Socio-cultural Appropriateness): 유아의 발달과 학습은 그들이 속한 사회·문화적 환경에 의하여 영향을 받는다. 유아교육과정에서 사회·문화적 적합성을 고려해야 한다는 것은 개별 유아와 가족, 그리고 각 유아교육기관이 속한 지역사회나 국가의 가치, 신념, 전통, 문화 등을 고려한 교육과정을 실시해야 한다는 것을 의미한다. 이러한 교육과정을 통해 유아들은 그들에게 의미 있고, 그들이 현재 살아가고 있는 삶과 관련되며, 그들의 가치와 신념이 존중되는 교육과정을 경험하게 된다.

발달에 적합한 실제는 유치원이나 어린이집에서 실시하고 있는 교육과정의 목표, 내용, 교수-학습방법 등이 학습자인 유아의 발달에 적합한지를 검토하는 기준으로 활용될 수 있다. 그러나 발달에 적합한 실제가 지나치게 심리적 발달이론에 기초하여 발달적 측면만을 주로 강조하고 있다는 것과 발달에 적절하고 부적절한 것의 기준이나 의미에 대한 의문으로 인해 비판을 받기도 한다는 것을 유념해야 한다(이기숙, 2000). 즉 발달에 적합한 실제가 유아의 발달적 적합성에만 주로 관심을 두도록 함으로써 유아교육과정의 교육목표와 내용 등이 교육적으로 가치가 있는 것인지, 그리고 각 유아교육기관이 위치한 지역사회나 국가의 사회적·문화적 측면에서 볼 때 적절한 것인지에는 필요한 만큼 충분히 초점을 맞추고 있지 못하다는 것이다.

따라서 발달에 적합한 실제는 교육내용의 근원이라기보다는 교육과정을 설계하는 데 도움이 되는 기초자료로 활용되는 것이 보다 타당하다고 볼 수 있다. 그리고 발달에 적합한 실제에서 주장하는 발달적으로 적절하거나 부적절하다는 것의 기준이나 내용이 각 문화권에 따라 차이가 있음을 고려해야 한다. 최근에는 한 사회의 지식, 기술, 가치, 신념, 관습 등이 사회적 상호작용을 통해 다음세대로 전이되는 것에 초점을 맞춘 비고츠키의 사회문화 이론의 기본 원리가 유아발달의 전면에서 주목을 받고 있다. 즉 유아가 지식을 구성하고, 발달은 사회·문화적인 맥락과 분리될 수 없으며, 학습이 발달을 주도하고, 언어는 정신발달에 핵심적인 역할을 한다는 것이다. 이러한 측면을 고려할 때 유아교육과정에서는 발달에 적합한 실제와 적합하지 않은 실제라는 이분법적 설명을 지양하고, 유아와 유치원 및 어린이집의 사회·문화적 적합성을 고려하는 데 초점을 맞출 필요가 있다.

4 포스트모더니즘과 유아교육과정

유아와 유아교육기관의 다양한 사회적 · 문화적 특성에 대한 관심은 유아교육과정도 현대사회의 특징인 다원화된 관점에서 봐야 한다는 포스트모던적 관점과 맥을 같이 한다. 포스트모던적 관점에서는 새로운 시대를 살아가야 할 유아들에게 과거로부터 전통적으로 전수되어 온 지식의 습득과 훈련에 중점을 두기보다는 유아들과 교육현장의 요구에 부합하는 최적의 교육과정이 무엇인지에 초점을 맞추고 있다(김규수, 2001; 김은혜, 2021). 유아교육과정에 대한 이러한 변화는 유아교육과정이 지나치게 발달이론에 의존하는 것에서 벗어나 일반 교육과정 분야에서 활발히 논의되고 있는 현상학, 해석학, 포스트모더니즘, 페미니즘과 같은 다양한 시각에서 유아교육과정을 재개념화하려는 시도로 연결되었다. 유아교육과정의 재개념화에 관하여 케슬러는 NAEYC의 발달에 적합한 실제를 비판하면서 유아교육현장에서 무엇을 가르치고 배워야 하는지에 관한 철학적 · 역사적 · 정치적 차원을 밝힘으로써 교육과정에 새로운 시각을 제공하였다(이기숙, 2000; Kessler, 1991).

유아교육과정의 재개념화 과정에서는 인간 존재의 의미, 공동체에서 추구하는 진정한 삶의 목표 등과 같은 보다 근본적인 문제에 대한 해답을 추구하는 것을 교육과정 탐구의 본질로 여긴다. 교육과정의 재개념론자들은 교육목표의 설정, 교육내용의 선정과 조직, 교수-학습방법, 그리고 교육평가와 같은 기술적인 방법을 통한 교육과정 개발보다는 교육 경험의 본질이나 이에 대한 비판적 이해에 관심을 두고 교육과정을 논해야 한다고 본다(최윤경, 임부연, 2021). 이들은 재개념화를 위하여 '어떤 지식이 교육과정에 포함되어야 하며, 교육의 형태는 어떠해야 하는가?'와 '학교 교육의 내용에 누구의 목소리가 반영되고 있으며, 누구의 이익이 대변되고 있는가?' 등의 질문에 대한 대답을 찾고자 한다(Sapon-Shevin, 2000).

유아교육과정의 재개념화 시도 중의 하나로 우리 사회의 가장 어린 학습자인 유아는 성인의 보살핌이 절대적으로 필요하므로 유아교육의 개념과 전문성에 '보호'가 포함되어야 하고, 유아교육과정에 '보살핌'의 내용을 포함시켜 재구성할 필요가 있다는 주장(양옥승, 2004; 박병춘, 1999; Goldstein, 2001; Noddings, 1995)을 들 수 있다. 교육과정에 다원화된 시각이 필요하다는 포스트모더니즘적 사고는 유아교육에서 발현적 교육과정으로서의 레지오 에밀리아 접근법과 프로젝트 접근법, 발도르프 교육 등에 관심을 가질 것을 제안하기도 하였다. 이와 더불어 다문화교육, 반편견 교육, 장애아 통합교육 등도 경직된 모더니즘적 사고에서 벗어나 다원화된 유아교육과정에의 관심 증가와 함께 부각되고 있다(전연우, 조희숙, 2015; 최양미, 2012). 이렇게 최근 유아교육과정에서는 발달이론에만 집중하여 교육과정을 개발하고 운영하는 것에서 벗어나 보다 다양한 시각에서 유아교육과정을 보려는 재개념화가 시도되고 있다. 이러한 변화 경향은 우리 사회의 어린이집이나 유치원이 처한 상황과 유아들에게 가장 적절한 교육과정이 어떠해야 하는지에 대한 사회적 관심을 불러일으키는 동시에 유아교육 전문가와 교사들이 자신이 실시하고 있는 교육과정과 그 방향이 교육의 대상인 유아와 그들의 가족에게 과연 최선의 것인지에 관하여 보다 면밀히 들여다보고 고민할 것을 요구하고 있다.

5 유아교육과정에서 놀이의 강조

최근 개정된 『2019 개정 누리과정』에서 놀이가 교육과정의 중심이 되어야 함을 표방하면서 '유아, 누리과정에서 놀이하는 인간이 되다', '누리과정, 놀이와 배움의 역할을 담다'라는 슬로건(교육부 보도자료, 2019)이 나올 정도로 유아교육과정에서 놀이에 관한 관심과 논의가 증가하고 있다. 놀이를 유아교육의 핵심에 두는 누리과정의 교육이념과 목적은 우리 사회를 지배하는 문화와 가치가 포스트모던적으로 변화되는 경향과 같은 맥락에서 이해될 수 있다. 포스트모더니즘적 관점에서는 학습자인 유아를 특정한 문화에서 전해 내려오는 지식을 교육과 훈련을 통해 그대로 전수해야 하는 대상으로 파악하던 모더니즘적 관점에서 벗어나고자 한다. 포스트모더니즘적 시각을 가진 교육자는 유아를 각자 다양한 특성을 가진 존재로 이해하여 유아 개개인에게 최선인 교육의 내용과 방법을 찾고자 한다. 이러한 관점에 근거한 교육에서는 학습자에게 학습을 선택할 자유를 제공하기 위하여 학습환경을 최대한 풍부하게 조성하며, 특정한 지식이나 기술, 태도를 주입하거나 직접 가르쳐 주려 하지 않고, 개인의 지적 수준과 흥미에 따라 자유롭게 수행되는 개별화된 교수-학습방법으로 교육이 이루어진다(목영해, 1994).

놀이에 관한 대표적인 학자인 요한 호이징가(Johan Huizinga)는 인간을 '놀이하는 인간(호모 루덴스, Homo Ludens)', 즉 놀이하는 존재라고 하며 '놀이'가 인간적 삶의 본질적 요소이며 문화의 근원이라고 하였다(Huizinga, 2002). 그리고 호이징가의 논제를 바탕으로 인간의 삶과 문화를 '놀이'의 관점에서 본 로제 카이와(Roger Caillois)에 의하면 놀이는 인간 특유의 자유와 창조성에서 나오는 모든 행위이다(Cailois, 1994). 해석학 철학자인 한스-게오르그 가다머(Hans-Georg Gadamer)는 인간의 삶은 본능적 생존이나 이성적 계산 이상의 무엇을 가지고 있는데 이렇게 행위 자체 이외에 특별한 목적이 없는 것이 놀이이며, 인간은 놀이를 통해 실제적 목적이나 구체적인 이익을 넘어서는 즐거움과 삶의 여유를 갖게 된다(Gadamer, 2004). 이들에 의하면 근대문화를 지배한 이성을 초월하는 보다 근원적인 성격을 가지고 있는 놀이는 자유와 창조성에 기초하지만 동시에 진지하고 엄격한 규칙을 가지고 있다. 놀이는 '실재'의 삶을 잠시 벗어나 특별한 시간과 공간을 가지지만 일상과는 다른 나름의 질서와 법칙과 규범에 기초한다(신국원, 2019).

사실 유아교육에서는 예로부터 놀이가 강조되어 왔다. 유아교육에서는 이미 놀이의 가치를 이해하고 유아가 놀이를 하면서 즐거움을 경험하고 성장하고 학습한다는 기본적인 믿음이 있었다(임희옥, 김정원, 김유정, 2019). 또한 우리가 살아가고 있는 4차 산업혁명 시대에 적합한 정신과 신체가 건강하고, 깊은 사고를 할 줄 알고, 남을 배려하는 자신감과 책임감 있는 미래의 인재를 양성하기 위해서도 놀이를 통한 교육은 중요하다(Golinkoff & HIrsh-Pasek, 2016). 그러나 유아가 놀이를 통해 인지적으로 발달하고 정서적으로 안정되며 사회적으로 배려할 줄 아는 행복한 미래의 인재로 성장한다는 기본적인 인식에도 불구하고 학업 성취도가 과거 어느 때보다도 강조되는 현대 우리 사회에서는 놀이를 금하거나 제한하는 경향이 점점 더 증가하고 있다. 이로 인하여 유아의 생활 영역에서 놀이 공간과 놀이 문화의 역할이 점점 축소되고 있고(이기숙, 2015a) 놀이중심 교육과정을 신뢰하는 유아교육분야에서도 놀이를 통한 유아들의 즐거움과 기쁨이 박탈당하고 있는 것이 현실이다(육아정책연구소, 2019; 이숙재, 2019). 이를 감안할 때 유아의 놀이에서 놀이 참여자의 의미형성 과정을 이해하고 지원하는 것에 초점을 맞춘 해석학적 관점에서 놀이를 보고자 하는 시도(오채선, 2019; 이종희, 조은진, 김송이, 2009)가 부각되는 현상은 이해할 만하다.

그러나 유아교육과정에서의 놀이가 근대문화와 진리체계의 근본을 무너뜨리는 급진적인 해체를 교육하고 불안한 상대주의를 유아에게 심어주는 수단이 될 수도 있다는 것에 대해서는 숙고할 필요가 있다(신국원, 2019). 즉 놀이중심의 유아교육과정이 규범적 진리의 중요성을 간과하고 무책임한 방임으로 흐름으로써 최소한의 규제나 약속의 필요성을 부인하는 방향으로 갈 수도 있다는 것과 이러한 현상이 우리 사회에서 진정으로 바라보는 유아교육의 지향점에 부합하는 타당한 것인가에 대해서는 지속적인 논의가 필요하다(임희옥, 김정원, 김유정, 2019). 유아를 위한 놀이중심 교육과정을 실행하는 유아교실에서 놀이에 대한 진정한 의미를 찾아내기 위한 시도를 통해 유아교육과정의 편성과 운영, 교수-학습방법, 평가의 모든 측면에서 강조되고 있는 놀이가 과연 놀이의 진정한 속성과 특성에 가장 적합하다고 볼 수 있느냐는 물음에 대하여 전문가와 교사가 반성적인 성찰을 통하여 답을 찾아야 할 시점이다.

6 역량중심 유아교육과정에 관한 요구

유아교육과정에서 학습자인 유아의 흥미와 경험을 교육내용 선정의 주요 근거로 삼고 교과지식보다는 발달에 기초한 교수방법에 관심을 기울여 온 경향에 대하여 이의를 제기하면서 교과지식과 교수방법에 대한 재개념화가 이루어지고 있다. 이 과정에서 유아교육에서도 교육학적 내용지식이라는 개념적 틀(PCK: Pedagogical Content Knowledge)을 통해 무엇을, 누구에게, 어떻게 가르칠지의 세 가지 범주의 지식에 대한 융합이 시도되고 있다(Shulman, 2004). 미래사회를 대비하기 위하여 교육과정을 재설계하는 과정에서 유네스코가 제안한 '알기 위한 교육(learning to know), 행동하기 위한 교육(learning to do), 존재하기 위한 교육(learning to be), 함께 살기 위한 교육(learning to live together)'을 교육과정 내용의 선정 원리로 고려해야 한다는 주장도 있다(김진숙, 2018). 이렇게 교육의 근본이 되는 철학적 관점에 관한 재조명을 통해 학습자를 위한 교육의 목표를 분명히 하고 교육내용 선정과 관련된 검토를 통해 질적인 차원에서 교육과정이 개선되어야 할 필요성이 제기되고 있다(김경자, 2014a, 2014b; 이기숙, 2015b).

핵심역량은 교육과정 전반을 통해서 기르고자 하는 학습자의 능력으로 특정한 영역에 필요한 기능적 측면만이 아니라 삶을 영위하는 데 필요한 지식, 기능, 태도를 모두 의미한다(박은혜, 신은수, 조형숙, 2012; OECD, 2005). OECD에서는 '역량의 정의와 선정(DeSeCo; Defining Selecting Key Competence) 프로젝트'를 통해 인간이 전 생애에 걸쳐 살아가는 데 필요한 기본능력을 의미하는 핵심역량을 도출하였고, 이는 세계 여러 교육과정 개혁의 기초로 활용되고 있다(OECD, 2005). OECD에서 제시한 핵심역량은 '다양한 도구를 상황에 맞게 사용할 수 있는 능력, 사회적으로 이질성을 가진 집단과 상호작용하는 능력, 자율적으로 행동하는 능력' 등이고, 이후 'Education

2030' 프로젝트에서는 변혁적 역량으로 '새로운 가치 창출하기', '긴장과 딜레마 조정하기', '책임감 갖기' 등을 제시하고 있다(OECD, 2018, 이상은, 소경희, 2019 재인용). 교육과정에서 핵심역량이 강조되면서 전 생애능력(life long competence)의 기초가 구축되는 유아기에도 교육과정을 통해 핵심역량을 강화해야 한다는 요구가 증가하고 있다(나귀옥, 2013; OECD, 2012).

핵심역량의 중요성을 강조하는 세계적 추세에 부합하여 우리나라에서도 학생들의 삶에 유익한 방향으로의 변화를 추구하면서 핵심역량을 중심으로 2015 초등학교 교육과정이 개정되었다. 초등학교 교육과정 총론의 '추구하는 인간상'에는 '자기관리 역량, 지식정보처리 역량, 창의융합사고 역량, 심미적 감성 역량, 의사소통 역량, 공동체 역량' 등 6가지 핵심역량이 반영되어 있다(교육부, 2015). 한편 2012년 누리과정이 시행되면서 보편교육으로서의 유아교육의 중요성과 함께 누리과정과 초등교육과정 간의 연계의 중요성이 부각되고 있다(장혜진, 김정숙, 임준범, 2014). 평생학습의 출발점인 영유아를 위한 교육과정과 초등교육과정과의 연계의 중요성에 대한 인식은 유아교육과정에서도 핵심역량이 중요하게 고려되어야 함을 의미한다. 이러한 경향에 따라 유아시기인 생애 초기 기본 학습의 능력을 보장하기 위하여 유아를 위한 핵심역량이 무엇인지에 대한 기준을 마련하려는 시도가 있어 왔고, 유아교육 5개년 계획을 수립하는 과정에서도 교육과정을 핵심역량 중심으로 개정하고자 논의하였으나(교육과학기술부, 2010) 아직 유아를 위한 국가 수준 교육과정에 핵심역량에 관한 내용이 반영되어 있지는 않다.

유아교육과정에서 다루어야 할 핵심역량에 관하여 김창완(2014)은 유아기에는 기초역량을 다지는 것이 중요함을 강조하며 튼튼한 몸과 튼튼한 마음을 갖추기 위하여 신체적 역량과 정서적 역량이 가장 중요하고, 이에 더하여 지적 역량과 사회적 역량을 개발하여 전인적인 발달이 이루어져야 한다고 하였다. 양옥승(2018)은 유아교육과정에서 건강한 인성, 창의성, 시민성을 지닌 인격체 형성, 보육과 교육의 융합, 미래와 현재의 일상생활과 삶의 질 향상, 가족지원, 유아교육기관과 교사의 교육과정 설계의 자율성 보장 등에 초점을 맞추고 건강·안전관리 능력, 자기 조절능력, 의사소통능력, 창의적 사고와 표현능력, 협력과 배려 등을 핵심역량으로 제안하였다. 정미라, 박은혜, 신은수, 권정윤(2007)은 생애 초기에 습득해야 할 핵심 역량으로 의사소통 능력, 문제해결 능력, 자기주도적 학습 능력, 대인관계 능력 등을 제시하였고, 유아교육선진화추진계획에서는 창의력, 의사소통능력, 기초학습능력, 자기관리능력 등의 핵심역량과 연계한 미래지향적 교육과정을 제안한 바 있다(교육과학기술부, 2009). 교육과학기술부 선진화기반 조성사업 교육과정 보고서(2010)에서는 자기관리 창의성, 의사소통, 대인관계, 문제해결, 시민의식, 문화이해를 기본 역량으로 제안하고 있다.

앞으로 국가 수준 유아교육과정을 핵심역량을 중심으로 개정하고자 한다면 그 과정에서 먼저 유아교육에서 추구하는 가치와 인간상을 명확하게 규명하고자 하는 노력이 필요하다. 국가 교육과정의 기본은 국가의 교육 비전이라는 보다 높은 수준의 개념에 의하여 설정되어야 하므로 국가 교육과정이 추구하는 가치와 인간상을 고려하여 유아교육에서 추구하는 가치와 인간상 또한 규명되어야 하기 때문이다. 그리고 그 후 이러한 가치와 인간상을 구현하는 데 부합하는 핵심역량을 구체화하는 노력을 기울이는 것이 바른 순서이다(이기숙, 2015b). 역량중심 교육과정에 대한 논의는 유아교육을 통해 구현하고자 하는 궁극적인 가치와 인간상 규명이 선행된 가운데 이러한 가치와 인간상을 어떻게 유아교육과정과 연계하여 실현할 수 있을까를 논의하는 과정이 되어야 한다. 역량중심 유아교육과정을 통해 유아가 핵심역량을 갖추도록 교육하는 데 초점을 맞추어야 하는 것이지 핵심역량을 내용 요소로 삼아 직접 가르치고자 하는 이전과 같은 잘못을 되풀이하지는 않아야 한다.

7 뇌 과학의 발달과 적기교육

최근 뇌 과학에 관한 연구들이 축적되면서 유아의 잠재적 가능성에 관한 확신이 과학적 사실로 증명되고 있다. 예를 들면 뇌 발달과 사회문화적 환경 조건과의 연관성, 뇌 과학이 학습과 발달에 미치는 영향, 마음, 두뇌, 그리고 교육의 연관성을 밝히려는 시도를 통해 자극과 경험을 통한 학습이 유아기 두뇌 발달에 필수적이고 이는 이후 학교에서의 학업 성취도에 영향을 미친다는 사실이 확인되고 있다(Fischer, 2012; Kuhl, 2011; Twardosz, 2012). 뇌 발달과 신체적 건강, 질 높은 환경, 인지와 언어, 정서 능력, 대인관계 등이 관련이 있다는 사실도 지속적으로 밝혀지고 있다(Sripada, 2012). 두뇌 발달이 극적으로 이루어지는 유아기에 경험하는 사회경제적 격차가 유아의 인지적, 사회·정서적 발달과 깊은 관련이 있다는 연구결과(Noble, Houston, Kan, Sowell, 2012)는 유아기 뇌 발달이 유아가 속한 사회경제적, 문화적 환경과 상호 연관되어 결국 유아의 전반적인 발달에 영향을 미치게 됨을 시사한다.

유아가 속한 사회문화적 맥락이 유아의 뇌 발달과 상호 연관되어 다양한 측면의 발달에 영향을 미치게 된다는 최근 뇌 과학과 관련된 연구결과는 인간의 지능이 여러 가지 요인으로 구성되며 다양한 지능 요인들의 결합 형태에 따라 개인의 독특성이 결정된다는 다중지능이론과 부합한다. 다중지능이란 다양한 문화에서 가치 있는 산물을 생산하거나 문제를 해결하는 능력, 혹은 한 문화에서 유용하게 쓰일 수 있는 정보를 처리하는 생물·심리학적 잠재력으로 정의되며, 언어지능, 논리·수학지능, 신체·운동지능, 공간지능, 음악지능, 대인관계지능, 개인이해지능, 자연탐구지능 등이 있다(Gardner, 1983, 1999). 다중지능의 종류는 이후 지속적으로 보완되고 있다.

다중지능이론에서는 각 문화권에서 가치 있게 인정되는 능력이 다르기 때문에 인간의 지능은 문화적으로 상대적이며, 일반적으로 언어지능과 논리·수학지능을 소유한 사람을 지능이 높다고 하는 것은 문화적 영향일 뿐이므로 다양한 지능이 비교적 동등하게 인정될 필요가 있다고 한다(김명희, 신화식, 2001; 신화식, 주은희, 이경선, 소현아, 2001). 이러한 다중지능이론의 등장은 유아교사들이 지능의 개념을 재검토할 수 있는 계기가 되었다. 즉 한두 가지 특정 영역의 능력으로 지능을 가늠하기보다는 다양한 영역에서 역량을 갖춘 독특하고 개성 있는 존재로 유아를 보고 개별 유아들에게 가장 적절한 최선의 학습 기회를 제공하는 것이 중요함을 인식하게 되었다.

유아교육과정에서 다중지능이론을 고려하게 된 이후 이제까지 우리 사회에서 가장 중요하다고 인식되어 왔던 논리·수학적 지능이나 언어지능에만 관심을 두는 것에서 벗어나 다양한 방면으로 유아를 교육하고 평가할 수 있게 되었다. 다중지능이론에 따라 유아의 독특한 학습 특성을 고려하는 교육과정을 운영할 때는 유아가 선호하는 학습방법이 있음을 이해하고 이에 적절한 교육과정을 계획하고, 실행하고, 평가함으로써 다양한 역량을 가진 유아가 자신감을 가지고 학습하는 것이 가능하게 된다(Wardle, 2003).

유아기 뇌 발달은 연령에 따라 일정한 순서로 이루어지고, 두뇌의 특정 부위는 유아의 특별한 발달 특성과 연관된다고 한다(이기숙, 2015). 인간은 350g의 뇌를 가지고 태어나서 생후 1년 만에 1000g에 도달한다. 태어나서 1개월 만에 시냅스가 20배 정도 늘어나고 만 2세에 시냅스의 수는 최고치에 달하게 된다. 그리고 그 이후부터 가지치기가 시작되어 16세 무렵에는 최초 시냅스의 절반 정도가 남는다고 한다. 유아의 뇌는 단계별로 적절한 교육을 받아야 정상적으로 성장한다. 적절한 자극은 뇌 기능 발달에 도움이 되고, 과도한 자극은 뇌 기능을 손상시킨다. 유아기 뇌 발달에 관한 연구결과를 통해 유아교육과 교육과정에 주는 시사점을 알아보면 다음과 같다(이기숙, 2015).

- 0~2세 : 오감 발달기

뇌의 신경세포들을 연결하는 시냅스가 가장 왕성하게 형성되는 시기이다. 기초를 잘 형성하기 위하여 전뇌가 고루 발달하도록 다양한 자극이 필요하므로 오감을 적극적으로 활용할 수 있는 교육 프로그램을 실시하는 것이 좋다. 물체 탐색과 더불어 정서적 안정감이 형성되는 시기이기도 하므로 교사와 부모와의 관계에서 기본적인 신뢰감과 안정적 애착 형성이 이루어지는 것이 중요하다. 주양육자인 부모와 교사와의 충분한 애착관계를 형성하여 환경 탐색과 놀이 활동을 격려하는 것은 감정의 뇌인 우뇌 성장에 직접적인 영향을 미친다.

- 2~4세 : 자아 형성기

전두엽과 변연계가 발달하는 시기로 종합적인 사고와 도덕성이 집중적으로 발달하므로 바른 생활습관을 길러주어야 한다. 감각적인 뇌가 가장 많이 발달하는 시기이므로 보고, 듣고, 만지는 체험이 필요하다. 이 시기의 두뇌 발달의 특성을 고려할 때 암기 위주의 글자 공부를 주로 하는 교육과정은 효과를 거두기가 어렵다. 부모와 교사와의 안정적인 정서관계를 기초로 대·소근육 운동을 하면서 긍정적인 또래관계를 형성하도록 격려할 필요가 있다. 자아가 강하게 나타나기 시작하는 시기임을 고려하여 긍정적인 자아개념과 사회적 능력을 함께 키울 수 있는 영유아교육과정을 실시하는 것이 이 시기 유아들의 두뇌 발달의 특성을 고려할 때 적절하다.

- 4~6세 : 창의력 발달기

전두엽과 우뇌가 발달하면서 창의력과 사고발달의 기초가 이루어지고 정서발달이 안정되는 시기로 대화를 통해 타인의 감정이나 정서와 관련된 이야기를 나눌 수 있다. 유아와 함께 그림이나 특정 주제를 가지고 이야기를 나누는 경험은 창의력과 사고능력 발달에 도움이 된다. 이 시기의 뇌 발달 특성을 고려할 때 유아교육과정에서 고려할 점은 다음과 같다.

- 구체적이며 다양한 경험을 통해 생각하는 힘을 키우도록 한다.
- 또래와의 관계 형성을 도와주고 놀이를 통한 흥미로운 활동을 하도록 한다.
- 예절교육과 도덕교육의 기초가 형성되는 시기로 인성교육을 적극적으로 실시할 필요가 있다.
- 단순반복학습이나 선행학습은 전두엽을 퇴화시킬 수 있으므로 연령에 적합한 교재·교구를 활용하여 창의성을 발달시킬 수 있도록 격려한다.

- 7~12세 : 언어 발달기

좌뇌의 두정엽과 측두엽이 빠르게 발달하는 시기이다. 특히 6~7세는 언어를 담당하는 좌반구의 측두엽이 발달하는 시기로 예를 들어 한글에 관심을 보이며 한글을 읽고 쓰는 데 재미를 붙이면 어휘력과 문장이해력이 급격히 향상된다. 두정엽은 감각피질, 공간인식, 주의집중을 관장하는 하위 부위들로 구성되어 있어 이 시기는 발달에 적합하게 구성된 수학이나 과학과 관련된 교육과정을 실시하기에도 효과적이다. 이 시기부터 뇌의 구조가 점차 복잡해지고 두뇌 영역 간의 정보처리 속도가 빨라져서 유아기에는 뇌 기능의 통합과 연결을 통해 사고가 발달하고, 초등학교 고학년이 되면 개념을 이해하고 추상적인 논리를 펼 수 있게 된다.

이상을 정리하면 특히 유아교육과정에서는 행복한 정서적 경험을 통해 부모와 교사 등 주위 사람들과 강한 정서적 유대감을 형성할 수 있도록 지원하고, 상상력과 창의력을 키울 수 있도록 이야기책을 많이 읽도록 하며, 종합적이고 창의적인 사고를 하도록 다양한 경험을 직접 체험해 보는 것이 중요하다. 그리고 감정과 인성을 관장하는 전두엽이 발달하는 시기임을 고려하여 본능과 충동을 적절히 억제할 수 있는 자기규제능력과 기본생활습관 형성, 그리고 인성발달을 위한 다양한 프로그램을 유아교육과정을 통해 적극적으로 실시할 필요가 있다.

정리해 보세요

1 유아교육과정의 공공성과 누리과정에 대하여 정리해 보세요.

2 우리 사회의 변화 경향에 따라 개발되고 있는 다양한 목적의 프로그램을 정리해 보세요.

3 발달에 적합한 실제(DAP)의 연령적 적합성, 개인적 적합성, 사회·문화적 적합성에 대하여 정리해 보세요.

4 포스트모더니즘적 관점과 유아교육과정의 변화 경향을 정리해 보세요.

5 뇌 과학의 발달이 유아교육과정에 주는 시사점을 정리해 보세요.

토론해 보세요

1 유아교육과정의 공공성 강화에 대하여 토론해 보세요.

2 최근 우리 사회의 변화 경향을 고려할 때 유아교육 서비스에 대한 어떠한 요구가 특히 많이 제기되고 있을까요? 그 이유는 무엇이라고 생각하는지 논의해 보세요.

3 우리 사회에서 어떤 유아교육 프로그램 개발이 가장 시급하다고 생각하세요? 그 이유는 무엇인가요?

4 유아교육과정에서 놀이가 새삼스럽게 강조되고 있는 이유는 무엇이라고 생각하세요?

5 놀이중심 유아교육과정을 실행할 때 가장 중요하게 고려해야 할 측면은 무엇일까요?

6 유아교육과정에서 가장 중요하게 고려해야 할 핵심역량을 3가지씩 제시하고 그 이유를 토론해 보세요.

CHAPTER

4

우리나라의 유아교육과정

1. 유치원 교육과정
2. 표준보육과정
3. 누리과정

Chapter 04

우리나라의 유아교육과정

우리나라의 유아교육과정은 1897년 부산유치원이 세워진 이래로 많은 변화와 발전을 거듭해 오고 있다. 유치원은 일제강점기와 한국전쟁 등의 어려운 시기를 거치며 1969년 처음으로 국가 수준의 유치원 교육과정이 제정·공포되었고, 이후 1979, 1981, 1987, 1992, 1998, 2007년 등 수차례에 걸쳐서 개정이 이루어졌다. 어린이집의 경우는 유치원 교육과정에 준하여 운영되어 오다가 2007년 표준보육과정을 처음으로 개발·보급함으로써 어린이집을 위한 국가 수준의 보육과정 체제를 갖추게 되었고, 2012, 2013, 2020년 세 차례에 걸쳐 개정이 이루어졌다.

그러다 2011년에 유아기 교육에 대한 국가적 책임을 강화하고 유치원과 어린이집으로 이원화되어 있는 유아교육체제를 통합하여 양질의 교육과 보육을 동등하게 제공하는 것에 대한 필요성으로 만 5세 공통과정인 누리과정이 제정되었다. 우리나라의 유아교육과정은 2012년 3월부터 전국의 유치원과 어린이집에서 공통으로 실시되기 시작한 '5세 누리과정'을 기점으로 커다란 변화를 겪었다. 2012년 이전에는 유치원의 경우 교육과학기술부가 제시하는 '유치원 교육과정'을 기초로 교육하고, 어린이집의 경우에 보건복지부가 제시한 '표준보육과정'에 기초하여 보육을 실시하던 것이 '5세 누리과정'의 출현으로 유치원과 어린이집이 국가 수준의 공통과정으로 동일한 내용의 교육을 하게 되었다. 이어서 2013년부터는 '3~5세 연령별 누리과정'으로 만 3, 4세까지도 누리과정에 의해 공통의 교육과정으로 교육을 하게 되었다. 2019년에는 '3~5세 연령별 누리과정'을 유아·놀이중심 교육과정으로 개정하여 2020년 3월부터 전국의 유치원과 어린이집에서 2019 개정 누리과정에 의해 교육이 이루어지고 있다.

본 장에서는 우리나라의 유아교육과정을 세 부분으로 나누어, 유치원 교육과정과 표준보육과정 그리고 누리과정의 순으로 자세히 살펴보고자 한다.

1 유치원 교육과정

1) 국가 수준 유치원 교육과정 제정 이전의 교육과정

1897년 한국에 주재하고 있는 일본인 자녀를 위해 부산에 '부산유치원'이 세워진 이후 우리나라에서 유치원은 유아교육의 대명사가 되었다. 1913년에는 한국인을 위한 최초의 유치원인 사립 '경성유치원'이 설립되었으나, 당시 일본에 협조하는 특수한 계층의 자녀를 대상으로 조기교육을 통하여 일본인으로 동화시키는 교육을 실시하였다. 이어서 1914년에 미국인 선교사 브라운리(Charlott G. Brownlee, 한국명: 富來蕓)에 의해 한국인을 위한 유치원 중에서 가장 오랜 역사를 지닌 '이화유치원'이 설립되었고, 1916년 박희도에 의해 현재 중앙대학교의 모체인 '중앙유치원' 등이 설립되면서 1945년 광복 이전까지 전국에 상당수의 유치원이 생겨나게 되었다(이상금, 1987). 이처럼 초창기의 유치원 교육은 개인적으로 유아교육에 관심을 갖는 많은 사람들에 의하여 나름대로 꾸준하게 그 맥을 이어 왔으나, 다른 각급 학교와 같이 국가적인 관심이나 제도적 정비, 법령 등을 갖추게 되는 데에는 상당한 시일이 소요되었다.

그러므로 초창기의 유치원 교육과정은 일제강점기에 일본인과 미국인 선교사들의 선교 목적에 영향을 받아 구성되었다고 볼 수 있다. 광복 이전까지 유치원 교육의 철학적 개념은 프뢰벨(Froebel)의 사상이 주가 되었는데, 순수한 프뢰벨의 교육원리 및 방법이 전수되었다기보다는 변화된 형태로 도입되었다. 일제강점기를 통하여 일본인에 의해 전파된 프뢰벨 사상은 프뢰벨의 이론 중 자발활동의 원리와 같이 유아의 자유를 강조하는 면은 부각되지 않고, 통제적이고 규제적이며 집단생활을 강조하는 일본식 프뢰벨 사상을 중심으로 한 이념이었고, 선교사들의 경우에도 프뢰벨 교육론이 근거를 두었다기보다는 기독교 정신을 바탕으로 한 것이었다(이기숙, 2000).

우리나라에서 최초로 유치원에 관한 법령이 제정된 것은 1922년 2월 4일 공포된 제2차 조선교육령이었고, 이어서 2월 16일에 '유치원 규정'이 포함된 소학교령이 공포되었으며, 이 법령은 광복 이후 우리나라의 교육법이 제정되기 전까지 유치원의 유일한 법적 근거가 되었다. 이 법령에 포함된 교육내용은 유희, 창가, 담화, 수기 등이었고 이는 당시 일본의 '유치원 보육 및 설비 규정'과 일치하는 것이었다(이상금, 1987). 또한 1932년에는 패티 스미스 힐의 '활동에 기초한 아동교육법'이 번역되어 우리나라 유치원 교육에 오랫동안 영향을 주게 되었는데, 내용 구성은 자유선택 시간, 간식, 휴식, 바깥놀이 시간, 현장 견학, 생활 주변을 돌아보며 유아의 흥미를 유발시키는 활동 등으로 이루어졌고, 교육의 운영 원칙은 유치원과 초등학교 1학년 학생은 자발적 활동과 자발적 행동의 원리에 의해 교육되어야 함을 강조하였다(서울특별시 교육위원회, 1981).

1945년 광복과 대한민국 수립 후 우리나라는 민주국가로서의 교육 발전을 위해 그 기본이 되는 교육법을 1949년 법률 제86호로 공포하면서, 제146, 147, 148조에 유치원 조항을 포함하였고 전국의 유치원은 이 법령에 근거하여 교육과정을 운영하게 되었다. 이 교육법에 제시된 유치원 교육과 관련된 3개의 조항은 1991년에 교육법이 개정되기까지 약 40여 년 동안 꾸준하게 우리나라 유치원 교육의 법적인 근거가 되었다. 이 법령의 구체적인 내용을 소개하면 다음과 같다.

제146조 유치원은 유아를 보육하고 적당한 환경을 주어 심신의 발육을 조장하는 것을 목적으로 한다.

제147조 유치원 교육은 전조의 목적을 실현하기 위하여, 다음 각 호의 목표를 달성하도록 노력하여야 한다.

① 건전하고 즐거운 생활을 하기에 필요한 일상의 습관을 기르고 신체의 모든 조화적 발달을 도모한다.

② 집단생활을 경험시켜 즐겨 이에 참가하는 태도를 기르며, 협동, 자주와 자율의 정신을 싹트게 한다.

③ 신변의 사회생활과 환경에 대한 바른 이해와 태도를 싹트게 한다.
④ 말을 바르게 쓰도록 인도하고 동화, 그림책 등에 대한 흥미를 가진다.
⑤ 음악, 유희, 회화, 수기, 기타 방법에 의하여 창작적 표현에 대한 흥미를 기른다.

제148조 유치원에 입학할 수 있는 자는 만 4세부터 초등학교 취학 시기에 달하기까지의 유아로 한다.

그러나 이 교육법은 한국전쟁으로 그 기능을 제대로 발휘하기 어려웠다. 전쟁 이후에는 전쟁으로 인해 부모를 잃은 고아들이 늘어남에 따라 사회복지 차원에서 그러한 아동들을 보호해 주는 기관이 급속하게 늘어났고, 개인이나 교회 단체가 설립하는 유치원도 늘어났으나, 유치원에 대한 정부 차원에서의 행정적 지도나 감독이 없었으며 교육활동을 장학지도할 수 있는 체제도 없었다(이기숙, 2000).

2) 국가 수준 유치원 교육과정 제정 이후의 교육과정

우리나라의 유치원 교육과정은 1969년에 처음으로 제정·공포된 이후, 1979년, 1981년, 1987년, 1992년, 1998년, 2007년에 이르기까지 여섯 차례에 걸쳐 개정이 이루어졌다. 교육과정은 각 시대의 변천에 따라 그 성격과 내용이 변화되어 왔으며 그 시대의 요청과 필요를 반영한 산물로서 교육의 핵심을 이루어왔다. 각 국가들은 교육과정이 그 나라 교육의 방향을 규정하고, 나아가 자신들의 미래와 직결된다고 보기 때문에 현대사회의 계속적인 변화와 변혁을 반영하는 교육과정의 개발과 개선에 꾸준한 노력을 기울이고 있다. 이에 유치원 교육과정도 각 시대의 요구와 유치원 현장의 요구, 사회 여건 및 지식의 변화, 유아교육 이론의 발전 등을 반영하면서 계속적인 평가와 수정을 거듭해 왔다(전선옥, 1996).

제1차부터 2007 개정 유치원 교육과정까지의 변천과정을 간략히 살펴보면 다음과 같다.

(1) 제1차 유치원 교육과정

제1차 유치원 교육과정은 1897년 우리나라에 유치원이 소개되고 70여 년이 지나서야 제정 · 공포되었다. 제1차 유치원 교육과정 제정의 취지는 어린이의 바람직한 인격 형성을 위하여 어린이의 욕구와 흥미에 알맞은 환경을 만들어 주고자 하는 데 있었다. 건강한 신체와 정신으로 생활하는 유능한 한국인 양성을 교육목표로 설정하였고, 교육과정은 건강, 사회, 자연, 언어, 예능의 5개 생활 영역으로 구성되었다.

광복 이후 제1차 유치원 교육과정이 제정되기까지는 대부분의 유치원이 1949년의 교육법에 의거해서 손유희와 노래 등을 가르치고 밖에 나가 놀게 하며 동화나 이야기를 들려주고 때때로 그림을 그리거나 또는 색지 접기, 색지 붙이기와 수기 등으로 하루의 일과를 진행시키고 있는 유치원이 허다한 실정이었다. 그러나 제1차 유치원 교육과정에서는 구체적인 유치원 교육의 목표, 영역, 수업 일수 등 교육내용면에서 중요한 기준을 제시하였고, 교사의 전문성이 미흡했던 당시에 있어서 그와 같은 기준을 제시한 것은 중요한 의미를 지닌 것이었다(김영옥 외, 1995).

(2) 제2차 유치원 교육과정

1969년에 제정된 유치원 교육과정은 1979년 3월에 문교부 고시 제424호로 1차 개정을 이루었다. 이 개정에서부터는 교육과정의 공포가 문교부령으로부터 문교부 고시로 바뀌게 되었다. 1954년 문교부에서 '교육과정 시간배당 기준령'을 문교부령으로 공포한 이래 교육과정 개정 때마다 문교부령을 개정해야만 했다. 법령을 개정하려면 법제처의 심의를 거쳐야만 하는 번거로움 때문에 수시로 개정을 요하는 교육과정을 법령화한 데서 오는 문제점이 계속 논란의 대상이 되어 왔고, 교육과정이 그 체제로 보아 과연 법령적인 성격의 것이냐에 대한 논의도 많았다. 이러한 문제점들을 시정하기 위하여 제2차 유치원 교육과정부터는 문교부 고시로 교육과정을 공포하게 되었다(김종서 외, 1988).

제2차 유치원 교육과정의 개정은 시대·사회적 변화에 대응하고, 유아교육의 새로운 이론적 체계를 반영하고자 하였으며, 국민교육헌장 이념 아래 국민적 자질의 함양, 인간교육의 강조, 지식·기술교육의 쇄신을 기본 방침으로 하고 자아실현, 국가의식의 고양과 민주적 가치의 강조를 일반 목표로 제시하였다. 교육과정의 영역은 1969년의 교육과정 영역이 교과목 형식의 5개 생활 영역별이었던 데에 반해 전인발달을 강조하는 명칭, 즉 사회·정서발달 영역, 인지발달 영역, 언어발달 영역, 신체발달 및 건강 영역 등의 4개 발달 영역별로 구분되었다.

제2차 교육과정부터는 유치원 교육과정이 공포된 후 교육부에서 유치원 교사용 지도서를 개발하여 제작·보급하였다. 이는 1977년 8월 20일에 제정된 '교과용 도서에 관한 규정'에 의한 것으로, 이 법령은 교육법 제157조 제2항의 규정에 의하여 학교에서의 교과용 도서에 관하여 필요한 사항을 규정하고 있다. 유치원 교육에서 필요로 하는 도서는 이 규정을 기초로 하면서, 제정·공포된 유치원 교육과정령의 내용에 따라서 제작하게 되는데 유치원 교육의 경우에는 학생용 교재인 교과서는 편찬하지 않고 교사용 교재인 지도서만을 편찬·제작·보급하였다. 따라서 이 법령에 의하여 1979년도에 이어 1981년, 1987년, 1992년, 1998년에도 교육과정을 개정한 후에는 유치원 교사용 지도서를 개발하여 보급하게 되었다.

(3) 제3차 유치원 교육과정

1979년의 제2차 유치원 교육과정은 개정·시행된 지 2년 후인 1981년 12월에 문교부 고시 제422호로 다시 개정·공포되었다. 제3차 유치원 교육과정은 한국교육개발원이 1982년도 초에 고시할 예정이었던 유치원, 초등학교, 중학교, 고등학교의 교육과정안 개발에 관한 연구 과제로 1980년 10월에 교육부로부터 위촉을 받아 이루어졌다. 문교부 편수관이 주도하여 개정하던 종래의 교육과정 개정과는 달리, 한국교육개발원에 연구·개발을 위탁하여 개발하도록 하였던 연구·개발형 교육과정의 성격을 지니게 된 것이었다(한국교육개발원, 1981).

이 교육과정 개정은 그 이전과 달리 유치원에 한해서 이루어진 것이 아니라 처음으로 초·중등학교 교육과정의 개정에 발맞추어 상호 연계성 속에서 함께 개정되었다는 데에도 의의가 있다. 당시까지만 해도 유치원 교육은 항상 교육의 맥락 속에서 특수교육의 영역으로 취급되거나 소외된 영역으로 전문적인 연구가 부진한 상태였으나 이와 같이 초·중등 교육과정과 함께 집중적으로 연구되고 개정되었다는 사실은 유아교육의 역사에 커다란 발전의 기초가 되는 일이었다. 교육과정 개발 과정에는 한국교육개발원이 주축이 되었고, 유아교육 전문가, 심리학자, 문교부 관계 담당관, 현장교사 등이 한 팀이 되어 상당한 심의를 거쳐 수정·보완되었으며, 1979년도의 교육과정을 개정한다기보다는 수정·보완한다는 입장에서 연구·개발이 이루어졌다(한국교육개발원, 1981).

교육과정의 교육목표는 유치원 아동에게 알맞은 교육환경을 마련해 줌으로써 그들이 전인적으로 성장할 수 있도록 도와주는 것이었고, 교육과정 구성은 신체, 정서, 언어, 인지, 사회성의 5개 발달 영역별 구성이었다. 이는 제2차 교육과정의 사회·정서 영역을 둘로 나누어 정서 영역의 내용을 더 강조하고, 신체발달 및 건강 영역에서 건강 영역을 제외하고 신체발달 영역만을 남긴 것이었으며, 각 발달 영역별로 구체적인 교육내용을 제시하고, 처음으로 평가에 대한 지침도 제시하였다. 또한 문교부는 새로 개정된 교육과정을 해설하기 위하여 한국교육개발원의 도움을 얻어 「유치원 새 교육과정 개요」를 발간하였다.

(4) 제4차 유치원 교육과정

제4차 유치원 교육과정은 1986년 세 번째로 개정작업을 거쳐 1987년 6월에 문교부 고시 제87-9호로 고시되어 1989년 3월 1일부터 시행되었다. 이 개정은 주기적인 교육과정 개정의 필요와 시대적·사회적 변화에 따른 교육과정의 개정 요구, 제3차 유치원 교육과정의 내용 및 운영상에 나타나는 문제점 개선 등을 위하여 개정하게 되었다. 이 교육과정은 교육목표의 재구성 및 조정, 교육내용 선정 및 구성의 융통성 확대, 교육자료의 풍부화 및 다양화, 평가활동의 정상화 등 구체적인 방향에 따라 개정이 이루어졌다.

교육과정의 영역은 신체, 언어, 인지, 정서, 사회성의 5개 발달 영역이었으며, 전인발달을 위한 교육을 더욱 강조하기 위하여 각 발달 영역별 내용은 제시하지 않고 교육목표 수준만을 제시하고, 교사들이 교육내용을 자율적으로 선정할 수 있도록 하였다. 이는 각 발달 영역을 교과로 잘못 인식할 수 있는 가능성을 배제하기 위한 것이었다. 이 밖에도 제1차와 제2차에는 있었으나 제3차에서는 제외되었던 '지도상의 유의점'을 다시 첨가하여 유치원 교육과정 운영에서 생겨날 수 있는 문제들을 해결할 수 있게 하였다.

(5) 제5차 유치원 교육과정

교육부는 각급 학교의 교육과정을 주기적으로 개정하기 위하여 유치원 교육과정 시안 연구를 한국교육학회 유아교육연구회에 위촉하여 1992년 9월 교육부 고시 제1992-15호로 제5차 유치원 교육과정을 개정 · 고시하게 되었다. 이 교육과정은 약 2년 정도의 준비기간을 거쳐 1995년도 새 학기부터 유치원 현장에 적용되었다. 제5차 유치원 교육과정의 개정은 한국유아교육학회가 1978년에 설립된 이래 처음으로 연구를 맡아 수행하였다는 데에도 그 의의를 찾아볼 수 있다.

한국유아교육학회에서 처음 제5차 유치원 교육과정 개정 연구를 맡아 시작할 때에는 이 교육과정을 제6차 교육과정이라고 명명하였다. 그 이유는 유치원의 경우에 실질적으로 4차 개정이었지만, 앞으로 초 · 중 · 고등학교 교육과정을 주기적으로 개정할 때마다 유치원 교육과정을 동일하게 개정하기 위하여 같은 차수로 명명하기로 한 것이었다. 그러나 1992년 9월 30일 유치원 교육과정을 개정 · 공포할 때 다시 실질적 개정 차수로 하기로 교육부 내부 방침을 정하였는데, 이는 유치원 교육과정은 초 · 중 · 고등학교 교육과정을 개정할 때 함께 개정하지 않았던 것이 역사적 사실이므로 역사를 왜곡하지 않는다는 차원에서 유치원은 그대로 제5차 유치원 교육과정으로 부르기로 하였다(김영옥 외, 1995).

제5차 유치원 교육과정은 교육법에 명시된 유치원 교육목적과 목표를 기본으로 건강한 사람, 자주적인 사람, 창의적인 사람, 도덕적인 사람을 이상적인 인간상으로 추구하였으며 기본생활교육의 강조, 창의적인 문제해결능력의 신장 등을 강조하였다. 또한 1991년 교육법이 개정되면서 유치원 입학 연령이 기존의 4~5세에서 3~5세로 조정되고, 대상 연령의 폭이 넓어짐에 따라 교육내용도 수준에 따라 Ⅰ수준, Ⅱ수준, 공통 수준으로 구분하게 되었다. 1995년도부터는 자방자치제에 의한 교육자치가 실시되었기 때문에 이러한 추세에 영향을 받아 유치원 교육과정도 지역화를 강조하여 시 · 도 교육청과 각 단위 유치원은 국가 수준의 교육과정을 기초로 각 지역의 실정에 맞는 유치원 교육과정을 편성하여 운영하게 되었다. 그리고 취업모의 증가에 따라 종일반 운영을 강조하였고, 유아의 발달 특징에 알맞은 읽기 · 쓰기교육에 관한 지침을 구체적으로 제시하였으며, 교육과정의 모든 영역에서 다른 사람과 더불어 사는 지식, 기술, 태도를 익힐 수 있는 사회적 관계와 기본생활습관을 강조하였다.

교육과정의 영역은 이전의 교육과정들이 발달 영역별로 구성되었던 것과는 달리 건강생활, 사회생활, 언어생활, 표현생활, 탐구생활의 5개 생활 영역으로 구성되었고, 연간 교육일수는 180일, 하루 교육시간은 3시간을 기준으로 하여 조정 · 운영할 수 있도록 하였다. 또한 유치원의 교수-학습방법에 대한 지침으로 교육 활동의 통합적 운영, 민주적이고 수용적인 활동 분위기 조성, 균형 있는 일과 활동, 실물을 통한 직접 경험, 부모와의 관계 등을 강조하였고, 구체적인 평가의 내용과 방법, 유의점 등에 대해서도 제시하였다.

(6) 제6차 유치원 교육과정

대통령 자문 교육개혁위원회에서는 21세기의 정보화 · 세계화 시대를 주도하는 신교육체제 수립을 위한 교육개혁의 하나로서 유아교육의 공교육 체제 확립 방안을 제시하였다. 유아교육은 그동안 특수교육이나 사교육 차원에서 다루어져 왔으나, 이를 탈피하여 유아교육의 공교육 체제를 확립하고, 초·중등교육과 맥을 같이하는 보편화된 교육체제로 발전시키고자 하는 맥락에서 유치원 교육과정의 개정이 요구되었다(교육개혁위원회, 1997). 이에 한국유아교육학회는 교육부의 위탁을 받아 제5차 유치원 교육과정의 문제점을 분석하고 수정·보완하여 1998년 6월에 제6차 유치원 교육과정을 교육부 고시에 의해 개정·고시하였고, 실행 준비 기간을 거쳐 2000년 3월부터는 유치원에서 제6차 유치원 교육과정이 실행되었다.

제6차 유치원 교육과정은 21세기의 세계화·정보화 시대를 주도할 자율적이고 창의적인 한국인 육성을 기본 방향으로 하고, 건강생활, 사회생활, 표현생활, 언어생활, 탐구생활의 5개 생활 영역으로 내용을 구성하였다. 교육과정 개정에 있어서 중점을 둔 사항은 수준별 적절성을 고려한 교육, 교육시간 운영의 다양화 추구, 기본생활습관 및 협동적인 생활 태도의 강조, 감성계발교육의 강조, 창의성과 정보능력 함양교육의 강화, 세계화에 대비한 전통문화교육의 강조 등이다.

교육목적은 초·중등교육법 제35조에 의해 "유치원 교육은 유아를 교육하고 유아에게 알맞은 교육환경을 제공하여 심신의 조화로운 발달을 조장하는 것을 목적으로 한다"로 되어 있고(교육부, 1998), 교육 일수는 연간 180일 이상, 하루의 교육시간은 180분을 기준으로 하되 유아의 연령과 발달수준, 기후, 계절, 학부모의 요구 등을 고려하여 실정에 맞도록 조정하도록 하였다. 특히 교육시간에 있어 1일 3시간 이상 5시간 미만의 반일제, 5시간 이상 8시간 미만의 시간연장제, 8시간 이상의 종일제 프로그램으로 구분·운영하여 부모들이 선택하도록 하였다. 교육과정의 편성과 운영지침에는 시·도 교육청에서 '유치원 교육과정 편성·운영지침'을 작성하고, 지역교육청에서는 이를 기초로 '유치원 교육과정 편성·운영에 관한 실천 중심의 장학 자료'를 작성하여 단위 유치원에 제시하고 각 유치원은 이를 바탕으로 유치원의 실정에 알맞은 교육과정을 편성하도록 규정하였다.

(7) 2007년 개정 유치원 교육과정

제6차 유치원 교육과정이 1998년에 개정된 지 약 9년이 경과된 2007년에 유치원 교육과정의 주기적 개정에 대한 요구, 유치원의 다양한 일과운영에 대한 사회적 요구, 제6차 교육과정의 수정 · 보완에 대한 유치원 현장의 요구, 21세기의 시대적 요구인 사람과 자연을 존중하는 세계관과 저출산 문제의 해결을 위한 가치관이 반영된 교육과정에 대한 요구, 초등학교와의 연계성 강화 등을 이유로 2007년에 유치원 교육과정의 개정이 이루어졌다. 또한 2004년 1월 유아교육법이 초등학교법으로부터 독립하여 유치원이 학교로서의 정체성을 확고히 할 수 있는 법적 장치가 마련되었으므로, 지식 위주의 구조적인 초등교육과 차별화되는 유아중심의 통합교육이 강조되는 교육과정의 개정도 필요하였다(한국교육과정평가원, 2007).

2007년 개정 유치원 교육과정은 우리나라의 교육이념인 홍익인간의 이념인 전인적 성장의 기반 위에 개성을 추구하는 사람, 기초능력을 토대로 창의적인 능력을 발휘하는 사람, 폭넓은 교양을 바탕으로 진로를 개척하는 사람, 우리 문화에 대한 이해의 토대 위에 새로운 가치를 창조하는 사람 등을 추구하는 인간상으로 하였다. 교육과정의 구성방침은 21세기 지식정보화 시대를 주도할 '사람과 자연을 존중하고 사랑하는 한국인 육성'을 기본방향으로 하고, '유아에게 알맞은 교육환경을 제공하여 유아를 교육하고 심신의 조화로운 발달을 돕는 것'을 목적으로 하였다. 건강생활, 사회생활, 표현생활, 언어생활, 탐구생활의 5개 영역으로 내용을 구성하였고, 연간 교육일수는 180일, 하루 교육시간은 180분을 최소기준으로 하되, 연간 교육 일수 및 하루 교육시간은 시 · 도 교육청의 지침과 유치원의 실정에 따라 유치원에서 자율적으로 결정하도록 하였다.

이상에서 살펴본 제1차부터 2007 개정까지의 유치원 교육과정 내용을 정리해 보면 다음과 같다.

표 4-1 제1차~2007개정 유치원 교육과정 내용의 비교

구분	제1차	제2차	제3차	제4차	제5차	제6차	2007개정
공포 고시	1969년 2월 19일 문교부령 제207호	1979년 3월 1일 문교부 고시 제424호	1981년 12월 31일 문교부 고시 제442호	1987년 6월 30일 문교부 고시 제87-9호	1992년 9월 30일 교육부 고시 제1992-15호	1998년 6월30일 교육부 고시 제1998-10호	2007년 12월 19일 교육인적자원부 고시 제2007-153호
궁극적 인간상	전인아동	전인아동	전인아동	전인아동	전인아동	전인아동	전인아동
교육 목적	건강한 신체와 건전한 정신으로 생활할 수 있는 유능한 한국인 양성	1. 자아실현 2. 국가발전을 위한 주체의식 확립 및 사명감 인식 3. 민주적 가치의 강조	아동들의 전인적인 성장 조력	유아의 전인적인 발달 조력	유치원의 교육목적(교육법 제146조, 제147조)을 달성하는 것	유아의 전인적 성장을 위한 기초 교육(초·중등교육법 제35조)	유아의 전인적 성장을 위한 기초 교육
교육 목표	1. 건강 및 안전교육 철저 2. 기초적인 생활습관과 기능 익히기 3. 자연과 사회의 제 현상에 관심을 가지며 과학적이고 민주적인 사고력 싹트기 4. 바르게 듣고 말하기 5. 심미적인 태도와 창조적인 표현력 기르기	1. 사회화에 필요한 경험 습득하기 2. 사회와 자연 현상에 대하여 흥미를 가지고 다양하게 표현하기 3. 탐구력과 적응력 기르기 4. 언어습관 및 태도 기르기 5. 신체건강 및 안전에 대한 습관 및 태도 기르기	1. 감각 및 운동 기능을 기르고 신체의 조화로운 발달 이루기 2. 긍정적인 자아개념 형성 및 창의적으로 표현하기 3. 기초적인 언어 기능 습득하기 4. 자연과 사회 현상에 대한 기초적인 이해와 문제해결 능력 기르기 5. 가족과 이웃을 사랑하는 태도 및 일상생활에 필요한 기본적인 예절과 규범 지키기	1. 건강 및 안전 생활에 대한 올바른 습관과 신체의 조화로운 발달 도모 2. 언어이해 및 언어 표현의 기초 기능 습득 3. 주변 현상에 대한 관심 및 탐구 태도 배양 4. 자부심 및 생활 주변에서의 느낌과 생각을 자주적으로 표현하기 5. 기본적인 생활 습관 및 가족과 이웃을 사랑하는 태도 배양	1. 기본적인 감각 운동 기능을 길러 신체와 정신의 조화로운 발달을 이루며 건강하고 안전한 생활을 하도록 한다. 2. 기초적인 자기 조절 능력을 기르고 사회적 지식과 태도를 익히게 하여 자신과 다른 사람을 존중하며 즐겁게 더불어 생활할 수 있게 한다. 3. 풍부한 감성과 상상력을 기르고, 자신이 느끼고 경험한 바를 창의적으로 표현하게 한다. 4. 말과 글에 관심을 가지게 하고 기초적인 언어 능력을 기르게 함으로써 즐거	1. 몸과 마음이 건강하게 자랄 수 있는 경험을 가진다. 2. 기본생활습관을 기르고, 다른 사람과 더불어 생활하는 태도를 가진다. 3. 생각과 느낌을 창의적으로 표현하는 경험을 가진다. 4. 바르게 언어를 사용하는 경험을 가진다. 5. 일상생활의 문제에 대하여 스스로 궁리하는 태도를 가진다.	1. 몸과 마음을 건강하게 하여 기본생활습관을 기른다. 2. 더불어 사는 태도와 우리 전통문화를 사랑하는 마음을 가진다. 3. 자신의 생각과 느낌을 자유롭고 창의적으로 표현하는 경험을 가진다. 4. 의사소통을 위한 언어능력을 기르며, 바른 언어사용 습관을 기른다. 5. 호기심을 가지고 주변세계를 탐구하며 자연을 존중하는 태도를 가진다.

구분	제1차	제2차	제3차	제4차	제5차	제6차	2007개정
					운 언어생활을 할 수 있게 한다. 5. 여러 가지 사물과 현상을 탐구하여, 기초적인 사고능력과 창의적인 문제해결 능력을 기르게 한다.		
교육 과정 영역	1. 건강 2. 사회 3. 자연 4. 언어 5. 예능	1. 사회・정서 발달영역 2. 인지발달영역 3. 언어발달영역 4. 신체발달 및 건강영역	1. 신체발달영역 2. 정서발달영역 3. 언어발달영역 4. 인지발달영역 5. 사회성발달 영역	1. 신체발달영역 2. 정서발달영역 3. 언어발달영역 4. 인지발달영역 5. 사회성발달 영역	1. 건강생활 2. 사회생활 3. 표현생활 4. 언어생활 5. 탐구생활	1. 건강생활 2. 사회생활 3. 표현생활 4. 언어생활 5. 탐구생활	1. 건강생활 2. 사회생활 3. 표현생활 4. 언어생활 5. 탐구생활
연간 교육 일수 및 하루의 교육 시간	1. 연간 200 이상 2. 하루 3시간 (180분) 기준 기후, 계절, 유아의 발달 정도, 교육내용의 특성을 감안하여 시간 단위 조절	1. 연간 200일 2. 주당 18~24 시간 3. 하루 3~4시간 (조정 가능)	1. 연간 180일 이상 2. 하루 3~4시간 기준(조정	1. 연간 180일 이상 2. 하루 3시간기준 (조정 가능)	1. 연간 180일 기준(조정 가능) 2. 하루180분 기준(교육과정 편성, 운영지침에 의하여 교육일수와 시간에 관하여 따로 제시 가능)	1. 연간 180일 이상 2. 하루 180분 기준(조정 가능 : 1일3시간 이상 5시간 미만의 반일제, 5시간 이상8시간미만의 시간 연장제, 8시간 이상의 종일제로 구분・운영)	1. 연간 180일 하루 180분 최소기준 (조정 가능: 시・도 교육청의 지침과 유치원 실정에 따라 유치원에서 자율적으로 결정)
평가			아동의 발달을 이해하고 도와주는 긍정적 측면의 목표지향적 평가가 이루어지도록 한다.	유아의 발달을 이해하고 도와주기 위한 교육의 과정으로 실시하며 평가의 대상과 내용에 따라 다양한 방법을 사용한다.	각 영역별 목표에 준하여 교육내용, 교육환경 및 교육자료, 교육방법 그리고 유아에 대하여 평가한다.	교육과정 영역별 목표와 내용을 준거로 하여 유아의 성취정도를 평가한다.	교육과정의 목표와 내용을 준거로 유아의 특성과 변화 정도를 종합적이고 다양한 방법으로 평가하며, 결과는 유아에 대한 이해와 지원을 위한 기초자료로 활용한다.

출처: 문교부 (1969). 유치원 교육과정.
______ (1979). 유치원 교육과정.
______ (1981). 유치원 교육과정.
______ (1987). 유치원 교육과정.
교육부 (1992). 유치원 교육과정.
______ (1998). 유치원 교육과정.
교육인적자원부(2007a). 2007개정 유치원교육과정.

2 표준보육과정

우리나라의 영유아보육제도는 여성과 아동에 대한 복지라는 측면에서 발전되어 왔다. 우리나라 보육사업의 역사는 1921년 서울의 태화기독교사회관에서 처음으로 탁아프로그램이 개설된 이래 아동복리법이 제정되기 이전 시기(1921~1960), 아동복리법 제정 시기(1961~1981), 유아교육진흥법 제정 시기(1982~1990), 영유아보육법 제정 이후 시기(1991~)로 구분할 수 있다(김정원 외, 2005). 2007년에는 전국의 어린이집에서 영유아를 보육하는 데 적절히 활용할 수 있는 기준과 내용이 되는 표준보육과정이 공포되었으므로, 보육사업의 역사를 표준보육과정 제정 이전과 표준보육과정의 제정으로 나누어 간략히 살펴보도록 하겠다.

1) 표준보육과정 제정 이전

(1) 아동복리법 제정 이전 시기 : 탁아소(1921~1960)

우리나라 최초의 보육사업은 1921년 태화기독교사회관에서 빈민아동을 위한 구제사업의 일환으로 탁아프로그램을 개발함으로써 시작되었다. 이후 1926년 부산공생탁아소와 대구탁아소의 2개 시설이 배치된 것을 계기로 1939년에는 전국에 관립 1개소, 공립 2개소 등 11개소의 공·사립 보육시설에서 435명의 어린이가 보육을 받은 것으로 기록되어 있다(김영숙, 2005).

1945년 광복 이후부터 1960년까지는 한국전쟁을 전후한 혼란기로서 정부가 보육사업에 대한 뚜렷한 방침을 세우지 못한 시기였고, 당시 대량으로 발생한 전쟁고아나 기·미아 등 요보호아동에 대한 각종 수용보호시설이 주로 외국인 원조에 의하여 여러 곳에 설치되었다. 광복 이후 한국전쟁 사이에 설치된 탁아소는 설립 유형으로 볼 때 국립 1개소, 지방탁아소 67개소, 농번기계절 탁아소 10개소로 모두 78개가 운영되었다(김의영, 1997). 이와 같이 보육수요 증가에 부응하기 위한 탁아시설이 확대 설치되고 정부가 보육체제의 틀을 갖추기 위한 노력을 시작하면서, 시설들을 합리적으로 지도할 필요에 따라 정부에서 1952년 『후생시설운영요령』을 시달하게 되었다. 그 후 피난민들이 집결되어 있던 부산에 1953년 시립탁아소가 설치된 것을 비롯하여 주로 빈민가정 아동의 보호기능을 수행하여 왔다.

이와 같은 정부의 시책과 탁아시설들의 노력에도 불구하고 1961년 '아동복리법'이 제정될 때까지 이 시기의 보육체제는 임시 구호적 기능에서 벗어나지 못하고 보육의 제 기능을 수행하지 못했다(강영욱, 2002).

(2) 아동복리법 제정 시기 : 어린이집(1961~1981)

이 시기는 1961년 '아동복리법'이 제정된 이후부터 1982년 '유아교육진흥법'에 따라 어린이집이 유아교육기관으로 흡수되기 이전까지이며, 그동안 방임상태에 놓여 있게 되어 무질서하게 설치 운영되었던 보육사업에 있어서 일대 전환기라 할 수 있다. '아동복리법'에서는 탁아소를 법정 아동복지시설로 인정하고 보육시설의 설치기준, 종사자 배치기준, 보육시간, 보호내용 등을 구체적으로 규정하였으며, 이 법이 제정 · 시행됨에 따라 보육사업은 종래의 구빈사업적인 성격에서 벗어나 아동복리를 증진시키고 보장하기 위한 시설로서 그 성격이 변화되었다. 탁아소라는 이름은 일제시대에 생겨난 것으로 어린이를 마치 임시 맡겨두는 곳 같은 인상을 준다고 하여 1968년에 어린이집이라는 명칭으로 변경하였다.

(3) 유아교육진흥법 제정 시기 : 새마을유아원(1982~1990)

1980년대에 접어들면서부터는 유아교육에 대한 관심이 고조되어 어린이집 대신에 새로운 교육체계를 모색하게 되었다. 이 시기에는 당시의 방임적 다원화체계를 혁신적으로 정비함으로써 제한적이나마 새마을유아원으로 보육의 일원화 체계를 확립하고자 하였다. 즉 1982년 '유아교육진흥종합계획'이 수립되어 기존에 보건복지부에서 관장하던 어린이집, 농촌진흥청에서 관장하던 농번기 탁아소, 내무부에서 설치 관장하던 새마을협동유아원 및 민간 유아원 등 유치원을 제외한 모든 유아교육시설을 새마을유아원으로 명칭을 변경하고 내무부가 관장하도록 하였다.

그러나 새롭게 출범한 새마을유아원은 계속적인 양적 확대에도 불구하고 늘어나는 보육수요를 충족시키기에는 시설이 크게 부족하였다. 또한 설치목적이 맞벌이 부부 자녀를 보호하고 저소득층 자녀를 교육하는 역할도 병행하도록 되어 있었으나, 실제 운영에 있어서 많은 경우 종일제가 아닌 반일제로 편성되어 있었으며 그 내용에 있어서도 기존의 유치원과 유사하여 저소득층 맞벌이 근로자의 보육 부담을 덜어주는 데에는 한계가 있었다(김영숙, 2005). 이에 보건복지부에서는 새마을유아원의 한계를 극복할 수 있는 새로운 대안을 모색할 필요성이 제기됨에 따라 1989년 '아동복지법 시행령'을 개정하여 본격적으로 아동복지법에 의한 보육사업을 추진하고자 하였다. 그러나 영유아보육에 관한 사업이 여러 정부부처에서 독자적으로 관리 · 운영됨에 따라 보다 체계적이고 효율적인 보육을 실시할 필요가 절실하게 되었다.

또한 노동부는 영세가정 맞벌이 부부의 자녀양육 문제를 해결하기 위하여 1987년 '남녀고용평등법'을 제정 · 공포하면서 공단지역을 중심으로 직장탁아소를 설치하여 공단근로자의 자녀를 우선적으로 보육하도록 하였다.

(4) 영유아보육법 제정 이후 시기 : 어린이집(1991~)

유아교육진흥법에 의거하여 운영되던 새마을유아원이 날로 급증하는 보육수요 및 보육욕구를 충족시킬 수 없는 한계에 직면하게 되자 1991년 1월 '영유아보육법'을 제정하고 1991년 8월에는 시행령 및 시행규칙을 제정하였다. 영유아보육법령에는 보육사업 주관부처를 보건복지부로 일원화하였고, 종전의 단순 탁아사업에서 보호와 교육을 통합한 보육사업으로 확대 · 발전하게 되었다.

이후 보건복지부에서는 10차례 법령을 개정하였으며, 2004년 1월 8일자로 영유아보육법을 전면적으로 개정하여 공포함으로써 보육서비스의 다양화와 질적 수준 향상, 그리고 보육에 대한 공적 책임 강화를 통하여 보육사업이 더욱 발전할 수 있는 계기를 마련하였다. 보육서비스의 질적인 향상에 대한 요구 및 보육 현실은 크게 변화하였는데, 영유아보육법이 현실을 제대로 따라가지 못하는 실정이었기에 이러한 필요성에 의하여 영유아보육법이 개정된 것이었다. 또한 정부조직법 개정으로 2004년 6월부터 영유아보육 업무가 보건복지부에서 여성가족부로 이관되었고, 2005년 1월 30일부터는 개정된 영유아보육법이 시행되기 시작하여 보육서비스의 질적 수준 향상과 보육의 공공성 강화 등을 통해 보육사업이 발전할 수 있는 계기를 마련하였다. 2005년 12월 영유아보육법과 같은 법 시행규칙의 일부 개정으로 어린이집 원장의 국가자격증제 도입과 보육시설운영위원회 설치 의무화로 보육시설 운영의 책임성과 투명성을 강화하게 되었고, 2005년도부터 보육서비스의 질적 수준을 더욱 향상시키기 위하여 어린이집 평가인증제를 도입하였고, 2019년 6월부터는 전국의 모든 어린이집이 의무적으로 참여하는 어린이집 평가제를 시행하고 있다.

2) 표준보육과정의 제정

우리나라 보육현장에서 1960년대 초부터 사용되어 오던 '아동을 위탁한다'는 의미의 '탁아(託兒)'라는 용어는 1991년 영유아보육법이 제정되면서 교육적 기능을 강조하는 '보육(保育)'이라는 용어로 바뀌어 사용하게 되었다. 1991년의 영유아보육법 제1조에는 보육의 개념을 '보호자가 근로 또는 질병, 기타 사정으로 보호하기 어려운 영유아에 대한 심신의 보호와 건전한 교육을 통하여 건강한 사회성원으로 육성함'으로 정의하여 과거와는 달리 보호와 교육의 기능을 동시에 중요하게 여기는 보육의 개념을 확립하기 시작하였다.

그러나 1990년대 후반에 이르러 핵가족화와 자녀를 양육하면서 직장에 다니는 취업모의 지속적인 증가, 그리고 출생 후 조기 경험이 인간의 발달에 결정적이라는 영유아기 교육에 대한 중요성이 더욱 부각되면서 영유아가 보육시설에 다니는 것이 보편화되었다. 즉 보육의 성격과 개념이 사회적 계층이나 부모의 취업 유무에 관계없이 취학 전 모든 연령의 영유아들을 대상으로 보호와 교육을 제공하는 것으로 변화되었다.

이에 2004년에 개정되고 2005년 1월 30일부터 시행된 개정 영유아보육법에서는 보육의 개념을 '영유아를 건강하고 안전하게 보호 · 양육하고 영유아의 발달 특성에 적합한 교육을 제공하는 사회복지서비스'라고 규정하게 되었다. 이는 보육대상을 '보호자가 근로 또는 질병, 기타 사정으로 인해 보호하기 어려운 영유아'로 한정하였던 과거와는 달리 모든 영유아로 보육대상을 규정하여 보육서비스의 보편성을 더욱 강화하는 의미를 담았다고 볼 수 있다. 또한 영유아보육법의 개정과 더불어 보육업무의 주관부처가 과거의 보건복지부에서 2004년 6월부터 여성가족부로 이관되었고, 개정 영유아보육법에 '여성부 장관은 표준보육과정을 개발 · 보급하여야 하고'(제29조 2항), 보육시설은 '표준보육과정에 따라 영유아를 보육하도록 노력하여야 한다'(제29조 3항)라고 명시되어 있어 국가 수준의 보육지침이 개발되는 토대를 제시하였다.

표준보육과정은 우리나라의 보육시설에서 영유아에게 무엇을 어떻게 가르칠 것인지에 대하여 기술되어 있는 국가 수준의 보편적 교육과정으로 보육시설에서 영유아가 경험해야 할 바람직한 태도와 가치, 지식, 기술 등을 제시하고 있다.

여성가족부의 『표준보육과정 연구보고서』(김명순 외, 2005)와 2007년 1월에 고시된 『표준보육과정의 구체적 보육내용 및 교사지침』(여성가족부, 2007)에 근거하여 표준보육과정의 개요를 요약하면 다음과 같다.

추구하는 인간상에서는 미래사회에서 유능하게 기능하기 위하여 스스로 노력하는 자율적인 인간, 긍정적인 인간관계를 유지하고 창의적으로 사고할 수 있는 인

는 어린이집이 만 3~5세(누리과정)뿐만 아니라 만 0~2세(영아보육과정)까지 모든 영유아를 대상으로 보육을 담당하고 있는 점을 반영한 것이다. 이에 2013년부터 전국의 어린이집에서는 0~2세 영아의 경우에 보건복지부의 '제3차 어린이집 표준보육과정'에 제시된 내용에 근거하여 보육과정을 운영하고, 3~5세의 경우는 교육과학기술부와 보건복지부의 '3~5세 연령별 누리과정'에 기초하여 운영하였다.

보건복지부는 어린이집에서의 보육활동이 원활하게 이루어지도록 지원하기 위해서 2013년 2월에 제3차 어린이집 표준보육과정에 기초한 0~2세 영아보육 프로그램(DVD 포함)을 보급하고, 3~4세의 경우에는 유치원과 공통으로 사용하는 3~4세 누리과정 교사용 지도서(DVD 포함, 교육부 공동 개발)를 보급하였으며, 5세의 경우에는 2012년에 먼저 개발 보급된 「5세 누리과정에 기초한 어린이집 프로그램」을 참고하여 수업에 활용하도록 하였다. 제3차 어린이집 표준보육과정의 주요 개정내용을 간략히 살펴보면 다음과 같다(보건복지부, 2013).

- 제2차 표준보육과정에서는 5세 누리과정 시행을 감안하여 보육과정을 0~4세로 하였으나, 제3차 어린이집 표준보육과정은 어린이집을 이용하는 모든 영유아를 대상으로 하여 '0~1세 보육과정', '2세 보육과정', '3~5세 보육과정(누리과정)'으로 구성해 누리과정을 포함하는 넓은 개념으로 정리하였다.
- 제3차 어린이집 표준보육과정에서는 3~5세 연령별 누리과정에서 강조한 바른 인성과 창의성이 반영될 수 있도록 표준보육과정이 추구하는 인간상에 '자신과 다른 사람을 존중하고 배려하는 인성'을 추가하고 보육과정 전반에 자율과 창의를 강조하였다.
- 3~5세 연령별 누리과정과 동일하게 기존 보육과정 운영에 대한 평가항목뿐만 아니라, 영유아에 대한 평가항목을 추가 반영하였다.
- 각 연령에 따른 보육과정의 목표를 구체적으로 명시해 어린이집에서 보육·교육시 추구해야 하는 바를 명확하게 이해할 수 있도록 하였다.

- 구성체계를 0~1세 보육과정, 2세 보육과정, 3~5세 보육과정으로 구성하고, 영아기에 해당하는 0~2세 보육과정은 기본생활, 신체운동, 의사소통, 사회관계, 예술경험, 자연탐구의 6개 영역으로 구성하고, 3~5세 보육과정은 누리과정의 5개 영역으로 구성하였다.

5) 제4차 어린이집 표준보육과정

2019년 7월에 '3~5세 연령별 누리과정'이 개정되어, '2019 개정 누리과정'으로 고시가 이루어지면서 어린이집에 다니는 전체 0~5세 대상 보육과정 중 3~5세를 위한 보육과정의 개정이 먼저 이루어졌다. 이어서 0~2세는 어린이집에만 해당되므로 보건복지부 주관으로 0~5세 영유아의 연속적 경험과 연령 간 발달적 연계, 누리과정 개정 방향 및 내용을 고려하여 기존의 '제3차 어린이집 표준보육과정' 중 0~1세 및 2세 보육과정에 대한 개정이 이루어졌다. 2019년 10월부터 누리과정 및 표준보육과정 연구진을 중심으로 '제3차 어린이집 표준보육과정'(0~2세) 개정 연구를 통해 어린이집의 영아 관련 0~1세 보육과정과 2세 보육과정의 영역별 내용을 개정하고, 0~2세 보육과정과 3~5세 보육과정(개정 누리과정)을 포괄하는 총론의 일부를 개정하여, 2020년 4월 9일에 '제4차 어린이집 표준보육과정'을 고시하고, 9월부터 시행에 들어갔다.

'제4차 어린이집 표준보육과정'의 고시 특성을 정리하면 다음과 같다(보건복지부, 2020).

(1) 총론은 3~5세 보육과정(누리과정)의 개정 방향과 취지를 수용하되 보육의 정체성 유지, 영아보육의 특성을 반영하였다.

(2) 0~2세 영역별 내용은 제3차 어린이집 표준보육과정을 토대로 영아보육의 특성을 반영하였다.

(3) 기존의 연령체제를 유지하여 0~1세 보육과정, 2세 보육과정, 3~5세 보육과정(누리과정)으로 제시하였다.

(4) 구성체계를 조정하여 영역, 내용범주, 내용체계를 유지하고, 0~1세의 4수준, 2세의 2수준으로 구분하였던 세부내용을 내용과 통합하였다.

(5) 0~2세 보육과정은 기존의 6개 영역을 유지하고 내용을 간략화하였다.

(6) 전체적으로 영유아중심, 놀이중심을 추구하였다.

(7) 영유아 기본 권리의 개별 보장을 중시하여 영유아는 개별적인 특성을 지닌 고유한 존재로 존중받아야 함을 강조하였다.

'제4차 어린이집 표준보육과정' 총론의 내용은 다음과 같다(보건복지부, 2020a).

▪ 표준보육과정의 성격

어린이집 표준보육과정(이하, '표준보육과정'이라 함)은 0~5세 영유아를 위한 국가 수준의 보육과정이며 0~1세 보육과정, 2세 보육과정, 3~5세 보육과정(누리과정)으로 구성한다.

가. 국가 수준의 공통성과 지역, 기관 및 개인 수준의 다양성을 동시에 추구한다.
나. 영유아의 전인적 발달과 행복을 추구한다.
다. 영유아 중심과 놀이 중심을 추구한다.
라. 영유아의 자율성과 창의성 신장을 추구한다.
마. 영유아, 교사, 원장, 부모 및 지역사회가 함께 실현해 가는 것을 추구한다.

▪ 추구하는 인간상

가. 건강한 사람
나. 자주적인 사람
다. 창의적인 사람
라. 감성이 풍부한 사람
마. 더불어 사는 사람

■ 목적과 목표

표준보육과정의 목적은 영유아가 놀이를 통해 심신의 건강과 조화로운 발달을 이루고, 바른 인성과 민주 시민의 기초를 형성하는 데에 있다.
이를 실현하기 위한 목표는 다음과 같다.

가. 0~2세 보육과정 목표
 1) 자신의 소중함을 알고, 건강하고 안전한 환경에서 즐겁게 생활한다.
 2) 자신의 일을 스스로 하고자 한다.
 3) 호기심을 가지고 탐색하며 상상력을 기른다.
 4) 일상에서 아름다움에 관심을 가지고 감성을 기른다.
 5) 사람과 자연을 존중하고 소통하는 데 관심을 가진다.

나. 3~5세 보육과정 목표
 1) 자신의 소중함을 알고, 건강하고 안전한 생활 습관을 기른다.
 2) 자신의 일을 스스로 해결하는 기초능력을 기른다.
 3) 호기심과 탐구심을 가지고 상상력과 창의력을 기른다.
 4) 일상에서 아름다움을 느끼고 문화적 감수성을 기른다.
 5) 사람과 자연을 존중하고 배려하며 소통하는 태도를 기른다.

■ 구성의 중점

가. 영유아는 개별적인 특성을 지닌 고유한 존재임을 전제로 구성한다.
나. 0~5세 모든 영유아에게 적용할 수 있도록 구성한다.
다. 추구하는 인간상 구현을 위한 지식, 기능, 태도 및 가치를 반영하여 구성한다.
라. 표준보육과정은 다음의 영역을 중심으로 구성한다.
 1) 0~1세 보육과정과 2세 보육과정은 기본생활, 신체운동, 의사소통, 사회관계, 예술경험, 자연탐구의 6개 영역을 중심으로 구성한다.
 2) 3~5세 누리과정은 신체운동·건강, 의사소통, 사회관계, 예술경험, 자연탐구의 5개 영역을 중심으로 구성한다.
마. 0~5세 영유아가 경험해야 할 내용으로 구성한다.
바. 초등학교 교육과정과의 연계성을 고려하여 구성한다.

■ 편성·운영

가. 어린이집의 운영 시간에 맞추어 편성한다.

나. 표준보육과정을 바탕으로 각 기관의 실정에 적합한 계획을 수립하여 운영한다.
다. 하루 일과에서 바깥놀이를 포함하여 영유아의 놀이가 충분히 이루어지도록 편성하여 운영한다.
라. 성, 신체적 특성, 장애, 종교, 가족 및 문화적 배경 등에 따른 차별이 없도록 편성하여 운영한다.
마. 영유아의 발달과 장애 정도에 따라 조정하여 운영한다.
바. 가정과 지역사회와의 협력과 참여에 기반하여 운영한다.
사. 교사 연수를 통해 표준보육과정의 운영을 개선할 수 있도록 한다.

■ 교수·학습

가. 영유아의 의사표현을 존중하고 민감하게 반응한다.
나. 영유아가 흥미와 관심에 따라, 놀이에 자유롭게 참여하고 즐기도록 한다.
다. 영유아가 놀이를 통해 배우도록 한다.
라. 영유아가 다양한 놀이와 활동을 경험할 수 있도록 실내외 환경을 구성한다.
마. 영유아와 영유아, 영유아와 교사, 영유아와 환경 사이에 능동적인 상호작용이 이루어지도록 한다.
바. 각 영역의 내용이 통합적으로 영유아의 경험과 연계되도록 한다.
사. 개별 영유아의 요구에 따라, 휴식과 일상생활이 원활히 이루어지도록 한다.
아. 영유아의 연령, 발달, 장애, 배경 등을 고려하여 개별 특성에 적합한 방식으로 배우도록 한다.

■ 평가

가. 표준보육과정 운영의 질을 진단하고 개선하기 위해, 평가를 계획하고 실시한다.
나. 영유아의 특성 및 변화 정도와 표준보육과정의 운영을 평가한다.
다. 평가의 목적에 따라 적합한 방법을 사용하여 평가한다.
라. 평가의 결과는 영유아에 대한 이해와 표준보육과정 운영 개선을 위한 자료로 활용할 수 있다.

「제4차 어린이집 표준보육과정」의 각론에 해당하는 연령별 목표 및 내용 중 0~2세에 해당하는 내용을 본서의 '부록 2'에 제시하였다. 3~5세의 연령별 목표 및 내용은 '부록 1'의 2019 개정 누리과정을 참고하기 바란다.

3 누리과정

1) 5세 누리과정

우리나라의 대표적인 유아교육기관인 유치원과 어린이집은 오랫동안 이원화되어 운영되어 왔다. 유치원은 교육부가, 어린이집은 보건복지부가 주무부서로서 각 기관에 관한 여러 가지 사항을 결정하고 주도하여 왔다. 교육과정도 마찬가지여서 유치원은 교육부의 '유치원 교육과정'을, 어린이집은 보건복지부의 '표준보육과정'을 사용해 왔다. 1969년 처음으로 제정한 국가 수준 유치원 교육과정은 그동안 여섯 번의 개정을 거듭하며 변화되어 왔고, 어린이집은 '유치원 교육과정'에 준하여 운영되어 오다가 2007년 처음으로 표준보육과정을 개발 · 보급하였고 2012년에 1차, 2013년에 2차, 2020년에 3차 개정을 실시하였다.

이러한 현실은 만 3~5세를 위한 교육과정 개발, 지도자료의 개발 등 동일한 업무를 두 부처에서 이중으로 예산을 사용하여 실시하는 등 비효율성이 지적되어 왔다(이기섭, 2010). 이에 정부에서는 2011년 5월에 만 5세 교육 · 보육에 대한 국가의 책임을 강화하는 방안을 발표하였다. 유아단계에서 양질의 교육 · 보육을 제공하고 교육 · 보육비 부담을 완화할 수 있는 적극적인 대책 마련이 필요하므로 현재의 교육기관 및 교사 관리체계를 유지하면서 만 5세 아동의 교육과 보육을 통합하여 하나의 과정으로 만들고, 만 5세아의 학비지원을 전 계층으로 확대하며, 지원 단가를 연차적으로 현실화한다는 것이었다. 즉, 취학 직전 1년의 유아는 부모의 소득수준에 관계없이 정부의 교육비나 보육료를 지원받으며, 유치원을 다니든 어린이집을 다니든 국가가 마련한 수준 높은 공통 프로그램으로 교육 · 보육을 받도록 하고자 '5세 누리과정'을 제정하였다(육아정책연구소, 2011). 교육과학기술부와 보건복지부는 2011년 9월 5일 유아교육법(제13조 제2항), 영유아보육법(제29조 제2항 및 제4항)에 의거하여 공모를 통해 선정된 명칭을 사용하여 '5세 누리과정'을 고시하였다. '5세 누리과정'의 '누리'는 세상을 뜻하는 순 우리말로, 국가가 책임지는 교육·보육을 통해 만 5세 어린이들이 유치원과 어린이집에서 행복한 세상을 열어가고, 생활 속에서 꿈과 희망을 마음껏 누리도록 하겠다는 의미를 담고 있다.

우리나라 5세 누리과정의 큰 틀은 국제 동향과 역행하지 않는 방향에서 추진되었다. 북미 및 대부분의 EU국가들은 K(Kindergarten)학년제 도입, 교사 자격기준 및 의무·무상교육 강화 등을 통해 취학 직전 1년의 교육을 엄격하게 관리하고 있다. 프랑스는 1886년부터 유아교육이 무상교육(공교육체제)으로 실시되고 만 5세 취원율은 약 100%에 이른다. 미국도 만 5세는 무상교육으로 운영하고 만 5세 무상교육 혜택률은 90%에 달하며, 일본 역시 2006년에 어린이집과 유치원을 '인정어린이원'으로 통합해 교육과 보육을 동시에 제공하고 있다. 이 외에도 우리나라는 세계 최저 수준의 저출산이 고착화되는 현상을 보이고 있고 영유아의 교육·보육비 부담이 저출산을 심화시키는 요인으로 지적되어 온 것과 최근 영유아기 발달의 중요성이 부각된 것도 유아교육에 대한 국가 수준의 지원체제가 강화된 요인이 되었다. 즉 생애단계별로 투자비용을 동일하게 산정할 경우, 영유아기의 인적 자원 투자 대비 회수 비율이 가장 크게 나타난다는 연구가 발표되면서 영유아기 발달의 중요성이 더욱 주목받게 되었다(교육과학기술부, 보건복지부, 2012a).

5세 누리과정은 교육과학기술부 소관의 유치원과 보건복지부 소관의 어린이집이 각각의 관리체계를 유지하면서 만 5세 유아의 교육과 보육의 내용을 통합하여 하나의 과정으로 만든 것이다. 5세 누리과정의 특성은 기본생활습관과 창의·인성교육을 강조하되, 이를 별도의 영역으로 구분하지 않고 5세 누리과정 전 영역에서 강조하도록 한 점, 유치원 교육과정과 표준보육과정 중 만 5세 유아에게 필요한 기본능력을 선별하여 수정·보완한 점, 만 3~4세와 구분되지만 세부 내용수준은 연계되도록 한 점, 특히 만 5세에게 필요한 기본 소양과 능력을 토대로 초등학교 1~2학년군의 창의·인성교육내용 등과 체계적인 연계성을 확보하고자 한 점 등이었다.

5세 누리과정의 기본 구성방향은 만 5세아의 기본생활습관과 질서, 배려, 협력 등 올바른 인성교육, 사람·자연의 존중과 우리 문화의 이해, 전인발달이 고루 이루어진 창의적 인재 양성, 초등학교 교육과정과의 연계성 고려, 5개 영역을 중심으로 주도적인 경험 강조와 놀이중심의 통합과정 구성, 1일 오전의 3~5시간의 운영을 기준으로 하였다. 5세 누리과정의 목적은 만 5세아에게 필요한 기본 능력과 바른 인성을 기르고, 민주시민의 기초를 형성하는 것이고, 영역은 신체운동·건강, 의사소통, 사회관계, 예술경험, 자연탐구의 5개 영역에 20개 내용범주, 62개 내용, 136개 세부내용으로 구성되었다. 5세 누리과정은 2012년 '3~5세 연령별 누리과정'이 공포되고 '5세 누리과정'의 내용이 부분 개정되어 포함되면서 2012년 1년 동안만 현장에서 적용되었다.

2) 3~5세 연령별 누리과정

2012년 3월에 도입한 '5세 누리과정'에 이어 2012년 7월 10일 유치원과 어린이집에 3~4세 누리과정과 5세 누리과정 일부 개정을 포함하는 '3~5세 연령별 누리과정'이 고시되었다. 2013년 3월부터는 2012년의 5세 누리과정에 이어 만 3~4세까지 누리과정이 확대 도입됨에 따라, 우리나라의 모든 만 3~5세 유아들에게 유아교육·보육과정이 통합된 국가 수준 공통과정인 '3~5세 연령별 누리과정'이 도입되어 취학 전 교육의 질을 제고하고, 생애 초기 출발점 평등을 보장할 수 있게 되었다(교육과학기술부, 보건복지부, 2012a).

'3~5세 연령별 누리과정'의 개정중점 사항은 다음과 같다. 만 3~5세의 발달 특성을 고려하여 연령별로 구성하되, 발달 특성상 연령 구분 없이 공동으로 제시된 경우에는 교수-학습방법 및 난이도를 조정하여 활동하도록 하고, 0~2세 표준보육과정 및 초등학교 교육과정과의 연계성을 강화하였다. 특히 바른 생활습관 형성을 위한 기본생활습관을 강조하고, 남을 배려하고 존중하며, 더불어 함께하는 다양한 내용으로 구성하여 유아기부터의 인성교육을 강화하였다. 또한 건강한 몸과 마음을 기르도록 다양한 신체활동 참여를 강화하고 유아단계에 맞는 인터넷, 미디어 중독 예방, 녹색성장교육 및 다른 문화에 대한 이해 등의 내용이 추가되었다.

'3~5세 연령별 누리과정'은 총론과 각론으로 구성되었다. 총론에는 교육과정 구성의 방향, 목적과 목표 그리고 편성과 운영에 대한 내용이 제시되었고, 각론에서는 5개 영역별 목표와 세부내용이 제시되었다. 총론의 주요 내용은 다음과 같다.

(1) 구성방향

3~5세 연령별 누리과정의 구성방향은 다음과 같다.

1. 질서, 배려, 협력 등 기본생활습관과 바른 인성을 기르는 데 중점을 두어 구성한다.
2. 자율성과 창의성을 기르는 데 중점을 두고, 전인발달을 이루도록 구성한다.
3. 사람과 자연을 존중하고, 우리 문화를 이해하는 데 중점을 두어 구성한다.
4. 만 3~5세아의 발달 특성을 고려하여 연령별로 구성한다.
5. 신체운동 · 건강, 의사소통, 사회관계, 예술경험, 자연탐구의 5개 영역을 중심으로 구성한다.
6. 초등학교 교육과정과 0~2세 표준보육과정과의 연계성을 고려하여 구성한다.

(2) 목적과 목표

① 목적

누리과정은 만 3~5세 유아의 심신의 건강과 조화로운 발달을 도와 민주시민의 기초를 형성하는 것을 목적으로 한다.

② 목표

가. 기본운동능력과 건강하고 안전한 생활습관을 기른다(신체운동 · 건강).

나. 일상생활에 필요한 의사소통 능력과 바른 언어사용 습관을 기른다(의사소통).

다. 자신을 존중하고 다른 사람과 더불어 생활하는 능력과 태도를 기른다(사회관계).

라. 아름다움에 관심을 가지고 예술경험을 즐기며, 창의적으로 표현하는 능력을 기른다(예술경험).

마. 호기심을 가지고 주변 세계를 탐구하며, 일상생활에서 수학적 · 과학적으로 생각하는 능력과 태도를 기른다(자연탐구).

(3) 영역과 운영시간

3~5세 연령별 누리과정은 신체운동 · 건강, 의사소통, 사회관계, 예술경험, 자연탐구의 5개 영역으로 구성되었다. 운영시간은 유치원의 경우에 1일 4~5시간을 기본 교육과정 운영시간으로 하고 그 이후 시간은 종일제(방과후) 운영을 하는 반면, 어린이집은 1일 12시간 운영을 기본으로 하고 있어 두 기관이 각각 교육시간을 다르게 운영하고 있는 실정이므로, 두 기관의 공통 운영시간이 되는 1일 오전의 4~5시간을 기준으로 편성하도록 하였다.

3~5세 연령별 누리과정의 경우에는 유아교육현장에서 교사들이 누리과정을 적용하도록 지원하기 위해서 교사용 지도서가 개발되었는데, 유치원에서는 3, 4세 누리과정 지도서와 5세 누리과정 지도서를 개발하여 사용하고, 어린이집에서는 3, 4, 5세 누리과정 지도서와 5세 누리과정에 기초한 어린이집 프로그램을 사용할 수 있었다.

3) 2019 개정 누리과정

2013년 '3~5세 연령별 누리과정'이 제정되어 그동안 우리나라 유아를 위한 국가수준의 교육과정으로 유아교육현장에 적용되어 왔으나, 교육과정 구성체계 보완의 필요성과 과다한 연령별 교육내용, 현장 적용의 획일성 등에 대한 문제가 제기되어 왔다(교육부, 보건복지부, 2019a). 교육부는 2017년 국정운영 5개년 계획에서 국정과

제로 '교실혁명을 통한 공교육 혁신'을 명시하였고, 세부과제 중 하나로 '학생중심의 교육과정 개편'을 제시하였다. 이에 출발선 평등을 실현하기 위한 '유아교육 혁신방안'(2017.12.27.)을 발표하고 주요 내용 중 하나로 '유아가 중심이 되고 놀이가 살아나는 유아중심 · 놀이중심의 교육과정 혁신'을 발표하였다. 누리과정 혁신방향에는 개별 유아의 다양한 특성을 고려하며 유아의 자유놀이 권장, 현장의 자율성 확대 등이 포함되었다. 누리과정의 개정은 2018년부터 육아정책연구소의 주관으로 이루어져 2019년 7월 19일에 '2019 개정 누리과정'이 확정 · 발표되었다.

2012년 '5세 누리과정'부터 시행되기 시작한 유치원과 어린이집 공통과정인 국가수준 '누리과정'의 변화과정을 표로 정리하면 다음과 같다.

표 4-2 '누리과정'의 변화과정

<table>
<tr><th>구분</th><th colspan="2">2012년 3월 이전</th><th colspan="3">2012년 3월~2013년 2월</th><th colspan="2">2013년 3월 이후</th><th colspan="2">2020년 3월 이후</th></tr>
<tr><td>연령
기관</td><td>만 0~2세</td><td>만 3~5세</td><td>만 0~2세</td><td>만 3~4세</td><td>만 5세</td><td>만 0~2세</td><td>만 3~5세</td><td>만 0~2세</td><td>만 3~5세</td></tr>
<tr><td>유치원
(교육부)</td><td>-</td><td>2007개정
유치원
교육과정</td><td>-</td><td>2007개정
유치원
교육과정</td><td rowspan="2">5세
누리
과정</td><td>-</td><td rowspan="2">3~5세
연령별
누리과정</td><td>-</td><td rowspan="2">2019
개정
누리과정</td></tr>
<tr><td>어린이집
(보건
복지부)</td><td colspan="2">표준보육과정</td><td colspan="2">제2차
표준보육과정</td><td>제3차
어린이집
표준보육과정</td><td>제4차
어린이집
표준보육
과정
(2020. 9월)</td></tr>
</table>

'2019 개정 누리과정'은 준비기간을 거쳐 2020년 3월부터 전국의 유치원과 어린이집에서 공통으로 적용되기 시작하였다. 정부는 '2019 개정 누리과정'의 현장 안착을 위하여 교육과정 해설서와 놀이이해자료, 놀이실행자료, 놀이사례집 등의 현장지원 자료를 보급하고, 누리과정 지원 누리집(누리과정 포털 사이트, i-nuri.go.kr)을 구축하여 언제 어디서나 교육과정 실행에 대한 지원을 받을 수 있도록 하였다. 또

한 교사의 전문성을 강화하기 위해 다양한 연수를 실시하고, 학부모들의 놀이에 대한 인식을 제고하기 위한 부모교육을 실시하며, 유아의 놀이문화를 위하여 유치원과 어린이집의 실내·외 놀이공간을 재구성하는 방안도 제시할 계획에 있다.

'2019 개정 누리과정'의 주요 특징을 살펴보면 다음과 같다(교육부, 2019.7.19).

① 유아중심·놀이중심 교육과정

교사주도 활동을 지양하며, 유아가 충분한 놀이 경험을 통해 몰입과 즐거움 속에서 자율·창의성을 신장하고, 전인적인 발달과 행복을 추구할 수 있도록 하였다.

② 국가 수준 교육과정으로서 구성체계 확립

누리과정의 성격을 국가 수준 공통 교육과정으로 명시하고, 미래사회 핵심역량을 반영한 인간상과 목표를 밝혀 교육과정으로서 구성체계를 확립하였다.

③ 내용 구성의 간략화를 통한 현장 자율성 확대

교육과정의 5개 영역은 유지하되, 연령별 세부내용(369개)을 연령통합(59개)으로 간략화하고 다양한 교육방식이 발현될 수 있도록 현장 자율성을 확대하였다.

④ 교사의 누리과정 실행력 지원

교사의 과다한 일일교육계획 작성을 경감하고, 주제와 유아 놀이를 일치시켜야 하는 부담감 등을 완화해 교사의 자신감 회복을 도우며 자율성과 책무성을 강조하여 누리과정 실행력을 지원하는 데 중점을 두었다.

새롭게 개정이 이루어진 '2019 개정 누리과정'의 이해를 돕기 위하여 2015 누리과정과 2019 개정 누리과정의 구성체계를 비교하면 다음과 같다.

표 4-3 2015와 2019 누리과정 구성체계의 비교

2015 누리과정 구성체계	2019 개정 누리과정 구성체계
제1장 누리과정의 총론 Ⅰ. 구성방향 Ⅱ. 목적과 목표 1. 목적 2. 목표 Ⅲ. 편성과 운영 1. 편성 2. 운영 3. 교수 · 학습 4. 평가	**누리과정의 성격(신설)** **제1장 총론** Ⅰ. 누리과정의 구성방향 1. 추구하는 인간상(신설) 2. 목적과 목표 3. 구성의 중점 Ⅱ. 누리과정의 운영 1. 편성 · 운영 2. 교수 · 학습 3. 평가
제2장 연령별 누리과정 제1절 3~5세 연령별 누리과정의 영역별 목표 Ⅰ. 신체운동 · 건강 Ⅱ. 의사소통 Ⅲ. 사회관계 Ⅳ. 예술경험 Ⅴ. 자연탐구 제2절 3-5세 연령별 누리과정의 영역별 내용 Ⅰ. 3세 누리과정 Ⅱ. 4세 누리과정 Ⅲ. 5세 누리과정	**제2장 영역별 목표 및 내용** Ⅰ. 신체운동 · 건강 1. 목표 2. 내용 Ⅱ. 의사소통 1. 목표 2. 내용 Ⅲ. 사회관계 1. 목표 2. 내용 Ⅳ. 예술경험 1. 목표 2. 내용 Ⅴ. 자연탐구 1. 목표 2. 내용

2019 개정 누리과정의 총론 중 주요내용을 소개하면 다음과 같다. 누리과정이 3~5세 유아를 위한 국가 수준의 공통 교육과정임을 명시하였고, 교육과정의 구성체계 확립을 위하여 '누리과정의 성격'과 '추구하는 인간상'을 새로 신설하였다. 추구하는 인간상은 초등학교 교육과정이 추구하는 인간상과 연계되도록 하였고, 누리과정의 목적과 목표가 궁극적으로 추구하는 인간상을 실현하는 것으로 기술되었다.

▪ 누리과정의 성격

누리과정은 3~5세 유아를 위한 국가 수준의 공통 교육과정이다.

가. 국가 수준의 공통성과 지역, 기관 및 개인 수준의 다양성을 동시에 추구한다.
나. 유아의 전인적 발달과 행복을 추구한다.
다. 유아 중심과 놀이 중심을 추구한다.
라. 유아의 자율성과 창의성 신장을 추구한다.
마. 유아, 교사, 원장(감), 학부모 및 지역사회가 함께 실현해 가는 것을 추구한다.

▪ 추구하는 인간상

가. 건강한 사람
나. 자주적인 사람
다. 창의적인 사람
라. 감성이 풍부한 사람
마. 더불어 사는 사람

▪ 목적과 목표

누리과정의 목적은 유아가 놀이를 통해 심신의 건강과 조화로운 발달을 이루고 바른 인성과 민주 시민의 기초를 형성하는 데에 있다.
이를 실현하기 위한 목표는 다음과 같다.

가. 자신의 소중함을 알고, 건강하고 안전한 생활 습관을 기른다.
나. 자신의 일을 스스로 해결하는 기초능력을 기른다.
다. 호기심과 탐구심을 가지고 상상력과 창의력을 기른다.
라. 일상에서 아름다움을 느끼고 문화적 감수성을 기른다.
마. 사람과 자연을 존중하고 배려하며 소통하는 태도를 기른다.

▪ 구성의 중점

가. 3~5세 모든 유아에게 적용할 수 있도록 구성한다.
나. 추구하는 인간상 구현을 위한 지식, 기능, 태도 및 가치를 반영하여 구성한다.
다. 신체운동·건강, 의사소통, 사회관계, 예술경험, 자연탐구의 5개 영역을 중심으로 구성한다.
라. 3~5세 유아가 경험해야 할 내용으로 구성한다.
마. 0~2세 보육과정 및 초등학교 교육과정과의 연계성을 고려하여 구성한다.

2019 개정 누리과정 총론의 내용 중 편성과 운영, 교수·학습, 평가 및 각론에 해당하는 영역별 목표와 내용은 본서의 「부록 1」에 제시하였다. 개정 누리과정의 구체적인 편성과 운영 및 교수-학습에 대한 설명은 본서의 제7장에서 상세히 다루었다.

'2019 개정 누리과정'은 교사가 미리 계획하고 주도하는 활동 안에서 유아들이 놀이를 하던 것에서, 유아가 스스로 주도적으로 놀이를 이끌어 나가는 과정에서 교사가 관찰과 지원을 통해 누리과정의 내용을 경험하도록 하는 것을 추구한다. 새로 개정된 '2019 개정 누리과정'은 유아가 놀이를 통해 스스로 경험해야 할 내용을 담고 있는 교육과정으로 변화되었다고 할 수 있다. 그러므로 그동안 교사가 교육과정을 미리 계획하기 위해서 참고로 삼았던 교사용 지도서를 없앤 것도 큰 변화이다.

개정 누리과정은 유아교육의 기본정신인 '놀이'를 중심으로 유아의 배움을 지원하고, 놀이시간을 충분히 편성하여 놀이와 쉼, 학습자를 중심으로 하는 교육을 강조한다. 더불어 교육과정의 주도권을 유아에게 넘겨줌으로써 교사는 전문성과 자율성을 기반으로 유아의 놀이 안에서 국가가 제시한 누리과정의 내용이 어느 정도 경험되고 있는지를 잘 관찰하고 지원하여 국가 수준 누리과정이 교육현장에서 실행되도록 하는 누리과정 실행력을 고취시켜야 하는 책무성이 강화되었다. 그러므로 2019 개정 누리과정은 영유아의 주도적인 놀이와 교사의 적극적 지원으로 함께 만들어가는 교육과정으로의 변화를 추구하고 있다고 하겠다.

이상에서 우리나라의 국가 수준 유아교육과정이 변화되어 온 과정을 유치원교육과정, 표준보육과정 그리고 유치원과 어린이집의 공통과정인 누리과정의 순으로 살펴보았다. 그동안 우리나라에서 제정 및 개정된 국가 수준 유아교육과정의 변천과정을 정리하면 다음과 같다.

표 4-4 국가 수준 영유아교육과정의 변천

유치원 교육과정		누리과정		표준보육과정
유치원		유치원과 어린이집 공통		어린이집
1969년 제1차 유치원 교육과정 1979년 제2차 유치원 교육과정 1981년 제3차 유치원 교육과정 1987년 제4차 유치원 교육과정 1992년 제5차 유치원 교육과정 1998년 제6차 유치원 교육과정 2007년 2007개정 유치원 교육과정				2007년 제1차 표준보육과정
		2011년 5세 누리과정		2012년 제2차 표준보육과정 (0~2세 영아교육과정과 3~4세 누리과정)
	→	2012년 3-5세 연령별 누리과정	←	2013년 제3차 어린이집표준 보육과정 (0~2세 영아교육과정과 3~5세 연령별 누리과정)
		2019년 개정 누리과정		2020년 제4차 어린이집표준 보육과정 (0~2세 영아교육과정과 개정 누리과정)

1969년 최초로 국가 수준의 「유치원교육과정」이 제정된 이후, 2007년에는 어린이집의 영유아를 위한 「표준보육과정」이 처음으로 제정되었고, 2011년에 이르러 우리나라의 모든 유아에게 공통의 교육과정을 제공하기 위한 노력으로 「누리과정」이 제정되기 시작하였다. 누리과정은 「5세 누리과정」을 시작으로 2012년에 「3~5세 연령별 누리과정」을 거쳐 2019년 「2019 개정 누리과정」으로 변화되어 왔고, 누리과정의 제정 및 개정에 따라 「표준보육과정」도 꾸준하게 개정이 이루어지고 있다.

정리해 보세요

1 제1차부터 2007년 개정에 이르기까지 국가 수준 유치원 교육과정에서 추구하고 있는 궁극적인 인간상과 교육목적을 찾아보고 그 의미에 대해 생각해 봅시다.

2 1991년 영유아보육법이 제정된 이후에 변화된 여러 가지 보육 서비스의 내용에는 어떤 것들이 있는지 찾아봅시다.

3 오랫동안 이원화되어 운영되어 오던 유치원의 유치원 교육과정과 어린이집의 표준보육과정을 통합하여 하나의 과정인 「누리과정」으로 제정하게 된 이유에 대해 정리해 봅시다.

4 「2019 개정 누리과정」의 주요 특징에 대해 정리해 봅시다.

5 유치원과 어린이집에서 영유아의 놀이를 더욱 활성화하기 위해서 필요한 교사의 역할에는 무엇이 있을지 생각을 정리해 봅시다.

토론해 보세요

1 「2019 개정 누리과정」에서 유아의 놀이를 더욱 강조하게 된 이유에 대해 토의해 봅시다.

2 가까운 곳에 위치한 유치원이나 어린이집을 방문하여 「2019 개정 누리과정」과 「제4차 어린이집 표준보육과정」이 현장에서 어떻게 적용되고 있는지 알아보고, 느낀 점에 대해 토의해 봅시다.

3 우리나라의 국가 수준 누리과정에서는 영유아의 자유로운 놀이를 매우 강조하고 있으므로 'i-누리(누리과정 포털 사이트)'를 방문하여 다양한 현장 지원 자료와 홍보용 동영상을 시청하고 새롭게 배운 점에 대해 이야기를 나누어 봅시다.

4 인터넷 상의 다양한 사이트에 나와 있는 유아의 '놀이' 관련 동영상을 찾아 시청하고, 유아교육현장에서 어떻게 적용할 수 있을지에 대해 토의해 봅시다.

CHAPTER

5

유아교육과정의 구성 및 유형

1. 유아교육과정의 구성
2. 유아교육과정의 접근법 및 유형

Chapter 05

유아교육과정의 구성 및 유형

1 유아교육과정의 구성

전통적으로 교사는 유아교육과정을 구성하기 위하여 자신이 담당하게 될 유아들의 발달 특성과 학습수준 등을 전문적으로 습득하고 연구하여, 유아의 행동과 지식, 가치, 태도, 사고방법 등이 변화할 수 있도록 미리 사전에 목적을 가지고 치밀하게 계획된 의도적이며 가치지향적인 교육을 한다. 그러므로 가정이나 사회 곳곳에서 우연에 의하여 자연스럽게 이루어지는 일반적인 교육과 달리 유아교육기관에서 교사에 의해 실시되는 교육은 반드시 유아에게 가치 있는 교육목적을 세우고 그 목적을 달성하고자 노력하는 유목적적 행위라고 할 수 있다. 이는 교육의 의도성, 계획성, 체계성 등을 의미하며 교육이 교육전문가에 의해서 이루어져야 하는 이유이기도 하다.

그러나 「2019 개정 누리과정」의 경우는 일반적으로 알려져 있는 유아교육과정의 구성방법과는 다르게 교사가 미리 교육과정을 계획하기보다는 유아가 놀이를 중심으로 교육과정을 시작하면 교사가 관찰과 지원을 통해서 유아와 함께 만들어 가는 교육과정 구성방식을 추구하고 있다. 본 장에서는 일반적인 유아교육과정을 구성하고 있는 요소들에 대해 설명하고자 한다.

유아에게 가치 있는 교육목표를 설정하고, 목표를 달성하도록 돕는 적절한 교육내용과 방법을 선정 및 조직하고, 의도한 목표가 제대로 달성되었는지를 확인하는 평가작업 등은 유아교육과정을 구성하는 핵심적인 요소가 된다. 유아를 위한 교육과정을 구성하는 기본 요소에는 일반적으로 교육목표와 교육내용, 교수-학습방법, 평가 등의 네 가지 요소가 포함된다. 타일러는 교육과정을 개발하고자 하는 사람들은 다음의 네 가지 질문을 확인하는 데서 출발하여야 한다고 했다(Tyler, 1949).

첫째, 교육기관에서는 어떤 교육목표의 달성을 위해 노력해야 하는가?

둘째, 이러한 목표를 달성하기 위하여 학습경험의 선정은 어떻게 이루어져야 하는가?

셋째, 이러한 학습경험을 효과적으로 조직하는 방법은 무엇인가?

넷째, 교육목표의 달성 여부를 어떻게 평가할 수 있는가?

이상의 질문들은 유아교육기관에서 유아를 교육하기 위하여 반드시 고민해 보아야 하는 교육과정의 구성요소들이다. 즉 각 질문들은 교육목표의 설정, 학습경험의 선정, 학습경험의 조직, 학습 성과의 평가로 정리되어 교육과정의 네 가지 기본적인 구성요소로 정착되었다.

교육목표의 설정은 교육과정을 구성하는 가장 기본적인 요소로서 유아기의 발달에 적합하고 아울러 각 기관의 철학에 적합한 목표의 설정이 이루어져야 한다. 그로부터 적합한 학습경험의 선정과 조직, 그리고 목표에 근거한 평가가 이루어지게 되고, 교육목표의 달성 여부와 교육과정의 장점과 단점에 대한 정보의 송환이 이루어지게 되기 때문이다. 각 기관의 철학에 부합하는 교육목표의 설정과 그러한 교육목표를 달성하는 데 반드시 필요한 교육내용의 선정, 잘 선정된 교육내용의 조직 및 유아의 발달과 흥미에 적합한 교수방법의 결정, 평가, 그리고 평가결과를 차기 교육계획 수립에 적절히 반영하는 것 등은 교육과정의 구성요소이자 교육과정이 실행되는 순서이기도 하다. 유아교육과정을 구성하는 주요 요인이 무엇인지에 관한 문제들을 고려하는 것은 교사들에게 자신의 교육철학과 프로그램 운영 실제에 대한 반성적이고 비판적인 시각을 제공해 줄 수 있다.

교사가 의도적으로 교육과정을 계획하고 체계적으로 실천하기 위하여 반드시 알아야 하는 여러 가지 교육과정의 구성요소들에 대하여 좀 더 구체적으로 살펴보고자 한다.

1) 교육목표의 설정

교사가 자신이 맡고 있는 유아들을 위해서 뚜렷한 교육목표를 세우는 것은 매우 중요한 일이다. 목표는 학습내용의 개관, 교수 절차의 개발, 평가를 준비하기 위한 기준이 된다. 또한 목표는 각 기관의 철학이나 관점에 따라 판이하게 달라질 수 있으나 대부분 어떤 준거를 따르게 된다. 타일러(1949)는 균형 잡힌 목표를 포괄적으로 설정하는 데 중요한 정보를 제공해 주는 원천을 크게 학습자에 대한 연구, 학교 밖 즉 학교가 속한 사회에 대한 연구, 교과 전문가의 제안, 교육철학, 학습심리 등으로 구분하여 설명하였다. 그러므로 유아교육기관에서는 그 교육기관의 철학, 유아의 발달과 학습에 관한 이론, 사회와 문화의 요구에 대한 부응, 교육 전문가의 제안 등을 고려하여 교육목표를 설정해야 한다.

유아를 위한 교육목표 설정 시 고려해 보아야 할 교육목표의 원천에 대하여 간략히 살펴보면 다음과 같다.

(1) 교육목표 설정의 원천

① 학습자로서 유아

교육의 수혜자인 유아는 교육과정을 경험하는 주체이므로 교육목표를 설정하는 데 있어서 중요한 원천이 된다. 따라서 무엇을 가르칠 것인가를 결정하는 데 있어서 유아의 발달 및 학습에 대한 관점과 이해는 무엇보다 중요하다. 즉, 교육은 어디까지나 학습자가 있는 곳에서 출발하여야 하며 학습자를 충분히 고려하는 입장에서 검토되고 계획되어야 한다. 특히 유아교육의 대상은 매우 어리고, 발달의 속도가 빠르며, 개인차가 크다는 특징을 지녔기 때문에 다른 어느 연령대에서보다도 학습자에 대한 연구가 철저히 이루어진 후에 교육목표가 설정되어야만 한다.

교육과정 목표를 설정할 때 유아에 대해 고려하여야 할 사항에는 다음과 같은 여러 가지가 있을 수 있다.

첫째, 학습자로서 유아의 권리와 감정을 인격적으로 배려하고 있는가?

둘째, 유아의 흥미와 요구가 충족되고 있는가?

셋째, 유아의 발달단계를 확인하고 고려하는가?

넷째, 유아들의 서로 다른 관심과 욕구, 발달단계, 소질과 적성, 능력을 배려하고 있는가?

다섯째, 개별 유아가 최고의 단계까지 성장할 수 있도록 각 개인의 잠재적 능력을 고려하고 있는가?

② 사회적 가치와 요구

교육목표 설정을 위해 사회적 가치와 요구를 분석하는 이유는 빠른 속도로 복잡하게 변화하는 사회에 적응하고, 학교에서 학습하는 것을 사회에 적용하는 능력을 길러주기 위해서이다. 유아교육기관은 우리 문화를 전수해야 하는 중요한 사회적 역할을 맡고 있다. 어린 세대의 교육은 일종의 사회화 과정으로서 개인으로 하여금 그가 속한 사회에 잘 적응할 수 있도록 하며, 사회는 이를 통해 질서를 유지해 간다. 따라서 유아교육기관은 사회적 가치나 기대를 교육과정에 반영해야 한다.

미래사회에서 중요한 역할을 담당해야 할 어린 세대인 유아의 교육을 위해서 전망적 안목으로 현재뿐만 아니라 미래의 사회 변화와 그 사회의 요구를 예견하고 그것에 맞추어 바람직한 인간상을 설정하고 교육내용을 계획하는 것은 대단히 중요한 일이다. 오늘날 앞을 내다볼 수 없을 정도로 빠르게 변화하는 사회 속에서, 현재 유아기를 경험하며 성장하고 있는 유아들이 청년이 되어 그가 속한 사회의 주역이 되어 생활하게 되었을 때, 시대에 뒤떨어지지 않는 사고와 행동, 역할을 할 수 있도록 미리 준비시켜 주는 일은 매우 중요하기 때문이다. 그러므로 어린 세대를 교육하는 일은 어느 시대, 어느 나라에서나 그 사회가 지니고 있는 문화와 시대상을 반영하게 된다. 사회의 다양한 요구는 교육과정에 직접적으로 영향을 미쳐서 반영되거나, 교육과정 전반에 간접적으로 스며들기도 한다. 따라서 사회는 학습자에 대한 연구와 함께 교육목표를 설정하는 데 있어 반드시 고려되어야 할 중요한 요소가 된다.

③ 교과 전문가의 견해

유아교육기관에서 교사들이 무엇을 가르쳐야 할지에 대하여 끊임없이 연구함으로써 유아들에게 무엇을 가르쳐야 할지에 대해 가장 정통한 사람들은 유아교육 전문가이다. 그들은 유아의 각 연령에 따라 발달에 적합하면서 동시에 가르칠 가치가 있는 교육목표와 내용들에 관하여 제안해 왔다. 그러므로 교육목표를 설정하기 위하여 이들 전문가들의 제안에 기초하는 것은 당연하다고 할 수 있다.

④ 교육철학

교육철학은 앞서 제시한 세 가지 자원으로부터 잠정적으로 설정한 목표를 최종적으로 선정하거나 제외시키는 '거름장치'로 사용된다(김경자, 2000). 목표 설정의 자원은 서로 상충되는 목표를 제시할 수도 있으며, 조사된 학습자의 필요나 흥미, 사회적 요구가 바람직하지 않을 수도 있다. 따라서 이들 목표 설정의 원천에서 도출한 목표가 가치 있는 것인가의 여부를 검토해야 하며, 이들 중에서 보다 더 중요한 목표를 골라내야 한다. 이때에는 교육기관에서 받아들이고 있는 교육적 또는 사회적 가치나 철학이 선별기준이 된다. 유아교육기관에서는 그들이 믿고 있는 철학적 가치 기준에 따라서 가장 가치 있는 교육목표를 설정한다.

⑤ 학습심리

학습심리는 설정된 교육목표가 실제로 가르칠 수 있는 것인지를 확인하는 장치이다. 유아가 학습을 통해서 성취할 수 있는 가능한 행동의 변화가 무엇이며, 학습 가능한 최적의 연령이 언제인지, 학습이 어떻게 이루어지는지 등을 고려하여 교육목표를 설정해야 한다. 이에 대한 근거는 학습심리학이 제공할 수 있다. 특히 유아의 발달적 특성은 그 어느 단계에서보다도 독특하므로 그들의 발달과 학습특성을 충분히 고려하는 것은 교육목표를 성공적으로 달성하는 데 반드시 필요한 요소라 할 수 있다.

이상에서 교육목표 설정의 원천에 대하여 간략히 살펴보았다. 교육목표의 설정에서 가장 중요한 것은 결국 선택의 문제이자 유아교육기관을 운영하고 있는 사람들의 가치판단의 문제이며, 이러한 판단에서 필요한 것은 종합적인 교육철학이다. 교육목표의 설정은 각 기관의 상황에 따른 학습자의 필요와 흥미, 사회적 요구, 그리고 교육과정 결정자의 교육철학에 기초해서 결정해야 할 문제로 보아야 할 것이다(김경배 외, 2005).

특히 유아교육은 다른 각급 학교와 달리 국가 수준에서 제시하고 있는 획일적이고 통일된 교과서가 없는 상황에서 각 기관의 운영자와 교사들이 각자의 철학에 근거하여 교육목표를 설정하여야 하므로 교육과정 목표의 원천에 해당되는 여러 가지 사항들에 근거하여 심사숙고한 후에 자신들이 교육하게 될 유아들의 성장에 도움이 되는 합리적인 교육목표를 설정하도록 노력하여야 할 것이다.

(2) 교육목표의 설정

교사가 유아를 위하여 교육목표를 계획하기 위해서는 구별하여 사용해야 하는 용어가 있다. 교육목표의 설정과 관련하여 교육 관계 문헌들에는 목적(goal, aim)과 목표(objectives, purposes, ends)가 서로 조금씩 의미를 달리하며 사용되고 있는 것을 알 수 있다. 교육목표의 설정을 위하여 비슷한 듯하면서도 서로 다르게 사용되는 이 두 용어 간의 의미를 좀 더 명확히 따져보면 다음과 같은 차이가 있다.

목적은 목표보다 포괄적인 개념으로서 교육의 방향 또는 중점을 지극히 일반적이고 포괄적으로 진술한 것이고, 목표는 교육과정에서 실제로 무엇을 다루어야 하며 어떠한 것에 우선순위를 두어야 하고 어떠한 내용을 선정하고 어떠한 경험을 강조해야 하는지 등의 구체적인 행동지침을 제시해 주는 것이라고 하겠다. 목적이 가치규범적인 것이라면, 목표는 구체적인 행동 형성을 위한 수단이라고도 할 수 있다. 따라서 목표는 목적에 대한 분석과정을 통하여 설정되는 것이며 목적이 여러 개의 구체적인 요소로 구분되어 목표로 바뀐다고 할 수 있다.

목적과 목표는 장기 목표와 단기 목표로도 구분되는데, 목적과 같은 의미로 사용되는 용어인 장기 목표는 일반적이며 추상적인 데 반하여, 목표와 같은 의미인 단기 목표는 특수하며 구체적이다. 즉, 장기 목표는 교육을 통하여 성취하려는 추상적이며 이상적인 행동적 용어와 관련된 목표이고, 단기 목표는 명료한 행동 결과와 관련된 목표이다. 장기 목표는 교육과정을 구성하는 철학적 · 이론적 관점을 반영하는 목표이며, 단기 목표는 구체적인 교수-학습 형태나 실제 교수 상황을 반영하는 목표로서 교수계획과 관련된 목표이다(이기숙, 2000).

이처럼 서로 비슷한 듯하면서도 다르게 사용되는 목적과 목표의 차이점을 비교하기 쉽도록 도표로 나타내면 다음과 같다.

표 5-1 목적과 목표

구분	목 적	목 표
유사 용어	장기 목표 일반목표	단기 목표 특수목표
차이점	사고의 틀을 제공함 ; 교육과정을 구성하는 철학적, 이론적 관점을 반영하며 가치규범적임	교수계획을 반영함 ; 일상적인 교육과정 활동과 연결되어 교수형태나 실제 교수 상황을 반영하며 구체적인 행동 형성을 위한 수단임
교수 실제	포괄적, 일반적, 추상적 내용	특수적, 구체적 내용

목적과 목표의 한 예로서 국가 수준 「2019 개정 누리과정」에 제시된 내용을 살펴보면 다음과 같다(교육부, 보건복지부, 2019a). 개정 누리과정에서는 새로 신설된 '추구하는 인간상'을 기초로 누리과정의 목적과 목표를 기술하고 있다. 목적은 추구하는 인간상을 실현하기 위한 전인아동으로 설정하고 있고, 목표는 보다 상위의 목적인 추구하는 인간상을 실현시키기 위하여 보다 구체적으로 심화시킨 내용들을 서술하고 있음을 알 수 있다.

2019 개정 누리과정의 목적

누리과정의 목적은 유아가 놀이를 통해 심신의 건강과 조화로운 발달을 이루고 바른 인성과 민주 시민의 기초를 형성하는 데에 있다.

2019 개정 누리과정의 목표

이를 실현하기 위한 목표는 다음과 같다.

가. 자신의 소중함을 알고, 건강하고 안전한 생활습관을 기른다.

나. 자신의 일을 스스로 해결하는 기초능력을 기른다.

다. 호기심과 탐구심을 가지고 상상력과 창의력을 기른다.

라. 일상에서 아름다움을 느끼고 문화적 감수성을 기른다.

마. 사람과 자연을 존중하고 배려하며 소통하는 태도를 기른다.

이전의 3~5세 연령별 누리과정에서는 '추구하는 인간상'이 제시되어 있지 않아, 각론의 5개 영역별 목표를 누리과정의 목표로 하였으나, 개정 누리과정은 '추구하는 인간상'의 신설로 그와 연계된 목적과 목표를 진술하고 있다.

이상에서 살펴본 바와 같이 교육목적과 목표는 서로 연관성을 가져야만 하는데, 목적과 목표가 서로 연관된 바람직한 교육목표를 설정하고자 할 때에는 다음의 몇 가지 기본 원칙을 고려해 볼 수 있다(이성호, 2004).

첫째, 목표 설정은 여러 가지 관련된 맥락에서 충분히 검토하여 많은 사람들이

합의하는 목표로 진술되어야 한다. 특히 그 목표를 읽는 모든 사람이 똑같은 의미로 이해하고 해석할 수 있어야 한다.

둘째, 목표는 교육이념, 목적 등과 관계되어야 하며, 교수-학습활동의 방향을 제시해 줄 수 있을 만큼 충분히 구체화되고 정확하고 포괄적으로 진술되어야 한다.

셋째, 목표는 학습자들에게 현재의 삶에 있어서도, 또 미래의 삶에서도 가치 있는 필수적인 것으로 진술되어야 한다.

넷째, 목표 설정은 교수-학습활동 이전에 사전 계획으로 설정되어야 하되, 교수-학습활동 과정에서 생성되는 새로운 목표들을 수용할 수 있을 만큼 융통성이 있어야 한다.

다섯째, 목표 설정은 논리적으로 조직화된 응집성을 견지하여야 하며 주기적으로 재검토될 수 있어야 한다.

여섯째, 목표 설정은 외현적, 내면적 두 가지 측면 모두의 행동 변화를 충분히 고려하여야 하며, 양적인 수준과 질적인 기준을 모두 포용하여야 한다.

일곱째, 목표 설정은 다양성을 근간으로 하여, 학습자 개개인의 능력과 수준에 맞아야 하며, 개별 학습자의 독특성과 자유로운 탐색을 최대한 신장시킬 수 있도록 하여야 한다.

여덟째, 목표 설정은 수업 그 자체는 물론 학습자의 학업 성취 평가에 절대적인 기준으로 작용할 수는 없다. 누가적이고, 잠재적이고, 표현적이고, 부차적이고, 장기적인 학습 결과 또는 학업 성취가 있음을 고려하여야 한다.

(3) 교육목표의 진술

교육목표 설정의 자원들에 기초하여 설정된 교육목표는 실제적으로 학습을 안내하는 지표가 된다. 그러므로 교육목표의 진술은 교육의 결과로 학습자가 성취하게 될 행동이 무엇인가를 분명하게 규정하는 구체적이고도 명확한 행동적 용어로 진술되어야 한다. 왜냐하면 교육은 학습자를 대상으로 하는 일이기 때문에 반드시 학습자에게 어떤 결과를 나타내어야 하며, 교육목표는 그 달성 정도가 평가될 수 있는 것이어야 하기 때문이다. 그러므로 행위동사를 사용하여 목표 진술을 하면 교수-학습과정을 효율적으로 평가할 수 있고, 교수자료나 내용 및 방법을 선정하는 데 유용한 기초를 제공하게 되며 학습자가 목표에 어느 정도 도달했는지를 파악하는 것도 용이하다.

즉, 행동적 목표 또는 실행 목표(performance objectives)는 교사가 무엇을 가르쳐야 하고 영유아가 무엇을 배워야 하며, 또 교육이 얼마나 효과가 있고, 초기에 설정한 교육목표를 어느 만큼이나 성취해 나가고 있는지를 보여주는 데 큰 도움을 준다(Eliason & Jenkins, 2003). 이때의 행위동사는 수업목표, 즉 수업의 의도를 분명히 나타내 줄 수 있도록 분명한 의미의 용어들을 사용하여야 한다. 여러 가지로 그 뜻이 해석될 수 있는 다의적 용어들은 피하고, 제한적인 해석을 내릴 수 있는 분명한 용어들을 사용하여야 한다. 예를 들면 생활주제 '나와 유치원'에서는 '친구들과의 놀이에 자발적으로 참여하며 사이좋게 지낸다', '하고 싶은 놀이를 스스로 계획하고 행동에 옮긴다'를, 생활주제 '가족'에서는 '가족의 수를 표로 나타날 수 있다', '가정에서 내가 할 수 있는 일에 자발적으로 참여한다'와 같은 구체적 목표를 설정할 수 있다.

이와 같은 행동적 목표 진술에 대해서 반대하는 의견들도 있는데, 그 이유는 행동목표가 목표를 너무 단순화시키거나, 측정이 어려운 인성적, 심리적 특성이 무시되기 쉽다는 것 등이다. 이와 같은 행동적 목표 진술의 문제점을 유아교육의 측면에서 제시한 의견들은 첫째, 유아는 전조작적 사고 단계이므로 이들의 행동을 상세화하는 것이 불가능하다는 것과 둘째, 인본주의 교육에 위배된다는 것, 셋째, 행동적 목표는 너무 상세하여 학습이 전체적인 경험을 고려하지 못하고 분리된 단계로 갈라진다는 것, 넷째, 행동적 목표는 단지 하나의 정확한 반응만 취하기 때문에 다양한 사고나 개별적 학습 자료의 선택 여지가 없다는 것 등이다(김경철 외, 2001). 그러나 교육목표는 구체적인 교육상황에서 달성이 가능한 구체적인 목표로 진술되어야 하고, 교사와 학습자의 행위로 드러나고 내면화될 수 있어야 하므로 명확한 행동 용어로 진술되는 것이 일반적이다.

2) 교육내용과 학습경험의 선정 및 조직

설정된 교육목표를 실제적으로 잘 성취하기 위해서는 목표 달성을 용이하게 하는 적절한 교육내용을 선정하는 일이 뒤따라야만 한다. 학습은 기본적으로 학습자가 가지는 경험, 즉 학습자가 환경에 대하여 반응하는 것을 통하여 일어나며, 교사가 아닌 학습자의 능동적인 행동을 통해 일어나는 어떤 것이므로 같은 교실에서 학습한 학습자들일지라도 서로 다른 경험을 가질 수 있다. 그러므로 교사는 학습에서 반응의 주체인 학습자의 흥미와 관심 및 학습자의 배경을 잘 알고 있어야 한다. 학습자의 내적 조건과 학습을 불러일으킬 수 있는 환경에 대해서 잘 알고 있는 교사는 자신이 원하는 학습이 일어날 수 있는 교육내용을 잘 선정할 수 있다. 즉, 교사는 학습자의 기존 경험의 질을 반영하여 학습자에게 필요하고 도움이 될 수 있는 구체적인 교육내용을 선정할 수 있어야 한다. 유아를 위하여 교육내용을 선정하는 데 도움이 되는 몇 가지 기준을 제시하면 다음과 같다.

(1) 교육내용 선정의 기준

유아에게 가르쳐야 할 교육내용은 무수하게 많이 존재한다. 교사는 어떠한 교육내용을 교육과정 속에 담아야 할 것인가? 교육과정 내용을 선정하는 가장 타당하고 합리적인 기준은 무엇인가? 교육과정의 목적과 목표가 설정되면 그 다음으로는 목적과 목표의 달성이 가능하도록 돕는 교육내용을 선정하여야 한다. 교육목표가 무엇이냐에 따라 그 목표의 달성을 위해 선정되는 교육내용이 달라지지만 교육내용을 선정하는 데에는 일반적으로 적용할 수 있는 원칙이 있다(이성호, 2004).

첫째는 내용의 유의미성이다. 내용의 유의미성은 교육내용이 그 학문분야에서 얼마나 본질적이며 또는 기본적이냐 하는 문제로서 1960년대 학문중심 교육과정의 출현과 더불어 내용 선정에 있어 가장 합리적인 기준으로 부상하였다. 기본적인 내용에는 다른 학문, 다른 지식들을 학습함에 있어서 선수(先修) 기초 요건이 되는 경우도 포함되며, 이때 무엇이 기본적이고 본질적인 내용이냐에 대한 합의가 이루어져야 한다.

둘째는 내용의 타당성이다. 이 기준은 교육내용 선정에 있어서 우리가 반드시 가르치고 배워야 할 모든 내용을 고르게 포함시키고 있느냐의 문제이다. 타당성 기준은 두 가지 측면에서 생각할 수 있는데, 하나는 그 내용 자체의 타당성으로 얼마나 많은 전문가들이 입증하고 확신하는 내용이냐 하는 문제이고, 다른 하나는 교육내용으로 선정되는 내용의 깊이와 폭에 있어서 균형이 확보되어야 함을 의미한다. 무조건 조기에 학습시킬수록 좋다는 맹신이나, 단지 유아들이 매우 재미있어 한다는 이유만이 교육과정 내용 선정의 원칙이 되어서는 안 된다.

셋째는 내용의 유용성이다. 넓은 뜻에서의 유용성은 교육내용과 유아교육기관 밖의 현실 세계와의 관련성을 의미하는 것으로, 교육내용의 사회적 효능성을 말한다. 즉, 교육내용이 실생활에서 얼마나 활용 가능한 것인가에 대한 고려를 의미한다. 교육내용이 사회와 학습자의 요구를 적절히 수용하고 있는지, 또한 학습자의 흥미와 필요에 얼마나 적합하게 선택되었는지는 유용성을 결정하는 관건이 된다. 유용성은 학습내용이 학습자의 삶에 의미를 가져다주고, 학습자의 미래의 삶에서 지속적으로 가치 있는 도움을 줄 수 있는 내용이 되어야 한다는 것이다.

넷째는 내용의 학습가능성이다. 내용은 교사에게는 가르칠 수 있는 것이어야 하고, 학습자에게는 학습이 가능한 즉 배울 수 있는 내용이어야 한다. 학습자의 신체, 정서, 사회, 인지, 언어발달 등에 적합한 수준과 양의 내용이어야 한다.

다섯째는 내용의 경제성이다. 이는 교육과정 내용이 학습자로 하여금 가장 경제적인 방식으로 최대한의 성취를 하는 데 도움을 줄 수 있는 내용으로 선정되어야 함을 의미한다. 학습자의 노력의 경제성, 교수자의 노력과 교수-학습 자원의 경제성 등을 포함하며, 허락된 시간에 가용한 인적·물적 자원을 활용하여 최대한의 교수와 학습효과를 거두는 것을 의미한다.

여섯째는 내용의 내적·외적 관련성이다. 어느 학문이든지 여러 가지 수준의 개념들이 어떠한 위계적 구조와 체계를 형성하고 있다. 교육과정에서 선정되는 내용은 바로 그러한 위계적 구조와 체계 속에서 구조적 관련성을 지니고 있어야 하며, 다른 학문분야의 내용과도 관련을 지을 수 있는 잠재적 가능성을 지니고 있어야 함을 의미한다.

일곱째는 내용의 균형성이다. 이는 교육과정 내용이 무조건적 학습자의 요구에만 치우쳐서도 안 되고, 사회의 요구, 성인들의 요구, 또는 여러 집단의 요구가 함께 균형 있게 고려되어야 함을 의미한다.

여덟째는 내용의 사회 가치 적합성이다. 이 기준은 "민주주의적 가치 지향", "사회적 가치", "사회 개발" 등의 다양한 용어로 표현되고 있다. 이러한 기준에 기초하여 선정된 교육내용은 인간의 도덕적 가치와 이상, 사회문제, 인간의 감정, 효율적인 사고과정 등에 대한 탐구를 중심으로 하고 있다. 즉 여기서는 교육과정 내용 선정이 왜곡된 사회적 가치를 바로잡고, 새롭고 바람직한 가치 창조에 적합한 내용으로 선정되어야 함을 의미한다.

이상의 여덟 가지 교육내용 선정의 원칙을 유아를 위한 교육내용 선정에 적용해 보면, 유아가 사회의 한 구성원으로 성장하며 사회생활을 하는 데 필요한 지식과 기술, 태도 등을 포함하여야 한다. 그리고 그러한 내용들이 유아의 발달수준에 적합하고 균형 있게 구성되어 전인아동으로 성장하는 데 기초가 되어 줄 수 있어야 한다.

그동안 유아교육에서는 유아들에게 '무엇을, 어떤 내용을 가르쳐야 하는가?'의 문제가 꾸준한 관심의 대상이 되어 왔다. 유아가 나중에 진학하게 될 학교에서의 성공을 위하여 읽고, 쓰고, 셈하기의 3R을 위주로 한 학습내용을 체계적으로 가르칠 것인지, 아니면 아직은 어리고 논리적인 사고능력이 덜 발달하였으므로 일상생활 속에서의 다양한 경험을 통하여 즐겁게 세상을 알아나가며 긍정적인 자아감과 사회 및 정서적 발달을 도모하는 교육을 할 것인지 등에 대한 것이다.

유아교육이 어떤 교육내용을 포함해야 하는지에 대한 합의는 각 교육기관 또는 각 교사의 철학과 가치관에 의해 달라질 수도 있으나 미국의 NAEYC에서는 3세에서 8세를 위하여 가장 바람직한 교육내용을 선정하기 위한 지침을 제안하였다. 이 지침은 유아의 광범위한 개인차를 고려하였으며, 정상유아나 특별한 전문적인 교육이 필요한 특수유아를 대상으로 할 경우에도 적용되는 내용이라고 할 수 있다. 이 지침은 교육내용에 대한 구체적인 것을 제시하고 있지는 않지만 유아를 위하여 교육내용을 선정하는 기본 원리로서 많은 유아교육자들의 연구결과에 기초하여 제시된 것이므로 중요한 의의가 있다(이기숙, 2000).

미국의 NAEYC를 포함한 유아교육 전문단체들은 유아교육과정의 내용으로서 유아의 직접적인 활동과 경험에 더욱 강조를 두어야 한다고 주장한다(NAEYC, 1991). 즉 기본적인 지식이나 기술의 습득과 함께 유아들에게 진정한 이해가 가능한 의미심장하고 관련이 있는 학습경험, 상호작용적 교수와 협력적 학습, 관련이 있는 내용들에 대한 폭넓은 학습, 각각 구별된 교과 간의 통합적 학습의 경험이 강조되어야 한다는 것이다.

(2) 교육내용의 유형

유아를 위한 교육내용은 발달적으로 적합하면서 동시에 "유아가 무엇이 되어야 하고 또 될 수 있다는 가치 정립에서부터 시작되어야 한다."(Biber, 1984). 유아교육기관의 교육철학이나 중요하게 여기는 가치가 무엇인가에 따라서 유아들에게 강조하는 교육의 내용이나 유형은 다양할 수 있다. 유아들이 이후에 진학하게 될 초등학교에서 우등생이 되는 것에 교육적 가치를 둔다면 무엇보다도 인지능력의 개발에 기여할 수 있는 교육내용을 강조하게 될 것이고, 연령이 매우 어린 영아들의 빠른 집단생활 적응에 가치를 둔다면 일상생활에 필요한 기술 습득에 좀 더 치중

하는 교육내용을 강조할 수도 있을 것이다.

이처럼 교육내용으로서 어떤 종류의 학습이 가치가 있다고 보는 입장은 다양할 수 있으나, 현대 유아교육에서 다루어지는 교육내용의 유형은 강조점에 따라 사실 축적, 기술 축적, 교과 영역, 학문의 구조화, 단원중심, 통합적 접근의 여섯 가지로 구분하여 설명될 수 있다(Schwartz & Robison, 1982). 이러한 여섯 가지 유형은 서로 배타적인 것이 아니고 또 실제로 단 한 가지에만 근거해서 교육내용이 구성되는 것도 아니며 경우에 따라서는 몇 가지가 함께 묶여서 내용의 근거를 이루기도 한다(이기숙, 2000).

다음은 유아를 위한 여섯 가지 교육내용의 유형을 이해하기 쉽도록 적절한 예와 함께 정리한 내용이다(이기숙, 홍순정, 2001).

① 사실 축적(fact accumulation)

사실의 축적은 실제적으로 모든 유형의 교육과정에 포함되어 있으며, 다만 얼마나 비중을 두고 있는가의 차이가 있을 뿐이다. 여기에서는 유아가 경험하고 관찰하는 세부적인 사실들이 중시되며, 이러한 사실들이 중요한 교육내용으로 간주된다.

사실 축적에 근거한 수업에서는 색깔의 이름, 동물의 이름과 울음소리, 원산지, 그리고 특성, 악기 이름, 다양한 형태의 사물 구분, 달력 읽기, 매일의 날씨 관찰과 표현, 견학 후 견학한 사실을 요약하기, 역사적 사실(휴일이나 명절 등)을 강조하는 내용, 사실의 요약을 강조하면서 무엇을 보고 말해보는 활동, 이야기를 읽어준 후에 이해한 것을 말해보고 평가하기 등의 내용들이 강조된다.

사실 축적의 장점은 유아들이 선천적으로 여러 가지 사실들을 축적하는 것을 좋아하며, 이 사실들이 의사소통의 밑바탕이 된다는 것이다. 또한 유아들은 많은 사실을 배울 필요가 있고 기본적인 사실의 수집 없이는 다른 유형의 내용을 구성하기가 어렵다. 반면에 단점으로는 유아들이 중요하다고 생각하는 사실들의 축적이 교사가 의도한 것과는 다를 수 있다는 점과 사실의 전달을 강조하다 보면 교사의 일방적인 설명이 주가 되는 경향이 있으며, 학습하는 방법 중에서 단순한 암기가 가장 장려되기도 한다는 것이다.

② 기술 축적(skill accumulation)

초등학교 교육과정의 기초로서 강조되어 온 학문적 기능과 사회적 · 신체적 기능의 축적을 유아교육에서도 강조하는 것이다. 따라서 유아를 위한 글자의 인지, 수 세기, 글자 쓰기 등의 기술 훈련 프로그램들이 개발되기도 하였다. 그러나 유아교육에서의 기술 축적은 학습에 관련된 측면에만 국한되는 것은 아니어서, 몬테소리 프로그램에서는 옷 입기, 신발 끈 매기, 단추 끼우기, 옷 입고 벗기와 같은 일상적인 기능과 정돈하는 기술 등을 주 내용으로 하고 있다. 기술 축적을 강조하는 프로그램에서는 기술의 습득을 위해 반복적인 연습이 강조되는데, 놀이식의 연습과 게임 등을 통해서 이루어진다.

유아교육에서 강조되는 기술 축적의 내용에는 다음과 같은 여러 가지가 있을 수 있다.

- 읽기, 쓰기, 셈하기 등의 학과 기술(이름 알기, 세기 기능, 쓰기 기능, 철자, 숫자, 단어 암기)
- 개인적인 일상생활 기술(옷 입기, 신발 신기, 혼자 밥 먹기, 손 씻기와 화장실 가기, 교구 정리하기 등)
- 신체운동 기술(가위나 연필 사용 기술, 음악에 맞추어 몸 움직이기, 도구를 활용한 신체활동 협응능력, 체조, 무용 스텝이나 리듬 연습 등)

이상과 같은 기술의 습득을 위해서는 많은 시간이 필요하며 유아의 발달수준에 적합하지 않은 기술을 습득하도록 요구했을 때, 학습의 역효과를 가져올 수 있다는 점을 지적할 수 있다.

③ 교과중심의 내용 구성

근래에 와서 유아교육이 점차 보편화·공교육화됨에 따라, 교육과정 속에서 이루어지는 활동들을 교과로 분류하여 설명하는 경향이 늘고 있는 추세이다. 전통적으로 교과는 초·중등 교육과정의 중심내용이 되어 왔으나, 유아를 위한 교육내용을 교과 영역으로 구분하여 구성하는 유형이다. 긍정적인 읽기와 쓰기, 셈하기뿐만 아니라 사회, 건강과 안전, 언어, 과학, 음악과 미술, 율동 등의 교과중심으로 내용을 구성하는 것을 의미한다. 실제로 유아교육현장에서는 이러한 교과영역이 독립적으로 진행되기보다는 두 개나 그 이상의 교과를 통합해서 운영되는 것이 보통이다. 즉 음악시간, 과학시간 등이 교과목의 형태를 띠고 엄격히 구별되는 것이 아니라 각 영역이 서로 관련성을 가지고 통합되어 계획, 운영된다. 예를 들어 색깔에 관한 노래를 배운다면 노래를 통해 색의 이름을 배워 새로운 어휘를 습득하고, 이를 율동으로 표현해 보고, 미술활동과 연결하여 구성활동을 해볼 수가 있는 것이다.

교과중심의 교육내용 구성은 부모나 교사에게 친숙한 형태이므로, 교육과정에 대한 의사소통이 쉽고 명확하게 이루어지게 된다. 그러나 교과로 분리해서 가르친다면 다양성과 통합적 활동에 제한을 받게 되므로 주의해야 한다.

④ 핵심개념 중심의 내용 구성

1960년대에 이르러 교육과정의 구성방법으로서 학문의 구조화 또는 학문중심 접근법이 제안되어, 유아교육에서도 각 학문 영역에서 강조하고 있는 핵심적 개념을 중심으로 교육내용을 구성하는 경향을 찾아볼 수 있다. 크레이그(Craig)가 제안한 과학의 기본 개념 7가지(공간의 개념, 시간의 개념, 변화의 개념, 상호 관련성의 개념, 다양성의 개념, 적응의 개념, 평형과 균형의 개념), 또는 음악에서의 기본 개념 등을 예로 들 수 있다.

장점으로는 학문의 구조화를 통하여 사실 축적 방법의 한계를 극복하여, 개념을 더욱 더 효과적으로 조직하고 학습하기 쉬우며 난이도에 따라 더욱 심도 높은 학습을 가능하게 한다. 또 잘 조직화된 개념이라는 점에서 유아의 이해와 기억을 돕는다. 그러나 단점으로 유아들에게 너무 복잡하고 수준 높은 개념들은 추론과 개념화를 통해 그 개념을 이해하기보다는 단지 기억하는 데 그치기 쉽다.

⑤ 주제 중심의 내용 구성

주제 중심의 내용 구성은 주제를 중심으로 이와 관련된 활동을 통해 각 교과 영역이나 흥미 영역의 활동을 통합적인 형태로 지도할 수 있도록 구성되며, 이는 유아를 위한 교육과정에서 가장 보편적으로 사용되는 유형 중의 하나이다. 여기서는 유아와 교사 모두에게 흥미롭고 필요한 주제를 선정하여 다양하고 융통성 있는 활동이 전개된다. 예를 들어 '동물'이라는 주제를 다루면 동물원 견학, 극화놀이, 그리기, 동물과 관련된 경험 이야기하기, 동물과 관련된 책보기, 동물 퍼즐 맞추기나 쌓기놀이, 동물의 움직임을 표현하는 신체표현활동 등 주제와 관련이 있는 다양한 활동을 할 수 있다.

장점으로는 통합적인 지도를 전제로 하고 있으며 운영상의 융통성이 허용된다는 점을 들 수 있으나, 단점으로는 예측된 학습 결과를 확신할 수 없고 자료 및 교사가 가진 경험의 제한으로 다양한 주제를 선정하지 못할 수도 있다는 점이다.

⑥ 통합적 접근방법

교육내용을 교과나 학문 영역으로 구분하여 구성하지 않고, 지식보다는 기본 능력이나 태도, 행동 등에 가치를 두는 것으로, 유아를 위한 교육에서는 다양한 형태의 통합적 교육과정을 추구하는 경우가 많다. 통합적 교육과정의 한 예는 개인의 내적 성장에 관심을 두는 인본주의 교육과정이다. 여기서는 보다 성숙한 자아개념과 개인적 · 사회적 관계를 발달시키기 위해 내용과 활동들을 선정, 계획하게 된다. 그러나 유아의 일상에서 일어나는 우연한 흥미와 문제, 즉흥적인 반응이나 사건을 통해 수업을 진행하게 되므로 교수요목에 의한 수업, 구조화된 계획적 수업이라기보다는 비교적 비형식적인 수업 형태를 취하게 된다.

유아의 흥미나 욕구에 반응해 줌으로써 자유롭게 학습에 임할 수 있고, 유아의 감정과 태도, 관심이 중시되므로 유아교육기관은 즐거운 곳이라는 느낌과 자신감을 준다는 장점이 있다. 반면에 충분히 준비하지 않으면 교육내용이나 활동이 편협해지기 쉽다는 단점이 있다.

이상에서 살펴본 여섯 가지의 내용들은 실제 유아교육현장에서 각기 따로 구분되어 제시되거나 서로 배타적으로 활용되기보다는 상호보완적으로 다양하게 적용되고 있음을 알 수 있다.

(3) 교육내용 및 활동의 조직

교육내용 및 활동의 조직은 유아의 학습이 최대로 이루어질 수 있도록 돕는 일이므로, 앞서 설정한 교육목표를 최대한 성취할 수 있도록 체계적으로 조직되어야 한다. 교육내용의 조직화 정도와 질은 교수의 효율성을 좌우하여 학습목표의 달성 여부를 가늠할 수 있도록 해준다. 교육내용을 효율적으로 조직하기 위해서 고려해야 할 요소에는 계속성과 계열성 그리고 통합성이 있다(강현석 외, 2004).

① 계속성(continuity)

계속성은 중요한 교육과정 요소 또는 교육내용의 조직이 시간 계열에 따라 반복적으로 경험되도록 조직하는 것을 의미한다. 그러므로 반복성 혹은 연속성이라고도 하는데 하나의 지식이나 기술을 완전히 습득하기 위해서 그것을 연습하고 계발할 수 있는 기회를 자주 반복해서 제공하는 것이며, 새롭게 익혀야 하는 지식이나 기술에 익숙하도록 하는 것이 목적이다.

유아에게 있어 교육내용의 반복적인 조직은 매우 중요한 요소이다. 유아들은 아직 여러 가지 측면의 발달이 미숙하여 여러 차례의 반복이 없다면 교육내용을 쉽게 이해하고 받아들이지 못한다는 학습 특성을 지니고 있다. 실제로 유아들이 오랫동안 즐겨 들으며 좋아하는 대부분의 구연동화들을 자세히 살펴보면 거의 모두가 줄거리 속에 반복적인 요소가 포함된 것들임을 알 수 있다. 서양의 '아기 돼지 삼형제', '브레멘의 음악대', 우리나라의 '해와 달이 된 오누이' 등은 그 대표적인 예라 할 수 있다. 유아들은 그러한 반복적 이야기를 들으면서 자신의 학습특성에 맞으므로 편안함을 느끼며 동화를 이해하고 즐기게 된다. 또한 사회생활에 필요한 여러 가지 일상생활기술이나 학습에 필요한 기초학문기술들도 모두 유아기에 반복을 통하여 학습되어야 하는 교육내용이다. 그러므로 유아교사는 자신이 담당하고 있는 유아의 개인차에 따라 항상 친절하게 몇 번이라도 유아가 이해하고 또 습득할 수 있을 때까지 반복해서 다루어 주어야 한다.

② 계열성(sequence)

계열성은 교육과정 내용이 제시되는 시간적 순서를 의미하며, 수직적 조직 개념이라는 점에서 계속성과 의미가 상통한다. 그러나 중요한 교육과정 요소라고 하더라도 완전히 동일한 수준에서 반복되는 것이 아니라 연령이 많아질수록 그 교육과정 요소가 포괄하는 경험의 폭과 깊이가 더해지도록 조직한다는 점에서 의미상의 차이가 있다. 브루너에 의해 제시되었던 나선형 계열화는 학습자에게 여러 개의 주제를 단순화된 수준에서 소개한 다음, 학습이 진전됨에 따라 그 여러 개의 주제 모두를 점진적으로 심화시키면서 제시하는 방식으로 체계적인 종합과 복습이 가능하다는 장점이 있다. 즉 계열성은 학습경험이 단계적으로 깊어지고 넓어져서 보다 더 폭넓게 제공되는 것이다. 계열성의 예를 들면, 생활주제 '나'에 대해서 다룰 경우에 유아기에는 '나는 이 세상에 하나뿐인 소중한 사람이다'라는 개념을 다루고, 초등학교 저학년에서는 '나뿐만 아니라 우리는 모두 가치 있는 사람이다'를 다루며, 초등학교 고학년에서는 '사람은 각자 자기에게 중요한 가치가 무엇인지 알아야 한다' 등으로 다루는 것이다(심성경 외, 2004).

이와 같은 계열성은 오래전부터 많은 사람들에 의해 논의되어 왔다. 17세기에 코메니우스는 유아교육기관에서의 모든 활동을 단순한 것에서 복잡한 것으로 조직해 나가도록 주장하였다. 효율적인 학습을 위하여 지금까지 교육 실제에서 사용하여 왔던 여러 가지 계열성의 원칙들에는 다음과 같은 것들이 있다(이성호, 2004).

- 단순한 내용에서 복잡한 내용으로
- 친숙한 내용에서 친숙하지 않은 내용으로
- 부분에서 전체적 내용으로 또는 전체에서 부분적인 내용으로
- 구체적인 사실에서 추상적인 개념으로
- 선수(先修)학습에 기초해서 그 다음 학습으로
- 현재에서 과거로 또는 과거에서 현재로

③ 통합성(integration)

계속성과 계열성은 학습경험의 종적인 조직이었음에 반하여 통합성은 각 학습경험의 수평적 조직을 의미한다. 통합성의 원리가 추구하는 근본적인 목표는 학습자에게 통합된, 통합 조정된 경험을 어떻게 하면 제공할 수 있도록 교육과정을 조직하느냐에 있다. 즉 유아가 경험하게 될 여러 가지 활동들이 하나의 통합된 의미를 발견할 수 있도록 조직해야 한다는 원리이다. 교육내용과 학습경험을 조직하는 것은 학습자로 하여금 통합된 시각을 갖게 하고, 다루어지는 요소와의 관련 속에서 자신의 행동을 통합하도록 돕는 것이다.

통합성은 교과에 대한 학습이 그것으로만 끝나는 것이 아니라 일상생활에서 활용하거나 다른 교과의 내용과 관련짓도록 하기 위한 것이므로, 교사는 학습자가 배운 내용을 일상의 다양한 상황 속에서 사용해 볼 수 있도록 교육내용과 경험을 조직하여야 한다. 특히 유아교육에서는 통합성의 원리가 매우 중요하게 다루어지는데, 유아의 교육내용은 영유아가 지식을 분절해서는 잘 배울 수 없다는 특성에

의하여 학과 단위로 협소하게 정의되지 않으며 학습과 발달이 통합적으로 이루어지기 때문이다. 어느 한 영역에 영향을 주는 활동은 다른 영역에도 영향을 미칠 수 있기 때문에 낱낱의 내용들이 서로 연결되고 통합됨으로써 유아가 보다 효과적으로 학습할 수 있도록 도와주어야 한다.

이러한 계속성과 계열성에 따른 수직적 조직과 통합성에 다른 수평적 조직을 통해서 짜여진 학습내용 및 경험들은 유아교육현장에서 주제나 단원 혹은 교과나 프로그램의 형태에 이르기까지 다양한 형태로 구성되고 구조화된다. 대부분 유아교육기관의 교사들은 자신이 담당하고 있는 유아의 발달수준과 흥미 등을 고려하여 연간, 월간, 주간, 일일교육획안을 작성하는데 이는 교육내용이 구체적으로 어떻게 조직되고, 또 일상적인 활동으로 어떻게 전개되는가를 보여주는 구체적인 실례가 될 수 있다. 현대의 유아교육자들은 공통적으로 유아의 조화로운 발달을 위하여 유아에게 의미 있는 학습경험을 주제, 단원, 프로젝트를 중심으로 조직할 것을 강조하였다(이기숙, 2000).

3) 교수-학습방법의 모색

교육목적을 설정하고 그 목적을 달성할 수 있는 교육내용을 선정하고 난 이후에는 학습자에게 구체적으로 어떤 학습경험과 어떠한 방법으로 학습목표에 잘 도달하도록 할 것인가를 고민하는 중요한 단계가 있다. 이것이 바로 교수–학습의 과정이다. 유아를 위한 교육활동에서 가장 핵심적인 논점은 교사가 '어떻게 가르쳐야 하는가' 하는 교수방법과 유아가 '어떻게 학습할 것인가' 하는 학습방법의 문제라고 할 수 있다. 다양한 연령의 유아들을 돌보고 교육하기 위하여, 각 연령의 발달과 사회적 요구에 적합한 교육목표와 내용 및 경험들을 선정하고 이를 효과적으로 실행에 옮기기 위하여 반드시 고려해야 할 것은 유아를 위한 교수–학습의 영역이다.

교수(teaching)는 가르치는 일을 의미하며, 학습(learning)은 배우는 일을 의미한다. 교수란 교사가 학습자로 하여금 의도한 것을 효율적으로 학습할 수 있도록 여러 가지 것들을 체계적으로 조직하여 가장 적절한 학습의 조건을 형성하여 주는 일이며, 학습은 주어진 환경 속에서 계속적인 경험으로 일어나는 학습자의 행동의 변화를 의미한다(박숙희 외, 2001). 그러나 교수와 학습, 즉 '가르치는 일'과 '배우는 일'은 그 현상 자체는 독립적으로 존재할 수 있지만 교육상황에서는 이를 분리하기가 어렵다. 그러므로 교수와 학습을 따로 떨어진 별개의 것으로 분리하여 생각하기보다는 상호작용의 과정으로 이해하는 것이 좋겠다.

유아를 담당하는 교사들은 자신이 담당하고 있는 유아의 개별적인 특징과 경험, 유아가 살고 있는 사회 · 문화적 상황에 대한 지식에 기초하여 적절한 개입 전략을 가져야만 한다(Bredekamp & Copple, 1997). 유아교육기관에서는 다른 각급 학교에서와 달리 일정하게 정해진 시간표에 의해서 엄격하게 하루 일과가 진행되기보다는 유아들과의 생활 속에서 꾸준한 상호작용을 통하여 융통성 있게 일과가 진행되어야 하므로 교수-학습 면에서 교사의 전문성과 자율성, 융통성이 더욱 요구되는 것이 큰 특징이라고 할 수 있다.

교수-학습방법을 말할 때 흔히 '어떻게 가르칠까?'와 관련된 분야라고 이해하는 경향이 있어, 현장에서는 유아에게 가장 효과적인 학습을 가능하게 해주는 어떤 구체적인 교수방법만을 강조하는데 이는 교수-학습방법을 잘못 이해한 결과라고 할 수 있다. 일반적으로 교수-학습방법을 논할 때 '어떤 방법으로 가르칠까?'를 논하는 것에 집중을 한 반면 '왜 그 방법으로 가르쳐야 하는가?'에 대하여 논하는 것은 간과되어 온 편이다. 왜 그렇게 가르치는지 목적에 관심을 두기보다는 기술적인 부분을 유행처럼 배워서 현장에서 몇 번 사용하고 나면 한계에 도달하여 또다시 새로운 방법을 배우려고 찾아나서는 경우를 흔히 볼 수 있다(유혜령 외, 2003).

교사가 자신의 교수방법이 적절한 것인지에 대해 스스로 평가해 보기 위해서는 효과적이고, 효율적이고, 매력적이며 안전한 것인지 등을 고려해 볼 수 있다. 효과적이란 목표로 하는 학습이 발생했느냐를 보는 것이고, 효율적이란 얼마나 경제적으로 그 목표가 달성되었느냐를 보는 것으로 학습자가 새로운 지식과 기술을 획득하는 데 걸리는 시간과 비용, 오랫동안 잘 기억되고 잘 전이되며, 다른 지식과 기술에도 일반화시킬 수 있어야 한다는 것 등이 중요하다. 매력적이란 학습자와 교사가 모두 얼마나 그 과정을 즐길 수 있으며 좋아하느냐에 대한 고려이고 학습동기가 그 기준이 되며 목표달성의 과정이나 결과가 학습자에게 얼마나 유의미하였는가를 의미한다. 안전하다는 것은 교육방법의 실천과 수행이 도덕적으로 문제가 없다는 것을 말한다(박숙희 외, 2001; 변영계 외, 2003). 좋은 교수-학습방법은 교사와 유아들이 효율적이고 효과적이며 매력적이고 안전하게 배우고 가르칠 수 있다는 측면에서 중요하고 필요하다고 볼 수 있다.

유아교육기관의 교사들은 각기 독특한 발달 특성을 지닌 다양한 연령층의 대상과 함께 한다는 점과 연령이 어리면 어릴수록 감각이 모두 열려 있어 오히려 외부의 자극에 무척 민감하다는 점을 고려하여 어떠한 교수방법을 왜, 언제, 어떻게 사용할 것인가에 대해 적극적으로 고민하고 심사숙고할 필요가 있다. 또한 수업을 전개해 나가는 데 있어서 가장 효과적인 방법이 무엇이냐 하는 것은 획일적으로 결정될 수 없는 부분이므로 교사 스스로가 자신과 자신이 맡고 있는 유아들의 특성에 맞추어 꾸준히 찾아나가는 일이 요구된다.

유아는 다른 연령대와 비교해 볼 때, 발달 속도가 매우 빠르고 발달 특성 또한 독특하다. 그러므로 유아에게 적합한 교수-학습방법을 알아보기 위해서는 그들이 어떻게 학습하고, 또 교사가 어떻게 가르쳐야 하는지에 대한 숙고가 이루어져야 한다. 이에 미국유아교육협회(NAEYC)에서는 유아들이 어떻게 학습하는지에 관한 이론적 근거를 찾기 위해 피아제, 비고츠키, 에릭슨의 이론적인 관점을 논의하면서, 교수-학습과정이 교수와 학습으로 양분된 과정이라기보다는 상호작용적인 과정이라고 제시하였다. 다음은 NAEYC가 제시하고 있는 상호작용적인 과정으로서의 교수-학습과정에 관한 기본 원리이다(NAEYC, 1991, pp.24-27).

- 유아는 신체적 욕구가 충족되고 심리적으로 안정을 느낄 때 가장 잘 학습한다.
유아에게 적합한 교육과정은 유아의 생리적 욕구를 무시하기보다 존중한다. 예를 들어, 바람직한 프로그램에서는 대부분의 시간을 유아가 앉아서 성인의 설명을 듣거나 학습지를 하도록 요구하지 않는데, 그 이유는 그러한 활동은 유아의 신체적 욕구에 적합하지 않기 때문이다.

- 유아는 스스로 지식을 구성한다.
유아는 사람과 사물과의 능동적인 상호작용 경험을 통해 스스로 지식을 구성한다. 유아의 능동적인 실험에서 중심이 되는 것은 많은 실수를 경험하는 것이다. 성인의 관점에서 볼 때에 정확하지 않고 틀리는 이런 실수들은 유아가 관계를 이해하고 자신의 경험에 기초하여 개념을 형성하고자 하는 시도를 반영하는 것이다.

- 유아는 성인과 다른 유아와의 사회적 상호작용을 통해 학습한다.
유아의 건강한 발달은 다른 사람과의 관계 속에서 시작된다. 부모-자녀관계는 매우 어릴 때부터 사회적 상호작용을 통해 유아가 발달하고 학습해 가는 기초적인 예가 된다. 학습의 원리는 유아가 먼저 도움을 받을 수 있는 상황 내에서 어떤 것을 할 수 있으며, 그 후에는 독립적으로 그리고 다양한 상황에서 무엇인가를 스스로 할 수 있게 되는 것이다. 성인과 보다 유능한 또래의 지지는 유아가 독립적인 기능의 다음 수준으로 발달해 나갈 수 있도록 필수적인 조력 혹은 '비계설정(scaffolding)'을 해준다. 교사의 역할은 단순히 지식의 전달자로서가 아니라, 발달과 학습을 지지하고 안내하고 촉진하는 것이다. 사회적 상호작용은 지적 발달을 위해서 필수적이기도 하지만 유아의 사회적 유능감과 자아존중감을 발달시키기 위해서도 필수적이다.

- 유아의 학습은 인식(awareness)에서 시작하여 탐색(exploration), 탐구(inquiry), 그리고 활용(utilization)으로 이동해 가는 순환적 주기를 따른다.

어떤 것을 새로 배우기 위해서는 먼저 그 현상에 대한 인식이 이루어져야 한다. 인식은 경험으로부터 만들어지며, 학습의 다음 주기는 탐색이다. 탐색은 가능한 수단을 동원하여 학습하려고 하는 것의 구성요소를 이해하는 과정이다. 탐구란 유아가 자신의 행동이나 개념을 사회에서 관찰한 것과 비교하고 분석해 가는 과정이다. 학습주기의 마지막 측면은 활용으로서, 유아는 자신이 배운 것을 여러 가지 목적으로 사용할 수 있고 새로운 상황에 적용시킬 수 있다. 이러한 주기는 순서적으로 일어나는 것은 아니며 동시에 일어날 수 있다.

- 유아는 놀이를 통해서 배운다. 유아의 자발적인 놀이는 지식 구성에 필수적인 탐색, 실험, 조작을 위한 기회를 제공한다.

  놀이는 표상적 사고의 발달에도 기여한다. 놀이를 하는 동안 유아는 감정을 조절하는 것, 타인과 상호작용하는 것, 갈등을 해결하는 것 등을 배운다. 가장 중요한 것은 놀이를 통해 상상력과 창의력을 발달시킬 수 있다는 것이다. 유아의 놀이는 또한 새로 습득한 기술이나 지식을 다양한 상황에서 자발적으로 연습할 수 있는 기회를 제공한다.

- 유아의 흥미와 '알고자 하는 욕구'는 학습의 동기를 부여한다.

  유아는 자신의 능력을 연습하고 경험을 이해하려는 타고난 내적 욕구를 가지고 있다. 교사는 환경을 계획하고 새롭고 자극적인 사물, 사람, 경험 등을 소개함으로써 유아의 흥미를 촉진하고, 유아의 흥미에 기초한 활동은 학습을 위한 내적 동기를 제공한다. 유아의 흥미와 이해하고자 하는 내적인 동기에 기초한 교육과정은 창의성, 호기심, 자기주도, 근면성, 유능성, 학습애(love of learning) 등의 바람직한 성향과 느낌을 촉진한다.

- 인간의 발달과 학습은 개개인에 따라 다양하다.

  지금까지 유아라는 용어와 함께 언급된 학습에 관한 기본적 가정들은 마치 유아들 모두에게 똑같이 적용되는 일반적인 것처럼 보인다. 그러나 어떠한 발달과 학습도 개인의 다양성의 원리에 대한 논의 없이는 완전할 수 없다. 각 개인은 개인의 학습 유형뿐만 아니라 성장과 발달에 있어서도 개별적인 형태와 시기, 속도를 가진다. 개개인의 가족 경험과 문화적 배경 또한 다양하다. 개인의 다양성에 대한 인식은 교육과정 결정에 있어서도 가능한 한 개별화할 것을 요구한다.

교수-학습방법은 교육목표를 달성하기 위하여 선정된 교육내용을 학습자에게 가장 효과적으로 전달할 수 있는 방법을 모색하는 과정이다. 그러므로 교육목표와 내용, 대상 유아의 연령, 학급 규모, 학습 시기 등에 따라 매우 다양한 교수-학습방법이 사용될 수 있다. 유아는 발달 속도가 매우 빠르고, 개인차가 크며, 학습에 대한 동기 유발이나 흥미의 지속이 어렵기 때문에 유아기 교사들은 다른 어느 각급 학교의 교사들보다도 다양한 교수방법과 교수매체의 개발에 많은 노력을 기울여야 한다.

일반적으로 교수-학습방법은 교사와 학습자가 상호작용하는 과정 속에서 학습의 주체가 누구냐에 따라 교사중심 교수방법과 학습자중심 교수방법으로 나누어지고, 또 집단의 크기에 따라서 대집단, 소집단, 개별 교수방법 등으로 나눌 수도 있다.

4) 교육평가

(1) 유아 교육평가의 이해

평가는 교육과정의 전 과정을 통해서 소정의 교육목표가 교육 실제에 있어 어느 정도로 실현되었는지를 결정하는 과정이다. 즉 평가는 교육 프로그램의 실행을 통해서 학습자의 행동상에 변화가 어느 정도로 일어났는지를 확인하고 평정하는 작업이다. 유아교육에 있어 평가의 개념과 중요성, 평가의 대상과 내용에 대하여 살펴보도록 하겠다.

① 평가의 개념

교육에 있어서 평가는 오랫동안 이루어져 왔음에도 불구하고, 현장의 교사들은 평가의 개념이나 목적, 방법 등에서 많은 어려움을 느낀다. 유아교육현장의 교사들에게 유아들을 지도하면서 가장 어렵고 하기 힘든 부분이 무엇이냐고 물으면 상당수의 교사들이 '평가'라고 대답한다. 교육은 그 자체가 목적행위이며, 목적의식을 갖는 행위는 평가라는 과정을 필연적으로 수반하게 된다. 현대사회에서 교육평가란 교수 프로그램에 관한 의사결정을 하기 위해서 학습자의 행동 변화 및 학습과정에 관한 정보를 수집하고 이용하여 교육적 의사결정을 하는 과정 그 자체라고 할 수 있다. 과거와 같이 교육평가가 점수를 매기고, 판정하고, 심판하며 인간을 실패군과 성공군으로 구분하던 관점에서 탈피하여 이제는 교수 및 학습을 개선하고 학습자의 학습에 도움을 주는 것으로 보려는 관점으로 변화되어 가고 있다.

오늘날의 교육평가는 평가가 교육의 마지막이라고 생각했던 종래의 관점에서 벗어나 교육과정 전반에서 이루어져야 한다는 개념에 기초를 두고 교육과 관련된 일련의 모든 것을 포함하는 방향으로 변화되었다. 또한 평가는 교육의 대상인 학습자에게만 국한되는 것이 아니라 교육의 제공자인 교사에게도 적용되며 교육의 제반 여건, 즉 사회·문화적 여건을 포함한 교육환경에 대한 평가까지도 포함된다고 할 수 있다(양옥승 외, 2001).

이러한 관점에서 유아교육에서의 평가는 유아의 발달을 진단하고, 교육 프로그램의 개선을 위해 관련 자료를 수집하고 분석하여 정보를 제공함으로써 교육현장의 의사결정을 돕기 위한 과정으로 정의할 수 있다(이은해, 1995). 중요한 것은 어린 유아와 함께 생활하는 교사들은 평가의 기본적인 개념과 구조를 이해하고, 그 결과 평가의 도구와 방법을 선택할 때에 적합한 결정을 내릴 수 있어야 한다는 것이다. 그리고 주어진 평가 결과와 절차를 유아나 교육과정에 관하여 적합한 결정을 내리고 이해하는 데 필요한 정보로 삼아, 교육의 전반적인 질을 높이는 데 기여할 수 있어야 한다. 특히 유아를 대상으로 하는 평가는 평가의 결과를 지나치게 중요하게 여기기보다는 자연스런 교육의 과정으로 생각해야 하며, 유아를 중심으로 계획되고 실행되어 교육이 이루어지는 과정에 대한 반성과 정보, 유아의 이해에 대한 수단 등으로 이용될 수 있어야만 한다.

② 평가의 필요성

교육은 목적이 있는 의도적인 과정이기 때문에 계획한 교육이 잘 실행되었는지를 확인하는 평가는 반드시 필요한 교육과정의 한 부분이다. 최근까지도 유아교육 현장에서 평가의 영역은 크게 관심을 받지 못했을 뿐만 아니라 다양한 평가방법들이 제대로 적용되지 못하는 경우가 많았다. 그러나 교육평가는 교육의 성패를 결정하는 주요 요인이 될 수 있으므로 유아교육에서의 평가는 반드시 계획되고 실행되어야만 한다. 평가는 유아의 전인적인 성장과 발달을 위한 실증적이고 객관적인 자료와 정보를 수집하는 작업이며 동시에 유아교육기관의 질적 개선을 위해 필수적인 작업이라는 의미가 있다.

교육현장에서 평가는 교육과 관련된 모든 활동을 대상으로 하여 있는 사실을 있는 그대로 파악·기술해야 하며, 유아들의 전인적 성장과 발달에 도움을 주기 위한 교육 프로그램 전체의 효율성을 밝히는 데 목적을 두어야 한다. 또한 궁극적으로 교육평가는 교육에 참여하는 모든 사람들, 즉 유아, 부모, 교사, 교육기관 종사자, 기타 관계자 등에 도움을 주고 유아 개개인의 발달 수준 및 행동 변화를 평가하는 데 그 목적이 있다(황해익, 2000).

(2) 평가의 대상과 내용

교사가 계획한 교육과정이 잘 조직되고 수행되었는지를 확인하는 일이 평가라고 할 때, 교육의 결과 교육의 대상인 유아의 발달에 효과를 가져왔는지, 교사가 계획을 효율적으로 이행했는지 등에 대한 확인 작업이 필요하다. 그러므로 유아교육 평가의 대상에는 유아와 교사, 교육 프로그램 및 교육기관 전반에 관한 사항 등이 포함된다.

① 유아에 대한 평가

가. 유아기 평가의 특성 및 유형

유아에 대한 평가란 유아가 무엇을 알고 행동하고, 어떻게 하는지에 관심을 두고 유아의 발달과 학습과정을 관찰·기록·문서화하는 과정이다(Hills, 1992). 교육현장에서 교사들이 당면하는 많은 어려움 중의 하나는 유아들의 현재 발달수준을 정확히 파악하여 이에 적절한 교수를 하는 것이다.

유아를 평가하는 일은 단순하고 쉬운 일이 아니기 때문에 교육부에서는 교육기관에서 유아를 평가할 때 유의해야 할 사항을 다음과 같이 제시하고 있다(교육부, 1995).

첫째, 유아의 행동이나 발달을 객관적으로 평가해야 한다. 이를 위해 교사는 다양한 상황에서 자료를 수집해야 하는데, 일상적인 관찰, 부모와의 면담, 일화기록, 평정척도, 체크리스트, 작품분석, 각종 표준화검사의 실시 등을 통하여 수집한다.

둘째, 유아 간의 상대적 비교보다는 각 유아에 대한 개인 내 평가를 해야 한다. 평가의 목적이 등급을 매기거나 성공·실패한 유아를 구별하는 것이 아니므로 유아 개인 내의 평가를 통해 현재의 발달이 미래에 어떻게 진전될 것인가를 평가해야 한다.

셋째, 유아에 대한 평가는 교육활동이 진행되는 상황에서 결과보다는 과정에 초점을 맞추어 실시하여야 한다. 또한 유아의 전인적인 발달을 위하여 신체적 건강 및 안전, 기본생활습관, 정서적인 안정감, 대인관계, 의사소통 능력 및 탐구심 등에 중점을 두어야 한다.

유아의 성장과 변화는 교육과정의 매우 중요한 요소이다. 교사는 유아에게 행동의 변화가 이루어질 수 있도록 돕고, 변화를 판단하기 위해서 세 가지 유형의 평가를 실시할 수 있다. 유아에 대한 평가는 평가의 시기에 따라 진단평가(diagnostic evaluation), 형성평가(formative evaluation), 총괄평가(summative evaluation)의 세 가지 유형으로 나눌 수 있다. 유아를 평가하기 위하여 교사가 처음으로 해야 할 평가는 진단적 평가를 하는 것으로 유아의 행동에 관한 여러 가지를 결정하기 위해 자료를 모으는 것이다. 즉 학습자의 현재 수준을 진단하여 교육의 적절한 출발점을 찾고, 학습자의 흥미, 성격, 태도, 지식, 배경 등을 살펴봄으로써 구체적인 학습활동과 경험을 계획하는 기초 자료로 삼는다. 교수-학습과정이 시작되어 전개되고 있는 매 순간에 있어서 유아들이 교육목표를 달성해 가고 있는가를 평가하기 위해서는 형성평가를 한다. 형성평가는 교육활동이 진행되고 있는 유동적인 상황 속에서 교육과정이나 수업방법을 개선하기 위해서 실시하는 평가이다. 마지막으로 총괄평가는 하나의 교육과정이 종결되었을 때나, 일정 기간이 지난 후, 주어진 학습과제에 대한 교육활동이 모두 끝난 후에 유아들의 행동 변화를 최종적으로 평가하는 것이다.

나. 유아기 평가의 방법

유아를 위한 평가는 유아의 전반적인 발달을 묘사하는 포괄적인 평가가 바람직하다. 이를 위하여 다양한 정보원을 사용해야만 하고 개인의 다양한 측면을 측정하고 다양한 맥락에서 실시되어야만 한다. 유아에 대한 평가는 형식적인 평가와 비형식적인 평가를 함께 사용한다. 이는 유아교육이 그 특성상 상당 부분이 비형식적으로 진행되는 것에 기인하며, 이 단계의 유아들에게 활용할 수 있는 측정도구가 제한되어 있고, 어린 유아에게 미칠 수 있는 검사의 부작용을 최소화하기 위해서이다(강문희 외, 2002).

유아 평가에서는 특히 비형식적인 방법이 중요하고 가치가 있는데, 비형식적인 평가에서도 관찰방법은 가장 기본적인 방법으로서 유아 평가에 관여하는 사람들은 반드시 관찰에 관하여 훈련을 받고 익숙해져야만 한다. 관찰의 과정은 많은 형식적 측정과정에 의해서는 얻을 수 없는 어린 유아들의 어떤 특정한 행동들을 측정하고 평가할 수 있는 기회를 교사들에게 제공해 준다(Wortham, 1990). 유아를 평가하는 방법 중에서 가장 일반적인 방법인 관찰은 상당한 시간이 걸린다는 단점이 있지만 유아를 여러 상황 속에서 관찰함으로써 상당히 객관적인 자료를 얻을 수 있다는 장점도 있다. 어린 유아들은 종종 구조화된 검사 상황에서 적절하게 검사를 수행하는 데 필요한 언어나 행동에 숙달되지 못한 경우가 많으므로, 유아를 대상으로 하는 연구방법 중에 좀 더 자연적인 환경에서 유아들을 관찰하는 것은 가장 바람직한 방법이 될 수 있다. 교육기관에서 관찰을 통하여 얻어진 모든 정보들은 궁극적으로 교사가 유아들을 위해 가장 적절한 교육과정을 계획하는 데 기초가 되며 이를 통하여 유아들은 질적인 교육을 받을 수 있게 된다(김희진 외, 2000).

유아에 대한 관찰의 형식과 관찰의 결과를 기록하는 방법에는 다음과 같은 여러 가지 방법이 있다.

일화기록 일화기록은 가장 흔히 사용하는 방법으로 특정한 기록 양식 없이 일어난 사건이나 유아의 행동에 대해 그대로 적어서 묘사하는 짧은 이야기식 기록이다. 유아에게 일어난 행동의 정보를 발생 순서대로 자유롭게 기술하는 방법이기 때문에 유아의 자연적인 행동에 대한 정보를 많이 제공해 준다. 그러므로 유아가 활동하는 동안 발생하는 문제해결 과정이나 사회적 상호작용과 같은 사건을 실제 그대로 묘사할 수 있다.

일화기록은 특정한 양식에 의하지 않는다고 하더라도 관찰 시의 기본적인 유의점을 지켜서 일관된 용어로 관찰 기록해야 하고, 반드시 관찰 날짜와 시간, 기록 날짜와 시간, 관찰 대상 유아의 이름, 사건의 상황, 관련되는 발달 영역 등을 객관적으로 기술해야 한다.

일화기록을 만들어가는 과정뿐만 아니라 일화기록들이 가질 수 있는 몇 가지 특징에는 다음과 같은 것들이 있다(Cartwright & Cartwright, 1984).

- 일화기록은 행동을 직접 관찰한 결과이어야 한다. 그리고 기록은 사건이 일어난 다음 가능한 한 가장 즉각적으로 이루어져야 한다.
- 하나의 일화기록에는 단 하나의 사건에 대한 기록이 포함되어야 한다.
- 일화기록에는 나중에 해석하는 데 도움이 될 수 있는 상황적이고 지지적인 정보가 포함되어 있어야 한다.
- 관찰한 행동의 해석은 일화기록에 서술된 행동과 사건의 기록과는 개별적으로 이루어져야 한다.

행동목록법 관찰기록의 또 다른 방법은 관찰하고자 하는 행동에 관한 목록을 만들어 체크 표시를 하는 행동목록법(check list)이다. 이는 교사가 관심을 가진 영역의 목록을 사전에 미리 준비하고 목록에 포함된 행동, 환경 등이 있는지를 체크하는 방법이다. 행동목록법은 교사들이 다음에 실시할 교육의 과정을 위하여 더 나은 계획을 세우고자 유아가 가지고 있는 어떤 기술이나 그들이 현재 보유하고 있는 발달적 특성을 알아보기 위하여 사용할 수 있다(Gullo, 1994). 구체적으로 행동목록에는 다양한 묘사적 특성들이 포함될 수 있는데, 행동 특성에 대한 묘사적 서술, 특별한 발달적 특성, 사회적 · 정서적 행동, 흥미, 특별한 학문적 기술, 특별한 지식 혹은 개념들이 포함될 수 있다(Cryan, 1986).

행동목록법은 교사가 유아의 행동 발생 여부를 매우 신속하고 효과적으로 기록할 수 있고 행동발달의 단계 및 유아 개인의 단계적인 발달상을 기록하고 관찰하는 데 도움이 되는 장점을 지닌 도구이며, 많은 행동을 관찰할 때에 가장 적절히 사용할 수 있는 도구이다(Wortham, 1990). 그러나 행동의 질적인 측면에 대한 정보는 전혀 제공하지 못하는 단점이 있기도 하다.

행동목록법은 다음과 같은 중요한 기능을 한다(이기숙, 2000).

첫째, 프로그램 활동을 위한 기초 자료로 사용된다.

둘째, 교사는 유아를 위한 다음 단계의 활동을 결정하는 데 이용할 수 있다.

셋째, 조직적인 점검을 함으로써 각 유아의 발달과정이 누적되어 교수-학습과정의 계획과 평가에 사용될 수 있다.

행동목록법을 사용하기 위해서는 이미 연구되어 나와 있는 자료를 이용할 수도 있고, 교사 자신이 문헌을 참고로 만들 수도 있다. 행동목록법은 시간을 절약할 수 있으며 행동의 형태를 쉽게 분류하고 파악할 수 있으나 항목에 없는 각 유아 행동의 중요한 부분을 빠뜨릴 수도 있다. 따라서 여러 이론적 문헌을 참고로 하여 작성하고 전문가의 도움을 받도록 해야 한다.

평정척도법 평정척도법은 유아에게서 발생하는 일정한 행동의 정도나 특징을 추정하기 위해서 사용된다. 평정의 간격은 일정하며 똑같은 간격의 단위, 점수, 숫자 등이 사용된다. 예를 들면 3점이나 5점 평정척도가 사용될 수 있다. 이 평가방법에 내재되어 있는 가장 큰 문제점은 평가가 매우 주관적인 것이 될 수 있다는 것이다.

일화기록과 행동목록이 직접 관찰이라면 평정척도는 간접 관찰의 양식이다. 왜냐하면 평정척도는 문항 기록 이전에 교사의 판단을 먼저 요구하기 때문이다. 평정척도는 좀 더 포괄적이고 객관적인 측정의 사실을 제공하기 위하여 다른 관찰형식과 연합하여 사용하는 것이 좋다.

표준화검사 표준화검사는 객관적인 자료로서 앞서 제시한 여러 가지 방법들과 함께 사용된다면 가치가 높다. 이미 신뢰도와 타당도가 검증된 것이므로 손쉽게 객관적인 자료를 얻을 수 있으며, 다른 유아와의 비교도 용이하다. 평가방법으로 많이 사용되어 온 표준화검사는 교육에서 교과과정과 유아의 직접적인 경험 활동의 폭을 좁히는 것, 문화적인 편견, 제한된 검사의 내용, 부정확하거나 부적절한 규준, 결과의 부적절한 사용 등의 측면에서 비판을 받아왔다. 특히, 유아를 대상으로 하는 표준화검사는 유아 자신이 직접 검사내용을 이해하고 답하는 것이 아니라, 검사자를 통하여 판단되므로 여러 가지 문제가 발생할 수 있다. 검사자와 유아와의 심리적인 유대감 조성이 중요하며, 유아기 아동은 발달이 미분화되어 있어 능력을 정확히 측정하기 어렵고 객관적인 측정이 힘들다.

따라서 표준화검사 그 자체만으로 유아의 발달을 평가한다는 것은 위험한 일이며, 다른 평가도구와 함께 유아의 발달을 이해하기 위한 보조 자료로 사용되는 것이 중요하다. 영유아교육기관에서 사용할 수 있는 검사는 발달검사, 유아지능검사, 그리고 학습준비도검사로 대별할 수 있는데, 제반 표준화검사는 유아의 발달수준과 겸하여 검사내용과 요령 등에 관한 전문적인 훈련을 받은 검사자에 의해 시행되지 않을 경우에는 잘못 진단할 수 있으므로 특히 유의하여 조심스럽게 시행하여야 한다.

포트폴리오 평가 포트폴리오 평가란 장기간에 걸쳐서 수집된 유아들의 활동과 그 활동에 따른 결과물을 정해진 준거에 따라서 교사와 유아가 협력하여 평가하고 활용하는 방법으로 정의된다(황해익 외, 2001).

유아의 작품을 수집하여 모아 놓은 포트폴리오(portfolio)는 유아에 관한 모든 자료, 즉 관찰기록, 면접, 검사, 기타 기록물, 유아가 그린 자화상, 가족 구성원에 대한 그림, 창의적인 그림, 제작한 입체 구성물의 사진, 글이나 말의 샘플 등을 1년간에 걸쳐서 조직적으로 목적을 가지고 정기적으로 모아 책으로 만든 것이다. 이러한 포트폴리오는 시간 경과에 따라 유아가 발달하고 배우고 있음을 보여줄 수 있는 좋은 증거가 된다. 포트폴리오는 유아의 실제 수행에 대한 평가의 기초가 되고, 이후의 학습과 발달을 위한 지침의 근거가 된다.

포트폴리오는 단순히 유아의 작업을 모두 모아 놓거나, 또는 교사의 노트, 기록, 검사결과나 잡다한 정보들을 모두 넣어 놓은 것은 아니다. 포트폴리오는 잘 계획하고 조직하여 자료를 수집해야 의미 있는 평가도구가 된다. 포트폴리오에 포함될 내용은 유아의 연령과 발달수준, 프로그램의 목적, 교과과정이나 발달영역, 포트폴리오의 유형이나 목적, 교사의 취향 등에 따라 달라질 수 있다.

포트폴리오에 포함할 내용을 선정하는 기준은 다음과 같다. 첫째, 유아의 학습과 발달의 여러 측면에 대한 정보를 제공해 줄 수 있어야 한다. 둘째, 포트폴리오에 포함된 내용들은 교실에서 규칙적으로 일어나는 것으로 수집하기에 쉬워야 한다. 셋째, 교실에서 일어나는 활동들을 대표할 수 있도록 의미 있는 것이어야 한다. 넷째, 유아에게 재미있는 것이어야 한다. 포트폴리오에 무엇을 포함할 것인지에 대해서는 유아의 의견을 참작할 수 있으나 교사가 많은 부분을 결정하게 된다.

포트폴리오 평가의 장점은 유아의 작품을 사용하므로 교사에게 사실적이고 직접적인 증거를 제공하고, 더 나아가 작품의 표본들을 수집하여 날짜를 기록한다면 수집된 작품들은 그 작품을 수집한 교사가 아닌 다른 사람들에 의해서도 나중에 사용되고 해석이 가능하며(Cryan, 1986), 개별 유아의 장점에 초점을 맞추어 유아의 긍정적 자존감에 영향을 준다는 점이다. 반면에 유아들의 실제 작품을 사용하는 것의 잠재적인 단점은 비용과 시간이 많이 소요되고 보관을 위하여 많은 공간이 필요하며 기록물의 수집과 해석에 교사의 편견이 개입될 수 있다는 점 등이다.

② 교사 자신에 대한 평가

좋은 질의 유아교육 실제는 풍부하고 자극적이며 반응적인 환경 안에서 유아의 탐색과 실험, 능동적인 학습을 촉진시켜 준다. 따라서 유아에게 의미 있는 경험을 제공해 주는 교육기관, 유아교사의 역할은 매우 중요하다(강숙현, 2000). 원칙을 준수하고 내적인 안정감을 가진 교사는 자기평가 혹은 반성을 통하여 자아 인식을 분명히 하고 그 결과 계속해서 긍정적인 변화를 이루어갈 수 있다.

교육의 질은 교사의 질을 능가할 수 없다는 전제하에 교육부의 제6차 유치원 교육과정에서는 교육 프로그램의 평가, 유아에 대한 평가와 함께 교사 자신에 대한 형식적 · 비형식적 평가를 계속하여 그 결과를 다음 교육계획에 반영시킴으로써 교육과정의 운영이 보다 효율적으로 이루어지도록 해야 한다고 하였다(교육부, 1998).

즉, 교사들이 자신들의 교수과정을 반성적으로 되돌아보고 판단하여 스스로의 강점과 약점을 인식함으로써 스스로의 수행을 발전시킬 수 있어야 한다고 보았다. 이는 교사가 자기 자신이 지향해야 하는 목표가 무엇이고 지금 어느 상태에 있는지 등을 알고 있을 때만이 교육의 질적 발전을 도모하고 자기향상을 이룰 수 있다고 보기 때문이다.

교육현장에서 활용할 수 있는 일반적인 교사평가의 준거를 간략하게 살펴보면 유아교사의 자격과 경력 등을 포함하여 최소한 다음의 내용들이 다루어져야 한다 (황해익, 2000).

첫째, 신체에 대한 것으로 신체적 건강 상태, 활동성 정도, 예의 바른 태도, 바른 자세 정도 등이 평가되어야 한다.

둘째, 인성에 대한 것으로 적극성, 정서적 안정감, 자제력, 협동심, 융통성, 성실성, 사려성, 긍정적인 인간관, 공정성, 부모 및 동료 교사와의 원만한 관계, 자신에 대한 긍지의 정도 등이 평가되어야 한다.

셋째, 교양 및 지적 능력에 대한 것으로 다방면에 걸친 풍부한 지적 능력, 순발력, 유창하고 명료한 언어 사용 능력, 창의력 정도 등이 평가되어야 한다.

넷째, 교직에 관한 태도에 대한 것으로 유아 교사직에 대한 사명감, 교육활동에 대한 열의, 전문성 신장을 위한 노력, 책임감, 수용적 태도, 적합성, 신념 및 직업윤리의 정도 등이 평가되어야 한다.

다섯째, 교육 기술에 대한 것으로 교육과정 재구성 능력 및 실천능력, 평가능력 및 활용 정도, 교재 · 교구 제작 및 다양한 활용능력, 적절한 자극 및 개입 정도, 융통성 있게 교육활동을 운영하는 능력 등이 평가되어야 한다.

여섯째, 전문적 지식에 대한 것으로 소속기관의 교육 철학에 대한 이해, 교육과정에 대한 지식, 생활지도 및 상담 지식, 다양한 교수방법에 대한 지식, 평가에 관한 지식 등이 평가되어야 한다.

(3) 유아교육기관 평가

우리나라의 대표적인 유아교육기관인 유치원과 어린이집의 질적인 향상을 도모하고자 국가 수준에서 실행되고 있는 평가를 소개하고자 한다. 그동안 유치원과 어린이집은 각기 다른 평가기준으로 평가가 이루어져 오다가 '유보통합추진'의 과정으로 2017년 11월부터는 같은 통합지표를 활용하여 각 기관의 특성에 따른 평가를 실시하였다. 또한 어린이집의 경우에는 2019년 6월 12일부터 '보육 · 양육에 대한 사회적 책임 강화(국정과제 48-3)' 실현과 영유아의 건강한 성장 및 발달을 위하여 전국의 어린이집이 의무적으로 참여하는 '어린이집 평가제'를 시행하고 있다. 여기서는 그동안 진행되어 온 유치원 평가와 어린이집 평가인증제 및 평가제에 대하여 간략히 설명하고자 한다.

① 유치원 평가

우리나라 유아교육법 제19조에 유치원은 학교로서 질 높은 교육을 제공하도록 하고, 국가정책에 부합하는 유치원 운영관리에 대해 평가하도록 하는 근거가 명시되어 있고, 유아교육법 시행령에는 유치원 평가영역의 근거가 제시되어 있다. 유치원 평가는 국가적 차원에서 유치원에 대한 체계적인 평가시스템 구축을 통해 유치원의 운영을 종합적으로 점검 · 모니터링함으로써, 유치원의 책무성과 유아교육의 공교육화 강화 및 질적 수준을 제고하고자 하는 것이다(교육인적자원부, 2007b). 또한 유치원 교육공동체의 참여 · 소통 · 협력을 통한 자율과 책임을 바탕으로 유치원 교육의 전반을 확인하고 진단하여 개선해 가는 '계획-실천-평가-환류'의 과정이라고 정의할 수 있다(서울특별시교육청 · 유아교육진흥원, 2020). 이에 교육부는 2006년부터 준비단계를 거쳐 2007년에 100개의 시범유치원을 대상으로 유치원 시범평가를 실시한 후 제1주기(2008~2010), 제2주기(2011~2013), 제3주기(2014~2016), 제4주기(2017~2019), 제5주기(2020~2022) 평가를 주기별로 실시해 오고 있다. 유치원 평가는 유치원 교육의 질적 향상과 더불어 공교육화의 발판을 마련하고, 학부모의 기관

선택과 관련한 정보를 제공하며, 평가자료는 유치원 교육발전을 위한 정책수립의 기초 자료도 사용될 수 있다는 점에서 의의가 있다(전향임, 2011). 주기별 유치원 평가를 간략히 정리하면 다음 〈표 5-2〉와 같다.

표 5-2 주기별 유치원 평가

구분	제1주기	제2주기	제3주기	제4주기	제5주기
시기	2008~2010	2011~2013	2014~2016	2017~2019	2020~2022
목적	• 체계적 진단과 처방을 통한 유치원 운영 개선 지원 • 우수사례를 발굴, 상호 공유함으로써 유치원 경쟁력 제고	• 유치원의 교육력 및 교육 서비스의 질적 수준 제고 • 학부모의 알 권리를 보장하고 유치원 선택을 확대	• 유치원 교육 서비스의 질적 수준 제고 및 학부모의 알 권리 보장	• 효율적인 누리과정 운영을 위한 유치원 운영 체계 구축 • 유치원 책무성 제고를 통한 교육서비스의 질적 수준 제고 • 평가결과 공개를 통해 학부모의 알 권리 및 유치원 선택권 보장으로 유치원 교육에 대한 만족도 제고	• 유치원 교육활동의 진단 및 개선을 통한 유치원 교육의 질 향상 • 2019 개정 누리과정을 충실히 운영할 수 있는 유치원 운영체계 구축 및 유아의 건강·안전 관리 강화를 통한 유치원의 책무성 및 공공성 강화 • 유치원 교육 공동체의 참여·소통·협력을 통한 자율과 책임의 유치원 자치문화 조성
공통 영역 및 항목	• 4개 영역 - 교육과정 - 교육환경 - 건강 및 안전 - 운영관리	• 4개 영역 - 교육과정 - 교육환경 - 건강 및 안전 - 운영관리	• 4개 영역 - 교육과정 - 교육환경 - 건강 및 안전 - 운영관리	• 4개 영역 - 교육과정 - 교육환경 및 운영관리 - 건강·안전 - 교직원	• 3개 영역 - 유아중심 교육과정 및 방과후 과정 - 민주적 유치원 운영 - 안전하고 쾌적한 교육환경 및 유아를 위한 건강·안전
공통 평가 지표	• 28개 지표	• 15개 지표	• 11개 지표	• 16개 지표	• 11개 지표

구분	제1주기	제2주기	제3주기	제4주기	제5주기
평가 방법	• 서면평가, 현장방문평가, '학부모만족도' 조사를 별도의 개별 지표로 실시	• 서면평가, 현장방문평가, '학부모만족도'를 '부모교육 · 참여활동 및 가정 · 지역사회의 연계' 관련 지표에 포함	• 서면평가, 현장방문평가, 유치원 정보 공시 공개 정보 활용	• 서면평가 • 현장평가(면담형식의 컨설팅)	• 자체평가와 서면평가로 절차를 간소화 • 체계적인 후속 컨설팅
결과 활용	• 우수사례를 발굴하여 보급, 일반화	• 유치원 질 제고를 위한 피드백의 적극적인 활용	• 평가결과를 연계한 맞춤형 컨설팅장학 자료로 활용	• 유치원 운영계획 • 유치원 지원계획 • 평가관련 지원 방안모색 및 주요 사업정책 수립	• 평가결과분석 및 개선 방안 내용을 환류하여 유치원 교육계획 수립에 반영 • 평가결과에 따른 후속 컨설팅 장학, 우수사례 공유, 유치원 간 네트워크 구축

우리나라 유치원 평가의 영역 및 내용은 공통지표와 자체지표로 이원화하여 실시되어 지자체마다 약간씩 차이가 있을 수 있다. 공통지표는 유치원의 자율적, 창의적인 운영을 위한 국가 수준의 지표이고, 자체지표는 시 · 도교육청의 역점(특색)사업 등에서 자율적으로 선정하여 운영한다.

② 어린이집 평가인증제

1980년대 이후 여성의 사회 · 경제활동이 늘어나고 어린이집의 양적 증가와 더불어 질 높은 보육의 중요성에 대한 관심이 증가하면서 정부는 보육서비스의 수준을 향상하고 부모들에게 보육의 질적 수준에 관한 정보를 제공하여 합리적으로 어린이집을 선택할 수 있도록 돕기 위하여 어린이집 평가인증제를 도입하였다. 평가인증이란 '일정한 수준의 충족에 대한 공적 인정'으로 정의되며(이옥, 2002), 어린이집 평가인증제는 보육계와 일반사회에서 공히 인정을 받는 대표기관에 의하여 보육서비스의 표준을 수립하고, 개별 어린이집이 자발적으로 지원하여 서비스의 질을 평가받아서 인증기관이 설정한 표준이 요구하는 수준을 충족하거나 그 이상의 수준에 있으면 그 사실을 인정하는 증서를 부여하는 제도를 말한다(Doherty-Derkowski,

1995). 유아교육기관의 질을 향상시키기 위한 목적으로 실시된 평가인증제는 미국, 호주의 경우 질적 수준을 제고하는 데 기여했다는 긍정적인 평가를 받고 있고, 우리나라에서도 유아교육에 대한 시대적 요구를 반영하여 재정적인 투자 확대와 지원 인프라 강화는 물론 유아교육과정, 교원정책 등 유아교육 전반에 걸친 선진화 작업을 통해 유아교육의 질적 수준을 향상시키는 것을 목표로 진행되었다.

우리나라의 보육모형은 주로 민간부분 어린이집의 확대에 의해 발전되어 왔기 때문에 더욱 평가인증제가 필요하다고 볼 수 있다. 국·공립 또는 공적 부문에서 보육사업에 대한 대폭적인 지원이 이루어지는 국가에서는 인증제의 기능이 그다지 절실하지 않지만 보육을 민간부문에 의존하는 국가일수록 평가인증제는 어린이집을 선택해야 하는 소비자의 권리 차원에서 필요하다고 볼 수 있다(이숙자, 2006). 정부와 지방자치단체의 보육비용 지원이 많은 대다수 유럽의 국가들은 평가인증제를 시행하고 있지 않은 반면, 미국과 호주처럼 민간시설 위주의 국가들은 민간보육서비스의 질을 관리하기 위한 수단으로 평가인증제를 발전시키는 경향이 있다.

그러므로 우리나라에서 어린이집의 평가인증제가 실시되어야 하는 이유를 제시해보면 다음과 같다(이기숙 외, 2002).

첫째, 평가인증제는 기관의 질적인 향상을 유도할 수 있는 안내자의 역할을 할 수 있다.

둘째, 평가인증제의 실시는 기관의 질 개선뿐 아니라 영유아들의 교육을 실질적으로 담당하는 교사들의 전문성을 향상시킬 수 있다.

셋째, 평가인증제의 실시는 어린이집의 질을 체계적으로 관리하는 일련의 정책이 될 수 있다.

넷째, 평가인증제를 실시함으로써 우리 사회가 요구하고 있는 질 높은 보육을 유아들에게 제공할 수 있다. 이러한 시점에서 평가인증제의 실시는 부모들에게 질 높은 기관을 변별할 수 있는 기준을 제시해 주고 나아가 평가인증제의 확산은 우리나라의 유아교육의 질 향상을 가져오게 되고 영유아들에게 질 높은 보육경험을 제공함으로써 국제화·정보화 시대에서 경쟁력 있는 인재를 양성할 수 있는 기반을 마련할 수 있게 된다.

이처럼 어린이집 질적 수준 관리 기제의 필요성이 제기되면서 정부에서는 2003년에 '어린이집 평가인증제 모형' 개발을 실시하고, 2004년에는 영유아보육법 제30조에 '어린이집 평가인증'의 법적 근거를 마련하고, 2005년 시범운영을 거쳐 2006년도부터 평가인증제도를 본격적으로 시행하였다. 평가인증제도를 담당하고 있는 (재)한국보육진흥원에 따르면 평가인증의 목적은 첫째, 영유아에게 안전한 보육환경에서 건강하게 양육될 권리를 보장시켜 주고 둘째, 보육교직원들이 보육서비스의 질적 수준을 높이고자 준비하는 과정을 통해 전문성 증진 향상에 도움이 되도록 하고 셋째, 부모들에게는 보육기관의 질적 수준에 대한 정보를 제공함으로써 어린이집을 합리적으로 선택할 수 있도록 하는 데 있으며, 마지막으로 보육현장을 효율적으로 지원하고 관리할 수 있도록 보육정책 체계를 확립시키는 데 있다(한국보육진흥원, 2017).

2006년부터 본격 시작된 어린이집 평가인증제도는 일정한 기간을 주기로 하여 점진적으로 보육의 질적 수준을 향상시켜 나갈 수 있도록 중장기적인 계획을 가지고 추진되어 왔다. 제1차 평가인증('06~'09), 2차 지표와 3차 시범지표를 적용한 제2차 평가인증('10~'17. 10.), 유치원과 어린이집의 통합지표를 적용한 제3차 평가인증('17. 11.~'19. 6. 11.), 어린이집 평가제('19. 6. 12~)의 시행으로 이어져 왔다.

어린이집 평가인증제도의 구체적인 추진 경과를 정리하면 다음 〈표 5-3〉과 같다.

표 5-3 어린이집 평가인증 추진 경과

구 분		내 용
도입	2002. 3	보육사업 활성화 방안 수렴 · 발표
	2003. 4. ~ 12.	보육시설 평가인증제도 실시 모형 개발 관련 연구용역 실시
	2004. 1.	어린이집 평가인증제도 도입 근거 마련 「영유아보육법 제30조」
시범운영	2005	어린이집 평가인증 시범운영 실시
1차 시행	2006~2009	제1차 어린이집 평가인증 시행
2차 시행	2010. ~ 2017. 10.	제2차 어린이집 평가인증 시행
	2013. 9.	어린이집 평가인증 결과 공표 시행
	2014. 11.	3차 시범지표 적용
	2016. 6.	유치원 · 어린이집 평가체계 통합방안 발표 (국무조정실 영유아교육보육통합추진단)
3차 시행	2017. 11. ~ 2019. 6.	제3차 어린이집 평가인증 시행(통합지표 적용)
어린이집 평가제 시행	2019. 6. 12. ~	어린이집 평가제 전환 (전국 모든 어린이집 의무적 시행)

출처: 보건복지부·한국보육진흥원(2019). 2019 어린이집 평가 매뉴얼-어린이집용. p. 4.

2005년 어린이집 평가인증 실시 이후 평가인증에 참여한 교사 및 부모를 대상으로 평가인증의 효과를 조사해 본 결과, 평가인증제도에 참여한 어린이집 중 88.8%가 참여에 대하여 만족한다고 하였으며, 94.0%가 질적 수준 향상에 아주 효과적이었다고 하였다. 그리고 대부분의 참여자들은 평가인증 참여 후 어린이집의 전반적인 질적 수준이 '높아졌다'고 하였으며, 가장 많이 변화된 부분 1위로 '교사들의 업무에 대한 전문성 향상'을 꼽았고, 2위로는 '직무에 대한 애정과 만족도 향상'이라고 하였다. 특히 교사들이 평가인증에 참여하면서 좋았던 점으로는 '영유아를 위한 환경이 개선된 점'과 '교사 자신을 개발하는 기회'가 되었다는 점을 들어 평가인증 제도가 영유아를 위한 환경 개선 및 교사의 전문성 향상이라는 목적을 달성하고 있는 것으로 나타났다(보건복지부, 한국보육진흥원, 2017). 어린이집 평가인증제도는 어린이집의 질 관리에 효율적으로 활용되고 있으며 보육교직원, 부모, 영유아 모두에게 긍정적인 영향을 미친 것으로 볼 수 있다.

③ 유치원과 어린이집 평가를 위한 통합지표

2012년 「5세 누리과정」과 2013년 「3~5세 연령별 누리과정」의 도입에 따라 누리과정을 공통 적용하고 있는 유치원과 어린이집을 동일한 지표로 평가할 필요에 따라 두 기관을 통합평가하기 위한 통합지표를 마련하게 되었다. 즉 영유아교육·보육통합의 추진으로 유치원과 어린이집 통합평가 운용의 필요성이 제기됨에 따라 영유아교육·보육통합추진단의 통합추진 1단계 과제 중 하나로 유치원과 어린이집의 평가체계를 연계·통합하고자 하였고, 그 결과 2017년 11월 통합평가지표가 발표되었다.

통합평가지표의 개발은 동일한 평정기준을 제시함으로써 평가의 객관성 및 일관성을 제고하고 유치원과 어린이집의 질을 상호비교할 수 있도록 하여, 학부모에게 평가결과 정보에 기초한 선택이 가능하도록 지원하고자 하는 목적을 지녔다. 통합지표는 유치원과 어린이집에 동일하게 적용하나, 그 운용은 기존의 평가체계를 활용하여 실행은 유치원과 어린이집의 현재 평가체계 안에서 그 특성을 살려 추진하기로 하여, 유치원은 시·도교육청 중심의 '유치원 평가', 어린이집은 3차 평가인증지표를 대체하여 '어린이집 평가인증'의 지표로 동일하게 적용하기로 하였다. 통합지표는 평가영역 〉 평가지표 〉 평가항목 〉 평가요소 순으로 구성되어 있고, 평가의 방법은 관찰, 면담, 기록 확인의 방법으로 이루어졌다.

유아교육기관의 평가는 전국의 3~5세 유아들에게 공통으로 적용되고 있는 누리과정을 충실히 운영할 수 있는 유치원과 어린이집의 운영체계 구축 및 책무성 제고를 통해 교육 및 보육서비스를 향상시키는 것을 주요 목적으로 하였다.

④ 어린이집 평가제 시행

어린이집은 2018년 12월 11일 영유아보육법 개정안이 공포됨에 따라 2019년 6월 12일부터 어린이집 평가제를 실시하게 되었다. 어린이집 평가제는 기존의 평가인증제가 평가인증을 신청한 어린이집에 한하여 이루어지던 것에 반하여 전국의 모든 어린이집이 의무적으로 참여하여야 한다는 점에서 의미가 크다고 할 수 있다. 어린이집 평가제의 시행목적은 다음과 같다(보건복지부, 한국보육진흥원, 2019, p.8).

첫째, 상시적인 보육서비스 질 관리를 위해 주요 핵심지표를 중심으로 질 관리 표준을 제시하고 어린이집 스스로 질적 수준을 제고하도록 한다.

둘째, 전체 어린이집에 대한 주기적 평가를 통하여 보육서비스 품질관리 사각지대를 해소하고 전반적인 보육서비스 수준을 지속적으로 관리하여 국가의 책무성을 강화하고자 한다.

셋째, 궁극적으로 평가제를 통해 보육서비스의 질 향상을 제고함으로써 영유아의 안전과 건강, 조화로운 성장과 발달을 도모하고자 한다. 이를 위해 영유아의 인권과 놀 권리를 보장하고 영유아가 건강하고 행복하게 성장할 수 있는 안심 보육환경을 조성하며, 보육교직원이 영유아보육에 집중할 수 있는 여건을 조성한다.

어린이집 평가인증제와 평가제의 특징을 비교하면 다음 〈표 5-4〉와 같다.

표 5-4 평가인증제와 평가제의 특징 비교

<table>
<tr><th>구 분</th><th>평가인증제</th><th>평가제</th></tr>
<tr><td>평가대상</td><td>• 평가인증 신청 어린이집</td><td>• 전체 어린이집</td></tr>
<tr><td rowspan="5">평가절차</td><td>• 어린이집 신청 → 기본사항 확인 → 자체점검 → 현장평가 → 종합평가(총 4개월)</td><td>• 평가대상 통보 → 기본사항 확인 및 자체점검 → 현장평가 → 종합평가</td></tr>
<tr><td>• 참여수수료 어린이집 납부</td><td>• 참여수수료 전액 국가 부담</td></tr>
<tr><td>• 기본사항 : 필수항목 9개, 기본항목
- 필수항목 미준수는 참여 제외, 기본항목 미준수는 차하위 등급 부여</td><td>• 기본사항 : 사전점검사항 5개, 위반이력사항
- 사전점검사항 미준수는 D등급 부여, 위반이력사항 발생 시 차하위 등급 부여</td></tr>
<tr><td>• 소위원회와 종합평가위원회에서 심의, 등급 결정</td><td>• 소위원회와 종합평가위원회에서 심의, 등급 결정
* 필수지표 및 요소 미충족 시 A등급 불가</td></tr>
<tr><td>• 재참여, 재평가 과정 운영</td><td>• 재참여, 재평가 과정 폐지</td></tr>
<tr><td>평가결과</td><td>• 4등급(A, B, C, D), D등급 불인증</td><td>• 4등급(A, B, C, D)</td></tr>
<tr><td>평가주기</td><td>• (유효기간) 3년(A등급 1년 연장 가능)</td><td>• A, B등급 3년 / C, D등급 2년</td></tr>
<tr><td>결과공표</td><td>• 평가 받은 어린이집의 결과 공시
- 평가인증 결과, 인증이력 등 공개</td><td>• 전체 어린이집의 결과 공시
- 평가결과, 평가이력 등 공개</td></tr>
<tr><td>사후관리 및 등급조정</td><td>• 인증 어린이집 사후관리
- 연차별 자체점검보고서 제출
- 확인점검(무작위, 월 단위 시기 안내)
- 확인방문(배우자 및 직계존비속 또는 1년 이상 재직교사로 대표자변경, 주소변경)
- 인증유효기간 종료
• 법 위반 및 행정처분 발생 시 인증취소</td><td>• 평가 등급별 사후관리
- 연차별 자체점검보고서 제출
- 사후방문지원(C, D등급 의무 실시)
- 확인점검(평가 관련 민원발생, 법 위반 및 행정처분, 정보공시 부실어린이집 등에 대하여 불시점검)
• 평가등급 조정 및 관리
- 법 위반 및 행정처분 발생 시 최하위 등급 조정</td></tr>
<tr><td>결과활용</td><td>• 인증어린이집 대한 행·재정적 지원</td><td>• 평가 등급별 행·재정직 지원 등
• 지도점검 연계(2회 연속 D등급 어린이집)</td></tr>
</table>

출처: 보건복지부·한국보육진흥원(2019). 2019 어린이집 평가 매뉴얼 – 어린이집용. p. 9~10.

어린이집 평가제의 평가지표는 제3차 평가인증에서 적용하였던 통합지표를 기반으로 하되, 어린이집 고유의 특성을 반영하고 2020년부터 시행된 개정 누리과정 및 개정 표준보육과정의 맥락을 같이 하도록 세부내용을 반영하였다. 평가제의 주요 평가지표 변화내용에는 지표별 평가 항목수를 합리적으로 축소하여 조정하고, 영유아의 안전, 권리 존중과 놀이의 가치를 강조하며, 보육교직원의 근무여건 개선과 보육에 집중할 수 있는 보육환경 마련을 위한 내용이 포함되었다. 기존의 평가인증지표와 평가제의 평가지표를 비교하면 다음 〈표 5-5〉와 같다.

표 5-5 평가인증지표와 평가제의 평가지표 비교

구분	평가인증제		평가제	
영역(4)	지표(21)	항목(79)	지표(18)	항목(59)
I. 보육과정 및 상호작용 (31 → 18)	1-1. 보육계획 수립 및 실행	4	1-1. 영유아 권리 존중 (필수)	2
	1-2. 일과운영	5	1-2. 보육계획 수립 및 실행	6
	1-3. 교수-학습방법 및 놀이지원	6	1-3. 놀이 및 활동 지원	3
	1-4. 교사-영유아 상호작용	6	1-4. 영유아 간 상호작용 지원	4
	1-5. 영유아 간 상호작용 시 교사 역할	4	1-5. 보육과정 평가	3
	1-6. 평가	4		
	1-7. 일상생활	2		
	소계	31	소계	18
II. 보육환경 및 운영관리 (19 → 14)	2-1. 실내 공간 구성	5	2-1. 실내 공간 구성 및 운영	4
	2-2. 실외 공간 구성	3	2-2. 실외 공간 구성 및 운영	3
	2-3. 기관운영	4	2-3. 기관 운영	4
	2-4. 가정 및 지역사회와의 연계	5	2-4. 가정 및 지역사회와의 연계	3
	2-5. 어린이집 이용 보장	2		
	소계	19	소계	14

구분	평가인증제		평가제	
III. 건강·안전 (15 → 15)	3-1. 실내외 공간의 청결 및 안정	4	3-1. 실내외 공간의 청결 및 안정	3
	3-2. 급·간식	3	3-2. 급·간식	3
	3-3. 건강증진을 위한 교육 및 관리	3	3-3. 건강증진을 위한 교육 및 관리	3
	3-4. 등·하원의 안전	2	3-4. 등·하원의 안전	3
	3-5. 안전교육 및 사고 대책	3	3-5. 안전교육과 사고예방	3
	소계	15	소계	15
IV. 교직원 (14 → 12)	4-1. 원장의 리더십	4	4-1. 원장의 리더십	3
	4-2. 보육교직원의 근무환경	3	4-2. 보육교직원의 근무환경	3
	4-3. 보육교직원 처우와 복지	3	4-3. 보육교직원 처우와 복지	3
	4-3. 보육교직원의 전문성 제고	4	4-3. 보육교직원의 전문성 제고	3
	소계	14	소계	12

출처: 보건복지부·한국보육진흥원(2019). 2019 어린이집 평가 매뉴얼 – 어린이집용. p.12.

2 유아교육과정의 접근법 및 유형

유아교육과정은 1960년대 미국의 헤드 스타트 운동이 일어나면서 본격적으로 다양화되기 시작하였다고 볼 수 있다. 그 전에는 중·상류계층의 유아를 위한 프로그램에 국한되었던 상황에서 벗어나 저소득계층 유아의 발달과 심리적 특성에 관한 많은 연구가 이루어지기 시작했고, 유아들의 발달을 촉진시켜 주기 위한 다양한 교육프로그램이 개발되었다. 이처럼 다양하게 개발된 유아교육과정들은 주로 학습과 발달에 관한 세 가지 입장인 성숙주의, 행동주의, 구성주의로 구분해 볼 수 있다. 성숙주의에 기초한 교육과정은 인간의 자연스러운 발달을 목표로 사회·정서적인 특성을 강조하는 것이 특징이고, 행동주의는 외적인 강화와 모방, 모델링을 사용하여 직접적 자극을 제공하는 것을 강조하며, 구성주의 또는 상호작용주의에 기초한 교육과정은 유아가 타고난 능동적인 역량으로 스스로 주변과 적극적으로 상호작용하며 지식을 구성해 나간다는 원리를 중시하는 것이 특징이다. 또한 이처럼 다양하게 개발된 유아교육 프로그램들을 각 프로그램이 지니고 있는 성격 및 특성을 기초로 하여 몇 가지 유형으로 구분해서 체계화시켜 보려는 노력도 이루어졌다.

여기서는 먼저 세 가지 유아교육과정의 접근법을 살펴보고, 와이카트(Weikart, 1972), 콜버그와 메이어(Kohlberg & Mayer, 1972)의 유아교육과정 유형 분류도 간략히 살펴보도록 하겠다.

1) 유아교육과정 접근법

유아의 발달이나 학습에 관한 성숙주의자들의 입장은 인간의 발달이 주로 선천적으로 타고난 유전적 요인에 의해 결정된다고 보고, 인간의 발달에 미치는 환경적 요소의 영향을 최소한으로 인정한다. 이들의 입장에 의하면 부모나 교육, 사회적 영향은 유아들의 성장을 주도하는 요인이기보다는 그들의 성장을 돕고 촉진시켜 주는 것이라 볼 수 있다. 루소는 성선설을 믿었던 초기의 성숙주의자인데, 그는 만일 유아에게 자연적으로 성장할 수 있는 기회가 주어진다면 유아는 자신의 잠재 가능성을 충분히 발달시킬 수 있기 때문에 교사와 부모들은 유아의 자연적 성장을 절대 방해하지 말아야 한다고 하였다.

또한 대표적인 성숙주의 심리학자인 게젤과 그의 동료들은 오랜 기간 동안 유아의 발달과정에 대한 연구 및 부모와의 면담을 통해 인간발달의 규칙성과 보편성에 주목하고, 다양한 연령단계별로 유아의 특징과 능력에 대한 표준이 되는 목록을 만들었다. 게젤학파들은 그들이 제시한 표준행동목록을 통해 성인이 유아의 발달에 지나친 기대를 함으로써 유아의 발달수준을 넘어서는 성취를 강요하지 말 것을 경고하였다.

그러므로 성숙주의자들은 프로그램을 통해 유아의 학문적 능력이나 특별한 기술의 습득에 목표를 두지 않고 대신 유아의 내적 가능성에 따른 '전인적 발달'을 도모한다. 유아에게 많은 선택 기회를 제공하고 불필요한 교사의 개입을 줄이며, 유아 스스로 활동할 수 있도록 교사는 흥미와 발달단계에 적합한 자료를 충분히 제공한다. 또한 집단 구성은 발달수준이 동일하거나 학습준비도가 유사한 동질집단이 되어야 하고, 유아가 발달수준에 적합하지 않은 과제를 수행하도록 강요받지 않도록 하였다.

행동주의, 환경주의라고 불리는 두 번째 입장은 로크의 백지설에 뿌리를 두고 인간의 모든 발달 및 교육적 성취는 외적 자극에 대해 유기체가 반응함으로써 비롯된다고 주장한다. 유아의 발달에 대한 외적 요인의 중요성을 강조하며, 외적 경험을 적절하고 단계적으로 배열함으로써 유아의 발달을 바람직한 방향으로 변화시킬 수 있다고 본다. 즉 환경적 영향이 어떻게 개별 유아의 독특한 행동을 형성하는지에 주로 관심을 가지고, 겉으로 드러나는 관찰가능한 외적인 행동만을 가치가 있는 연구대상으로 삼았다.

동물과 인간의 행동에 대한 연구에서 스키너와 동료들은 어떤 종류의 보상과 강화가 유아의 행동에 효과적인지를 밝혀주었고, 유아의 느낌이나 동기에 대한 지식은 유아의 구체적인 행동을 변화시키기 위해서 필요하지 않음을 강조하였다. 그러므로 행동주의 관점의 유아교육 프로그램이 갖는 특징은 매우 구체적인 목표를 갖고, 학습의 주제가 매우 단순하고 위계화 · 순서화되어 있으며, 교사의 역할은 매우 적극적으로 행동을 지시하고 수정하고 강화하는 것이다.

마지막으로 구성주의자 혹은 상호작용주의자라고 불리는 세 번째 입장은 앞에서 설명한 두 입장과는 차이가 있어, 인간의 본성이나 외적 환경만을 주로 강조하지는 않는다. 이들은 유아의 탐색활동이나 사고활동의 의미는 무엇인지, 특히 환경과의 상호작용을 통해 유아들은 어떻게 발달하게 되는지에 관심을 갖고, 유아의 발달이 그들의 능동적인 활동을 통해 이루어진다고 본다. 즉 유아는 주어진 환경에 수동적으로 반응하는 것이 아니라 자발적이고도 선택적인 상호작용 과정을 통해 자신의 지식을 스스로 구성한다는 구성주의 관점을 갖는다. 유아의 발달과 행동, 그리고 학습은 실제적으로 외부의 영향과 성숙적 과정 모두에 의해 영향을 받는다고 생각한다.

이 입장은 듀이와 피아제, 비고츠키에 의해 대표되며, 이 입장의 프로그램이 갖는 특징으로 유아는 구체적인 자료와 직접적으로 활동할 수 있는 다양한 경험이 필요하다는 것과 독자적으로 과제를 계획하고 수행할 수 있도록 충분한 시간과 자유선택활동이 제공되어야 한다는 것이다. 또한 유아가 자신의 관점을 적용시켜 볼 수 있도록 다양한 또래집단과의 사회적 상호작용이 이루어져야 하며, 교사는 장시간 교사주도 활동만을 해서는 안 되고 활동에 따라서 개별적 또는 소집단으로 집단을 구성해야 한다.

이상에서 살펴본 유아교육의 세 가지 접근법에 대한 비교는 각 관점을 분명히 이해하는 데 도움이 될 수 있고, 각 관점에 대한 이해는 현존하는 다양한 유아교육 프로그램을 바라보는 데 필요한 관점이나 시각을 갖는 데 도움이 될 수 있다.

2) 와이카트의 분류

와이카트는 교사와 유아가 학습에 참여하는 방식과 교사와 유아의 관계를 기초로 교육과정 유형을 분류하였다. 즉 학습에서 누가 주도권을 갖고 누가 수동적으로 반응하느냐에 따라 분류하였다. 여기에는 교사가 학습의 주도권을 갖는 경우-계획된 교육과정, 유아가 주도권을 갖는 경우-아동중심 교육과정, 교사와 유아가 함께 주도권을 갖는 경우-개방체제 교육과정, 그리고 교사와 유아 모두 학습에 주도권을 갖지 않는 경우-보호적 보살핌의 네 가지 형태가 있다. 이와 같은 형태의 분류는 [그림 5-1]과 같다.

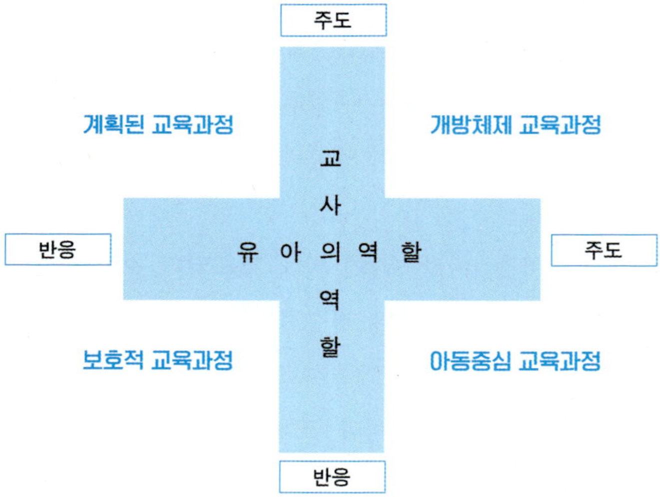

그림 5-1 와이카트의 교육과정 유형 분류

(1) 계획된 교육과정

교사가 교육과정을 주도적으로 운영하고 유아는 미리 짜여진 교사의 계획에 따라 수동적으로 반응하는 형태의 교육과정 유형이다. 교사가 학습의 주도권을 가지고 있으므로 유아는 교사의 요구에 반응하도록 수업이 계획되고 조직되어 있다. 이러한 교육과정은 환경의 자극에 대해 인간을 수동적인 존재로 바라보는 행동주의 이론에 기초하여 학습이론, 행동수정원리 등을 중요하게 여긴다. 이러한 프로그램들은 1960년대 미국의 헤드 스타트 운동의 일환으로 사회·경제적으로 소외되거나 실조된 계층의 유아들을 위하여 읽기, 쓰기, 셈하기와 같은 기본학습기술들을 단기간에 습득시키려는 의도에서 다양하게 개발되기 시작하였고, 교사중심의 상당히 구조화된 프로그램이며 짧은 시기 동안, 적은 노력으로 많은 효과를 얻고자 한 것이었다.

계획된 교육과정은 교수요목이 상세하게 제시되어 있어, 초임교사나 유아교육에 관한 전문지식이 없는 교사라 할지라도 교육과정을 효율적으로 수행할 수 있고, 눈에 보여지는 학습결과에 관심이 많은 교육행정가와 부모들에게도 호응을 얻는 것이 특징이다. 그러나 유아의 창의적 사고능력이나 사회·정서적 특성을 강조하는 오늘날 교육현장의 분위기를 감안해 보면, 교사의 지시에 수동적으로 반응하는 이 교육과정 유형은 유아의 자기주도적 학습능력이나 또래 간 상호작용을 감소시키는 측면을 갖고 있다고 볼 수 있다. 이 범주에 속하는 교육과정의 예로는 베라이터-잉글만의 디스타 프로그램(DISTAR program)이 있다.

(2) 개방체제 교육과정

개방체제 교육과정에서는 교사와 유아가 모두 활동의 주도권을 갖는다. 교사는 유아에게 적합한 교육계획을 세우고, 환경을 준비하며, 다양한 활동을 통해 유아에게 선택권을 주며, 필요할 때에 적절히 개입하여 주도성을 보인다. 유아 역시 교사가 제시한 활동 안에서 선택적으로 활동에 참여하며 다양한 경험을 쌓고 자신의 생각을 구성해 나가는 주도적인 역할을 한다. 이 교육과정은 주로 피아제의 인지발달에 근거를 두고 있기 때문에 구성주의에 기초한다고 할 수 있다. 그러므로 유아의 사고, 인지과정, 자발적 참여와 직접 경험을 통한 학습을 중요시하며, 읽기나 셈하기와 같은 특정한 지식과 기술의 습득보다는 논리적 사고력이나 개념 형성을 중요하게 여긴다. 그리하여 교사와 유아, 유아와 유아, 유아와 교구 간의 상호작용을 모두 중시하며 전인적인 발달을 지향한다.

이 유형의 장점은 교사에게 상당한 자율권이 부여되어 교사가 학급을 창의적으로 계획하고 운영할 수 있다는 점이다. 교사는 자신이 담당하고 있는 유아의 발달 수준 및 특징, 다양한 사회·문화적 배경을 감안한 개별적이고 독창적인 교육을 시행할 수 있고, 자신의 교육경험을 토대로 전문성을 개발할 수 있는 동력을 지니게 된다. 그러나 반면에 교육경험이 없거나 열의가 부족한 교사에게는 쉽사리 접근하기가 어려운 교육과정이기도 하다. 이 범주에 속하는 교육과정에는 주로 피아제 이론에 기초한 까미·드브리스 프로그램(Kamii-DeVries program), 하이스코프 프로그램(High Scope program) 등이 있다.

(3) 아동중심 교육과정

아동중심 교육과정은 학습에서 유아가 모든 주도권을 갖고, 교사는 유아의 요구에 수동적으로 반응하는 형태이다. 이러한 프로그램은 주로 인간의 정서발달에 관한 연구 및 이론에 그 기초를 두고 교육의 전체 목적을 사회·정서적 성숙을 통한 전인아동의 육성에 두고 있어 성숙주의에 기초한다고 할 수 있다. 인간의 발달은 선천적으로 타고난 생득적 요인들에 의한다고 보아 유아의 흥미나 욕구, 본성 등을 충분히 발휘하도록 하는 것이 바람직한 교육이라고 본다. 그러므로 놀이의 가치를 높이 평가하여 다양한 놀이를 통해 유아의 사회적 적응과 정서적 성장, 독립심을 형성시키고, 흥미영역 속에서 자유롭게 환경을 탐구하고 창조할 수 있게 한다.

이 유형의 장점은 학습이 개개 유아의 요구를 충분히 반영할 수 있다는 점이지만, 유아에게 모든 주도권이 주어져 자칫 방임으로 흐를 위험이 있고 유아의 흥미나 욕구에 상응하는 내용들이 교육적으로 바람직하지 않을 경우 교사가 갈등을 느낄 수 있다는 단점도 있다. 이 유형에 속하는 프로그램은 뱅크 스트리트 프로그램(Bank Street program)이다.

(4) 보호적 보살핌

이 유형은 교사도 반응하고 유아도 반응하는 형태이다. 여기서는 유아의 기본적인 생리적 욕구를 해결해 주고 신체적인 위험이나 질병으로부터 보호해 주는 등의 최소한의 보살핌이 이루어진다. 현실적으로 오늘날 보살핌과 가르침을 병행하여 운영하고 있는 유아교육기관에서는 존재하기 어려운 교육과정 유형이다.

3) 콜버그와 메이어의 분류

콜버그와 메이어는 교육과정 유형을 낭만주의(romanticism), 문화전달주의(cultural transmission), 진보주의(progressivism)의 세 가지 이데올로기로 분류하였다.

낭만주의는 유아의 발달과 학습에 관한 성숙주의적 입장의 유형으로 유아의 내적인 본성을 전개하는 것이 중요한 학습의 경험과 활동이라고 본다. 전통적인 아동중심 또는 흥미중심 프로그램들이 여기에 속하며 교사는 교실 내에 긍정적인 사회·정서적 놀이환경을 설치하고 주로 극놀이와 창작활동을 장려한다. 각 유아의 권리와 자유를 중시하고 유아는 자신의 학습활동을 주도할 수 있는 존재로 신뢰받는다.

문화전달주의는 유아의 발달과 학습이 주로 외부적 요인에 의해 결정되며 인지, 윤리 및 문화적 지식을 직접 가르침으로써 가장 잘 발달된다고 보는 행동주의적 입장의 유형이다. 행동주의 학습이론을 바탕으로 빠른 시간 안에 계획적 강화에 의해 구체적인 학습목표를 달성하는 교사중심적이고 상당히 구조적인 프로그램들이 여기에 속한다. 낭만주의와는 달리 유아의 발달에 있어 내재적, 주관적인 요소는 배제하고 객관적인 방법으로 관찰되고 측정될 수 있는 지식을 주로 강조하므로 교육내용이 구조화·순서화되고 교수전략도 조직적으로 수행된다.

마지막으로 진보주의는 유아와 환경과의 상호작용이 허용되고 증진되는 조건하에서 유아와 환경 간의 상호작용으로부터 교육이 이루어진다는 구성주의 입장에 기초한다. 듀이의 진보적인 교육관과 피아제의 인지발달에 근거하여 지식은 학습자의 내부에서 구성된다는 것을 믿으며 교사와 유아가 모두 학습을 주도한다. 교사가 목표를 설정하지만 이것의 성취는 유아에 의해서 이루어지며, 놀이가 학습을 위한 수단이 된다. 교사는 유아의 사고를 자극하고 학습 기회를 제공하기 위해서 놀이를 더욱 적극적으로 이용하고 개발한다.

콜버그와 메이어는 현대의 유아교육과정을 구성하기 위해서는 낭만주의와 문화전달주의만으로는 이상적인 모형을 제공할 수 없으므로, 진보주의 유형이 유아교육과정의 원천이 되어야 한다고 주장하였다.

정리해 보세요

1 교육과정 목표를 설정할 때 유아에 대해 고려해야 할 사항에 대해 정리해 보세요.

2 교육계획안 작성 시에 주로 사용하는 행동적 목표 진술은 어떠한 장점과 단점이 있는지 찾아봅시다.

3 교육내용을 선정할 때 일반적으로 적용할 수 있는 원칙들을 정리해 봅시다.

4 교육내용을 효율적으로 조직하기 위해서 고려해야 할 요소인 계속성, 계열성, 통합성에 대해 적절한 예와 함께 정리해 봅시다.

5 유아교육기관에 대한 평가가 필요한 이유를 알아보고, 유치원 평가와 어린이집 평가제의 차이점을 찾아봅시다.

토론해 보세요

1 21세기를 살아갈 영유아를 위한 교육내용의 선정에서 가장 가치 있게 다루어야 할 내용에는 어떤 것들이 있을지 토의해 봅시다.

2 유아교사가 자신의 교수방법이 적절한 것인지에 대해 스스로 평가해 보기 위해서는 어떠한 방법이 있을지 토의해 봅시다.

3 유치원과 어린이집의 교육계획안을 구하여 본 장에서 배운 교육과정의 구성 요소인 교육목적, 내용, 방법과 평가가 실제로 어떻게 적용되고 있는지 알아봅시다.

4 어린이집 평가제에 통과한 어린이집을 방문하여 실제적인 평가의 절차와 평가과정에서 겪었던 어려운 점에는 무엇이 있는지 알아보고, 평가제 실시의 이전과 이후에 달라진 점이 무엇인지에 대해 토의해 봅시다.

5 가까운 곳에 위치한 유치원이나 어린이집을 방문하여 유아교육과정의 세 가지 접근법과 와이카트 혹은 콜버그와 메이어의 유형 분류에 의해 각각의 교육과정 유형을 분석해 봅시다.

CHAPTER

6

유아교육과정의 편성과 운영

1. 유아교육과정의 편성 방향
2. 통합교육과정의 계획과 운영
3. 일과의 계획과 운영
4. 교육과정 운영을 위한 환경 구성

Chapter 06

유아교육과정의 편성과 운영

1 유아교육과정의 편성 방향

유아교육과정은 아동중심적인 철학과 교육환경에서 영유아의 흥미와 발달수준, 요구를 중시하고 전인적 성장을 목적으로 통합교육과정으로 운영되어 왔다. 이러한 교육과정 접근은 일차적으로는 유아기 학습자의 특성과 관련된다(Bredekamp & Rosegrant, 1995). 유아기부터 초등학교 3학년 정도까지의 어린이들은 세계를 단편적인 정보조각들로 분절된 것으로 바라보지 않으며 그들의 관점은 오히려 총체적이다(Wolfinger & Stockard Jr., 2003). 그러므로 초등학교 고학년 이후의 교육에서 전통적으로 적용되는 교과영역을 분화한 교육과정 유형은 어린 학습자들에게는 적합하지 않다(강현석 외, 2003). 일찍이 루소가 어린이 시기의 특성을 존중하는 교육을 강조하였고 그 영향을 받아 유아교육을 실천한 프뢰벨의 초기 유치원 교육에서부터 놀이에 기초한 아동중심 교육과정을 적용하여 왔다.

우리나라의 국가 수준 유치원 교육과정 역시 1969년 처음 제정된 이래 현재에 이르기까지 교육과정의 기본 구성은 통합교육을 지향하는 일관된 면을 보였다. 전인적 발달을 추구하면서 유아가 놀이와 여러 활동을 통합적으로 경험할 수 있도록 교육과정을 편성 · 운영하도록 지침을 제시하여 왔다. 마찬가지로 2007년 처음 고시되고 현재 4차 개정이 진행된 표준보육과정에서도 전인적 성장을 목적으로 한 통합적 교육과정 편성과 운영을 추구하여 왔다.

1) 통합교육과정의 개념

교육에서 통합의 개념은 학문이나 경험 또는 학습 등 모든 것의 전체성(wholeness)에 관심을 두고 접근하려는 입장이다. 이는 궁극적으로 학습자에게 일어나는 학습의 통합과 나아가서는 학습자의 인격적 통합, 즉 전인적 발달을 목적으로 한다(교육과정연구회, 1996). 이러한 맥락에서 교육과정 통합을 정의하면 시간적 · 공간적으로 그리고 내용영역에서 각각 다른 학습경험들이 상호 관련지어지고 의미 있게 모아져서 하나의 전체로서의 학습을 완성시키고, 나아가 인격 성숙으로 이어지게 하는 과정 또는 결과(김재복, 1998)로 개념화할 수 있다.

교육과정을 통합하는 방법에는 여러 유형이 있다. 통합교육과정은 교과목의 통합이라는 개념 외에 학습경험의 통합, 인격의 통합, 학문들 간의 통합 등 그 의미와 수준이 광범위하다(김재복, 1998).

교육에서 통합된 인간을 기르기 위한 관심은 플라톤, 코메니우스, 루소 등에까지 거슬러 간다. 프뢰벨은 통합적인 활동, 즉 경험의 통합을 강조하였으며 이는 노작(놀이)을 통하여 이루어진다고 보았다. 이후 듀이의 진보주의 교육사상에서 경험중심 교육이 강조되면서 통합에 대한 관심은 더욱 높아졌다. 듀이는 아동중심, 경험중심의 통합교육을 구현하였다.

진보주의자들은 학습자의 현재 경험, 관심, 흥미 등을 출발점으로 삼아 학습자에게 경험의 누적적 재구성이 일어나는 것을 통합이라고 보았다. 즉 교육과정 통합은 학습자의 내부에서 경험의 재구성이 일어날 수 있도록 교육과정을 구성하고 개발하는 것이다.

학습자의 성장은 경험의 누적적 재구성에 의하여 일어나며, 경험의 누적적 재구성이란 바로 학습자 내부에서 일어나는 통합을 의미한다는 것이다. 즉, 통합이란 학습자가 스스로 외부의 정보를 재구성하여 학습자 내부에서 일어나는 것이며, 학습자가 그렇게 할 수 있을 때 가장 바람직한 통합이 일어난다고 보았다.

미국에서 진보주의 교육운동이 활발하게 진행되던 1920년대에서 1950년대의 시기는 학습경험의 통합 또는 교육과정의 통합을 중요한 논제로 하면서 교육과정 통합의 개념이 가장 중요하게 논의된 시기였다(교육과정개정연구위원회, 1997). 진보주의자들은 경제 대공황의 시대적 변화를 겪으면서 학습자의 요구와 관심에 기초한 교육과정의 필요성을 인식하고 교육과정에서 통합의 문제에 관심을 두게 된 것이다.

진보주의자들은 교육과정 통합에 대한 생각을 프로젝트 학습(project method) 등의 모습으로 현실화시켰다. 그 후 학습자 내부에서 일어나는 통합을 도울 수 있는 교육과정을 구성하려는 노력은 다양한 형태로 나타났다.

유네스코 산하의 아시아 태평양 지역 발전을 위한 교육혁신 프로그램(APEID: The Asia-Pacific Programme of Educational Innovation for Development, 1982)에서는 통합교육과정을 학습자의 개성을 개발하고, 학습자로 하여금 유용한 구성원이 되게 하기 위하여 학습자의 실생활에 비추어 경험을 전체적으로 재구성한 것이라고 정의한다. 또한 지식과 학습과정의 통합, 인지적 영역과 정의적 영역의 통합, 지식과 행위의 통합, 지식과 실생활 간의 통합 등의 의미로 해석한다(교육과정개정연구위원회, 1996).

브레드캠프와 로즈그란트(1985)는 유아교육에서 통합의 개념을 유아들에게 자신이 경험한 범위 내에서 조직화할 수 있는 주제 또는 개념을 제공하는 것이라고 정의하고, 통합교육과정은 유아들에게 교육과정을 보다 의미 있게 만들어 주는 것이라고 하였다.

교육과정을 통합적으로 운영하고 있는 대표적 모델 중 하나인 영국의 유아학교 및 초등학교에서는 통합된 일과가 되기 위해 다음의 대상들 간의 통합이 필요하다고 설명하고 있다. 즉 유아의 과거 경험과 현재의 요구 및 흥미의 통합, 유아가 한계 내에서 원하는 곳으로 자유롭게 갈 수 있다는 의미에서 공간과 유아의 통합, 학교와 지역사회의 통합, 유아의 흥미와 교재(놀잇감, 교구)와의 통합, 사회 구성원으로서 유아의 통합, 다양한 연령 집단을 경험하는 연령의 통합, 교사 상호 간의 생활과 유아생활과의 통합, 유아의 가정생활과 학교생활과의 통합이다(교육부, 2000: 57).

이상에서 살펴본 통합교육과정의 개념에 기초하면 유아교육과정에서 통합의 개념은 아동중심적인 철학에 기초하며 전인적인 인격체로서 성장하도록 돕기 위하여 유아들에게 보다 의미 있는 교육과정을 제공하는 것이다. 즉, 전인적 발달과 효율적 학습을 위하여 유아의 경험, 흥미 및 요구와 교육내용을 통합하고, 유아와 유아 주변의 인적 및 물적 환경을 통합하며, 교과목들을 통합적으로 재조직하여 가르치는 방법으로 정의할 수 있다(교육부, 2000: 57).

2) 유아교육에서 통합교육과정 적용의 의의

통합교육과정은 유아교육에서 그 가치를 높이 인정받고 있는 개념이다(Shoemaker, 1991). 유아교육에서는 통합교육과정의 다양한 접근방식 중 일반적으로 몰입형인 프로젝트 접근법과 거미줄 모형에 해당하는 유아의 관심사에 초점을 두는 주제 접근법이 널리 적용되어 왔다(Krogh, 1997). 유아교육에서 통합적인 접근법이 자연스러운 것으로 받아들여진 것은 발달의 통합적 특성에 대한 인식에서 비롯된 것이기도 하다. 한 영역의 발달은 다른 영역의 발달에도 영향을 준다(Bredekamp & Rosegrant, 1995). 통합적 접근은 유아의 학문적인 성취를 저해하지 않으면서도 유아의 다른 영역의 발달을 강화시키는 데 적절하였기 때문에 유아교육과정 운영에 적합한 것으로 받아들여졌다.

그러나 통합교육과정을 통해 전인적 성장을 지원하기 위한 유아교육의 철학은 유아기부터 읽기, 쓰기와 같은 학업 성취를 강요하는 부모들의 요구로 위협을 받기도 하였다. 이러한 압력에 대응하여 유아교육에서 통합적 접근법을 확산시키고자 하는 노력들이 있었다. 미국의 전미유아교육협회(NAEYC)에 의해 제시된 '발달에 적합한 실제'를 위한 지침도 학업성취를 지향하는 것에 대응하기 위한 노력이기도 하였다. 연구결과들은 유아들이 세계에 대하여 분리된 내용으로보다는 통합된 전체 경험으로 더 잘 배운다는 것을 분명하게 밝히고 있다(Krogh, 1990; Wilaliams & Fromberg, 1992).

인그램(Ingram, 1995)은 교육과정의 통합이 인식론적 · 심리적 · 사회적인 측면에서 긍정적 기능을 한다고 분석하였다. 즉, 교육과정의 통합은 인식론적인 측면에서 볼 때 인식의 주체인 학습자 개인이 지식을 구성하고 발전시키며, 통합하는 주체가 된다(양미경, 1997; Ingram, 1995). 따라서 단편적 지식 습득에 그치기 쉬운 분과별 교육과정의 한계를 극복할 수 있다. 심리적 기능은 학습에 관한 것이다. 통합교육과정은 학습자의 발달 특성에 맞는 교육을 하기 위해, 즉 심리적인 측면에서 학습자 중심의 교육과정을 구성하기 위하여 필요하다는 것이다. 또 학습자가 생활하는 실제 세계와 요구, 흥미, 발달 특성을 고려한 지식이나 경험을 제공하기 위하여 통합교육과정이 필요하다. 사회적 측면에서 통합은 교실에서의 상호작용에서 협동을 촉진하며, 여러 분야의 학문을 종합하여 응용하도록 하는 사회적 요구를 반영하고, 학교와 지역사회를 밀접하게 연결하는 기능을 한다(Ingram, 1995).

유아에게 통합교육과정을 적용하는 것은 다음의 측면에서 유아의 학습에 기여한다(Bredekamp & Rosegrant, 1995; Freedman, Decker & Decker, 2013, 237~238).

- 유아는 자기주도적 경험을 통해 가장 잘 학습하는 능동적이고 자기 동기화된 학습자이다. 통합교육과정은 자기주도적 학습 경험을 제공한다.
- 통합교육과정은 유아들의 경험을 보다 밀도 있게 만들어 유아 스스로 의미를 구성하도록 한다. 탐구 주제는 교사가 제시할 수도 있지만 어린이들의 흥미, 열정, 개인적인 경험에서 나온 것이 더 매력적인 경우가 많다. 의미 있는 통합교육에 참여할 때 학교와 가정에서의 경험은 더욱 연계성을 갖게 된다.
- 통합교육과정은 각 교과 영역 간의 연관성을 이해하도록 도우며 각 영역의 지식을 실생활에 응용하도록 자극할 수 있다. 교육과정 영역이 각각 분리되어 있으면 유아들은 개별 교과영역이 보다 광범위한 지식으로 어떻게 연결되는지 알 수 없다.
- 대부분의 교과 영역들은 다른 영역들과 분리되어 학습되거나 응용될 수 없다. 예를 들어, 과학을 하려면 수학이 밀접하게 관련된다. 문학의 학습에는 역사 지식이 필요하다.
- 통합교육과정은 교과가 바뀌는 전환의 횟수와 생소함을 최소화할 수 있다. 교

과의 전환은 유아에게 어려운 상황이다. 전환은 시간 공백을 낳게 되며, 학습에 사용될 시간을 낭비하게 된다.

- 통합교육과정은 유아가 학습해야 할 많은 정보들을 의미 있는 개념으로 조직화할 수 있도록 돕는다.
- 유아는 통합교육과정에서의 경험을 통해 개별 교과영역이 특정한 문제 해결에 어떻게 도움을 주는지 알게 된다. 그리고 이러한 과정을 통해 유아는 특정 영역의 전문가가 된다는 것이 무엇을 의미하는지 보다 쉽게 알 수 있게 된다.
- 통합교육과정은 지식과 기술의 구성 및 사회적 상호작용을 촉진한다. 또한 유아에게 학습의 주체라는 책임감을 갖도록 한다. 유아들은 협력하는 경험을 하면서 사회적 능력을 최상으로 발달시키며 의미 있는 학습에 참여할 때 성취감을 느끼게 된다.
- 통합교육과정에서는 유아의 참여도는 높고, 스트레스는 낮아서 최상의 학습이 이루어진다.
- 통합교육과정에서 유아들은 다중지능 중에서 각각을 사용하거나 결합하여 활용할 수도 있다.

통합교육과정이 지니는 인간중심적인 가치에도 불구하고 이를 실현할 때 나타날 수 있는 문제점에 대한 우려도 있다. 어떠한 유형의 통합을 선택하든 실행과정에서 대부분의 유아교육 프로그램에서 취하고 있는 일과운영 방법은 통합된 일과이다. 인그램(Ingram, 1979)은 통합된 일과가 갖는 높은 가치에도 불구하고 경험이 없으며 미숙한 교사가 비구조화되고 비계획적인 교육과정을 운영하면서 이를 통합교육을 운영하는 것으로, 또는 유아에게 자유를 부여한 것이라고 잘못된 판단을 하는 것을 경계해야 한다고 강조하였다. 통합된 일과에서도 교사의 일과계획과 그에 따른 준비 및 우발적 상황에 대한 준비, 그리고 일과 진행에 대한 기록이 이루어져야 통합교육과정이 그 가치를 실현할 수 있음을 강조한 것이다.

2 통합교육과정의 계획과 운영

유아교육과정을 계획, 전개함에 있어 통합교육과정을 실행하는 과정에는 여러 가지 고려할 사항과 많은 반성적 사고과정을 통한 의사결정이 동반된다. 통합교육과정의 구현을 통해 전인교육을 이루려면 교사의 능력과 체계적인 교육계획이 요구된다. 최적의 준비된 환경에서 유아도 자신의 학습을 능동적으로 주도할 수 있을 것이며, 통합적 교육과정은 인식론적 · 심리적 · 사회적 기능을 다할 수 있을 것이다. 영유아교육에서 통합교육과정을 실행하는 과정을 주제 접근 통합교육과정을 예로 제시하면 다음의 몇 가지 과정을 포함한다. [3]

1) 교육과정 통합의 유형 선택

영유아의 특성 및 유아기에 다루어야 할 교육목적과 내용, 유아교육기관의 역할 등을 고려하여 가장 적절한 통합의 방법을 결정한다. 통합의 방법을 결정하였다 함은 교육과정 편성방법을 결정한 것이며, 유아의 학습방법 및 교사의 교수방법의 방향도 수립하였음을 나타내는 것이다.

통합교육과정에 관한 다양한 접근방식들이 시도되었지만(Forgarty, 1991), 유아교실에서 가장 일반적인 통합교육과정의 접근은 주제 접근법, 즉 주제 중심 통합교육과정이라 할 수 있다. 주제 접근법은 단원, 프로젝트, 그 밖에 교육과정을 개념적으로 구성하는 전략들을 총칭하는 것으로, 유아들이 '전인아동'으로 성장할 수 있도록 학습경험을 촉진해 준다. 주제 접근 통합교육과정은 유아의 흥미를 유발하며, 유아로 하여금 학습한 것을 의미 있는 문제해결에 적용하도록 도와준다(Bredekamp & Rosegrant,

3) '2. 통합교육과정의 계획과 운영'은 이기숙 외(2008). 187~194를 수정, 정리한 것임

1995). 포가티(Forgarty, 1991)는 주제 접근 방식을 거미줄 모형(webbing)이라고 부르기도 하였다. 거미줄 모형에서는 주제를 중심으로 유아의 관심, 경험, 발달적 요구, 교육내용 등 다양한 교육적 고려대상들이 통합되어 전개될 수 있는 장점이 있다.

2) 통합교육과정의 내용 조직

통합교육과정의 내용 조직은 통합의 유형이 어떻게 선택되었느냐에 따라 달라질 수 있다. 유아교육과정에서의 주요한 통합 형태인 주제 접근의 통합교육과정으로 통합한다면 주제의 선정이 그 출발이 될 수 있다.

교육과정의 내용이 되는 주제는 유아로부터 제시될 수도 있고 교사가 추출할 수도 있다. 또한 계획한 주제라 하여도 운영과정에서 변경되거나 수정될 수 있다. 현장에서 교육과정을 계획할 때 너무 피상적이거나 상대적으로 가치가 낮은 주제를 선택하지 않도록 유의해야 한다. 이런 주제들은 임기응변적인 교육과정을 초래할 수 있다.

주제 추출의 근원은 다양하다. 타일러(Tyler, 1949)가 제시한 교육과정의 원천과 연관하여 주제 추출의 근원을 살펴보면 먼저, 유아의 특성, 관심사, 발달적 요구와 같은 학습자의 특성이 기본적인 고려 대상이 된다. 둘째로, 사회적 필요성 역시 주제 추출의 중요한 근원이다. 셋째는 '학교(유아교육기관)' 교육에서 포함되어야 할 것들에 대한 교육과정 전문가의 견해가 반영될 수 있다.

또한 해당 유아교육기관이 처한 지역사회 및 어린이가 속한 가정의 특성과 요구, 교사 및 유아교육기관의 교육적 관심사도 고려될 수 있다. 국가 수준 교육과정에는 이러한 교육과정의 근원이 이미 반영되어 있기도 하다. 이와 같은 교육과정의 근원을 고려하면 보다 의미 있는 주제를 선정할 수 있다.

'아동중심교육' 철학에서는 아동의 흥미와 필요를 존중하고 그것을 교육내용 선정의 기준으로 삼아야 한다는 입장이다. 그러나 이는 심리적 의미에서 현재의 아동의 흥미와 필요를 존중하는 의미만을 담고 있는 것은 아니다. 즉 타일러가 교육과정 근원으로 제시한 '사회적 필요성이나 학교 교육에 꼭 포함되어야 할 것'처럼 아동의 성장에 도움이 되는 필요한 내용이라면 역시 아동중심교육을 위한 교육내용이라 할 수 있다(이홍우, 유한구, 장성모, 2003: 244-245).

교육과정에 편성할 수 있는 모든 주제를 나열하여 보는 것이 주제 접근 통합교육과정에서 내용을 계획하는 첫 번째 과정이 될 수 있다. 이러한 작업은 일차적으로는 연간 교육계획 수준에서 이루어지게 된다. 듀이는 단원(Unit)을, 프로젝트 접근에서는 소주제(topic)를 주제로 하여 통합교육과정을 운영하였다. 우리나라 국가 수준 교육과정에서는 교사용 지도서를 통해 3차 교육과정에서는 '단원', '주제'로, 그 이후 4차 교육과정부터는 '생활주제'로 주제를 명명하였다. 6차 교육과정에서는 생활주제 내에서 유아들이 관심을 나타내는 다양한 소주제를 통해 프로젝트 접근을 모색할 수 있음을 제안하였다.

유아를 위해 적용할 수 있는 좋은 주제들은 무궁무진하다. 그러나 다수의 주제를 포함하는 것이 최선도 아니다. 그러므로 교육과정 계획과정에서 더 의미 있는 주제가 무엇일지 구분하여 보는 것이 필요하다. 이때 연간 교육 일수, 계절, 기념일, 각 주제별 전개기간 등을 고려할 수 있다.

주제의 개념적 크기에 따라서는 주제 내에서 다룰 수 있는 소주제를 구성해 볼 수 있다. 소주제에 따른 개념을 추출하는 것 역시 교육내용의 선정과정 중 하나이다. 각 소주제에 포함된 개념들은 그 주제를 탐색하는 구체적인 통로가 된다.

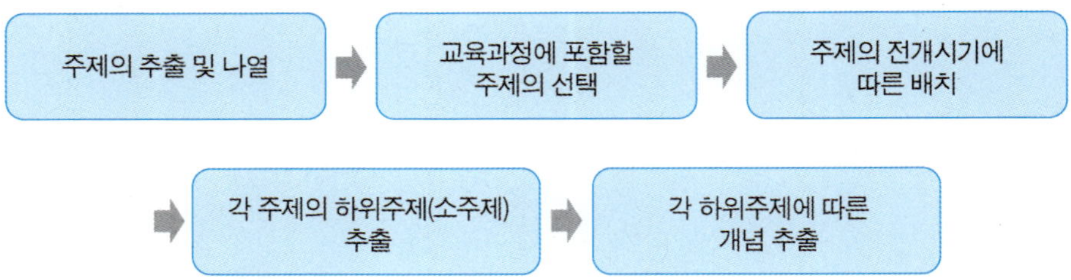

그림 6-1 통합교육과정 운영을 위한 내용 선정의 과정

3) 경험 및 활동에 대한 고려

문서상으로 계획된 통합교육과정 내용이 유아들에게 학습되려면 놀이 및 활동과 같이 직접적인 경험이 가능한 형태로 전환되어야 한다. 즉, 각 개념(주제)을 통합적으로 풀어나갈 경험 및 활동을 고려하여야 한다. 이는 유아교육 프로그램을 구성하는 놀이와 대·소집단 활동 모두를 포괄한다.

교사는 계획한 활동이 교육과정 주제에서 추구하는 개념과 내용을 잘 드러내며 통합교육과정의 가치를 지닐 수 있는 것인지 고려한다. 또 실제 운영과정에서도 이러한 가치를 잘 드러낼 수 있도록 유의한다. 통합교육과정의 가치를 지닌 경험 및 활동이라면 국가 고시 교육과정의 내용 및 학문분야 간의 유기적 통합이 원활할 수 있으며 유아의 전인적 발달을 가능하게 한다.

해당 주제에 대한 교육과정 전개에 적용할 경험과 활동 목록을 유아교육기관의 활동 유형에 따라 분류한다. 즉, 놀이와 집단활동 등으로 나누어 목록화 한다(그림 6-2, 6-3 참조). 교육과정 통합이 질적으로 높게 이루어지려면 활동실 및 유아교육기관의 실내·외 환경이 풍부한 경험을 시도하고 지속할 수 있는 것이어야 한다. 이러한 환경에서 유아는 놀이를 통해 다양한 교육경험을 이어갈 수 있다. 따라서 교사는 교육과정의 통합적 운영이 가능하도록 물리적 환경을 준비하고 기록한다. 놀이하는 과정에서 통합적 교육과정이 운영될 수 있도록 진행되고 있는 교육 주제(예; 가족)를 반영하여 물리적 환경을 구성한 예는 [그림 6-2]와 같다.

가족

벽면 구성

- 인간의 성장과정, 나와 가족 구성원의 생활을 나타내는 그림이나 사진 전시
- 유아 각각의 스냅사진이나 할아버지 할머니 날 등 가족 참여 행사 사진의 전시
- 어린이날, 어버이날에 대한 그림, 사진 전시

쌓기놀이 영역

- 할로우 블록, 우레탄 블록, 종이벽돌 블록, 렉스 블록, 코코블록 등의 다양한 종류의 블록
- 여러 직업과 인종, 연령을 나타내는 사람들과 식구 인형
- 사람들과 함께 지내는 동물, 집, 나무, 꽃, 각종 자동차 등의 소품

역할놀이 영역

- 다양한 가족 역할 놀이를 할 수 있는 옷과 장신구 등의 소품(여러 종류의 옷과 가방, 구두, 목걸이, 아기용 턱받이, 젖병, 인형, 넥타이, 앞치마 등)
- 집과 가족들의 생활을 꾸며볼 수 있도록 한 상상놀이 교구

언어영역

- 가족 구성원 및 그 역할, 서로 돕는 가족에 대한 책
- 가족 막대인형
- 동시, 동화, 동극 활동에 사용한 자료
- 생활 속의 소리 및 가족과 관련된 동화를 녹음한 자료 및 녹음기
- 가족 구성원, 가족이 쓰는 물건 등이 있는 그림 사전용 자료와 그림 사전 자료

미술영역

- 다양한 사람, 가족, 집에 관한 화보와 잡지
- 각종 그리기, 만들기 도구 및 꾸미거나 만들기 자료
- 가족을 주제로 한 미술활동에 필요한 자료(가족 사진틀 꾸미기 등)
- 집 등을 구성할 수 있는 휴지 속심, 상자 등의 폐품
- 가족을 그려 막대 그래프를 만들 수 있는 종이
- 점토, 점토 받침, 각종 도구

조작놀이 영역

- 구슬 꿇기기, 각종 사람 베껴내기, 인형 옷 입히기, 우리 집 정리하기, 가족 물건 분류하기, 반대 개념 맞추 기(크다-작다 등), 촉감 주머니, 편지배달, 일하는 모습과 사람 연결하기, 옷과 소품 순열, 사람 수에 따라 분류하기, 모양 집, 우리 집 도미노 카드, 가족 얼굴 맞추기
- 집에 벽돌 쌓기 게임, 집에 있는 물건 그림 카드 게임 등
- 가족, 집 등의 그림이 있는 여러 종류의 그림 맞추기 등

음률영역

- 가족이 음악을 통해 단란함을 이루고 있는 모습이 담긴 화보 전시
- 가족과 관련된 노래 자료
- 다양한 리듬악기

과학영역

- 집을 지을 때 사용하는 자료 전시(벽지, 벽돌, 타일 등)
- 다양한 연령의 사람의 전신 및 인체 구조 그림
- 치아 건강에 관한 사진 및 다양한 종류의 치아와 모형(유치와 영구치 등)
- 카네이션 물들이기 실험 자료(흰색 카네이션, 물감 섞인 물, 유리컵)
- 관찰용 돋보기

목공놀이 영역

- 나무토막, 나뭇가지
- 목공놀이대, 못, 망치, 톱, 조임쇄 등

컴퓨터 영역

- 컴퓨터, 프린터, 피코

물 · 모래놀이 영역

- 모래밭과 물놀이, 물 · 모래놀이 용구
- 모양 크기가 다양한 그릇과 찍기틀 첨가
- 다양한 사람들과 자동차 첨가

실외 놀이 공간

- 대근육 발달을 위한 동적 영역(그네, 미끄럼, 자전거 등) 및 휴식을 위한 조용한 영역
- 동식물 생태 관찰 영역
- 나무판자, 플라스틱 집짓기 등 유동 시설 첨가

그림 6-2 '가족'을 주제로 한 통합적 환경구성의 예 - 놀이를 위한 환경: 만 4세

또한 교육 주제에 따라 유아들의 통합적 경험을 지원할 수 있는 활동을 추출하여 진행 계획을 예정해 볼 수 있다(그림 6-3). 또 각 활동의 진행시기를 교육과정 편성자인 교사 자신이 볼 수 있도록 주간 단위로 펼쳐볼 수도 있다(예: 요일이 나타난 주간교육계획 양식 활용). 계획한 활동은 꼭 그대로 시행한다는 것을 전제하는 것은 아니다. 교육과정 운영에서 본질적인 전제는 유아의 관심사와 흥미에 따라 그들이 주도하는 학습의 과정이 되는 것이기 때문이다.

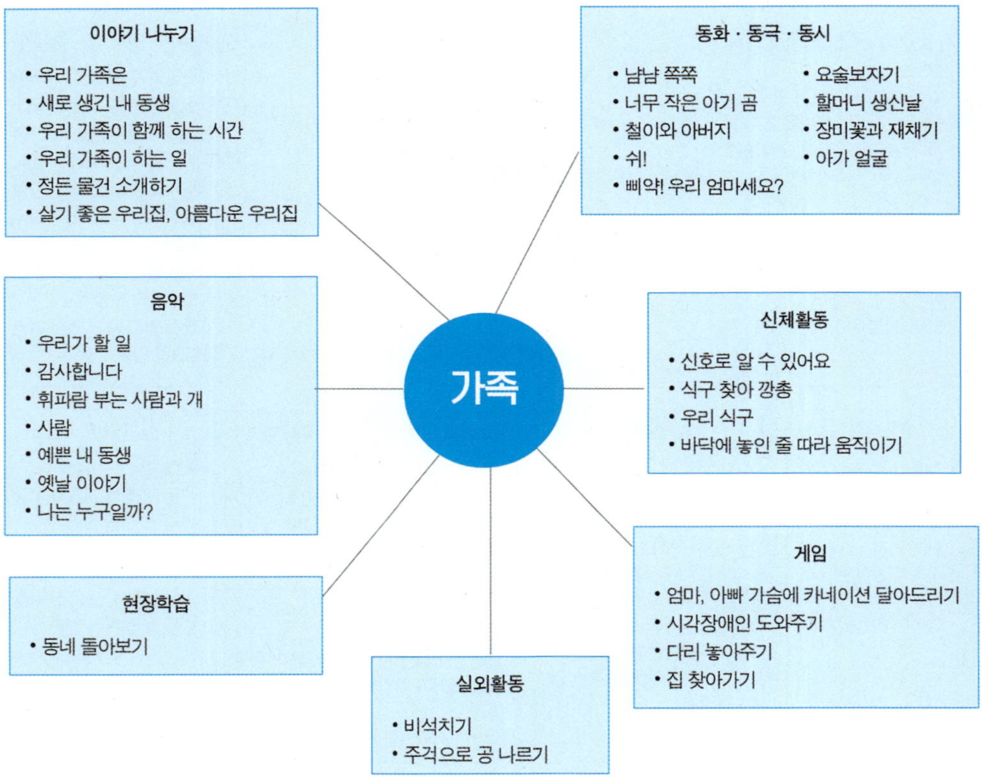

그림 6-3 '가족' 주제에서 진행할 수 있는 활동 목록의 예: 만 4세

4) 교육과정의 통합적 운영

지금까지의 과정이 교사가 교육과정을 계획하는 차원에서 이루어지는 교육과정의 통합적 접근과정이었다면 이 부분은 실제 적용과 관련된다. 교육과정 운영에 대한 모든 고려와 준비가 끝나면 필요한 환경을 마련하고 실제로 유아들에게 교육과정을 통합적으로 적용·운영하는 것으로 구체화한다. 운영과정에서 계획이 다소 수정되거나 새로운 개념이나 주제가 등장하기도 한다.

실제로 유아교육과정을 통합적으로 계획·운영하려면 물리적 환경이 적절히 형성되어 있어야 한다. 교육과정이 통합될 수 있는 정도는 학습이 일어날 수 있는 상황, 즉 교실의 상황에 지대한 영향을 받기 때문이다(Bredekamp & Rosegrant, 1995). 유용하고 적절한 교육 자료와 정보가 많은 교실, 유아에게 적절한 경험이 풍부하게 제공되는 교실, 유아들의 작업 결과물들이 존중되는 교육 환경일 때 비로소 교육과정의 바람직한 통합이 가능하다. 따라서 유아들의 흥미와 관심을 연중 또는 다년간 충족시킬 만큼의 충분하고 지지적인 교육환경을 제공하고 있는지 분석해 보아야 한다.

또한 교육 주제는 유아들의 관심 및 놀이와 활동의 전개 양상에 따라 탐색할 주제가 심화되거나 확장되기도 한다. 또는 계획에 없던 하위 주제나 관련되는 새로운 주제로 연계되어 전개될 수도 있다. 따라서 교사는 민감하고 반응적인 관찰자이자 지원자, 상호작용자로서 역동적인 역할을 할 수 있도록 준비되어 있어야 한다.

5) 피드백을 통한 반영

교육과정은 운영 중에 유아들과의 상호작용, 유아의 반응에 따라 상시 피드백이 이루어진다. 또한 하루 일과 및 주간의 진행과정에서 운영 중인 교육 주제의 전개 상황을 점검한다. 즉 유아에게 계속적으로 지원하거나 확장하여 준비할 것, 그리고 교사의 상호작용과 교수방법 전반을 점검하여 반영한다. 하나의 교육 주제가 마무리된 후에는 전체 운영기간 동안의 교육목적과 내용, 운영 상황(유아의 놀이와 활동 상황, 환경의 적절성, 교사 역할 등)을 평가하고 기록으로 남기며 동료 교사들과 함께 토론도 진행한다. 이러한 내용은 이후의 교육과정 운영에 환류가 되도록 한다.

3 일과의 계획과 운영

1) 일과 계획과 운영의 기본 원리

일일 계획에는 각 기관에서 추구하는 교육 및 보육목적과 철학, 일과 시간의 길이, 시설 여건, 유아의 연령과 수, 교사진의 수, 시기(학기 초반·중반·후반 등), 학급의 특성, 지역사회의 특성 등과 같은 여건이 고려된다(이화여자대학교 부속 이화유치원 편, 2002; Brophy, Good & Nedler, 1975). 일과 구성이 어떠한가에 따라 유아의 안정감, 프로그램의 목적 달성, 교사의 효율성에 크게 영향을 미친다(Freeman, Decker & Decker, 2013). 일과 계획과 운영의 원리를 살펴보면 다음과 같다(이기숙, 2000; 이화여자대학교 부속 이화유치원 편, 2002; Freeman, Decker & Decker, 2013, 256~257).

① 하루 일과는 유아를 따뜻하게 맞아들이는 것으로부터 시작한다.

② 각 유치원이나 어린이집의 교육 및 보육철학, 프로그램의 목적, 그리고 유아 개인과 집단의 요구에 적합해야 한다.

③ 일과 계획 속의 일정한 시간은 식사, 간식, 배변, 휴식 등과 같은 신체적 욕구를 반영한다.

④ 일과의 계획과 운영은 균형을 이루도록 한다. 예를 들면, 조용하게 동화를 듣는 시간 다음에는 실외 놀이와 같이 동적이면서 개인적인 요구를 반영하는

활동을 배치하도록 한다.

- 동적인 활동과 정적인 활동의 균형
- 실내 활동과 실외 활동의 균형
- 개별적 시간과 집단 시간의 균형
- 유아가 주도한 활동과 교사선택 활동의 균형

⑤ 일과는 일관성 있는 흐름을 지니도록 한다. 즉, 유아가 쉽게 이해할 수 있어서 안정감을 갖고 다음 활동이 무엇인지 알고 준비할 수 있도록 한다.

⑥ 일과는 여러 가지 유형의 상호작용이 일어날 수 있도록 계획한다.
즉, 유아와 유아 간의 상호작용, 교사와 개별 유아의 상호작용, 교사와 소집단 · 대집단 유아의 상호작용, 유아와 교구의 상호작용 등 다양한 기회가 골고루 제시될 수 있도록 한다.

⑦ 일과 계획은 융통성 있게 운영한다.
일과 계획은 고려해야 할 모든 내용, 상황과 주간 교육계획, 전날의 유아들의 관심과 요구를 반영하여 계획하지만 당일의 진행과정에서 기후나 제반 여건의 변화에 따라 융통성 있게 변화할 수 있어야 한다. 즉, 어떠한 경우에든 유아들의 요구나 변화하는 관심을 반영할 수 있도록 고려한다. 교사의 계획이 있었다 해도 진행과정에서 유아들의 요구를 반영하여 변경하는 것까지 가능하도록 늘 준비된 자세로 일과의 계획과 운영에 임하여야 한다는 것이다.

⑧ 하루 일과의 마무리는 하루를 정리해 보고, 내일의 일정에 대해 대략 이야기 나누고, 인사를 나누는 과정을 포함하는 것이 좋다. 이러한 과정에서 유아는 성취감을 느껴볼 수 있으며, 이런 감정은 교사들에게도 역시 의미 있다.

일과 계획과 운영에서는 무엇보다 유아들에게 정서적으로 안정되면서 활기차게 활동할 수 있는 여건을 마련해 주는 것이 중요하다(이화여자대학교 부속 이화유치원 편, 2002). 그러므로 신체적 욕구 또한 충분히 고려하여야 한다. 실내 · 외 놀이, 정리 ·

정돈, 급식 및 간식, 휴식 및 낮잠과 같은 일상생활 활동은 유아의 상태와 일과시간의 길이, 계절과 기후 등의 요인에 따라 변화가 있을 수 있으나 기본적으로 매일 포함되는 활동들이다. 대 · 소집단 활동은 여러 유형의 활동들 중에서 일과의 특성에 따라 선택하여 활동들이 서로 연관성 있게 통합적으로 이루어지도록 구성한다.

2) 연령별 일과 계획과 운영

성인과 유아의 비율, 집단의 크기, 학급의 구성 형태(단일 연령 학급 편성, 혼합 연령 학급 편성 등) 등은 프로그램 구성과 관련된 구조적 요인이다. 이러한 구조적 요인의 결정은 유아의 발달적 특징과 변화, 유아교육기관의 인적 및 물적 환경의 특성, 지역사회의 특성 등에 따라 달라질 수 있다.

적정한 성인 대 유아의 비율 및 집단의 크기는 교육 프로그램의 적용 효과를 높이는 가장 기본적 토대가 된다. 아무리 좋은 교육과정이라 하여도 이것을 적용하는 집단의 규모가 적절하지 않을 경우, 최적의 운영은 기대하기 어렵다. 대상 연령이 어릴수록 교사 대 유아의 비율은 낮아지며 한 집단의 최대 크기도 작아지는 것이 당연한 학급 구성의 원리이다. 교사 대 유아의 비율 및 집단 크기의 기준은 점차 더 강화되는 경향이다. 즉, 어린 연령의 경우 교사 대 유아의 비율을 더 낮추고 집단의 크기도 낮추는 것을 지향하는 것이다(Lally, Griffin, Fenichel, Segal, Szanton & Weissbourd, 1995를 Whaley, 2005에서 재인용).

연령에 따라 적절한 일과의 길이 및 프로그램 구성의 방향이 부분적으로 달라질 수 있다. 이는 유아의 발달적 요구와 그들이 수용할 수 있는 범위가 다른 것과 관계가 있다. 학급별 유아 집단이 지니는 발달적 요구와 특성은 집단의 규모(교사 대 유아의 비율, 학급의 유아 수)만이 아니라 교육과정 운영의 내용에도 영향을 미치게 된다. 교육과정 운영을 각 연령별 일과 계획과 운영을 통해 살펴보고자 한다.

(1) 3세 미만 영아를 위한 일과

영아기는 성장, 발달의 변화가 많은 시기이다. 누워만 있던 아기가 스스로 움직일 수 있게 되고, 걷게 되고, 언어를 통한 의사소통이 가능해진다. 이러한 성장·발달의 변화는 삶의 커다란 전환이다. 영아 프로그램의 구성 내용은 이러한 발달적 변화에 따라 시기별로 다르게 구성된다. 영아기 프로그램의 일과 계획과 구성에서는 연령과 발달 특징을 고려하여 보다 더 과정중심적이고 개방적인 목표와 경험을 제공하는 것이 좋다. 또한 학습은 지식의 확장과 깊이 있는 학습, 반복적인 활동을 강조하는 수직적 학습이 되어야 한다.

교사는 일반적인 교사의 역할 이외에도 특별히 3세 이전 영아들의 발달상의 요구나 행동적 요구에 관한 지식을 가지고 있어야 한다(Whaley, 2005). 영아들의 경우, 아직 언어적 의사소통이 원활하지 않은 가운데 자신의 신체를 외부 세계로부터 안전하게 보호하거나 자신의 의지대로 움직이는 것도 원활하지 않은 시기이다. 동시에 신체적·정신적으로 가장 발달이 왕성한 시기이기 때문이다. 즉, 신체 각 기관의 발달이 일어나는 수많은 결정적 시기에 있으므로 다른 어느 시기보다도 그들의 발달적 특성과 요구에 적절한 지원을 해줄 수 있도록 일과를 준비하고 운영하여야 한다. 3세 미만의 영아를 위한 프로그램을 계획, 운영할 때 일반적으로 고려할 원칙은 다음과 같다(Whaley, 2005).

① 양질의 상호작용이 제공되어야 한다.

이 시기에는 성인과 친밀하고 안정되고 개별적인 상호작용이 이루어져야 한다. 또한 또래와의 상호작용도 필요하다. 성인과 영아가 긍정적인 조화를 이룰 수 있도록 다음과 같이 돌보아야 한다.

- 영아의 신체적·정서적 요구에 반응한다.
- 영아와 그들의 요구를 존중한다는 것을 나타낸다.
- 영아의 생활주기와 일상생활을 믿고 지지한다.

- 자신에게 무슨 일이 일어날지 영아들이 예측할 수 있게 한다.
- 반응적이고 수용적으로 상호작용한다.
- 개별 영아에 대한 관찰에 기초하여 돌본다.
- 정해진 일정을 모든 영아에게 강요하지 않는다.
- 아이들에게 일방적으로 말하기보다는 대화하도록 한다.

② 영아를 하나의 인격체로 존중하고 신뢰한다.

영아들도 선호하는 것과 싫어하는 것이 있으며, 자신들이 언제 배가 고픈지, 기저귀가 젖었는지를 안다. 영아마다 수면 패턴도 다를 수 있다. 따라서 영아의 개별적인 요구와 선택을 존중하여야 한다. 일과는 집단적인 일정보다 개별화된 융통성 있는 일과가 더욱 적절하다.

③ 3세 미만의 영아를 위해 제공하는 경험들은 단지 쉽기만 한 것이 아니라 더욱 실제적인 경험을 할 수 있는 기회를 제공하는 것이어야 한다.

영아가 생활하는 가운데 이루어지는 다양한 경험이 곧 학습의 기회가 된다. 그러므로 일상적인 생활에서 그들이 스스로 하고자 하는 것을 마음껏 할 수 있는 환경을 제공하지 않는다면 학습의 기회를 제공하지 않는 것이나 다름없다.

④ 영아기에도 성공적인 경험이 필요하다.

영아는 대상과 상호작용 하는 가운데 성취감을 느낄 수 있는 경험을 해야 한다.

⑤ 영아가 일과를 지낼 방법을 스스로 결정할 수 있도록 한다.

일상적인 활동이라도 영아들이 원하는 시간에 이루어질 수 있는 융통성이 필요하다. 예를 들어, 영아가 점심시간에 낮잠을 자고 싶어 한다면 점심시간에 낮잠을 잘 수 있도록 하고 일어난 뒤 점심을 먹을 수 있게 하는 것이다.

⑥ 반복적인 일과는 영아에게 중요하며 마음을 안정시킨다.

시간대별 활동은 융통성을 지녀야 하지만 일과계획은 필요하다. 즉, 놀이 후 정리하기, 바깥 놀이 준비하기, 등원, 하원, 시간대별 전이활동 등이다.

⑦ 매일의 활동은 서두르지 말고 속도를 유지한다.

영아의 움직임은 성인의 시각에서는 느린 것으로 보인다. 그러나 이는 영아에게는 당연하다. 그러므로 활동을 마무리하도록 재촉하거나, 점심 먹기, 신발 신기, 잠자기, 일어나기 등을 빨리 하도록 재촉해서는 안 된다. 또한 손 씻기, 점심 먹기, 바깥 놀이 등을 하기 위해 영아가 기다리는 시간은 최소화하는 것이 바람직하다.

⑧ 안정감을 느낄 수 있는 범위 내에서 독립적이 되도록 격려해야 한다.
영아들은 시간이 좀 더 걸리더라도 스스로 할 수 있도록 격려되어야 한다.

⑨ 영아는 행동의 한계에 대해 배워야 하고 그 한계를 수용할 수 있어야 한다.
어린이는 가장 기본적인 세 가지 규칙을 따를 수 있도록 어린 시기에 배워야 한다. 즉, 자신을 다치게 하지 않기, 환경을 파괴하지 않기, 다른 친구를 다치게 하지 않기이다. 성인은 이러한 규칙에 대해 자주 이야기해 주어야 하고, 영아가 선택하게 하고, 올바른 선택을 하도록 격려해야 한다. 어린 유아라도 만일 그들이 자신의 삶을 조절한다고 느낀다면 스스로의 행동을 제한하는 것을 배울 수 있고, 그렇게 하게 될 것이다.

⑩ 영아는 상호적인 대화에 참여해야 한다.
어린 아기라 할지라도 명령하지 말고, 상호적인 대화에 참여할 수 있도록 지원해야 다른 사람과 의사소통하는 방법을 배우게 된다.

⑪ 영아에게 하는 질문은 분명하게 한다. 교사가 말하는 것의 의미를 영아가 당연히 알 것이라고 생각하지 않아야 한다.

⑫ 어린이들의 부모를 존중하고 그들의 선택 역시 존중한다.

일과는 다양한 놀이경험, 창조적이고 지각적인 경험, 운동기회, 식사, 휴식, 일과(routine), 계획되지 않은 자발적 행동 등을 모두 포함하여 구성한다(Whaley, 2005). 특히 연령이 어릴수록 일과 운영은 먹기, 자기, 기저귀 갈기, 씻기 등 영아의 일상생활이 중심이 되며 그 밖의 신체, 언어, 탐색 활동 등이 균형 있게 병행되도록 한다(유희정,

이미화, 우현경, 신희연, 2005). 대근육의 발달과 신체적 성장이 왕성한 시기인 점을 고려하여 실외놀이와 산책 등 실외활동을 일과에 매일 포함하도록 하는 것이 좋다.

일과의 계획과 운영

연령이 어릴수록 비록 일과의 흐름을 계획하여 구성한다고 해도 각 영아의 개인적 특성과 생체 리듬이 일과 운영의 가장 중요한 고려 요인이 되어야 한다. 이는 영아 개인과 그들의 생활을 존중하는 한 방법이 된다.

1세 미만

1세 미만 영아의 경우, 영아의 성장이 빨라 영양의 섭취가 중요하므로 수유나 이유를 개별 유아의 특성에 맞게 제공하는 것도 일과활동의 중요한 부분이 된다. 청결에 있어서도 절대적으로 성인의 도움에 의지하며 기저귀를 차는 시기이므로 기저귀를 점검하고 적절히 교체하여 주는 것 역시 정해진 일정한 시간대 외에도 영아 각 개인의 상태에 따라 반응하여야 한다. 또한 수면 시간이 길고 수면이 성장에 중요한 역할을 하는 시기이므로 일과 중에도 수면을 취할 수 있도록 고려한다. 다만, 점차 규칙적인 수면이 될 수 있도록 오전과 오후로 나누어 낮잠 시간을 배치한다.

1세

12개월 이후 서고 걷기가 가능해지면 그에 따라 운동의 욕구가 더욱 강해진다. 아울러 영아 스스로 주도적인 탐색과 놀이가 활발하게 된다. 그러므로 이러한 영아의 특성이 일과에 반영되도록 하여야 한다. 점차 수면이 규칙적이 되므로 영아에 따라 오전 낮잠이 필요한 경우, 개별적 요구를 반영하여 오전 낮잠을 잘 수 있도록 배려한다. 하지만 낮잠 시간의 주된 배치는 오후 1회 운영하는 것으로 변경될 수 있다.

2세

걸음이 능숙해지고 점차 언어적 표현이 발달하는 만 2세 정도가 되면 영아는 스스로 하고자 하는 욕구가 강해지고 움직임의 범위도 넓어지므로 그만큼 위험에 노출되기도 쉽다. 따라서 일과 운영에서 점차 일상생활 습관과 규칙을 내면화하도록 하여야 하며 탐구의욕을 지지하는 환경과 일과를 제공하여야 한다.

이상에서처럼 영아기는 신체적 기본 조절능력과 생활 기술을 습득하게 되는 시기이므로 이를 도울 수 있도록 일과를 운영하여야 한다. 즉, 더 어린 연령일수록 영아들이 직면한 문제는 일상의 기본생활과 관련된 것들이며, 이는 누군가의 직접적이고 구체적인 도움하에 수행될 수밖에 없다. 예를 들어, 앉기, 일어서기, 걷기, 잡기와 같은 기본적인 신체조절 능력을 비롯하여 수유, 기저귀 갈기, 배변학습, 씻기 등 발달의 시기별로 다양한 기본생활 기술이 여기에 포함된다.

영아의 일상생활을 돕는 것은 현재의 영아의 삶의 당면한 과제를 해결해 나가도록 지원하여 주는 것일 뿐만 아니라 앞으로의 삶과 발달, 학습에도 영향을 미치는 것이다. 이러한 과제에 대한 지원과 조력은 일과 운영에서 가장 중요한 내용 중 하나이다. 도움이 필요한 일상의 기본 생활은 월령에 따라 그 내용이 조금씩 달라지고, 시기에 따라 돌봄의 내용이나 양, 방법도 달라질 수 있다. 성인의 도움과 적절한 지도가 이루어지는 가운데 영아는 기본 생활을 스스로 해결하는 능력을 갖추게 되고, 삶을 주체적으로 살아가는 자신감과 긍정적 자아개념의 형성에 기초를 이루게 된다. 뿐만 아니라 일상의 여러 기본 능력들은 추후 다양한 분야에서의 학습능력을 형성하는 데도 기초가 될 것이다.

한편 영아와 걸음마기 유아 역시 학습의 주된 통로는 놀이이다. 그러므로 세상을 향한 호기심과 탐구심을 충족시키고 발달시키며, 전인적 성장을 이루도록 돕기 위하여 이 시기에도 이후의 더 큰 연령의 유아에게 하는 것과 마찬가지로 놀이를 통한 학습이 이루어질 수 있도록 여건을 제공하여야 한다. 즉, 발달에 적절한 놀이환경의 제공, 관찰을 통해 놀이를 발전시키고 확장시키기, 놀이에서의 풍부한 상호작용 촉진 등이다.

무엇보다 어린 연령일수록 정서적 안정이 최우선적으로 고려되어야 한다. 어린 연령일수록 유아교육기관은 낯설고 가정처럼 익숙하거나 친밀하지 않은 환경으로 느껴질 수 있다. 교사 또한 이미 신뢰가 형성된 가족과는 다른 새로운 사람이며 학급에서 만나는 영아들도 2차적 사회 구성원들이다. 그러므로 유아교육기관의 환경을 최대한 따뜻하고 친밀하게 구성 · 운영하며 교사가 영아와 애착을 형성하고 신뢰관계를 형성하는 것이 영아가 정서적으로 안정을 이루고 유아교육기관에서의 생활을 안정되게 하는 첫걸음이 될 수 있다. 이를 위해 교사는 교사인 동시에 어머니나 주된 양육자가 행동하는 것처럼 영아를 따뜻하고 최대한 반응적으로 보살피는 태도를 가지는 것이 바람직하다.

표 6-1 1세 일과 구성의 예

1세 일과구성의 예	
7:30 ~ 9:00	오전 통합보육, 등원
9:00 ~ 9:20	손 씻기 및 오전 간식
9:20 ~ 10:20	실내 자유놀이
10:20 ~ 10:35	정리정돈 및 기저귀갈기 / 배변활동, 실외놀이터로 이동
10:35 ~ 11:30	실외놀이
11:45 ~ 12:15	점심
12:15 ~ 13:00	이 닦기 및 오후 자유놀이 / 기저귀 갈기
13:00 ~ 15:30	낮잠 준비 및 낮잠
15:30 ~ 16:00	낮잠 깨기 및 정리정돈 / 기저귀 갈기
16:00 ~ 16:30	손 씻기 및 오후 간식
16:30 ~ 18:00	오후 실내 자유놀이 또는 실외 놀이 / 귀가
18:00 ~ 19:30	오후 통합보육

출처: 보건복지부(2013). 어린이집 표준보육과정에 기초한 영아보육프로그램 1세 ①. 중앙보육정보센터. pp. 26~30.

* '2021년 보육사업안내'에서는 기본 보육을 9:00~16:00(7시간)로, 그 이후 16:00~19:30까지를 연장보육으로 제시하고 있음.

(2) 3~5세 유아를 위한 일과

3세 이후가 되면 보다 다양한 일과의 운영이 가능해진다. 그러나 이 시기에도 일과를 구성하는 기본은 놀이시간이 되도록 한다. 이 시기에는 약간의 도움만으로도 일상생활 활동이 가능하고 유아 스스로도 규칙적으로 일상생활을 진행할 수 있다. 그러므로 개인적 생체 리듬에 따라 진행되어야 할 일상생활의 측면을 반영하면서도 다양한 유형의 활동을 개별, 소집단, 대집단 형태로 일과에 포함하여 운영할 수 있다.

일과는 유아들의 관심과 경험을 반영하는 주제에 따라 놀이와 활동들이 통합되어 운영된다. 연령에 따라 만 5세보다는 만 3, 4세에 놀이 시간이 더 길게 진행될 수 있다. 또 어린 연령에서는 개인적인 생리적 요구를 더욱 민감하게 반영하여 놀이 시간 중에 개별 자유간식의 형태로 간식을 운영하고, 대집단활동보다는 소집단활동을 지향하는 등 발달적 특성을 고려하여 일과 운영이 달라질 수 있다. 또한 일과 시간의 길이에 따라서도 일과의 구성이 달라진다. 특히 급간식의 횟수, 휴식시간의 배치 등이 일과 시간의 길이와 밀접히 관련될 수 있다.

실내 · 외 놀이는 일과에 매일 포함하여 유아들이 개별 또는 소집단으로 자기주도적인 놀이를 하도록 돕는다. 그러나 집단활동의 경우, 활동의 유형 및 특성에 따라 일과에 배치되는 빈도를 조정한다. 즉, 이야기 나누기, 동화 · 동극 · 동시, 노래부르기 · 음악감상, 동작, 게임, 실험 및 관찰, 견학 등의 대 · 소집단 활동은 선택적으로 포함될 수 있다. 진행되는 교육과정의 맥락과 각 활동의 특성에 따라 특정 활동 유형이 포함되는 빈도가 달라질 수 있다. 예를 들어, 이야기 나누기는 모여서 인사 및 소식 나누기, 토론, 특정 주제에 대한 이야기 나누기, 귀가지도 이야기 나누기 등으로 다양하여 자주 일과에 포함될 수 있다. 동화 감상을 집단활동으로 하는 것은 거의 매일 이루어지는 것도 가능하지만 동극을 계획한다면 몇 주 이상의 간격을 두고 진행하게 되는 활동일 것이다.

유아기에는 형식적 교육기관을 통한 일과시간이 반일제로 운영되는 것이 적절하지만 각 유아의 가정 상황 및 다양한 사회적 요구들을 고려해 일과시간의 길이가 다양하게 발전되어 왔다. 우리나라 유아교육법에서는 유치원 만 3~5세에 대해 4~5시간을 기준으로 교육과정을 편성하도록 고시되어 있으며 일과 운영에 따라 확장할 수 있도록 되어 있다(교육부 고시 제2019-189호). 또한 교육과정 운영 이후 보호자의 요구 및 지역 실정에 따라 방과후 과정을 운영할 수 있도록 하고 있다(유아교육법 제12조, 13조; 유치원 교육과정, 시행 2020.11.27. 법률 제17311호).

적절한 집단 크기 및 교사 대 유아의 비율은 유아의 발달적 특성과 요구 및 각 활동의 특성에 따라 학급의 집단 구성을 다양하게 할 수 있는 가능성을 열어준다. 어린 유아일수록 집중시간이 짧으며, 양보와 협력, 특히 집단으로 모여서 하는 활동이 쉽지 않다는 점을 반영하여 교사 대 유아의 비율을 고려할 필요가 있다. 또 활동 및 유아의 특성에 따라 소집단 활동을 지향하는 것이 바람직하다. 만 5세 학급의 경우, 더 어린 연령에서보다는 집단활동과 활동의 전이가 좀 더 많아도 비교적 잘 적응할 수 있으므로 이를 고려하여 일과를 구성할 수 있다. 이는 유아들이 집단생활에 적응한 정도와 발달을 반영하는 것이다.

유아교육기관의 일과시간이 길수록 유아들이 가정에서와 같이 편안한 상태로 지낼 수 있도록 더욱 고려해야 한다. 또 일반적으로는 가정에서 더 큰 몫을 담당하는 영양과 휴식의 부분도 유아교육기관에서 많은 부분 책임을 담당하여야 한다. 즉, 일과 중에 교육만이 아니라 보호와 양육적인 측면에 대해 더 충분히 고려되어야 하며, 교사와 유아의 관계도 보다 더 안정적인 관계가 되도록 하여야 한다.

표 6-2 일과의 예

일과의 예 1		일과의 예 2	
~9:00	등원, 유아 맞이하기	~9:00	등원, 유아 맞이하기
9:00~9:15	인사 나누기 및 일과계획	9:00~10:30	실내 놀이 및 개별 간식
9:15~10:15	실내 놀이	10:30~10:40	정리정돈 및 화장실 다녀오기
10:15~10:25	정리정돈 및 화장실 다녀오기	10:40~11:00	집단활동
10:25~10:50	간식	11:00~12:00	실외 놀이
10:50~11:15	집단활동	12:00~13:00	점심
11:15~12:15	실외 놀이	13:00~13:30	실내(외) 놀이
12:15~12:25	점심 준비 (화장실, 손씻기)	13:30~13:50	집단활동 (동화감상, 하루 일과 마무리 이야기 등)
12:25~13:30	점심 식사 및 이 닦기, 휴식	13:50~	귀가지도
13:30~13:50	집단활동 (동화감상, 하루 일과 마무리 이야기 등)		
13:50~	귀가지도		

* 화장실은 표기된 때 외에도 개별적 요구에 따라 가도록 하며, 전이시마다 교사가 유아들에게 환기, 안내한다. 간식 및 식사가 끝난 유아는 휴식, 조용한 놀이를 하도록 한다.

* 집단활동은 활동 유형에 따라 시간의 길이가 달라질 수 있다. 집단 크기(대소집단의 유형)도 연령과 활동 유형 등에 따라 다르게 편성될 수 있다.

3) 혼합연령 학급의 일과 계획과 운영

혼합연령 학급과 단일연령 학급을 비교한 연구들은 혼합연령 학급에서 리더십이 발달되고, 친사회적 행동의 발달에 긍정적 영향을 미치며, 발달 정도의 차이 때문에 혼합연령 학급에서 발생할지 모르는 인지적인 충돌은 오히려 유아들의 인지 영역을 넓히는 것으로 작용한다고 보고하고 있다(Katz, Evangelou & Hartman, 1990).

혼합연령 학급에서는 긍정적 강화와 사회적 교류가 보다 자주 나타난다(Goldman, 1981; Mounts & Roopnarine, 1987; Winsler et al., 2002). 또한 모델이 되거나 모방을 할 수 있는 기회를 많이 갖게 되므로 이를 통해 사회적 능력을 향상하기도 한다. 인지적인 측면에서 보다 나이가 많은 유아들은 어린 유아들에게 인지 기능을 한 단계 높일 수 있도록 돕는 비계를 제공한다(Tudge, 1986). 비고츠키의 이론과 연관할 때 혼합연령 학급의 유아들은 상호협력적인 활동을 하는 과정에서 "근접발달지대(ZPD)"에 머물게 된다(Katz, Evangelou & Hartman, 1990). 또한 혼합연령 학급에서는 탈중심화가 촉진될 수 있으며(Derscheid, 1997), 또래 교수와 같은 또래 간의 협력이 일어나기에 아주 이상적인 배치라고 할 수 있다(Christie & Stone, 1999을 Roopnarine, Metindogan, & Yang 2005에서 재인용).

이처럼 혼합연령 학급이 지니는 여러 장점에도 불구하고 교사들에게 있어 혼합연령의 운영은 쉽게 여겨지지만은 않는다. 오히려 혼합연령 학급의 교사는 학급 구성원인 유아들의 개인차가 크므로 더 많은 능력이 있어야 할 것이다. 혼합연령 학급의 학급당 집단 크기는 구성원의 연령 중 가장 낮은 연령에 적합한 집단 크기를 고려하여 편성하는 것이 최적의 교육여건을 조성할 수 있는 방법이 된다.

교육과정 운영에 있어 교사는 혼합연령 구성의 특성을 고려하여 교수-학습과정을 재구성하는 노력이 필요하다. 즉, 일상생활 속에서 상호 간의 협력이 일어날 수 있도록 함으로써 혼합연령 학급의 특성이 긍정적으로 유지될 수 있도록 하는 것이 중요하다. 동시에 연령별로 각각의 수준에 따른 능력이 형성되도록 고려하여야 한다. 이를 위해 집단활동을 각 활동의 성격 및 내용에 따라 수준별로 구분하여 운영하는 것도 하나의 대안이 될 수 있다.

우리나라에서 혼합연령 학급의 편성은 일반적인 경향은 아니다. 즉, 단일연령으로 학급을 편성하는 것이 대부분이다. 우리나라 유아교육법에서도 학급편성을 '같은 연령'으로 할 것을 규정하고 있고, 다만 교육과정 운영에 필요한 경우 혼합연령으로 학급을 편성할 수 있다고 제시하고 있다(유아교육법 시행령 제13조 [시행 2020.11.27.] [대통령령 제31145호, 2020.11.10., 타법개정]). 그러나 여러 가지 이유로 혼합연령으로 학급을 구성, 운영하는 예들도 있다. 즉, 의도적으로 혼합연령 구성이 지니는 장점 때문에 적극적으로 혼합연령 학급으로 구성하는 경우도 있으며, 원아가 비교적 적은 농어촌 지역의 유치원에서처럼 원아 모집의 상태에 따라 의도하지 않았으나 혼합연령으로 구성되는 경우도 있다. 또 종일반 운영의 한 방법으로 혼합연령 학급이 편성되기도 한다.

4 교육과정 운영을 위한 환경 구성

1) 환경 구성의 원리

유아교육 프로그램의 질은 환경의 질과 그 환경에서 이루어지는 성인과 어린이 간의 관계의 질에 기초한다(Decker & Decker, 1997). 적절한 시설 및 설비·교구가 갖추어진 유아교육의 물리적 환경은 인적 요인과 더불어 영유아의 발달과 교육의 질을 결정짓는 중요한 변인이 되는 것이다.

유아교육기관의 물리적 환경은 건물, 운동장, 급수·하수 등의 외곽시설과 내부시설을 포함한다. 총칭하면 실내와 실외의 물리적 환경으로 구분할 수 있다. 성인과는 달리 영유아기의 발달적 특징은 가만히 앉아서 학습하기보다는 주변 환경에 대한 끊임없는 흥미와 호기심, 왕성한 활동력을 가지고 적극적으로 주변 환경을 탐색하고 반응하며 발달을 이룬다(이기숙, 2000). 그러므로 물리적 환경요인은 유아의 성장 발달과 교육에 있어 아주 중요하다. 물리적 환경을 구성하는 데 있어서 고려해야 할 원칙은 다음과 같다(이기숙, 2000; Decker & Decker, 2005).

첫째, 유아교육기관은 다른 기관이나 건물과 독립하여 모든 설비를 갖추는 것이 좋다. 건물은 되도록 단층으로 하고 활동하기에 충분한 실내 · 실외 공간이 있어야 한다.

둘째, 물리적 환경은 어린이에게 적합하여야 한다. 즉, 유아의 성장 · 발달 원리에 입각하여 환경을 계획해야 하고, 유아의 발달적 특징 · 성숙도 · 욕구 · 흥미 · 개인차 등을 고려해야 한다. 책상 · 선반 · 의자 등은 유아의 신체의 크기에 맞도록 하여 교사의 도움 없이도 쉽게 사용하고 정리할 수 있도록 해야 한다. 또한 유아교육기관의 시설 설비는 성인에게도 편안하여야 한다.

셋째, 어린이와 성인 모두에게 최대한의 건강과 안전을 기하는 환경이 되어야 한다.

넷째, 충분하고 다양한 공간, 창의적인 공간, 심미적인 공간 구성이 되도록 한다. 즉, 유아가 자유롭게 주위 환경을 탐색해 보도록 하며, 너무 복잡하거나 쉽게 싫증나지 않도록 해야 한다. 유아교육기관의 유형에 따라 일과활동이 다양하겠으나, 유치원이나 어린이집 프로그램은 수업시간에 모여 앉아서 교사의 설명을 듣는 형태로 운영하기보다는 대부분 자유놀이를 통한 여러 가지 활동으로 이루어지므로 협소한 공간으로 제약을 받게 되면 곧 싫증을 느끼기 쉽다. 또한 공간배치와 교구는 다양한 것이 효과적이다. 사물의 배치에서 높낮이에 차이를 두는 것, 영역의 크기, 소리, 빛과 색 등의 다양성과 이를 통해 나타나는 디자인이 심미적 기쁨을 주는 것이 되어야 한다.

다섯째, 융통성 있는 환경을 구성해야 한다. 이는 영유아의 흥미의 변화를 반영하며, 개인적 활동과 집단활동이 모두 가능하도록 하는 구성을 의미한다. 다양하고 융통성 있는 교실환경은 그 자체로 유아교육과정 운영의 중요한 매체이기도 하다. 융통성 있는 환경 구성은 그때 그때의 교육내용과 활동에 따라서 유동성 있게 배치될 수 있도록 이동이 가능한 설비와 기구를 이용함으로써 가능하다. 계절의 변화를 고려하여 환경 구성과 교구를 바꾸어 주거나, 칸막이를 활용하는 것, 책상 · 교구장의 이동, 흥미영역의 위치이동으로 다양한 환경 구성의 변화를 가져올 수 있다.

물리적 환경 구성을 실내와 실외 환경으로 나누어 살펴보고자 한다.

(1) 실내 환경

실내는 주로 현관, 활동실(교실), 관찰실, 교사실, 화장실, 위생실, 창고, 조리실, 휴식을 위한 시설 등으로 구분되는 것이 이상적이나 일부 시설은 여건에 따라서 유동성 있게 구성, 이용할 수 있다. 종일제 프로그램을 운영하는 경우, 주방의 조리실과 낮잠을 재울 수 있는 휴식시설이 필수로 요구된다.

가장 핵심이 되는 시설인 활동실은, 유아가 주로 생활하며 활동하는 장소이므로 자유롭게 놀이할 수 있는 충분한 공간을 확보해야 한다. 프로스트(Frost)에 의하면 교실 내부의 설비 구성은 주로 소음의 정도, 물의 사용 여부에 따라 건조하고 조용한 곳(책보기, 조작놀이 등), 활동적이고 건조한 곳(쌓기놀이, 대근육 활동, 역할놀이 등), 조용하고 물이 있는 곳(미술 등), 활동적이고 물이 있는 곳(물, 모래놀이 등)의 네 가지 공간 구성으로 구분할 수 있다(Frost & Kissinger, 1976: 219).

활동실의 구성과 배치는 이러한 프로스트(Frost)의 네 가지 공간의 특성에 근거하여 흥미영역(interest center)으로 구성할 수 있다. 물이 사용되는 활동영역은 되도록 건조한 활동영역과 분리되도록 하며, 활동적인 영역은 되도록 조용한 영역에서 멀리 떨어뜨려 설치하도록 한다. 또 물을 필요로 하는 공간에는 바닥이 젖지 않게 깔개를 해준다. 활동의 성격에 따라서는 소음을 줄이기 위해 부분 카펫 등을 깔아준다.

흥미영역은 유아교육의 일반적인 환경 구성 형태이다. 시펠트(Seefeldt, 1980)는 흥미영역을 분리대라든가 기타의 방법으로 경계를 암시하도록 설비하여 분명히 구분되는 교실의 각 영역을 총칭한다고 정의하였다. 이들 각 영역에는 영역의 특성과 관련된 창의적인 놀이를 촉진해 줄 수 있는 교구와 장비를 비치한다. 전체적으로는 조용한 놀이, 활동적인 놀이, 고립놀이, 집단놀이 사이의 균형을 이루도록 한다.

흥미영역 중심의 환경 구성은 물리적·시각적으로 경계 지어진 영역 내에서 주의집중과 심리적 안정감을 얻을 수 있게 하며, 유아의 자발적 참여와 구체적인 경험을 통해 폭넓고 다양한 통합적 활동을 하도록 하는 데 의의가 있다. 뿐만 아니라, 유아 개인의 발달적 특징에 따른 개별화 학습 및 또래 간의 소집단 활동을 할 수 있도록 한다. 중요한 것은 각 흥미영역이 얼마나 균형을 이루는지에 있다.

흥미영역은 낮은 분리대, 칸막이, 이동식 교구장, 가리개, 책꽂이 등으로 구분되어 각 영역별 특수성을 유지하면서 통합적 운영이 가능해야 한다. 영역 간 통행이 자유롭고 모든 영역이 교사의 시야에 들어올 수 있도록 개방적으로 구성한다. 시간이 지나면서 유아들은 각기 다른 영역에 알맞은 행동을 배우며 다양한 활동을 하게 된다.

흥미영역의 가치는 다음과 같다(Seefeldt, 1980: 110).

첫째, 효과적·창의적으로 폭넓고 다양한 경험을 할 수 있는 기회를 보다 많이 제공해 준다.

둘째, 물리적·시각적으로 경계를 지음으로써 유아의 주의를 집중시키고, 다른 활동을 하는 유아로부터의 방해를 통제할 수 있다. 그리고 각 활동의 특징에 따라 영역별로 정해진 공간 구성은 전체적으로 안정된 분위기를 형성해 주기도 한다.

셋째, 놀이할 영역을 스스로 선택하기도 하고, 교실에 설치할 영역을 결정하는 데 참여할 수 있게 되어 유아의 의사결정 능력 발달을 촉진한다.

넷째, 기능적인 영역별 분류는 유아들에게 자신의 경험을 분류·조작하도록 도움을 주며, 다른 사람의 도움 없이도 스스로 자료를 다룰 수 있게 한다.

흥미영역을 통해서 얻게 되는 교육적 가치는 곧 놀이를 통해 얻을 수 있는 교육적 가치라고도 할 수 있다. 일반적으로 흥미영역은 여러 가지 유아의 활동 형태와 학문적 영역에 따라 구분된다고 할 수 있다. 어떠한 영역을 학급에 구성하는가는 유아의 연령과 흥미, 학급 공간의 여건 등에 따라 달라지며 제공되는 영역의 유형이나 수, 배치 공간 등은 변화될 수 있다. 흥미영역의 유형으로는 쌓기놀이영역, 역할놀이영역, 언어영역, 조작놀이영역, 미술영역, 음률활동영역, 과학놀이영역, 목공놀이영역, 물놀이·모래놀이영역 등이 있다.

영아기를 위한 영역으로 데커와 데커(Decker & Decker, 2005)는 듣기, 보기, 촉각과 같은 감각활동을 위한 교구들, 그리고 조작활동, 상상놀이, 창의적 활동, 대근육 활동을 위한 교구들을 포함하여 영역이 구성될 수 있다고 하였다. 또한 낮잠, 수유, 기저귀 갈기 및 화장실 영역이 실내의 공간계획에 포함되어야 한다. 우리나라의 3차 표준보육과정에서는 일상생활 영역과 놀이영역으로 구분하였다. 일상생활 영역은 개인 사물함, 휴식, 수유, 기저귀 갈기 영역 등을, 놀이영역은 신체, 언어, 감각 및 탐색, 역할 및 쌓기, 미술, 음률영역, 실외 환경 등을 포함하고 있다(보건복지부, 2017b).

(2) 실외 환경

실외 공간에서 유아는 뛰고 달리며, 동식물을 기르고, 여러 가지 기구로 놀이를 한다. 유아는 신체적 발달을 이루며, 자연을 관찰하고 탐구하여 정서를 순화하므로 억압을 해소하고 활동영역을 넓히는 계기를 갖게 된다. 그러므로 실내 환경과 실외 환경은 상호보완적이라 볼 수 있다.

실외 환경 역시 효과적인 활용을 위해서는 공간을 활동의 특성에 따라 구분하여 계획하는 것이 필요하다. 실외 공간도 실내 공간과 마찬가지로 동적 활동영역과 정적 활동영역으로 구분할 수 있다. 실외 놀이가 실내 놀이와 다른 가장 주된 차이는 신체 전반의 활동을 강조한다는 것이다. 실외의 공간과 적당한 시설은 영유아의 활동영역을 넓혀주며, 실내에서의 활동 중에 계속 집중하면서 생긴 긴장과 억압으로부터 해방감을 느낄 수 있도록 돕는다. 또한 훌륭한 실외시설은 놀이와 사회화를 격려해 준다. 실외 공간의 활동영역은 공간의 특성 및 유아의 연령 등에 따라 달라질 수 있지만 신체영역, 역할놀이영역, 자연학습 및 탐구영역, 물 · 모래놀이영역, 작업영역, 통로, 보관영역, 개방된 공간, 조용한 공간 등으로 구분할 수 있다(교육부, 2000).

실외에서 정적 · 동적 활동 간에 분명한 구분을 하기는 어려우나 대근육 활동이 포함될 때, 이를 동적인 활동으로 분류할 수 있다. 실외 공간을 구성할 때 전체 실외 공간 크기의 약 1/3은 정적 활동영역으로 배당하고, 그 나머지 영역은 테라스와 동적 활동영역으로 하는 것이 적절하다. 정적 활동을 위한 공간은 뜨거운 햇빛, 센 바람을 피할 수 있어야 하고, 동적 활동영역과 떨어져 배치하여 활동이 방해되지 않도록 한다.

정적 활동영역에는 나무그늘 또는 유아가 들어갈 수 있는 큰 상자들을 준비하여 유아가 혼자 있거나 조용한 놀이를 하고 싶을 때 사용할 수 있도록 해준다. 동적 활동영역은 바퀴가 달린 장난감을 사용할 수 있는 공간과 오르기, 미끄러지기, 흔들기, 밀기, 달리기 등을 할 수 있는 공간을 포함하며, 동적 활동을 위한 시설로는 세발자전거 등의 탈것과 미끄럼틀, 그네, 철봉 등의 고정시설도 포함된다.

2) 0~2세 영아를 위한 환경

영아를 위한 물리적 환경은 예측할 수 있고, 자유롭게 선택할 수 있고, 탐험할 수 있는 공간이어야 한다. 영아를 위한 환경은 실외만이 아니라 실내 환경도 반드시 운동을 할 수 있도록 고안되어야 한다. 영아의 신체적 발달과 운동의 욕구를 해소할 수 있는 공간이 제공되어야 하는 것이다. 외계에 대한 지각과 인식이 주로 감각 기능에 의거하는 시기이므로 아름다운 색, 소리, 형태, 질감(특별히 부드러운)과 패턴이 있는 미적으로도 즐거운 환경이 되어야 한다(Decker & Decker, 1997). 영아를 위한 물리적 환경에서 특히 고려되어야 할 내용은 다음과 같다(Whaley, 2005).

(1) 실내 환경

영아들, 특히 걷지 못하는 시기일수록 영아들은 감각을 이용하여 탐색하므로 실내 환경의 자료들에 의한 자극은 매우 중요하다. 영아와 걸음마를 위한 실내 환경은 가정생활 공간과 같은 분위기로 제공하여 영아들이 집에서와 같은 편안한 체험을 할 수 있는 안정적인 공간이 되어야 한다(Whaley, 2005).

걸음마를 하기 이전의 영아(0~18개월) 학급의 경우, 환경 구성에서 가장 중요한 것은 세상이 자신을 사랑하고 안전하게 돌보아 주고 있다는 믿음을 갖도록 하는 환경을 제공하는 것이다. 이는 유아교육기관과 교사, 나아가 사람과 세상에 대한 믿음과 자기존중에도 영향을 미치게 되는 기초가 되기 때문이다. 이러한 환경은 기본적 · 생리적 욕구가 충족되고, 따뜻하고 온정적인 분위기 속에서 편안한 신체적 · 정신적 상태가 유지되어 언제나 영아의 기대가 만족되고, 반응적이며, 예상이 가능한 환경을 제공하는 것을 의미한다. 안전하고 편안하며 청결한 침구, 적절한 수유 도구와 수유환경, 기저귀 갈기와 배설물 및 오염물 처리를 위한 적절한 환경의 제공 등은 이러한 기본적 신뢰와 안정을 제공하기 위한 기초가 된다.

또한 생후 1년간은 대근육을 중심으로 한 신체 발달과 뻗기, 잡기, 쥐기 등의 소근육 발달도 왕성한 시기이다. 그러므로 대 · 소근육의 신체 발달을 지원할 수 있는 환경과 놀잇감, 기회를 제공하여야 한다(김희진 외, 2004).

영아 학급에서 주로 누워서 지내는 6개월 미만의 영아를 위한 환경 구성은 영아의 세상에 대한 지각이 주로 시청각, 촉각 등의 감각을 통하여 이루어지므로 이러한 감각 기능을 자극하면서 호기심과 즐거움을 제공하는 환경을 조성할 수 있다(모빌, 음악, 딸랑이, 시각자료 등). 또한 외부 물질을 통한 감각 자극만이 아니라 교사와 영아 간의 다양한 신체 접촉과 상호작용을 통한 감각 자극은 영아의 정서적 안정을 도모하면서 감각적 경험을 가능하게 하는 부가적 가치가 있다.

이후, 기기 등 스스로의 이동이 시작되는 시기의 영아를 위한 환경으로 구분하여 고려사항을 생각해 볼 수 있다. 즉, 영아가 운동능력이 발달하여 움직이기 시작하면 운동능력을 향상시킬 수 있도록 넓은 공간을 제공한다. 또 여러 사물을 탐색하고 싶어 하는 경향이 강해지므로 더욱 폭넓은 기술을 습득하여 나갈 수 있도록 다양한 놀잇감을 제공한다.

영아에 따라 개인적으로 익숙한 것, 새로운 것, 흥미 있는 것이 다를 수 있고 같은 영아라 하더라도 상황이나 발달단계에 따라 선호도가 달라질 수 있다(유희정, 이미화, 우현경, 신희연, 2005). 그러므로 영아를 위한 환경을 구성할 때는 선택의 범위가 넓어야 한다. 즉, 한 번에 몇 개의 놀잇감만으로 환경을 구성해도 충분하지만, 영아의 흥미를 지속시킬 수 있도록 변화와 유지가 이루어져야 한다.

걸음마를 시작하면 제공되는 자극에 반응하던 시기를 벗어나 독립적으로, 더욱 적극적으로 세상을 향해 나아가고 탐색할 준비가 되었음을 의미한다. 신체적으로 뿐만 아니라 언어적으로도 폭발적 성장을 하고, 이에 따라 인지적 · 사회적 변화도 급속히 일어난다. 어휘가 급속하게 증가하고, 20개월을 전후하여 두 단어 시기가 나타나며, 점차 일상의 의사소통이 미숙하나마 가능해진다. 인지적으로는 표상능력이 발달함에 따라 모방이 가능해지고, 상징에 대한 이해, 상상놀이 등이 가능해지면서 다양한 놀이가 나타나기 시작한다. 이러한 언어적 · 인지적 특성은 점차 인적 · 물적 자원과의 다양한 상호작용을 가능하게 한다. 따라서 걸음마 시기에는 이러한 발달적 특성을 지원할 수 있는 환경을 제공하도록 한다. 무엇보다 유아의 이동 공간이 안전하면서도 다양한 탐색거리가 제공되는 환경이어야 한다.

3세 미만의 영아를 위한 실내의 물리적 환경에서 고려되어야 할 내용은 다음과 같다(Decker & Decker, 2005, 156~157; Whaley, 2005, 47~49).

- 물리적 환경은 반드시 영아가 자유롭고 안전하게 움직일 수 있도록 고안되어야 한다. 영아의 신체적 발달과 운동의 욕구를 해소할 수 있는 공간을 마련해준다. 특별히 이동성이 높고, 주로 개방적인 활동을 하는 특성을 반영하여 이를 가능하게 하는 활동 공간이 필요하다.
- 환경은 모든 감각을 자극하되 과잉 자극은 주의 깊게 피해야 한다. 마음을 진정시키는 색깔, 마음 편한 향기, 다양한 소리가 중요하다. 가장 중요하지만 쉽게 간과되는 것은 접촉으로, 영아의 피부는 가장 큰 감각기관이다.
- 활동실 내부의 구성물은 부드러워야 한다. 영아들의 휴식을 위한 공간은 '부드러움'이 필요하고 영아들에게 반응적인 부드러운 물건들로 환경을 구성하여야 한다.
- 활동실은 영아들에게 작은 공간을 많이 제공해야 한다. 영아들이 집단에서 벗어나 편안하고 안전하게 있을 수 있는 격리된 공간이 필요하다. 또한 영아와 걸음마를 위한 환경에서는 영역의 규모가 더 나이 든 유아들을 위한 프로그램에서 제공되는 흥미영역의 규모와는 다르게 한두 명의 어린이들이 함께 할 수 있는 보다 작은 규모의 활동영역이 적절하다.
- 활동실은 흥미영역으로 분명히 나누어져야 한다. 이러한 환경은 영아들에게 생각을 구성하도록 돕는다. 교실은 일반적인 실내 구성 원칙에서와 같이 정적, 동적, 물이 있는 혹은 건조한 공간, 다양하고 창조적인 활동이 가능한 공간 등을 포함하여 구성하여야 한다. 또한 각각의 영역은 경계가 확실하여야 한다.
- 영아를 위한 시설은 가정과 같이 안정적인 공간이 되어야 한다. 영아에게 너무 압도적이거나 작은 것보다는 안정감을 느끼게 하는 적절한 시설물과 놀잇감이 필요하다. 영아의 눈높이에 맞는 사진, 낮은 분리대와 선반은 영아와 걸음마 유아가 안정감을 느끼도록 돕는다.

- 환경은 체계적이고 정리 · 정돈이 되어 있어 영아에게 명확한 메시지를 제공해야 한다. 잘 정비된 질서 있는 환경은 영아의 사고를 체계화하는 데 기여할 수 있다. 뿐만 아니라 영아에게 공간을 사용하는 방법, 모이거나 흩어지는 행동 방법 등 분명한 신호를 제시하고 자료에 집중하고 쉽게 되돌려 놓을 수 있도록 돕는다. 교구를 안전하고 체계적으로 보관하는 것, 영역별로 체계화된 아이템들, 영아 스스로 쉽게 접근할 수 있는 아이템은 체계적인 환경의 중요한 요인이다.
- 환경은 영아들과 함께하고 있는 성인, 즉 교사 역시 지원할 수 있어야 한다. 영아를 위한 시설, 공간을 창조할 때 같은 공간에 있게 되는 성인도 고려하여 성인 또한 편안할 수 있도록 하는 것이 필요하다.

영아의 학급에 구성할 수 있는 기본적인 실내 환경은 연령에 따라서도 달라지는데 포함될 수 있는 환경의 특징은 다음과 같다(김희진 외, 2004; 김희진 외, 2005; 보건복지부, 2017b; 박찬옥, 강정원, 이화숙, 정성은, 2007; 유희정, 김은영, 박진재, 오경숙, 최혜선, 2007; 삼성복지재단, 2005; 이미정, 조인숙, 서소정, 박수현, 2007; 유희정, 김은영, 최혜선, 2007).

① 일상생활영역(기저귀 갈기, 식사, 낮잠 및 휴식 공간 등)

일상생활영역은 영아가 일상생활을 스스로 영위할 수 있도록 기본생활습관을 중심으로 한 자조기술 발달을 지원하는 영역이다. 영아에게 있어 수유, 옷 입고 벗기, 기저귀 갈기 및 대소변 가리기, 낮잠 및 휴식 등은 일상생활의 주요 내용이자 중요한 과업이기 때문이다.

0~1세 영아를 위한 실내 환경에서 개인 사물함 같은 비품정리 공간은 영아의 옷, 소지품 등의 보관과 부모와의 의사소통을 위한 자료를 비치하는 공간으로 활용할 수 있다. 수유 및 식사를 할 수 있는 장소는 영아의 일상생활영역이다. 영아의 월령의 증가에 따라 수유 및 식사의 자세가 변화하므로 공간 구성을 조정 · 배

치한다. 냉장고, 수유 준비 테이블, 소독 도구, 푹신한 의자 등이 수유공간에 비치되어야 한다. 기저귀 갈기 및 배변학습과 화장실 사용은 영아기 학습의 가장 중요한 부분의 하나이며 일상의 활동이기도 하다. 기저귀를 사용하는 영아를 대상으로 하는 학급에서는 기저귀 갈기 영역이 일상의 영역으로 학급의 한 공간에 배치되어 있어야 한다.

또한 영아는 밤잠 이외에도 낮잠을 통해 피로를 해소해야 한다. 수면시간이 부족하면 집중력 및 성장·발달의 저하, 정서적 안정감의 문제 및 질병 발생 등의 문제를 초래하게 된다. 그러므로 정규적인 낮잠시간 외에도 영아의 개인적 요구에 따라 낮잠 및 휴식이 가능하도록 하고 안정된 숙면을 취할 수 있도록 환경을 제공하여야 한다. 개인별 침구를 비치하여 사용하도록 하며, 침구 및 침구를 보관하는 장소를 항상 청결하게 관리하도록 한다.

② 신체영역

영아가 운동능력이 발달하여 움직이기 시작하면서 운동능력을 향상시킬 수 있도록 넓고 개방된 공간과 대근육 활동을 위한 시설 및 자료를 제공하여야 한다. 기기를 하는 영아 시기에는 기어다닐 만한 넓이와 푹신한 바닥 재질의 공간을, 걷는 시기에는 자신의 신체 움직임을 능숙하게 할 수 있도록 도울 수 있는 신체활동 기구들과 공간을 제공한다. 경사로, 오르내리기 활동을 할 수 있는 낮은 기구, 계단, 터널, 매트, 타는 놀잇감, 밀고 끄는 놀잇감, 공, 영아용 그네, 흔들 배, 흔들 말과 같이 흔들리는 놀이기구 등이 비치될 수 있다. 또 종이블록, 스펀지 블록, 우레탄 블록 등 다양한 블록 종류도 준비해 준다. 블록 선반에는 그림이나 사진을 붙여두어 정리하기 쉽도록 한다.

대근육 활동이 일어나는 공간은 활동량이 많으므로 안전하고 밝은 공간이어야 한다.

그림 6-4 영아를 위한 신체활동 공간

③ 언어영역

언어영역은 영아들이 휴식을 취하기도 하고 개인적인 정적인 활동을 할 수 있도록 편안하고 안정되게 구성되어야 한다. 뿐만 아니라 교사와의 풍부한 언어적 상호작용을 촉진하는 환경이 되도록 하여야 한다. 따라서 그림책만이 아니라 봉제인형, 그림, 사진, 편안한 분위기 형성에 도움이 되는 쿠션, 카펫 등으로 영역을 구성한다. 책은 영아들이 아직 모두 경험하지 못한, 다가가지 못한 세상과 소통하는 가장 풍부한 통로이자 하나의 탐구 대상이다. 즉, 영아들은 책을 통해 책 속에 담긴

그림 6-5 만 2세 학급의 언어영역 구성의 예

내용을 즐기는 것만이 아니라 책이 가진 속성(예; 책장을 넘기면 다른 그림이 나타남)을 즐기는 시기이기도 하다(삼성복지재단, 2006). 사물을 알아가도록 돕는 사물 그림책, 간단한 자신들의 일상의 문제를 담은 짧고 줄거리가 분명한 책, 다양한 촉감과 재질의 책, 영아들 스스로 넘기기 쉬운 두께와 재질, 들기 쉬운 크기의 책을 제공하여 주는 것이 좋다.

④ 감각 · 탐색영역

영아들, 특히 걷기 이전의 영아들은 세상에 대한 지각이 주로 시청각, 촉각 등의 오감각을 통하여 이루어지므로 이러한 감각 경험을 제공하는 환경과 놀잇감을 제공하여 주는 영역이다. 영아들은 자신이 직접 참여하여 보고, 듣고, 맛보고, 냄새 맡고, 만져서 느낌으로 자신을 둘러싼 세상을 이해하게 되고 점차 적극적으로 탐색하려는 태도를 보이게 된다(Fu, Stremmel & Hill, 2002). 이처럼 영아기는 감각 기능을 통한 탐색이 주로 이루어지는 시기이므로 탐색에 초점을 두는 활동이 필요하고 이를 위한 환경이 제공되어야 한다(김희진 외, 2005). 또한 이 영역에서는 영아의 소근육 발달, 눈과 손의 협응력을 발달시키며, 여러 종류의 색, 모양, 질감 등을 경험

그림 6-6 감각, 탐색놀이

할 수 있는 다양한 조작 놀잇감을 제공한다.

⑤ 역할 및 쌓기영역

역할놀이는 일상생활에서 일어나는 상황을 흉내 내면서 자신을 표현하고 상상놀이를 할 수 있도록 돕는다. 세탁하기 쉬운 다양한 크기와 색, 다양한 가족 구성원을 나타내는 인형, 소리나는 인형 등, 영아가 상상놀이에 참여하도록 실제 사물과 유사한 놀잇감을 준비해 준다. 상상놀이에 대한 연구결과들은 영아기에는 실제 사물과 같은 모양의 놀잇감이 오히려 상상놀이를 자극한다고 보고하고 있다(Johnson, Christie & Yakey, 1999). 영아의 발달 정도에 따라 점차적으로 모형 음식, 의상, 구두, 모자 등 자료의 종류와 수를 늘려준다.

또한 쌓기놀이영역에는 구성을 할 수 있도록 충분하고 편안한 공간을 준비하여야 한다. 영아들은 특히 어릴수록 부드럽고 가볍고 안전한 재질의 쌓기놀이 자료

◂ 쌓기놀이를 하고 있는 만 2세 영아

▴ 역할놀이를 하고 있는 만 1~2세 영아들

▴ 역할놀이를 하고 있는 만 2세 영아들

그림 6-7 역할 및 쌓기놀이

를 제공하여 주도록 한다. 예를 들면, 스펀지 블록, 종이 블록, 헝겊 블록, 우레탄 블록과 같은 것들이다. 또한 더 어린 월령일수록 구성방식에 있어서도 끼우기보다는 쌓거나 늘어놓는 것이 더 쉬운 형태이므로 이러한 구성방식의 쌓기놀잇감을 비치하는 것이 적절하다. 끼우기 블록(예: 와플 블록, 동물 모양 끼우기 등)은 소근육 능력이 증가하면서 제공하며, 난이도가 쉬운 것부터 제시하도록 한다. 블록은 영아들이 수용할 수 있는 범위 내에서 재질과 형태를 다양하게 비치하며, 블록 이외에 놀이를 촉진할 수 있는 소품, 예를 들어 물건을 싣고 쏟아부을 수 있는 덤프트럭, 다양한 모형 자동차 등을 같이 제시하는 것이 효과적이다.

⑥ 미술 · 음률영역

미술 · 음률영역은 자료를 활용하여, 자신의 몸을 통해, 또는 음악적 요소들과 연관하여 창의적 표현을 나타낼 수 있는 영역이다. 미술을 통한 표현이 가능하도록 구성된 공간에서는 다양한 재료의 탐색과 표현, 정서의 순화와 성취감을 느낄 수 있다. 또한 발달 특성에 맞는 다양한 자료의 사용은 소근육과 협응능력의 발달도 돕는다. 제공하는 미술자료들은 기본적으로 무독성이어야 하며, 안전하게 사용할 수 있는 것들이어야 한다. 다양한 재질과 크기의 종이, 구기고 찢기에 사용할 종이, 점토, 크레파스와 물감, 화판, 풀, 찍기를 위한 자료, 스펀지, 가위 등의 자료가 발달 정도에 따라 비치된다. 그러나 연령이 어릴수록 도구를 안정적으로 사용하는 능력과 대 · 소근육 발달을 고려하여 제한적인 도구와 자료를 비치하며(예: 크레용과 종이 등), 점차 다양한 재질의 종이 및 도구가 추가되거나 제시될 수 있도록 한다(김희진 외, 2005).

또한 영아는 자신의 감정과 느낌을 소리나 신체를 통해 표현하면서 즐거움을 느낀다. 그러므로 소리 및 음악, 신체를 통한 표현이 가능하도록 이를 지원하는 공간을 마련하도록 한다. 다양한 소리를 만들어 보고 듣기, 음악을 듣기, 소리나 음악에 따라 몸을 움직이기, 자신의 느낌을 표현하는 것을 격려하기 위한 다양한 소리 및 악기의 지원, 음악적 환경, 움직임과 표현을 유도하는 환경을 제공한다. 아울러 교사는 영아의 표현활동에 반응적인 모습을 보이고, 교사 역시 음악과 신체를 통한 표현을 즐기는 모습을 보임으로써 영아를 격려하고 지원하도록 한다.

(2) 실외 환경

모든 영아는 적합한 실외 환경에서 실외놀이를 할 기회를 매일 가져야 한다. 걸음마기 이전과 같이 스스로 자유롭게 실외놀이를 할 수 없는 연령이라 해도 실외 환경에서 날씨, 자연현상을 감각적으로 경험하도록 도울 수 있다(보건복지부, 2017b). 영아를 위한 실외놀이 환경에는 동적인 요소와 정적인 요소, 인공적 요소와 자연적 요소가 고루 포함되어 있어야 한다(Frost, 1992). 실외 공간은 얕은 구릉과 잔디, 흙과 모래, 아스팔트 등 다양한 표면으로 구성하며, 위치는 가능하면 남쪽에 배치하여 햇볕이 드는 공간과 그늘진 공간을 적절히 갖추도록 한다.

실외놀이 환경은 실내놀이의 연장으로 생각하여 대근육 활동을 위한 영역, 물·모래놀이영역, 작업영역 및 조용한 영역, 자연물의 탐색영역 등의 흥미영역으로 구성해 준다. 신체활동을 할 수 있는 공간에는 밑바닥에 모래나 쿠션이 있는 재료를 깔아서 영아가 넘어지거나 떨어졌을 경우 상처를 약화시킬 수 있도록 한다. 다양한 연령의 영유아가 함께 생활하는 기관이라면, 영아 전용 놀이터를 갖추고 울타리 등을 활용하여 공간을 구분한다. 울타리를 치면 교사와 영아 모두 안정감을 느끼고 안전에 대한 부담도 적어진다.

3) 3~5세 유아를 위한 환경

흥미영역으로 구성된 활동실은 유아들이 더욱 놀이에 집중하고 깊이 있는 구성을 할 수 있도록 격려할 뿐 아니라 다른 사람의 놀이를 방해하지 않으면서 놀이를 진행할 수 있도록 돕는다는 장점이 있다. 학급 내에 구성해 주는 영역은 연령과 프로그램의 특성, 또 시기와 유아의 흥미, 학급의 면적 등의 요인에 따라 달라지지만 3~5세 유아의 학급에서 쌓기놀이, 역할놀이, 언어, 조작, 미술영역은 기본적으로 운영되는 영역이다. 각 영역의 교재·교구는 주제, 계절의 특성 및 유아의 흥미와 관련하여 제시되며, 영역별 특성에 따라 일정 시기가 지나면 교체하여 제시된다. 각 영역의 교육적 의의와 특성은 다음과 같다(이기숙, 2000; 이화여자대학교 부속 이화유치원 편, 2002).

(1) 실내 환경

① 언어영역

언어영역은 듣기, 말하기, 읽기, 쓰기의 활동을 위한 자료들로 구성된다. 언어영역에서는 언어발달뿐만 아니라 책 등의 자료를 통하여 많은 간접 경험을 하고, 세계와 다른 사람들의 삶과 생각을 이해하며, 통찰력과 상상력을 키우고, 창조적 사고력과 표현능력을 형성하도록 돕는다.

언어영역은 밝고 조용한 곳에 배치하여 유아들이 활동에 집중할 수 있도록 하고, 아늑한 분위기를 조성하기 위해 책꽂이나 낮은 칸막이로 공간을 분리한다. 유아의 시력을 보호할 수 있도록 채광이나 조도를 고려한다. 또한 유아들에게 익숙하고 편안한 영역으로 조용히 쉴 수도 있는 곳이 되도록 배려한다.

이 공간에는 유아의 신체 크기에 맞는 낮은 탁자, 소파와 같은 편안한 의자와 깔개, 눈높이에 맞는 책꽂이 또는 선반, 칸막이, 융판 등을 배치하고 벽에는 그림이나 사진을 붙여준다.

자료로는 책 및 다양한 소리의 녹음자료와 녹음기, 인형극 틀과 각종 인형(손인형, 막대인형, 손가락 인형 등), 동화 및 동시 감상활동에 사용하였던 자료 등을 제공한다. 모양종이, 각종 필기도구 및 지우개, 그림자료, 단어카드, 베껴내기 도구 등도 비치할 수 있다.

② 역할놀이영역

유아들은 역할놀이를 하면서 자신의 경험, 희망, 요구를 표현하면서 내면적 욕구를 표출하고 정서의 순화와 안정을 도모한다. 또한 놀이과정을 통해 원만하게 살아가는 방법을 배우고 타인의 관점을 이해하면서 사회적인 존재로 성장하게 될 뿐 아니라 확산적 사고력과 문제해결력이 발달되며 언어적 표현력과 창의력이 증진될 수 있다.

역할놀이영역은 다양한 활동으로 전개될 수 있도록 쌓기놀이영역과 인접하여 설치하고 기본 설비와 자료들을 바꾸어 가며 제시한다. 부엌, 방 안, 거실 가구 같은 기본 설비는 유아의 발달 단계를 고려하여 사용하기 편리하고 안전한 것으로 준비한다. 유아의 연령이 어릴수록 가정과 같은 분위기를 느낄 수 있도록 구성하고 연령의 증가에 따라 다양한 직업과 사회 구성원의 역할을 해볼 수 있도록 변화를 준다.

의류 · 전화기 등의 가정용품 및 주방용품, 여러 가지의 소품(시계, 인형 등), 다양한 역할놀이(가족놀이, 병원놀이, 음식점 놀이 등)를 위한 소도구와 복장을 제공하여 유아가 여러 놀이 주제와 역할을 개발해 볼 수 있도록 격려한다. 계절과 놀이 주제에 따라 교구를 바꾸어 준다.

③ 쌓기놀이영역

쌓기놀이영역은 유아들이 매력을 느끼는 인기 있는 영역이다. 유아는 준비된 블록으로 원하는 형태를 구성하는 가운데 눈과 손의 협응력, 시 · 지각적 인식, 대 · 소근육 능력을 발달해 나간다. 또 창의성 발달과 공간구성능력, 측정능력을 비롯한 수학적 능력의 발달을 이루게 된다. 아울러 놀잇감으로 자신의 경험과 생각을 재구성해 보고 여러 유아와 상호작용하는 가운데 사회 · 정서 및 언어적 성장을 이루는 등 전인적 발달에 기여하는 매우 중요한 영역이다.

쌓기놀이영역은 소음이 발생하므로 활동적이고 건조한 장소에 배치하며 놀이의 확장과 연결을 위해 주로 역할놀이영역 옆에 위치하게 한다. 이 놀이 공간에서는 다양한 자료를 혼자 또는 여러 명의 유아들이 함께 구성하여 만들고, 만든 것으로 놀이를 진행하는 특성이 있으므로 반드시 충분한 공간을 제공하여야 한다. 바닥에는 카펫을 깔아 소음을 방지한다.

자료는 유아의 구성능력 및 자료를 조작하는 능력을 고려하여 다양한 종류의 블록과 소품을 난이도와 주제를 고려하여 제공한다. 한 연령 안에서도 사용 인원, 유아의 흥미, 제시 시기 등에 따라 블록과 소품에 변화를 준다. 자료는 유아가 쉽게 파악하고 정리·정돈을 잘 할 수 있도록 그림이나 사진을 교구장에 붙여둔다. 또한 유아 자신이 만든 것을 전시할 수 있는 공간을 준비하여 다른 유아들과 작품을 감상하고, 그 구성물로 놀이가 일어날 수 있도록 배려한다.

쌓기놀이영역에는 할로우, 유니트, 종이벽돌 블록 등의 기본 블록, 끼우기 블록(코코 블록, 레고 블록 등), 다양한 크기의 나무판자, 여러 유형의 소품(각종 모형 교통기관과 표지판, 다양한 모형 사람, 동식물 모형, 각종 집 모형 등), 블록 만들기에 대한 아이디어를 주는 참고자료 등을 제시한다.

그림 6-8 쌓기놀이영역에서 놀이하고 있는 유아들

④ 조작놀이영역

조작놀이영역은 감각기능과 소근육의 발달, 언어발달, 수·과학 등과 같은 인지발달을 자극할 수 있는 교구들로 구성되며 조용한 놀이영역의 특성을 갖는다. 유아들은 놀이를 하면서 논리·수학적 사고를 하면서 교구에 담긴 개념의 의미를 이해하고 기초적 수 개념을 형성하며, 조작하는 행위를 통해 눈과 손의 협응력, 감각기관의 능력 및 소근육을 발달시킨다. 또한 유아 스스로 활동할 수 있도록 고안된 교구들을 조작하는 가운데 집중력과 자율성, 자기통제력 등을 형성할 수 있다.

조작놀이영역에는 개념 및 소근육 발달을 돕는 다양한 교구와 그림 맞추기(퍼즐)를 배치한다. 교구는 선반장에 종류별로 한눈에 어떤 교구인지 알아볼 수 있도록 배치하며 책상과 의자 또는 좌식 탁자와 카펫을 놓아 영역을 구성한다. 그룹 게임 교구는 함께 제시하거나 인접한 장소에 배치한다.

조작놀이 교구는 일반적으로 쟁반이나 바구니 등을 사용하여 유아가 사용법을 쉽게 알 수 있도록 하며 조각 자료의 분실을 막을 수 있다. 이는 또한 정리정돈에도 도움이 된다. 교구는 주제와 난이도에 따라 유형별로 균형 있게 제시한다.

⑤ 미술영역

미술영역에서 유아는 자신의 느낌과 생각, 경험들을 미술자료들을 통해 다양하게 표현하고 실험, 구성, 예측, 감상하는 활동을 한다. 또한 창의력과 심미감을 기르고 인지능력, 소근육 능력을 발달시키며 감정을 해소하는 기회를 갖게 된다. 또한 다른 사람의 활동에 조언을 주거나 다른 사람에게 도움을 받는 것, 여러 명의 유아들이 공동 작업을 하는 과정에서 사회적 능력이 향상될 수 있다.

이곳에서는 그리기, 오리기, 붙이기, 모형 빚기, 구성하기 등의 창의적인 활동이 이루어지므로 방해받지 않고 물을 사용하기 쉬우며 조명이 밝은 곳에 위치하도록 한다. 바닥과 책상은 청소가 용이한 재질로 준비하며, 자료장은 유아가 쉽게 꺼내 쓰고 정리할 수 있도록 준비한다. 활동 진행에 필요한 각종 도구도 준비해 준다. 완성된 작품과 미완성 작품을 담을 바구니를 준비하여 작품을 마무리하도록 배려한다.

넓은 책상과 사용에 편리한 자료장, 작품 건조대, 청소용구를 준비한다. 자료장에는 각종 종이(도화지, 색종이, 기타 다양한 재질과 모양의 종이 등), 그리기 도구(크레파스, 색연필, 물감 등), 만들기 도구(가위, 풀, 스테이플러 등), 점토놀이 도구(흙, 찍기 틀, 밀대 등), 기타 빨대 · 모루 · 수수깡 · 나뭇가지 등의 자료, 재활용품들(다양한 크기의 상자, 깡통, 플라스틱 병 등)을 준비한다.

안전을 고려하여 자료를 제시하고, 자료의 상태를 수시로 점검하여 보충하며, 교육 주제와 계절을 고려하여 첨삭하는 변화를 준다.

그림 6-9 미술영역(만 3세 학급)

⑥ **음률영역**

음률영역은 노래 부르고, 여러 악기를 탐색하고 연주하며, 음악을 감상하고, 음악과 함께 몸을 움직여 보는 활동이 이루어지는 곳이다. 유아들은 이 영역에서 놀이하면서 정서적인 풍요로움과 자신감, 만족감을 느끼며 감각 기능과 창의력을 발달시킬 수 있다.

음률영역은 소음을 최소화할 수 있도록 고려하여야 하며 인접한 다른 영역을 방해하지 않는 장소에 배치한다. 이 영역에 제공되는 자료로는 다양한 악기와 음악 감상과 신체표현 활동을 위한 자료가 있다.

악기로는 리듬악기(트라이앵글, 탬버린 등), 멜로디 악기(실로폰, 피아노 등), 전통악기 등을 제시한다. 리듬악기는 다양한 생활용품으로 만들어 변화를 주며 제공할 수 있다(예: 곡식 마라카스, 테이프 속심을 활용한 진달래 꽃 방울악기 등). 악기의 각 유형별로 난이도를 반영하여 제시한다. 음악감상을 위해서는 짧은 시간 감상할 수 있는 다양한 음악 테이프, 관련 음악책과 녹음기, 안락한 의자 등을 준비한다. 리본 막대나 스카프 등의 소품을 제공하여 창의적인 신체표현 활동을 격려한다. 벽면에는 악기를 연주하거나 동작을 표현한 그림 자료를 붙여준다.

그림 6-10 음률영역에서 놀이하고 있는 유아들

⑦ **과학영역**

과학영역에서는 유아 주변의 환경과 생물과 무생물, 각종 자료들을 유아가 호기심을 갖고 직접 관찰, 실험, 탐구하고 이해하기 위한 활동이 이루어진다. 유아는 이 영역에서 자유롭게 활동에 참여하면서 호기심이 충족되고 논리적 사고를 하며, 과학의 즐거움을 느끼는 가운데 문제해결력과 탐구의 태도를 기르게 된다.

이 영역은 조용하고 햇볕이 잘 드는 곳에 배치하고 유아의 관찰력과 탐구력을 향상시킬 수 있는 관찰과 실험이 가능한 다양한 수집품과 자료를 제시해 유아들이 직접 보고, 만지고 발견할 수 있는 환경이 되도록 한다.

자석, 현미경, 확대경 등의 각종 도구와 살아 있는 동식물, 자연물, 과학도서를 비치하고 인체 탐구를 위한 자료 및 주변에서 발견할 수 있는 다양한 실물, 유아들이 수집한 자료와 집단활동에서 사용했던 실험자료 및 교사가 제작한 자료도 제시한다. 이 자료들은 계절, 주제, 유아의 흥미에 따라 변경하며 지속적인 관찰이 요구되는 동식물은 계속 제시한다.

그림 6-11 과학영역의 예

그 외 물 · 모래놀이 및 목공놀이 등을 영역으로 구성하여 제공할 수도 있다. 이 영역들은 실내 · 외 모두에 놀이 공간을 구성하는 것이 가능한 영역이기도 하다.

유아는 물과 모래의 촉감을 즐기며, 정서적 안정감을 느끼고, 다양한 변화의 과정을 경험하면서 자연스럽게 물리적 지식을 확장시킬 수 있다. 그러나 교실 공간의 여건상 실내의 물 · 모래놀이는 필요에 따라 간헐적으로 제시되는 경향이다. 교사는 시기와 방법을 계획하여 제시하고 유아들이 즐겁게 놀이하고 스스로 정리 · 정돈할 수 있는 환경을 제공한다.

목공놀이영역은 나무와 도구를 사용하여 새로운 창조물을 만들어 보는 곳으로 눈과 손의 협응력, 대 · 소근육 발달, 집중력, 창의력과 문제해결력, 수 · 과학의 개념 발달 등을 이룰 수 있는 영역이다. 또한 자연에 대한 경외심과 근로의 기쁨을 경험하고 생산과 소비에 대한 태도를 개발하게 된다. 창의적이고 위험 요인이 있는 특성을 고려하여 공간을 배치한다.

또한 대근육 활동을 위한 공간을 실내에 마련할 수 있다. 어린 연령 학급에서는 학급 공간 내에 대근육 활동을 할 수 있는 자료와 공간을 비치할 수도 있다. 또 모든 연령, 전체 학급을 위하여 실내의 별도 공간에 대근육 활동실을 배치한다. 이러한 공간에서 유아들은 신체와 운동능력을 발달시키고, 위험 대처 능력과 공간개념이 향상되며, 다른 유아들과 사회적 경험을 하고 자신감과 성취감을 얻어 긍정적인 자아개념을 형성할 수 있다.

(2) 실외 환경

유아를 위한 실외 공간의 영역 구분은 각각의 환경 여건에 따라 달라질 수 있다. 다음에서는 운동놀이영역, 모래・물놀이영역, 자연탐구 및 관찰영역, 작업영역, 휴식영역, 보관 창고를 중심으로 살펴보고자 한다(교육과학기술부, 보건복지부, 2012b, 14-21; 이화여자대학교 부속 이화유치원 편, 2002, 199-206).

- 운동놀이영역: 대근육 운동능력을 기르고 기구를 사용하는 방법을 습득할 수 있는 영역이다.
- 모래・물놀이영역: 상상력, 과학적 사고와 발견, 정서적 안정 등을 함양할 수 있는 영역이다. 그늘에 설치하며 모래와 물놀이 영역이 서로 인접하도록 배치하고, 다양한 모래・물놀이 기구를 제공하면 놀이를 확장할 수 있다. 극화놀이를 촉진하는 구조물이나 테이블, 극화놀이 소품 등도 인접하여 배치되면 놀이가 더욱 풍부해지도록 도울 수 있다.
- 자연탐구 및 관찰영역: 동식물 기르기와 관찰이 이루어지는 영역이다. 계절에 따른 자연의 변화와 식물의 성장을 관찰하며 또 직접 재배하여 보는 경험을 통해 지식을 얻고 자연을 사랑하는 마음과 경외감을 느낄 수 있다. 동물의 성장을 관찰하고 돌보는 경험 역시 동물의 생태를 탐구하고 사랑하는 마음을 기르는 데 도움을 준다. 동물 기르기는 특히 영유아의 건강한 성장을 위해 하지 않

을 동물로 선택되어야 하고 사육 환경 역시 청결하게 관리되어야 한다.

- 작업영역: 이 영역은 실외에서 접할 수 있는 다양한 환경을 통해 놀이가 확장되도록 하기 위한 영역이다. 물감 등으로 그림 그리기, 큰 블록 쌓기, 목공, 점토놀이 등이 이루어질 수 있는 영역이다.
- 휴식영역: 유아가 휴식을 취하거나 조용히 있고 싶을 때 활용할 수 있는 영역이다. 나무 그늘이나 정자, 텐트 등으로 구성할 수 있다.
- 보관 창고: 실외 공간의 한쪽에는 실외활동에 사용하는 다양한 이동식 운동기구, 각 영역에서 사용하는 기구나 자료 등을 보관할 수 있는 창고를 설치하여 실외놀이를 지원할 수 있도록 한다.

그 밖에 전이영역이 필요하다. 전이영역이란 실내에서 실외로 이동하며 만나는 곳을 의미한다. 이 영역은 유아들이 자신이 원하는 활동으로 안전하게 전이하도록 도울 수 있다. 따라서 실외 환경이 한눈에 보이면서 유아들 간에 부딪힘이 일어나지 않도록 한적하게 공간이 마련되어야 한다(이화여자대학교 부속 이화유치원 편, 2002: 271). 또한 수도시설 및 쓰레기통도 있어야 한다.

정리해 보세요

1 통합교육과정의 개념을 정리해 보세요.

2 유아교육과정에서 통합교육과정을 적용하는 것의 장점을 정리하여 보세요.

3 일과 계획에서 고려할 사항들을 정리하여 보세요.

4 유아교육기관의 물리적 환경 구성에서 고려할 점을 정리하여 보세요.

5 영아를 위한 좋은 물리적 환경은 어떠해야 할지 정리하여 보세요.

토론해 보세요

1 유아교육과정에서 교사가 실제로 통합교육과정을 계획하고 운영하는 과정에 대해 토의하여 보세요.

2 유아에게 그리고 유아교육과정에서 의미 있는 주제, 교육내용은 어떠한 것일지 토의하여 보세요.
 - 예비교사로서 여러분이 의미 있다고 생각한 주제를 나열하고 보고 그 가치를 토의하여 보세요.

3 여러분이 선정한 '주제' 하나를 예로 하여 주제 접근 통합교육과정을 구성하는 과정을 동료들과 함께 협의해 보세요.

4 각 연령 및 일과의 길이에 따라 일과계획과 운영에서 고려할 사항들을 토의하여 보세요.

5 학급의 유아들이 단일연령으로 구성된 경우와 혼합연령으로 구성된 경우, 유아 및 교사가 맞이하게 될 상황은 어떻게 다를지 토의해 보세요.

6 영유아들을 위한 실내외 놀이 환경 중에서 여러분이 관심을 갖게 된 놀이 공간의 특징에 대해 동료들과 이야기 나누어 보세요.

CHAPTER

7

2019 개정 누리과정과 제4차 어린이집 표준보육과정의 편성·운영

1. 2019 개정 누리과정과 제4차 어린이집 표준보육과정의 특징
2. 유치원과 어린이집에서의 교육과정 편성 · 운영
3. 일과의 구성
4. 놀이 환경

Chapter 07

2019 개정 누리과정과 제4차 어린이집 표준보육과정의 편성 · 운영

국가 수준의 교육과정을 기초로 각 단위 유치원과 어린이집에서는 교육과정 및 보육과정을 편성하여 운영하게 된다. 「2019 개정 누리과정」은 국가가 고시한 3~5세 유아를 위한 '국가 수준의 공통 교육과정'이다(교육부, 2019; 교육부, 보건복지부, 2019a). 이는 '누리과정'이 국가 수준 교육과정이며 유치원과 어린이집에 모두 사용되는 특성을 명확히 나타내기 위한 표기라고 밝히고 있다. 「2019 개정 누리과정」을 지칭하는 또 다른 용어로 '개정 누리과정'과 '유아 · 놀이중심 교육과정'을 사용하고 있다(교육부, 보건복지부, 2019a, 3, 11).

표준보육과정은 0~5세를 대상으로 한 어린이집 보육과정이지만 제4차 어린이집 표준보육과정에서 3~5세 보육과정은 2019 개정 누리과정과 동일한 공통 교육과정을 사용한다(보건복지부, 2020b). 따라서 이 장에서 '표준보육과정'은 0~2세 보육과정에 대한 제4차 어린이집 표준보육과정을 지칭하는 의미로 사용하고자 한다.

「2019 개정 누리과정」에서는 각 유치원과 어린이집에서 국가 수준에서 제시하는 공통성을 바탕으로 유아 · 놀이중심 교육과정을 다양하게 실천할 것을 강조하고 있다. 누리과정의 실행 주체인 교사가 자율적으로 유아와 함께 만들어 나가는 교육과정을 실천할 수 있음을 밝히고 있다(교육부, 보건복지부, 2019a, 11). 이 장에서는 2019 개정 누리과정 및 제4차 어린이집 표준보육과정에서 제시하는 단위 유치원과 어린이집의 교육과정 및 보육과정 편성 · 운영 방향을 살펴보도록 하겠다.

1 2019 개정 누리과정과 제4차 어린이집 표준보육과정의 특징

개정 누리과정에서는 '3~5세 유아를 위한 국가 수준 공통 교육과정'인 '누리과정의 성격'을 다음의 다섯 가지로 제시하면서 국가 수준 교육과정의 구성 체계를 밝히고 있다. 제4차 어린이집 표준보육과정 역시 국가 수준 보육과정의 성격을 영아를 포함하면서 누리과정과 동일하게 제시하고 있다. 각 단위 유치원과 어린이집에서는 국가가 고시한 기준을 고려하여 교육과정을 편성·운영하도록 하고 있다. 다음에서는 2019 개정 누리과정과 제4차 어린이집 표준보육과정에서 제시하고 있는 교육과정 및 보육과정의 성격과 그 내용을 알아보겠다(교육부, 보건복지부, 2019a, 25~27; 보건복지부, 2020b, 16~18).

가. 국가 수준의 공통성과 지역, 기관 및 개인 수준의 다양성을 동시에 추구한다.

기관 수준의 다양성은 각 유치원과 어린이집이 국가 수준 교육과정과 지역 수준 교육과정 및 보육과정의 특성을 반영하는 동시에 각 기관의 철학, 학급 및 학부모의 특성에 따라 누리과정 및 보육과정을 자율적으로 운영하는 것을 의미한다.

개인 수준의 다양성은 교사가 담당 학급 영유아의 연령 및 개별 특성, 발달 수준 등 개인차를 교육과정에 반영하여 운영하는 것을 의미한다. 교사는 영유아를 개별적 특성을 가진 고유한 존재로 인정하며, 영유아의 흥미와 관심을 교육과정에 반영하여 자율적으로 운영할 수 있다.

나. 영유아의 전인적 발달과 행복을 추구한다.

영유아가 전인적 발달과 행복을 추구할 권리가 존중되어야 한다. 따라서 유치원과 어린이집에서는 영유아의 전인적 발달과 행복 추구를 지원하기 위해서 영유아가 자유롭고 즐겁게 충분히 놀이할 수 있도록 교육과정을 구성하고 운영해야 한다고 강조한다.

다. 영유아 중심과 놀이 중심을 추구한다.

'영유아 중심'을 추구한다는 것은 영유아의 건강과 행복, 놀이를 통한 배움의 가치를 최대한 존중하여 반영하는 것을 의미한다고 해석하고 있다. 따라서 교사는 영유아의 목소리에 귀 기울이며, 영유아의 의견을 존중하고 반영하는 교육과정 및 보육과정을 구성하고 운영하는 것이 필요하다고 강조한다.

또한 '놀이 중심'을 추구한다는 것은 영유아가 주도하는 놀이를 중심으로 교육과정을 구성하고 운영한다는 의미로 제시하고, 유치원과 어린이집에서는 영유아 주도적인 놀이가 충분히 이루어질 수 있도록 교육과정을 구성하고 운영해야 할 것을 강조하고 있다.

라. 영유아의 자율성과 창의성 신장을 추구한다.

교사는 영유아의 자율성과 창의성 신장을 지원하여야 한다고 강조한다. 즉 교사는 영유아가 크고 작은 어려움을 스스로 해결해 가는 모습을 격려하고, 자신의 경험과 생각을 자유롭게 표현할 수 있도록 도와줌으로써 자율성과 창의성 신장을 지원할 수 있다.

마. 영유아, 교사, 원장(감), 학부모 및 지역사회가 함께 실현해 가는 것을 추구한다.

개정 누리과정과 표준보육과정은 영유아와 교사, 유치원과 어린이집, 각 기관이 속한 지역사회와 가정의 협력 및 참여를 통해 함께 실현해 가는 교육과정을 지향한다. 국가 수준의 교육과정이 제시하는 공통적이고 일반적 기준을 바탕으로 교사가 자율성을 가지고 유아와 함께 교육과정을 만들어 나가는 것을 강조하고 있다.

교사, 원장, 원감은 영유아의 관심과 흥미 및 놀이에 대한 이해를 바탕으로 영유아의 놀이를 지원하는 교육과정 실행의 주체로 명시한다. 학부모는 영유아 · 놀이중심 교육과정의 의미를 이해하고 영유아가 가정과 기관에서 주도적으로 충분히 놀이할 수 있도록 기관과 협력하고 지원하는 역할을 하도록 제안하고 있다. 또한 유치원과 어린이집은 지역사회의 공공기관이나 단체와 협력하여 지역사회의 인적, 환경적, 문화적 자원을 통해 영유아가 풍부한 경험을 할 수 있도록 교육과정 운영을 지원하도록 방향을 제시하고 있다.

개정 누리과정에서는 '교육과정'이 '교육목표를 달성하기 위해 교육내용을 선정 · 조직하는 방식'임을 고려하면서, '유아가 경험하는 총체'임에 중점을 두고 교사와 유아가 함께 만들어가는 교육과정의 중요성을 강조하고 있다(교육부, 보건복지부, 2019a, 10).

개정 누리과정 및 표준보육과정에서는 통합교육과정에 대하여 '구성의 중점'과 '교수・학습' 측면에서 설명하고 있다. '구성의 중점'에서 개정 누리과정은 신체운동・건강, 의사소통, 사회관계, 예술경험, 자연탐구 등의 5개 영역을 중심으로 구성한다고 명시하고 있다. 5개 영역의 59개 내용은 곧 유아가 경험해야 할 내용, 경험하는 내용이라고 설명한다. 이 5개 영역을 분절하여 또는 특정 교과나 연령별로 가르쳐야 하는 세부 내용으로 이해하지 않도록 유의할 것을 강조하고 있다. 유아의 경험은 대부분 놀이를 통해 이루어지고 놀이는 5개 영역의 내용을 통합적으로 포함하고 있으므로, 유아・놀이 중심 교육과정의 운영은 곧 5개 영역의 통합적 실천이라는 것이다(교육부, 보건복지부, 2019a, 36~37).

'교수・학습' 측면에서도 개정 누리과정의 5개 영역에 제시한 내용이 '통합적으로 유아의 경험과 연계되도록' 하여야 함을 제시하고 있다. 유아는 놀이를 통해 교육과정의 내용을 통합적으로 경험하며, 유아의 놀이에서 5개 영역의 교육과정의 내용이 자연스럽게 통합적으로 나타나는 것을 강조한 것이다(교육부, 보건복지부, 2019a, 50~51).

또 교사가 자율성을 가지고 '통합 방식을 다양화'할 것을 제안하였다. 생활주제 외에도 다양한 통합 방식을 운영할 수 있음을 강조한다. 미리 정해진 생활주제가 아니더라도, 유아의 놀이에서 관심을 보이는 주제, 그림책, 사물, 우연한 상황 등을 활용하여 유아의 관심과 흥미를 중심으로 유아의 경험을 통합적으로 연계하여 지원할 것을 제안하고 있다(교육부, 보건복지부, 2019a, 20).

표준보육과정에서도 영아의 경험은 대부분 일상생활과 놀이를 통해 이루어지고 이러한 일상생활과 놀이는 6개 영역의 내용을 통합적으로 포함하고 있다고 밝히고 있다. 즉, 0~1세 및 2세 보육과정은 기존의 표준보육과정에서 제시한 기본생활, 신체운동, 의사소통, 사회관계, 예술경험, 자연탐구의 6개 영역의 명칭을 그대로 유지하고 있다. 각 영역은 영아가 보육과정을 통하여 자연스럽게 경험하거나 경험해야 하는 내용을 6개 영역으로 나누어 제시한 것이라고 설명한다(보건복지부, 2020b, 26). 영유아는 일상생활과 놀이를 하면서 표준보육과정의 각 영역에 포함된 내용을 통합적으로 경험한다고 제시한다. 따라서 교사는 자율성을 바탕으로 교육과정 각 영역의 내용을 다양한 방식으로 융통성 있게 영유아의 경험과 연계하여 지원할 필요가 있다고 제안하고 있다(보건복지부, 2019b, 39).

이처럼 개정 누리과정과 표준보육과정에서는 교육과정 편성·운영자로서의 교사의 자율성을 강조하고 있다. 또 교사를 '놀이지원자'로 강조한다. 교사는 놀이의 특성, 의미, 가치를 이해하여 영유아가 즐겁게 놀이하면서 배우는 경험을 지원할 수 있다. 교사는 적절하게 환경을 구성하고, 영유아와 바람직한 상호작용을 하여 영유아가 놀이에 몰입하고 놀이를 확장하도록 돕는 역할을 한다.

2 유치원과 어린이집에서의 교육과정 편성·운영

단위 유치원과 어린이집은 국가 수준의 공통 교육과정인 2019 개정 누리과정 및 제4차 어린이집 표준보육과정을 바탕으로 각 기관의 실정에 따라 적합한 계획을 수립하여 운영하도록 하고 있다. 계획안 수립에서 기관과 교사의 자율성을 강조하고 있는 것이다(교육부, 보건복지부, 2019a; 보건복지부, 2020b). 개정 누리과정에서는 유아·놀이 중심 교육과정 편성을 유치원과 어린이집에서 하루, 한 주, 한 달, 한 학기, 일 년의 시간을 어떻게 살아갈 것인가에 대한 교육내용과 시간을 조직하는 과정으로 정의하고 있다. 또 '계획하기'를 유아의 놀이를 통한 배움을 지원하기 위한 교육과정 내용과 시간을 조직하는 것으로 정의하고, 교사가 '교육적 지원을 계획하는' 관점으로 접근할 것을 강조하고 있다(교육부, 보건복지부, 2019b, 24).

교육과정 계획과 관련하여 개정 누리과정에서 추구하는 인간상, 각 기관의 지역적 특성이나 철학 등을 고려하여 교육계획의 범위, 내용, 양식이나 작성 시기, 활용 방법을 자율적으로 정하도록 하고 있다. 연간계획을 예로 한다면, 일 년간의 중요한 경험(예 : 기관 적응, 계절, 명절, 그 해의 특별한 국가적 행사, 기관 행사, 진급 등)을 고려하여 계획하지만 학기를 진행하는 동안 유아에게서 발현되는 놀이 주제를 즉각적으로 반영될 수 있도록 여지를 남기고 연간계획을 작성하는 것을 강조하고 있다. 유아와 교사가 함께 '만들어가는 교육과정'을 추구하므로 연간계획이 수립되었다 하더라도 유아들의 놀이 경험에 따라 시기와 기간 등이 바뀔 수 있는 가변성, 융통성을 유아교육 현장에서 유념하기를 강조한 것이다(교육부, 보건복지부, 2019b, 25).

특히 교사가 선계획하여 '계획-실행-평가-계획'으로 이어지는 '선형적' 과정을 지양하고 유아의 놀이, 일상생활, 활동을 관찰, 기록한 것을 기반으로 유아의 배움을 지원하기 위한 계획을 수립하는 '교육적 지원을 계획하기'를 강조하고 있다(교육부, 보건복지부, 2019b, 12). 유아의 놀이, 경험의 전개 상황에 따라 이를 반영하여 만들어가는 교육과정을 추구하고 있는 것이다. 유아를 교육과정을 함께 구성해나가는 존재로 인식하고 일과 구성, 놀이공간, 놀이자료, 평가 등에 있어 유아의 소리가 반영되는 비중을 늘려야 한다고 제안하고 있다.

'계획안의 형식과 방법'에서도 교사의 자율을 강화하고 있다. 유아·놀이 중심 교육과정의 실천을 위하여 계획안을 각 기관의 실정에 따라 자율적으로 작성하며, 연간, 월간, 주간, 일일 계획안의 형식과 내용을 개선하여 다양한 방식으로 계획안을 작성할 수 있도록 안내하고 있다. 계획안의 형식, 분량, 계획안으로 포함할 유형(주간, 일일 등)에 대해 기관과 교사의 필요에 따라 자율적으로 선택, 구성할 수 있음을 강조한다(교육부, 보건복지부, 2019a, 39; 교육부, 보건복지부, 2019b, 29; 보건복지부, 2020b).

이는 유아가 주도하는 놀이를 적극적으로 지원하기 위하여 교사가 계획안을 사전에 작성하는 방식을 최소화하는 것이 중요하다는 취지이다. 사전 계획을 최소화함으로써 유아가 실제 놀이하는 내용과 교사의 지원 계획을 자율적으로 기록하는 방식으로 계획안을 개선해 갈 것을 권고하고 있다.

다음의 표 7-1에서 7-6은 기관이나 교사의 실정에 맞게 계획안의 형식을 자율적으로 변경하고, 유아가 실제 놀이한 내용 및 놀이 지원 내용 등을 포함하여 기록한 교육적 지원 계획의 다양한 예이다. 월간교육계획(표 7-1), 주간교육계획(표 7-2, 7-3), 유아의 놀이를 관찰, 기록하고 지원을 계획한 예(표 7-4), 유아의 놀이 관찰내용과 누리과정 운영 평가를 함께 기록한 예(표 7-5), 한 주의 실행과 평가를 함께 기록한 예(표 7-6) 등이다.

교육적 지원 계획하기

계획하기란 교사가 유아의 놀이를 통한 배움을 지원하기 위하여 교육과정 내용과 시간을 조직하는 것이다. 개정 누리과정에서는 교사가 미리 모든 것을 계획하여 그대로 실행하는 것을 지양하고 실행된 교육과정을 담는 것을 강조하여, 만들어진 교육과정이 아니라 만들어가는 교육과정에 의미를 둔다. 교사는 전체 또는 개별 유아가 진행하고 있는 놀이에 초점을 두되 유아가 생활 속에서 경험하고 있는 크고 작은 관심사, 일상생활을 편안하게 유지하기 위하여 필요한 경험, 계절이나 날씨와 같은 자연적인 현상, 기관의 특별한 행사 등을 반영하여 계획할 수 있다(교육부, 보건복지부, 2019b, 24~25).

표 7-1 두 개의 놀이 주제를 반영한 월간교육계획안의 예

2019 개정 누리과정에서 월간교육계획안의 예로 제시된 사례.
계획된 계절-봄 주제의 진행 중에 유아의 흥미에 따라 진행된 새로운 주제 '반짝이 끈'을 반영하여 진행된 기록으로 계획이 수정, 변경되며 진행된 과정을 제시함.

계절 주제와 유아의 발현된 놀이 주제가 동시에 진행됨

주		5월 1주	5월 2주	5월 3주	5월 4주
놀이(바깥놀이 포함)	봄	• 봄꽃 만들기	• ~~꽃가게 꾸미기~~ • ~~꽃가게 놀이~~		
		• 모형꽃, 화분으로 놀기	• ~~꽃씨 마라카스~~		• ~~티슈로 나비 만들기~~
		• 산책 사진으로 만든 책	• 씨앗 그림책	• ~~꽃모양 막대인형~~	• 봄의 곤충 그림책
	유아의 흥미에 따라 새로운 주제 '반짝이끈'이 시작되었고, 이를 반영함				
	반짝이끈	• 반짝이끈 가지고 나가 놀기 • 반짝이끈 나뭇가지에 묶기 • 반짝이끈으로 만든 도구로 운동하기			
활동		유아의 흥미에 따라 새로운 주제 '반짝이끈'이 시작되었고, 이를 반영함			
		• 우리 교실에는 어떤 장난감이 있으면 좋을까? • 상자와 반짝이끈 으로 어떻게 놀이할 수 있을까? • 놀이의 진행과정에 따라 문제해결 의견나누기			
		• 동화 '우리 가족' 동화 '봄소풍			
		• 노래 '봄에 피는 꽃'	• ~~봄꽃 찾아오기 게임하기~~ • 반짝이끈으로 신체 표현하기	• ~~노래 '씨앗이 자라서'~~ • 반짝이끈으로 게임하기	• ~~노래 '개미'~~ • 애벌레 신체 표현하기
필요한 경우 활동을 통해 유아의 놀이를 지원함					
행사일정		5일- 원내 어린이날 행사 / 8일- 원내 어버이날 행사 & 포토존 22일- 원내 손씻기 교육 / 29일- 급식도우미 활동			

출처: 교육부, 보건복지부(2019b). 2019 개정 누리과정 놀이실행자료. 120

표 7-2 놀이 실행 및 지원을 기록한 주간교육계획안의 예

2019 개정 누리과정에서 주간교육계획안의 예로 제시된 사례 : 우리 동네 주제에서 유아의 놀이 실행과 교사의 지원을 기록한 예

유아들이 마을의 지도에 관심을 갖고 길 만들기를 실행하면서 교사가 놀이를 지원한 사례. 교사는 바닥에 테이프로 길을 만들어 가는 유아들에게 재료와 공간의 변화를 통해 놀이를 지원함

주제	우리 동네	목표	내가 살고 있는 곳에 대해 궁금한 것을 알아본다.

요일	실행	지원
…	…	…
목	• 교실 한 켠에 있는 지도에 대해 관심을 가지고 가장 빨리 가는 길에 대한 대화를 나눔.	✓ 인터넷을 활용하여 유아가 지도를 잘 볼 수 있도록 지원함.
금	• 인터넷으로 본 지도를 보며 그림으로 길을 표상함. 교실에 있는 종이가 작다고 하면서 점점 더 큰 크기의 종이를 요청함.	✓ 더 큰 종이 제공함: 도화지 → 4절지 → 전지 → 전지 이어 붙여서 그림 그리기.
월	• 지난주 금요일에 이어 길을 그림으로 표상함. 그림에서 일반도로 뿐 아니라 다양한 길(예: 지하철, 고속도로 등)에 대한 표상이 나타남. • 종이를 이어 붙이는 것의 불편함과 더불어 이어 붙인 종이 위에 올라가서 그림을 그리자 다시 그릴 공간이 좁아지는 상황이 벌어짐.	✓ 문제 해결 방법에 대해 유아들과 토의하였고 복도에 나가서 그림을 그리기로 결정함. ✓ 종이는 계속 이어 붙이기 어려워 바닥에 그림을 그리면 좋겠으나 바닥을 훼손하면 안 되므로 다음날 교사와 함께 자료실에 가서 바닥에 그리기 적절한 그리기 도구가 있는지 찾아보기로 함.
화	• 자료실에 가서 바닥에 그리고 지우기 적절한 그리기 도구를 찾다가 우연히 테이프를 발견하고 테이프로 길을 만들자고 함. • 유아가 선택한 자료인 테이프로 유아는 복도에서 길을 만들기 시작함.	 ✓ 교사와 유아가 함께 자료실에 가서 유아가 선택한 자료(절연 테이프)를 제공함. ✓ 교실 외 놀이공간(복도) 활용함.
수	• 복도에서 이어서 놀이함. 길이 더 길어지고 커짐. • 색테이프를 요청함. • 테이프로 벽에도 표상을 시작함. 노랑-고속도로 파랑-1호선 초록-2호선 빨강-3호선 "아파트는 바닥X. 서있잖아."	✓ 벽까지 올라가서 어떻게 다 떼어 정리하나 걱정도 되었지만 유아들의 놀이를 지켜보기로 함. ✓ 요청에 따라 다양한 색깔의 테이프 추가 제공함. ✓ 테이프로 만든 길 위에 입체적으로 동네를 구성할까 싶어 종이벽돌블록과 소품 일부를 제시해 보았음.
목	• 제시한 블록, 소품에 관심을 보이지 않음. 오로지 테이프로만 길 만들기에 집중함. • 복도도 테이프길로 거의 꽉 차고, 멈춰야 되는지 다른 공간으로 길을 확장해도 괜찮은지 묻기 시작함. • 유아들과 토의 후 계단, 강당까지 가기로 함. • 길/미로/경사로 관련 대화가 오감.	✓ 유아가 안전하게 놀이하도록 교사도 전체를 관찰하지만, 평소 놀이하던 공간이 아니고 다른 학급의 유아들도 오가는 공간이므로 안전하게 놀이할 수 있도록 안전에 대해 짧게 이야기를 나눔. ✓ 유아들의 의견을 받아들여 복도에서 계단, 강당까지 기관 전체로 이어서 놀이하는 것으로 함.
금	• 테이프로 길 만드는 유아들이 줄어들고, 복도나 계단에서 길 만들기 놀이를 하기보다는 뛰어다니는 유아들이 많아짐. • 테이프를 떼어 정리하는 과정에서 돌돌 말린 테이프가 공처럼 되었고 테이프 공은 다시 유아들에게 새로운 놀잇감으로 보이기 시작함.	✓ 길 만들기 놀이에 대한 관심이 줄어들었음. ✓ 정리도 유아와 함께 진행함. 정리하는 과정에서 새로운 놀이자료(테이프 공)를 발견함. ✓ 테이프 공 활용하여 놀이할 수 있는 방법을 유아들 스스로 창안하기 시작함.

출처: 교육부, 보건복지부(2019b). 2019 개정 누리과정 놀이실행자료. 108

표 7-3 실행된 교육과정을 반영하여 수정한 주간교육계획안의 예

2019 개정 누리과정에서 주간교육계획안의 예로 제시된 사례.
계획된 계절-봄 주제의 주간 교육계획과 유아의 놀이 발현에 따라 실행된 교육과정을 기록, 수정한 주간교육계획안의 예

계절 및 주제에 따라 놀이환경을 제공해주지만 유아의 놀이발현에 따라 수시로 계획을 수정함

기간	20 년 월 일~ 월 일	연령	5세	담임	
주제	봄	소주제	봄의 식물 + 봄나물		
목표	• 봄이 되어 변화하는 동식물의 특성을 탐색한다. • 동물과 식물을 보살피며 소중히 여기는 마음을 갖는다.				

주	(월)	(화)	(수)	(목)	(금)
등원 및 맞이하기	• 등원 길에 보이는 봄의 식물에 관심가지기				
놀이	• ~~개구리 연못 만들기~~ → 봄나물 식당 만들기 • ~~꽃가게 놀이~~ • 여러 가지 식물도감 • 식물의 성장과정 • 식물 뿌리 관찰 + 봄나물 즙내기 • ~~봄을 담은 모빌~~ → 폐품과 봄나물로 자유롭게 만들기 • 다양한 악기 소리 탐색				
활동	〈이야기나누기〉 • 봄의 식물 • 봄에 볼 수 있는 동물과 곤충 • ~~동·식물의 성장 과정~~ → 봄나물 놀이 마무리에 대한 이야기나누기 진행			〈동시〉 • ~~호랑나비 하양나비~~ 〈동시〉 • ~~꽃장수~~	
바깥놀이	• 개미 등 곤충 찾아보기		• 산책, 식물탐색		• 들풀의 뿌리 관찰
	• ~~〈대체활동〉 장애물 공굴리기/2인 1각 달리기~~				
지역사회연계	• 이야기 할머니/~~우당도서관 북버스~~ → 이야기 할머니와 산책하며 풀 이름 알아보기				
기본생활습관	• 이럴 땐 손을 꼭 씻어요.				
안전교육	• 약물오남용 – 약은 정해진 양만 먹어요.				

출처: 교육부, 보건복지부(2019b). 2019 개정 누리과정 놀이실행자료. 159

표 7-4 유아 관찰에 기반한 놀이 기록 및 지원 계획의 예

숲 속 놀이를 마치고 놀아와 점심시간에 주영이에게 어떻게 사냥꾼 생각이 났는지 물어보자 주영이는 "숲에는 원래 사냥꾼이 있는 거에요."라고 대답했다. 옆에 있던 아이들도 사냥꾼은 쫓고 동물은 도망가는 것이라고 말했다.

일부 유아들은 숲에서 주워온 나뭇가지를 내일도 가지고 놀아도 되는지 물었고 그렇게 하도록 허락했고 다른 나뭇가지들도 함께 더 내어주겠다고 했다.

20**. *월. *일 일과 중 관찰

나뭇가지 놀이를 관찰하면서 자연탐구 영역의 배움이 일어났음을 알 수 있었음. 민서는 "이게 제일 짧고, 이게 제일 커." 라고 말하면서 나뭇가지의 크기를 비교, 서열화하였음. 영수는 "애기 나뭇가지~. 어른 나뭇가지~." 라고 말하면서 나뭇가지를 자신의 기준대로 분류해보았음.

20**. *월. *일 오전 숲 속 놀이 중 관찰

- 숲 속에서의 놀이를 통해 개별 유아가 사전 경험을 놀이 속에 반영하여 주도적으로 놀이를 구성함을 확인할 수 있었음.
- 나뭇가지를 포함한 자연물로 놀이하는 과정에서 탐색하고 비교하기, 분류하기, 측정하기 등 자연탐구 영역의 배움이 일어나고 있음을 확인할 수 있었음.
- 유아들이 나뭇가지를 활용한 놀이에 흥미를 보이므로 유아들이 주워온 나뭇가지와 함께 나뭇가지 블록을 제공하기로 함. 산가지 놀이도 소개해볼 예정임.

출처: 교육부, 보건복지부(2019b). 2019 개정 누리과정 놀이실행자료. 97.

표 7-5 유아 놀이관찰 내용과 누리과정 운영 평가를 함께 기록한 예

구분	내용
유아 놀이관찰 내용	(※ 유아의 놀이 관찰 상황이 나타나는 사진을 첨부하여 기록내용을 보완할 수 있다.) 아래 관찰 기록의 경우, 유아들이 만들기를 하고 있고 교사가 유아의 가방 만들기를 도와주는 장면의 사진 부착 주현이가 봄나물로 가방을 만들었다. 서진: 이거 가방! 가방이야 가방! 서진이 거야. 주현: 서진아 너도 만들래? 주현이가 서진이에게 지퍼백을 준다. 서진이가 가방 만들기를 어려워하자 주현이, 교사가 도움을 주어 완성한다. 가방이 완성되자 서진이는 주현이에게 가방을 보여준다. 교사: 이거 가방이야. 서진: 이거 가방이야. 교사는 서진이가 주현이에게 언어로 표현할 수 있도록 지원한다.
누리과정 운영 평가	• 친구의 놀이를 관심 있게 지켜보는 장애유아를 관찰 하던 중, 일반 유아가 장애 유아의 놀이참여를 유도하는 상호작용이 일어났고, 긍정적인 통합놀이의 모습을 관찰할 수 있었음. • 장애 유아가 어려워하는 부분에 대해서는 교사가 신체적 촉진, 언어적 모델링 등을 통해 지속적인 놀이지원을 하였음. • 놀이전반에서 장애 유아와 일반 유아의 놀이가 즐겁게 이루어졌으며 친구의 이야기에 집중하고 모방하여 표현하는 장애 유아를 관찰할 수 있었음. • 바깥놀이에서 할 수 있는 통합활동을 계획해보고자 함.

출처: 교육부, 보건복지부(2019b). 2019 개정 누리과정 놀이실행자료. 160.

표 7-6 한 주 동안의 누리과정 운영을 평가한 예

<table>
<tr><th colspan="8">월간계획에 기초하여 한 주간의 누리과정 운영의 실행을 기록하고 평가한 예</th></tr>
<tr><td colspan="2">기간</td><td colspan="5">5월 2주</td><td></td></tr>
<tr><td colspan="2">요일</td><td>월</td><td>화</td><td>수</td><td>목</td><td>금</td><td></td></tr>
<tr><td rowspan="2">놀이</td><td>봄</td><td colspan="5">• 꽃가게 놀이 확장(조화, 포장지, 끈, 화분, 가위, 테이프, 다양한 종이 등)
꽃가게가 구성되면 자연스럽게 놀이가 진행되도록 지원함. 필요에 따라 놀이그룹 또는 학급전체의 놀이진행 상황을 공유하기 위한 이야기 나누기를 진행함.</td><td></td></tr>
<tr><td>반짝이끈</td><td colspan="5">• 그림책 〈빨간 끈〉
반짝이끈 놀이의 진행에 따라 적절한 시기에 그림책을 제공함. 그림책에 대한 관심을 많이 가져 활동을 통해 전체 유아와 함께 읽고 반짝이끈 놀이와 연계하였음.
• 반짝이끈과 상자 놀이
반짝이끈 속에 몸을 숨기던 유아들이 이제는 놀잇감을 숨기고 찾기 놀이를 함. 유아들 스스로 놀이 규칙을 만드는 과정을 지원함.
• 반짝이끈과 상자로 상상놀이하기
반짝이끈과 상자를 이용하여 만들고 싶은 것을 만들었고 결과물을 활용하여 상상놀이가 전개됨.</td><td>계획에 없었지만 진행된 놀이의 기록</td></tr>
<tr><td colspan="2" rowspan="4">활동</td><td colspan="5">• 이야기나누기 '놀이에서 생긴 문제를 어떻게 해결할까?' 갈등상황 해결하기 위해 활동으로 진행</td><td rowspan="4">월안에서 계획했던 내용을 실제 놀이를 반영하여 융통성 있게 실행</td></tr>
<tr><td colspan="5">• 동화 '빨간 끈' ppt동화로 진행함</td></tr>
<tr><td colspan="5">• 노래 '씨앗이 자라서' 꽃가게 놀이 경험과 연계하여 진행함</td></tr>
<tr><td colspan="5">• <del>반짝이끈 게임</del> 진행되지 않음</td></tr>
<tr><td colspan="2">바깥놀이</td><td colspan="5">• 풀 찧어 소꿉놀이하기/ 반짝이끈 나뭇가지에 묶기</td><td></td></tr>
<tr><td colspan="2">인성교육</td><td colspan="5">• 친구에게 친절하게 말하기</td><td></td></tr>
<tr><td colspan="2">일일 기록 및 지원</td><td>• 반짝이끈 속성을 이용한 놀이로 전개되기 시작함
• 꽃가게를 열기 위해 꽃다발 만들기에 관심을 가짐</td><td>• 반짝이끈과 상자를 같이 활용하여 숨기, 보물찾기 놀이를 함</td><td>• 반짝이끈을 활용하여 상상놀이를 함
• 바깥놀이 동안 풀에 대한 관심을 많이 표현함</td><td>• 반짝이끈 놀이 공간에 대한 갈등상황이 발생하여 이야기 나누기를 진행</td><td>• 반짝이끈 정리하기
• 풀에 대한 관심을 교실로 확장해보고자 함</td><td rowspan="2">일일 및 주간으로 놀이내용과 지원계획에 대해 간단히 기록</td></tr>
<tr><td colspan="2">주간 기록 및 지원</td><td colspan="5">• 반짝이끈으로 놀이하고 정리도 유아가 스스로 할 수 있도록 함. 정리 시 반짝이끈을 비닐에 담아 공이 되었고, 바깥놀이 시 신체활동 소품으로 활용해 보았음. 유아들이 즐겁게 활용하며 놀이하여 반짝이끈 공 굴리기 게임 및 바깥놀이 시 자유롭게 공 놀이하는 자료로 활용해볼 것임.
• 실내놀이에서 지난 2주간 제공하였던 조화와 유아들이 만든 꽃이 어우러져 꽃가게 놀이로 진행됨. 교사가 놀이를 기본적으로 제공하였지만 유아들 사이에서 자발적으로 가게에 필요한 공간구성과 놀이자료를 스스로 만들기 위해 노력하고 의사소통이 활발하게 일어남.
• 바깥놀이에서 풀을 뜯어 소꿉놀이, 찧기 등이 나타나며 봄의 식물에 대한 탐구와 심미적 감상이 활발하게 이루어짐. 교실에서 풀과 관련된 놀이가 이어질 것으로 예상됨.</td></tr>
</table>

출처: 교육부, 보건복지부(2019b). 2019 개정 누리과정 놀이실행자료. 121.

3 일과의 구성

개정 누리과정과 표준보육과정에서 제시하는 일과 구성방향은 다음과 같다.

1) 일과 운영시간

- 개정 누리과정에서는 3~5세 유아에게 유치원과 어린이집에서 편성해야 할 누리과정 운영 시간을 1일 4~5시간을 기준으로 하며 일과 운영에 따라 확장하여 편성할 수 있도록 하고 있다(교육부, 보건복지부, 2019a, 38~39).
- 표준보육과정에서는 어린이집의 보육과정을 편성할 때 종일제를 기반으로 각 어린이집의 일과 운영 시간에 따라 조정하여 편성할 수 있다고 지침을 제시하고 있다(보건복지부, 2020b, 28).

2) 일과의 편성·운영

일과는 '놀이, 일상생활, 활동'으로 구성하되 놀이가 충분히 이루어지도록 편성·운영할 것을 강조한다. 영유아는 하루 일과에서 놀이, 일상생활, 활동 등을 하면서 다양한 경험을 한다. 개정 누리과정 및 표준보육과정에서 제시하는 일과의 편성·운영 방향은 다음과 같다(교육부, 보건복지부, 2019a, 40~41; 교육부, 보건복지부, 2019b, 27~31; 보건복지부, 2020b, 29~30).

(1) 하루 일과에서 바깥 놀이를 포함하여 영유아의 놀이가 충분히 이루어지도록 편성하여 운영한다.

교육과정 편성에서 '놀이'는 일과구성의 단위로서 실내에서 이루어지는 놀이와 바깥놀이를 포함한다. 유치원과 어린이집의 하루 일과는 영유아가 주도하는 놀이를 중심으로, 또 놀이는 하루 일과 중 가장 길게, 우선적으로 편성·운영하여 영유아가 충분히 놀이할 수 있도록 할 것을 강조한다. 바깥놀이를 포함하여 2시간 이상의 놀이시간을 확보하도록 권장하고 있다.

놀이시간이 분절되지 않고 지속적으로 운영될 때, 유아는 놀이에 몰입하면서 의미 있는 배움의 기회를 가질 수 있다. 그러므로 교사는 유아들이 놀이의 흐름이 끊어지지 않고 충분히 놀았다고 느낄 수 있도록 시간을 편성하는 것이 중요하다고 강조한다.

(2) '일상생활'을 개별 영유아의 신체적 리듬을 반영하여 편성 · 운영한다.

'일상생활'에 포함되는 등원, 손 씻기, 화장실 다녀오기, 간식, 점심, 낮잠, 휴식 등은 영유아의 신체적 리듬을 반영하여 편성 · 운영한다. 일상생활은 기본적인 욕구를 충족시켜주고 놀이를 잘 할 수 있는 심신의 건강을 제공하는 시간이므로 편안하고 즐겁게 이루어지도록 편성하고 운영할 것을 권고하고 있다.

교사는 유아가 자율적이고 주도적으로 일상생활을 할 수 있도록 충분한 시간을 허용해 주어 유아가 편안함을 느끼는 가운데 즐거운 배움이 일어나도록 지원할 수 있다.

(3) 놀이와 연결하여 '활동'을 운영한다. 즉 '활동'은 유아가 놀이를 통한 배움을 확장해 나갈 수 있도록 돕는 교사의 지원이 되도록 한다.

교육과정 편성 · 운영에서 '활동'은 유아의 놀이를 관찰하고, 놀이가 활발하게 이루어질 수 있도록 지원하는 과정에서 필요한 경우 연결하여 운영하는 것으로 제안하였다. 교사는 유아의 놀이를 지원하는 과정에서 필요한 경우 이야기 나누기, 노래, 동화, 게임 등 적절한 유형의 활동을 연결하여 운영할 수 있다는 것이다.

강조점은 '영유아가 주도하는 놀이를 지원하기 위해 필요한 경우'이다. 즉, 교사가 영유아의 놀이를 관찰하고 그 필요성이 인식된 경우, '놀이와 연결하여' 활동을 계획, 운영할 것을 강조한다. 활동의 내용은 놀이를 지원하거나 놀이 중의 문제를 해결하기 위한 내용으로 구성할 것을 권고하고 있다. 활동은 교사가 계획하여 제안할 수도 있고, 유아가 다른 유아들과 공유하기 위해 준비할 수도 있다. 활동을 계획했더라도 교사는 유아의 흥미와 놀이진행 상황에 따라 내용과 방법을 변경하거나 운영하지 않을 수도 있다.

(4) 일과를 융통성 있게 운영한다.

일과 구성과 운영은 융통성이 있어야 한다. 즉 유아들이 놀이의 흐름이 끊어지지 않고 충분히 놀았다고 느낄 수 있도록 일과를 편성하는 것이 중요하다고 강조한다. 따라서 교사는 유아가 놀이에 충분히 몰입하고 진정한 배움이 일어날 수 있도록 놀이와 일상생활, 활동을 유연하게 운영할 수 있어야 한다. 교사는 계획한 일과를 모두, 순서대로 운영해야 한다고 생각하기보다는 유아가 주도하는 놀이의 흐름에 따라 융통성 있게 일과를 운영하도록 제안하고 있다.

유치원과 어린이집에서는 날씨나 계절, 기관의 상황, 영유아의 관심사와 놀이 특성 등에 따라 하루 일과를 융통성 있게 편성·운영할 수 있다. 거듭 강조하는 것은 계획된 것이 중심이 되기보다 영유아의 흥미와 관심에 따라 놀이를 충분히 즐길 수 있도록 탄력적으로 편성·운영하는 것이다.

교사는 전날의 놀이 흐름에 대한 기록과 평가를 반영하여 다음날의 일과를 전날과 다른 순서로 조직할 수 있다. 또 일과를 구성하고 변화를 줄 때 유아의 의견을 반영할 수 있다. 예를 들어, 유아와 함께 일과를 평가하고 다음날의 일과 중 일부를 유아 스스로 정해보게 하는 것, 일과의 변화가 필요하다고 판단될 때 유아의 의견을 반영하는 것 등의 방법을 시도해 볼 수 있다고 제안하고 있다.

표 7-7 일과 계획의 변화를 기록하고 일과 운영을 간단히 평가한 예

3세 바다반 일일교육계획안

일자	20**년 *월 *일 *요일	수업일수	○○○/○○○일
일과 시간표	09:00~ 등원 09:10~ 실내놀이 10:10~ 오전간식 10:40~ 바깥놀이 ~~11:40~ 화장실 다녀오기~~ 12:10~ 화장실 다녀오기 ~~11:50~ 이야기나누기 '주말 지낸 이야기'~~ ~~12:05~ 점심식사~~ 12:20~ 점심식사 ~~13:05~ 동화 '구름'~~ 13:25~ 귀가지도 및 하원		
누리과정 운영 평가	• 나뭇가지를 탐색하고, 스카프를 활용하여 놀이하는 시간이 길어져서 바깥놀이 시간을 연장함. • 계획해둔 이야기나누기와 동화 활동은 반드시 진행하지 않아도 되는 활동이라고 판단함. • 점심식사 시간을 여유 있게 계획 해두었기 때문에 식사 시작시간을 늦추어도 무리가 없다고 판단함.		

* 일일교육계획안에 일과 진행에서 이루어진 실제 변화 내용을 기록하고 운영을 간단히 평가한 예

출처: 교육부, 보건복지부(2019b). 2019 개정 누리과정 놀이실행자료. 96.

표 7-8 보육일지 작성 사례: 일일 계획과 실행 및 평가 내용을 기록한 예

<table>
<tr><td colspan="5">○○반 보육일지 (만 ○세)</td></tr>
<tr><td>날짜</td><td colspan="2">20 년 월 일</td><td>담임</td><td>원장</td></tr>
<tr><td>❶ 교사의 기대</td><td colspan="2">친구와 함께 하는 놀이가 이루어지고 있으므로, 친구와 더불어 어울렸으면 함</td><td></td><td></td></tr>
<tr><td>일과</td><td colspan="2">계획 및 실행</td><td colspan="2">놀이평가 및 다음날 지원계획 ❸</td></tr>
<tr><td>등원 및 통합보육
(7:30~9:00)</td><td colspan="2"></td><td colspan="2" rowspan="11">유아들이 자동차 경주 게임을 진행하며 속도의 차이에 대한 호기심이 생겼고 경사도나 바닥의 촉감에 따라 속도가 달라짐을 발견하게 되었다. 특히 유아들이 바닥의 촉감에 관심이 많아 내일은 다양한 촉감길을 구성해 볼 수 있도록 재료를 추가로 제시해 주어야겠다.

또한, 유아들이 만든 자동찻길이 공간의 제약으로 끊기지 않고 이어질 수 있도록 교구장 및 책상을 정리하여 공간을 확장해 주어야겠다.</td></tr>
<tr><td>오전 간식
(9:00~9:20)</td><td colspan="2"></td></tr>
<tr><td>오전 실내놀이
(9:20~10:40)</td><td colspan="2">[데굴데굴 자동차를 굴려요]
자동차 굴리기를 하는 유아의 곁에 관심을 보이며 모여 들어 놀이가 시작됨. 바닥에서 자동차를 굴려보다가 한 유아의 어떤 자동차가 더 빠른지 대결을 하자는 제안에 자동차 경주가 진행되었고 더 빨리 자동차를 굴리기 위한 책상 위, 매트 등 공간을 바꾸어 가며 놀이하였음.

[내가 만든 자동찻길]
유아들이 자동차를 굴리며 놀이하다가 "자동차가 가는 곳은 어디지?" 하는 유아의 질문에 "음, 도로야!" 하고 대답한 것을 듣고 자동찻길 만들기가 이루어짐. 무엇으로 만들지 의견을 나누고 큰 벽돌 블록, 작은 벽돌 블록으로 만들어 봄. 자동찻길을 만든 뒤 터널이 있다는 유아의 말에 우유팩을 뜯어 길 위에 놓거나 반원 벽돌 블록으로 만들어 봄</td></tr>
<tr><td>활동
(10:40~11:00)</td><td></td><td></td></tr>
<tr><td>바깥놀이(대체)
(11:00~12:20)</td><td>[바깥놀이] 놀이터에서 자동차 굴리기
[대체놀이] 유희실에서 자동차 굴리기</td><td></td></tr>
<tr><td>점심식사
(12:20~13:20)</td><td></td><td></td></tr>
<tr><td>낮잠 및 휴식
(13:20~14:20)</td><td></td><td></td></tr>
<tr><td>❷ 오후 놀이
(14:20~15:40)</td><td></td><td></td></tr>
<tr><td>오후 간식
(15:40~16:00)</td><td></td><td></td></tr>
<tr><td>귀가 및 통합보육
(16:00~17:00)</td><td></td><td></td></tr>
<tr><td>❹ 반 운영
특이사항</td><td></td><td></td></tr>
</table>

보육사업안내 서식을 활용하여 일일 계획과 실행 및 평가 내용을 기록한 예

❶ 개정 누리과정의 추구하는 인간상을 중심으로 유아가 오늘 하루 어떻게 지냈으면 하는지를 기술
❷ 낮잠 후 자연스럽게 실시되는 놀이를 실내외 구분 없이 기록
❸ 실행된 놀이에 대한 간단한 평가와 다음날 놀이 지원 계획 기록
❹ 반 운영 특이사항(부모면담, 안전사고, 감염병 발생 등) 기록

출처; 보건복지부, 중앙육아종합정보센터(2020.3.1.). 「2019 개정 누리과정」 보육일지 개선방향 및 일지 양식 예시. p. 12.

표 7-9 보육일지 작성 사례: 일과를 일상생활, 놀이, 활동으로 구분하여 계획 및 실행 내용과 지원 계획을 작성한 예

<table>
<tr><td colspan="4">일일보육일지 (만 ○세)</td><td rowspan="2">결재</td><td>담임</td><td>원장</td></tr>
<tr><td colspan="2">날짜</td><td colspan="2">년 월 일( ) 날씨:</td><td></td><td></td></tr>
<tr><td colspan="2">통합보육</td><td>등원 (7:30~9:00)</td><td colspan="4">하원 (16:00~17:00)</td></tr>
<tr><td rowspan="3">일상생활</td><td>간식
(9:00~9:20)
(15:40~16:00)</td><td colspan="5"></td></tr>
<tr><td>점심식사
(12:20~13:20)</td><td colspan="5"></td></tr>
<tr><td>낮잠 및 휴식
(13:20~14:20)</td><td colspan="5"></td></tr>
<tr><td rowspan="2">❶ 놀이</td><td>실내놀이
(9:20~10:40)
(14:20~15:40)</td><td colspan="5">
▶ 놀이상황
놀이터에서 진행한 나무껍질 딱지놀이를 교실에서도 계속 하기 희망함. 미술영역 등에서 다양한 재질의 종이를 찾더니 딱딱한 종이를 찾아 딱지접기를 함
▶ 놀이지원
유아들이 딱지에 관심이 높아 기존 재료 외로 부족한 두꺼운 재질의 종이, 잡지 등을 추가로 제시함. 또한, 유아들이 이야기하는 딱지 크기에 맞추어 종이를 잘라서 딱지 접기를 지원함.</td></tr>
<tr><td>바깥놀이
*대체
(11:00~12:20)</td><td colspan="5">
▶ 놀이상황
놀이터에서 유아들이 나무 밑에 떨어진 나무껍질을 수집하며 딱딱한 성질을 발견하더니 한 유아가 "이거 딱지 같아"라고 이야기함. 유아들이 나무껍질을 모아 딱지놀이를 시작함.</td></tr>
<tr><td colspan="2">활동
(10:40~11:00)</td><td colspan="5">▶ 교통안전교육
"신호등을 보고 건너요"라는 주제로 안전교육이 이루어지면서 길을 건너는 상황에 따라 안전하게 신호등을 보고 건너는 방법을 알아볼 수 있었음. 가정연계로 유아들이 부모님과 신호등을 보고 길을 건너 볼 수 있도록 안전교육 내용을 안내해야겠음.</td></tr>
<tr><td colspan="2">놀이평가 및
다음날 지원 계획</td><td colspan="5">❷ 딱지놀이가 지속적으로 진행되면서 유아들이 자신들이 만든 딱지를 어디에 보관해야 할지 고민하는 모습을 볼 수 있었음. 내일은 유아들이 딱지 가방이나 보관함을 만들어 볼 수 있도록 종이상자, 리본끈 등의 조형재료를 제공해 주어야겠음.</td></tr>
<tr><td colspan="2">반 운영 특이사항</td><td colspan="5">부모 개별면담) ○○○, ○○○, ○○○</td></tr>
</table>

일과를 일상생활, 놀이, 활동으로 구분하여 계획 및 실행 내용과 지원 계획을 작성함

❶ 놀이 시간에 정리 및 전이 시간이 포함되므로 이를 고려하여 충분한 놀이시간을 확보·실시하고 계획된 놀이와 우연히 일어난 놀이 상황을 기록

❷ 실행된 놀이에 대한 간단한 평가와 다음날 지원 계획 및 반 운영 특이사항(부모면담, 안전사고, 감염병 발생 등)을 간략히 기록

출처: 보건복지부, 중앙육아종합정보센터(2020.3.1.). 「2019 개정 누리과정」 보육일지 개선방향 및 일지 양식 예시. p. 13.

4 놀이 환경

개정 누리과정 및 표준보육과정에서 놀이환경은 영유아가 놀이하는 실내·외 모든 공간과 놀이자료로 정의하고 있다.

'교수·학습'의 측면에서 교사는 '영유아가 다양한 놀이와 활동을 경험할 수 있도록 실내외 환경을 구성'하여 영유아를 지원하도록 지침을 제시하고 있다. 즉 영유아가 보고 듣고 만지며 자유롭게 표현할 수 있는 놀이 환경은 놀이가 다양하게 이루어지도록 하는 중요한 교육적 자원이다. 따라서 교사는 다양한 실내외 놀이환경과 풍부한 놀이자료를 제공하여 영유아의 놀이가 활성화되도록 도와야 한다고 강조하고 있다(교육부, 보건복지부, 2019a, 47; 보건복지부, 2020b, 36).

다음에서는 개정 누리과정과 표준보육과정에서 제시하고 있는 놀이환경 구성과 운영 방향을 살펴보겠다(교육부, 보건복지부, 2019a, 47~49; 교육부, 보건복지부, 2019b, 32~43; 보건복지부, 2020b, 36~37).

① 다양하고 안전한 실내외 놀이 공간 구성

교실, 보육실을 포함한 유치원과 어린이집의 실내 공간은 영유아에게 가장 친숙한 놀이환경이다. 교사는 놀이 공간을 구성하고 변형해 나가며 영유아의 자유로운 놀이를 지원할 수 있다. 흥미영역은 영유아들이 가장 좋아하는 놀이를 중심으로 구성하는 것이 좋으며, 영유아들이 흥미를 보이지 않는 영역은 다른 영역과 통합하여 재구성하거나 다른 영역으로 대체하는 것도 가능하다.

또한 영유아의 관심과 흥미, 요구에 따라 새로운 영역을 구성할 수 있으며, 이때 영유아가 주도적으로 놀이영역을 창조할 수 있도록 지원해야 한다. 유아가 스스로 찾아낸 공간, 놀이를 하다가 우연히 발견한 공간도 안전하다면 유아의 놀이공간으로 허용할 수 있다. 영아의 경우, 신체를 움직이며 탐색할 수 있는 충분한 공간을 구성해 주는 것이 필요하다.

실외 공간은 영유아가 마음껏 뛰어 놀며, 자연과 계절의 변화를 만나고 탐색할 수 있는 놀이환경이므로 영유아가 안전하게 놀이할 수 있는 공간과 자료로 구성해야 한다. 또한 활발한 신체 움직임을 바탕으로 모험과 도전을 하면서 궁금한 것을 찾아 자유롭게 탐색하는 놀이를 다양하게 경험할 수 있는 놀이 환경으로 구성한다.

1. 놀이공간을 융통성 있게 배치해 본다.
2. 놀이하는 공간을 넓혀본다.
3. 유아에게 공간 배치의 주도권을 주어본다
4. 다른 놀이공간을 찾아본다.

출처: 교육부, 보건복지부(2019b). 33~36.

② 풍부한 놀이자료 제공

놀이자료는 영유아가 놀이에 사용할 수 있는 놀잇감, 매체, 재료와 도구 등을 포함한다. 교사는 영유아에게 일상의 평범한 사물, 자연물, 악기, 미술재료, 그림책, 재활용품 등을 적절히 제공할 수 있으며 계절이나 행사, 국경일과 관련된 자료는 시기에 맞게 제공할 필요가 있다. 특히 영아에게 발달 특성에 맞게 크기, 감촉, 모양, 색 등을 고려하여 놀이자료를 제공하도록 고려한다.

또한 비구조적인 열린 자료를 풍부하게 제공하여 영유아가 자신만의 방식으로 활용할 수 있도록 지원하며 영유아가 찾아낸 새로운 놀이자료나 창의적인 놀이방식을 인정하고 존중해야 한다. 놀이자료를 제공할 때는 영유아가 자유롭게 탐색할 수 있도록 자료의 사용방법이나 놀이방식을 지나치게 제한하지 않도록 유의한다.

1) 유아가 결정한 자료 활용 방법을 격려한다.
2) 자연물이나 자연현상도 자료가 될 수 있다.
3) 다양한 일상의 사물을 놀이자료로 활용한다.
4) 자료가 없어도 놀이할 수 있다
   - 유아는 몸으로 주변 세계를 알아가고, 자신의 감정과 생각을 표출하고, 여러 가지 놀이를 한다. 교사는 유아의 몸 움직임에서 놀이성을 찾아 지원한다.
5) 기존의 자료도 새롭게 활용해 본다.

출처: 교육부, 보건복지부(2019b). 39-43.

지금까지 2019 개정 누리과정 및 제4차 어린이집 표준보육과정에서 제시하는 국가 수준 교육과정의 기본 방향을 반영하면서 각 유치원과 어린이집에서 어떻게 교육과정을 편성하고 운영할지에 대한 내용을 알아보았다. 유아교육은 전통적으로 학문적으로도, 교육현장에서도, 지금까지의 국가 수준 교육과정에서도 놀이를 강조하여 왔다. 그러나 교육과정이 실현되는 과정에서 다양한 양상을 나타내며 '놀이'의 본질과 가치를 충분히 드러내왔는지에 대한 반성적 성찰로부터 '유아 · 놀이 중심 교육과정'이라는 개정 누리과정의 방향이 제시되었다고 보여진다. 교육현장은 국가에서 제시하는 교육과정을 고려하고 반영하지만 많은 자율성을 가지고 있다. 유아교육 현장 및 교사의 자율성이 유아를 위한 최적의 교육과정 편성 · 운영으로 구현되도록 전문적 역량을 기울이는 것은 교육현장과 교사의 몫이기도 하다.

개정 누리과정에서는 교육과정이 '교육 목표를 달성하기 위해 교육 내용을 선정 · 조직하는 방식'임을 고려하면서, '유아가 경험하는 총체'임에 중점을 두었다고 하였다. 영유아가 주도하는 놀이를 중심으로 교육과정을 구성하고 운영하며, 교사와 영유아가 함께 만들어가는 교육과정 및 보육과정의 중요성을 강조한 것이다(교육부, 보건복지부, 2019a, 10~11; 보건복지부, 2020b, 17). 유아 · 놀이 중심 교육과정, 즉 '유아가 중심이 되고 놀이가 살아나는 교육과정'을 추구하는(교육부, 보건복지부, 2019a,

13) 국가 교육과정의 방향성이 유치원과 어린이집 교육과정에서 이상적으로 구현된다면 유아의 전인적 발달과 행복에 기여하는 토대가 될 수 있을 것이다. 교사는 적합한 교육적 지원을 통해 유아교육이 추구하는 놀이를 통한 배움의 가치를 드러낼 수 있다.

정리해 보세요

1 2019 개정 누리과정과 제4차 어린이집 표준보육과정에서 강조하고 있는 '유아중심', '놀이중심'의 의미를 정리하여 보세요.

2 국가 수준 교육과정이 제시하는 공통성을 반영하면서 각 유아교육기관 및 교사의 특성과 다양성을 반영하는 교육과정 편성·운영 방향에 대해 정리하여 보세요.

3 2019 개정 누리과정과 제4차 어린이집 표준보육과정에서 강조하고 있는 '교육적 지원 계획'의 의미와 교사의 실천 방향을 정리하여 보세요.

4 2019 개정 누리과정과 제4차 어린이집 표준보육과정에서 제시하는 '교육과정 통합'에 대해 정리하여 보세요.

5 개정 누리과정과 표준보육과정에서 제시하는 일과의 편성·운영 방향을 정리하여 보세요.

6 개정 누리과정과 표준보육과정에서 강조하고 있는 환경구성의 방향을 정리하여 보세요.

토론해 보세요

1 '유아 중심', '놀이중심' 교육과정을 구현하기 위하여 교사가 가질 태도와 역할에 대해 이야기 나누어 보세요.

2 교육과정 편성·운영자로서 교사의 자율성에 대해 토의하여 보세요. '자율성'에 부여된 의미, 가치, 범위, 자율성 구현을 위해 교사가 준비하고 지녀야 할 태도 등

3 놀이실행과 지원을 기록한 다양한 예들을 살펴보며 교사의 역할과 기록의 의미, 방법을 토의하여 보세요. 즉 교육계획자이며 놀이관찰자이자 지원자이며 기록자로서 각 시기와 상황별 교사의 역할, 기록 방법 등

CHAPTER

8

유아교육 프로그램

1. 몬테소리 프로그램
2. 하이스코프 교육과정
3. 프로젝트 접근법
4. 레지오 에밀리아 접근법
5. 발도르프 교육과정
6. 숲 유치원

Chapter 08

유아교육 프로그램

1 몬테소리 프로그램

몬테소리 프로그램은 이탈리아의 여의사 마리아 몬테소리(Maria Montessori)의 아이디어와 실제에 기반을 둔 유아교육 프로그램으로 20세기 초 전 세계에 알려지기 시작하였다. 미국에서는 1910년에서 1920년 사이 몬테소리 접근법에 대한 관심이 고조되었으나 이후 유아의 놀이, 창조성, 상상력을 중요하게 여기며 집단으로 이루어지는 교육과 사회화에 대한 교육의 역할을 중요하게 고려하는 진보주의 교육철학이 널리 받아들여지면서 일부 사립학교에서만 제한적으로 수용되었다. 1950년대 현대적인 몬테소리 운동이 시작되어 사립학교를 중심으로 몬테소리 프로그램이 확장되었고, 1960년대 초부터는 인지발달을 강조하면서 몬테소리의 지적 교육과 감각교육, 그리고 불우아동을 위한 교육에 대한 사회적 관심이 고조되면서 공립학교에서도 몬테소리 프로그램이 널리 적용되고 있다. 몬테소리 프로그램의 기본 내용을 살펴보면 다음과 같다(구경선, 2005; 이기숙, 2000; 이영숙, 2000).

1) 몬테소리 프로그램의 원칙

(1) 유아에 대한 존중

몬테소리 프로그램의 핵심 원칙은 독특하고 개별화된 존재로서의 유아를 있는 그대로 존중하는 것이다(Torrence & Chattin-McNicholas, 2005). 몬테소리 프로그램에서 교사와 부모는 적절한 방법으로 일상생활의 전 과정에서 이루어지는 유아의 선택을 존중한다. 유아가 스스로 일하고 학습할 수 있는 능력을 기르도록 유아의 독립심을 격려하고 촉진하며, 자율적으로 작업하고자 하는 욕구와 자기조절에 대한 욕구를 존중한다. 유아에게 선택할 수 있는 자유가 허락된다면 유아는 효과적으로 학습하고 자율성과 긍정적인 자존감을 형성할 수 있다는 믿음이 있기 때문이다.

유아는 이렇게 작업에 진정한 흥미를 가지고 집중하고 반복하는 과정을 거쳐 내적 훈련과 자신감을 발달시키게 되면서 스스로에 대하여 만족감을 가지게 되고 즐겁고 행복한 생활을 할 수 있게 되는데, 이러한 상태를 몬테소리는 정상화된 상태라고 하여 이를 유지하는 것을 교육의 목적으로 하였다.

(2) 흡수정신

흡수정신이란 유아가 환경으로부터 무의식적으로 정보를 받아들여 학습할 수 있다는 개념이다. 유아는 내부의 마음에 잠재해 있는 정신능력으로 주위의 환경으로부터 다양한 정보와 자극을 받아들여 스스로 경험하면서 학습한다. 몬테소리에 의하면 흡수정신은 무의식적인 단계에서 의식적인 단계로 발달한다.

- 무의식적인 단계(0~3세)

  이 시기의 유아는 무의식적인 흡수정신에 의하여 주위 환경에서 접하게 되는 거의 모든 정보를 흡수한다. 이러한 무의식적인 흡수를 위하여 보기, 듣기, 맛보기, 냄새 맡기, 촉감 등의 감각이 발달하게 된다.

- 의식적인 단계(3~6세)

  이 시기의 유아는 의식적이고 계획적으로 환경과 상호작용하며 환경에서 접하게 되는 다양한 정보를 선택적으로 경험하며 학습한다. 이 단계의 유아는 무의식적 흡수단계에서 이루어진 기본 능력을 통합하고 좀 더 정교화하기 위하여 필요한 자극을 적극적으로 요구하면서 감각을 발달시킨다.

(3) 민감기

민감기란 학습이 가장 잘 일어날 수 있는 비교적 짧은 기간으로 결정적 시기라고도 불린다. 몬테소리는 유아가 발달하면서 특정 행동에 대한 감수성이 예민해져서 특정 기술을 보다 쉽게 학습할 수 있는 민감기가 있다고 믿었다. 민감기의 유아는 특별한 특성에 대한 독특한 민감 성향을 가지고 적극적으로 환경과 상호작용하며 그 성향을 발달시키게 되는데, 이러한 민감기가 나타나는 시기는 유아마다 다르고 유아는 특정 성향에 대한 민감기를 통하여 필요한 기술을 획득하면서 통합적으로 발달하게 된다.

(4) 자동교육

유아는 적절한 자료와 활동을 통하여 스스로를 교육할 수 있다. 유아는 준비된 환경에 능동적으로 참여하면서 자유롭게 선택한 활동을 수행하면서 학습한다. 이렇게 유아는 스스로 원하는 활동을 선택하고 선택한 활동에 참여하면서 학습하는데 이 과정에서는 실패하는 경험도 중요한 학습자원이 된다. 즉, 유아는 스스로 선택한 활동에 실패하였을 때 자신의 수준에 대하여 생각하게 되고 스스로 실패의 원인을 규명하면서 자신에게 보다 적절한 활동을 찾아 학습할 수 있게 되는 것이다.

(5) 준비된 환경

몬테소리 프로그램에서는 일반적인 학습이나 특별한 지식, 혹은 기술을 지원하기 위하여 교실환경이나 기타 환경을 정리하고 조직하여 유아의 발달과 학습을 최적화할 수 있도록 환경을 준비한다. 즉, 교사가 세밀한 관찰을 통하여 유아의 발달단계를 파악한 후 적절한 교구를 마련해 주어 각 유아가 스스로 자신에게 맞는 교구를 선택하여 자신의 속도에 맞게 학습을 진행하게 된다. 이렇게 잘 준비된 환경에서 몬테소리 교수-학습방법에 따라 유아 스스로 개별적인 학습을 진행함으로써 제한된 환경 안에서 교구나 활동 선택의 자유가 허용된다고 볼 수 있다.

2) 몬테소리 교육과정

몬테소리 교육과정에서는 준비된 환경에서 일상생활과 관련된 교육활동, 감각자료, 그리고 쓰기, 읽기, 수학 등의 학문적 교육활동 등 다양한 영역에서의 교육활동이 제공된다.

(1) 일상생활 훈련

몬테소리 프로그램에서는 일상생활을 하는 데 필요한 관련 기술을 가르치는 일상생활 훈련 교육활동이 제공된다. 일상생활 훈련이란 매일의 일상생활을 하면서 이루어지는 다양한 활동을 통하여 유아에게 독립심과 바른 인성을 길러주는 데 도움을 주는 활동으로 개인관리, 환경관리, 사회적 관계, 동작의 조절과 분석 등으로 구성되어 있다.

- 개인관리 : 유아 자신의 보호를 위한 활동
  손 씻기, 머리 빗기, 옷 입고 벗기, 이 닦기, 코 풀기, 모자 쓰기와 벗기, 신발과 양말 신기와 벗기, 장갑 끼고 벗기, 구두 닦기 등
- 환경관리 : 교실의 환경을 보호하기 위한 활동
  물 따르기, 곡물 따르기, 청소하기, 먼지 털기, 수건 빨기, 상 차리기와 상 치우기, 동식물 키우기, 다리미질하기 등
- 사회적 관계 : 예절교육과 관련된 활동
  인사하기, 감사한 마음 표현하기, 친구에게 도움 청하기, 사과하기, 초대하고 초대받기, 축하하기 등
- 동작의 조절과 분석 : 이동활동을 하면서 조절 · 집중할 수 있는 능력을 향상시키는 활동
  선 위를 걷기, 균형 유지하기, 게임 등

(2) 감각교육

몬테소리 교육과정에서는 감각을 통하여 학습을 촉진하는 동시에 학습을 제대로 하기 위해서 감각을 훈련할 수 있는 교육활동을 제공한다. 감각교육은 다섯 가

지 감각의 발달에 도움이 되도록 고안되어 있는 감각교구를 활용하여 이루어지며, 감각교육을 통하여 유아는 읽기학습이나 사고능력 발달에 필요한 기반을 형성하게 된다(이기숙, 2000). 몬테소리 감각교육의 목적은 다음과 같다.

- 명확하고 특별한 특성(quality)에 초점을 맞추어 유아의 감각을 훈련시킨다.
- 읽기의 과정에서 결정적으로 중요한 역할을 하는 지각능력과 관찰능력을 향상시키기 위하여 유아의 관찰력과 시각적 식별력을 예민하게 훈련시킨다.
- 구별하고 분류하고 조직하는 과정을 통하여 유아의 사고능력을 증진시킨다.
- 감각교구를 통한 활동은 쓰기와 읽기를 위한 민감기에 대비하여 유아를 준비시키는 것으로 모든 활동은 쓰기와 읽기를 위한 예비 단계의 역할을 한다.

유아의 감각을 훈련하고 개발하기 위한 몬테소리의 감각교구는 유아가 자신의 실수를 보고 찾아낼 수 있도록 고안되어 있으며, 하나의 특성 이외의 다른 변수들은 제한되어 있다. 예를 들면, 분홍탑(pink tower)은 색이 아닌 크기가 독립된 특성이기 때문에 모든 블록 조각은 분홍색이다. 그리고 몬테소리의 감각교구는 유아가 수동적으로 보는 것에 그치는 것이 아니라 적극적으로 참여하는 것을 격려하고 있으며 색과 비율이 유아들에게 매력적으로 고안되어 있다. 감각교구의 종류는 다음과 같다.

- 시각교육 : 꼭지 달린 원기둥, 꼭지 없는 원기둥, 분홍 탑, 갈색 계단, 색판, 기하도형
- 촉각교육 : 촉각판, 기하학적 입방체, 비밀 주머니, 온도병, 무게판
- 청각교육 : 소리상자와 벨, 미각 · 후각을 위한 맛보기, 냄새 맡기 병

(3) 언어교육

몬테소리 교육과정에서는 읽기 이전에 쓰기를 격려하는 순서로 교육활동이 제시된

다. 유아는 어느 순간 자발적으로 읽기와 쓰기를 하게 되므로 몬테소리 교구를 활용하여 유아의 학문적 성취에 필수적인 언어와 문해기술을 획득하도록 일상적인 활동이 제공된다. 몬테소리 교육에서는 쓰기와 읽기를 통합하는 과정과 쓰기를 할 수 있는 유아가 지속적으로 읽기를 학습하도록 하는 과정에서 총체적인 언어접근법이 이루어질 수 있도록 고안되었다. 일상적인 활동에서의 자유로운 대화와 지속적인 자기표현의 기회를 통하여 이루어지는 언어교육을 위한 훈련은 다음 두 가지로 이루어진다.

- 구두 언어를 위한 교육활동
  노래하기, 새로운 계절에 대해 말하기, 질문하기 게임, 사건이나 활동을 이야기하기, 보고 말해보기, 경험에 대하여 이야기하기, 게임에 대한 논의
- 읽기와 쓰기를 위한 교육활동
  모래종이 관자, 움직이는 자음과 모음, 음성 사물상자, 음성 단어카드, 표음문자, 어려운 단어 분류하여 읽기, 읽기 분석, 받아쓰기

(4) 수학교육

몬테소리 교육과정에서는 유아가 구체적인 수학적 개념을 학습한 후 추상적인 개념을 학습하도록 교구가 고안되었다. 수학교육 활동과 교구는 다음과 같다.

- 수를 소개하기 위한 활동
  1~9의 기본적인 개념과 수의 이름 및 양의 개념을 습득하기 위한 활동
- 십진법 활동
  십진법 소개, 자리의 개념 소개, 수의 구성 소개, 기본적인 조작
- 1~19와 11~99의 세기활동의 양적인 탐색, 10~100의 기호와 이름, 논리적인 숫자 소개 활동의 확장

- 기본 공식 학습활동

  덧셈, 뺄셈, 곱셈, 나눗셈을 포함한 기본적인 결합을 기억하도록 도와주는 활동

- 추상성 이해를 위한 활동

  작은 구슬틀, 큰 구슬, 나눗셈 판을 이용하여 수학의 과정에 대한 이해를 가능하게 하는 활동과 구체적인 방법을 활용하는 것부터 추상적인 계산을 가능하도록 하는 활동

- 분수활동

  분수 끼우기 틀과 곱셈활동 등 양, 이름, 상징, 수학적 계산에 대한 소개를 위한 활동

(5) 문화교육

다양한 사회 구성원들의 생활양상, 습관, 예술, 문학 등을 학습할 수 있도록 사진과 세계지도를 활용하는 활동이 포함되어 있다. 이러한 활동을 통하여 생물, 지리, 미술, 음악에 관하여 학습할 수 있다.

3) 교사의 역할

몬테소리 교사는 준비된 환경에서 유아를 학습의 핵심으로 여기고 이들을 위한 최선의 학습이 가능하도록 한다. 구체적인 교사의 역할을 살펴보면 다음과 같다.

- 준비된 환경의 제공자로서의 역할

  몬테소리 교사는 유아의 발달과 흥미에 적합한 환경을 준비한다. 유아를 위한 최적의 시기에 최적의 환경을 마련하기 위해서는 유아 개개인의 정신적 발달단계를 명확히 이해하고 이들에게 적합한 교구를 마련해 주어야 한다.

- 관찰자로서의 역할

  준비된 환경에서 유아가 어떠한 교구를 선택하고, 얼마나 집중하는지 그리고 그 사용방법에 대하여 정확히 이해하는지 등을 세심하게 관찰하여 부적절한 행동은 의미 있는 과업으로 확산시킬 수 있어야 하며, 유아의 민감기를 포착한 후에는 학습 효과를 극대화시킬 수 있도록 배려해 주어야 한다.

- 촉진자로서의 역할

  유아와 교구 간의 상호작용을 촉진하기 위하여 학습의 자료를 소개하고 정확하게 교구 사용에 관한 시범을 보인다. 교구 사용에 익숙하게 된 유아가 교구에 몰입하게 되면 개입을 최소화하여 안내자 혹은 지도자로서의 역할을 수행한다.

이와 같은 역할을 수행하는 몬테소리 교사에게 있어서 가장 중요한 것은 유아에 대한 존중이다. 몬테소리 교사는 상과 벌 등의 외적인 요인으로 유아의 학습과 발달을 통제하지 않는다. 이들은 유아 스스로 학습에 대한 내적인 동기화를 이루도록 하여 학습자인 유아가 스스로 만족과 즐거움을 느낄 수 있도록 배려한다. 몬테소리 교사는 이를 위하여 작업 중의 유아에게 개입하는 것을 최소한으로 하여 유아가 스스로 시행착오를 통하여 학습할 수 있도록 격려한다.

다음은 몬테소리 학교의 일과운영에 관한 일반적인 아이디어이다. 몬테소리 프로그램에서는 일반적인 일과운영에 대한 계획은 하고 있지만 유아의 리듬에 민감하게 반응하여 일과를 융통성 있게 운영하는 것을 중요하게 여긴다.

표 8-1 일과운영의 예

시간	주요 일과
8:45~9:00	도착, 출석표시를 하고 마당에서 교사가 유아를 맞이함(날씨가 허락한다면-그렇지 않다면 방갈로에서). 부모와 헤어지는 시간을 짧게 하는 것이 유아에게 최선임
9:00~9:30	바깥에서의 놀이와 간식시간. 유아는 간식 준비를 돕고 스스로 식사 때때로 예술 프로젝트를 하거나 교실에 꽂을 꽃을 준비
9:30~9:45	마당을 치우고 교실로 들어옴. 화장실에 다녀옴
9:45~11:00	자유선택놀이 주교사가 시범을 보이거나 지도하며, 필요하면 도움 제공. 몬테소리 프로그램은 독립심을 중요하게 여겨 유아들이 스스로 할 수 있도록 지원함
11:00~11:15	실내화를 벗고 대집단 활동. 노래 책, 이야기 감상, 손가락 인형이나 인형극 놀이 등(상황에 따라 다양한 활동)
11:15~11:30	기저귀 갈기, 화장실 다녀오기, 방갈로나 야외 테이블에서 점심식사 준비
11:30~12:00	점심식사
12:00~	오전반 유아는 귀가
12:00~12:30	낮잠 전 놀이시간
12:30~12:45	화장실 다녀와서 낮잠 자기
12:45~14:30	낮잠시간
14:30~15:00	일어나서 방갈로에서 귀가하기

출처 : De Terra Linda Montessori 학교의 일과(http://www.mdtl.org).

3시 이후에 귀가하는 유아는 방과후 프로그램에 참여한다.

- 일주일에 이틀은 점심을 일찍 먹고 오르프 음악교사가 진행하는 특별활동에 참여한다.
- 일주일에 며칠은 산책하며 학교 밖의 꽃과 나무를 관찰하고 감상한다. 학교 정원에 심은 과일과 채소를 수확하기도 한다.
- 요리 프로젝트나 특별한 예술 프로젝트를 하기 위하여 실외놀이터에 설치되어 있는 방갈로에서 더 많은 시간을 보내기도 한다.
- 비가 오는 날에는 실외놀이터의 방갈로에서 대근육 활동을 하기도 한다.

2 하이스코프 교육과정

하이스코프 교육과정(HighScope Curriculum)은 1960년대에 와이카트 등이 피아제의 인지발달이론에 기초하여 개발한 교육과정이다. 하이스코프에서는 유아를 스스로 활동을 계획하고 수행하고 평가할 수 있는 능동적인 학습자로 보고 최선의 교육적 경험을 제공하고자 하였다. 이러한 교육적 경험은 유아의 현재 발달 단계에서 기대되는 인지적·사회적 기술을 발달시키기 위하여 구성주의적 학습의 과정을 촉진시킴으로써 문제해결 능력, 대인관계 형성 기술, 의사소통 기술 등 급변하는 사회에서 성공적인 삶을 사는 데 필수적인 기술을 계발하도록 한다.

1) 하이스코프 교육과정의 기본 원리

하이스코프 교육에서의 미션은 수준 높은 유아교육을 통해 유아들이 경험하는 교육기회의 격차를 줄이는 것이다(The HighScope Educational Research Foundation, 2021). 하이스코프는 모든 유아가 높은 수준의 유아교육을 받을 공정한 권리를 가지고 있다는 신념으로 운영되며 유아교육 관련 연구와 교육을 수행하고 있다. 하이스코프는 모든 유아들이 그들이 어떠한 환경에 있는지에 상관없이 자신이 가진 잠재력을 최대한 발휘할 수 있는 세상을 실현하는 것을 비전으로 한다. 하이스코프 교육과정의 기본 원리는 다음과 같다(Morrison, 2008; The HighScope Educational Research Foundation, 2021).

- 유아는 다양한 종류의 교구가 준비되어 있는 교실의 흥미영역에서 스스로를 위한 학습활동을 적극적으로 선택하고, 조직하고, 평가한다.
- 유아의 발달적 적합성을 고려하는 교육과정 모델과 교사의 주의 깊은 영유아 관찰에 근거하여 계획되고 실시된다.

• 하이스코프 교육과정의 교재 · 교구는 유아의 발달에 의하여 순서화된 핵심발달지표(KDIs: Key Developmental Indicators)에 근거하여 제시된다.

하이스코프 교육과정에서는 학습자인 유아들을 능동적인 존재로 인정한다. 유아는 학습의 과정에서 타인과의 상호작용, 사물과의 직접적인 경험, 그리고 이러한 경험에 관한 논리적 사고를 통해 지식을 구성하는 존재이며 스스로의 발달수준에 적합한 유추와 관찰 등의 과학적인 방법을 통해서 학습하는 유능한 존재이다.

하이스코프에서는 교육과정을 운영하는 교사의 역할이 중요하다. 교사는 유아가 능동적으로 학습하고 스스로 지식을 구성할 수 있도록 교재와 교구, 그리고 시간을 제공함으로써 최적의 학습환경을 조성해 준다. 하이스코프 교육에서 교사는 유아의 발달에 맞도록 적절하게 순서화된 교구를 선택하여 제시하고, 유아가 학습을 위하여 적극적으로 문제해결을 할 수 있도록 격려함으로써 교육과정의 목표 달성을 위한 핵심적인 역할을 수행한다.

하이스코프 교육과정에서는 교사와 유아 간의 적극적인 상호작용을 강조한다. 교사와 유아는 적극적으로 상호작용하면서 발달에 적합하게 설정된 교육목표를 달성하기 위하여 노력한다. 유아는 교사와의 적극적이고 적절한 상호작용을 통하여 자신에게 맞는 교육목표를 스스로 설정하고 문제해결을 하는 데 도움이 되는 경험을 하게 된다.

2) 하이스코프 교육과정의 교수방법과 교육내용

놀이를 기본으로 하고, 영유아를 중심으로 운영되는 하이스코프 교육과정은 긍정적인 교육 성과를 창출하고 학교 준비도를 성취하기 위한 핵심 요소로 능동적인 학습(active learning)을 가장 중요한 핵심적인 요소라고 여긴다. 유아들은 하이스코프 교육과정을 실시하는 교실에서 교육의 목표가 분명한 놀이를 통해 탐색하고, 상호작용하고, 창의적인 상상력을 훈련받는다. 잘 준비된 교사는 학습자인 유아들의 발달적 수준에 근거하여 학습을 지원하고 확장시킨다. 그리고 이를 통해 유아들은 학교에서의 학습을 위한 준비를 하고 학습에 대한 열정적인 동기를 가지게 된다.

하이스코프 교육과정은 유아기 학습자들을 위한 학습목표, 성인의 효과적인 상호작용 전략, 그리고 측정도구 등으로 구성되어 있고, 유아들은 이러한 교육과정을 통해 학문적 기초가 되는 자립심, 의사결정역량, 협력, 창의성, 그리고 문제해결력 등을 발달시키게 된다. 유아의 발달과 학습을 촉진시키고 성인기까지 교육의 효과를 지속시키고자 하는 하이스코프 교육과정을 영아기와 유아기로 나누어 살펴보면 다음과 같다.

(1) 하이스코프 영아교육과정(Infant-Toddler Curriculum)

하이스코프 교육에서 영아들은 안전하고 지지받는 분위기에서 온몸과 모든 감각을 통해 학습한다. 이를 위하여 하이스코프 교육과정에서는 교사와 영아들 간에 지지적이고 신뢰로운 관계 형성을 중요하게 여긴다. 하이스코프 교육에서는 영아들이 주위 환경을 탐색하고 발견할 수 있도록 격려한다. 또한 영아발달을 지원하는 최선의 학습경험을 제공하기 위한 풍부한 교수자료를 갖추고 있다. 하이스코프 교육에서는 영아의 부모들을 영아를 위한 최초의 교사로서 존중한다. 교사는 영아의 요구에 더 잘 부합하고 영아의 발달을 위한 최선의 계획을 세우기 위하여 부모와 협력적인 관계를 구축함으로써 영아와 부모, 그리고 교사 간에 강력한 유대관계를 형성한다. 영아를 위한 하이스코프 교육과정의 핵심인 능동적인 학습을 위한 구성요소들을 교수방법과 교육내용을 중심으로 살펴보면 다음과 같다.

① 하이스코프 영아교육과정의 교수방법

■ 교사-영아 상호작용

양육적이고 반응적인 교사는 영아 개개인의 개인적인 요구와 기질을 고려한 비계설정을 통해 영아를 위한 지속적인 보살핌을 제공한다. 교사-영아 상호작용의 핵심 전략은 신체적 접촉하기, 안아주기, 영아의 눈높이에서 영아에게 맞는 속도로 함께 놀이하기, 언어적 · 비언어적으로 영아와 주고받기를 하면서 의사소통하기, 영아의 선택을 존중하고 영아의 노력을 격려하기, 영아의 정서를 존중하기, 갈등을 해결하는 과정에 영아를 참여시키기 등이다.

■ 학습환경

영아를 위한 하이스코프 교실의 물리적 공간은 영아들의 발달적 요구와 흥미에 부합하도록 안전하고, 융통성 있고, 편안하게 구성되어 있다. 교실은 영아들의 요구에 맞도록 놀이와 돌봄의 공간으로 조직되어 있다. 영아들은 자신들만의 방법으로 자신의 속도에 맞춰서 다양한 감각운동 교구들을 가지고 탐색하고 놀이한다. 가정과 같은 이러한 환경에서 영아들은 양육적이고 반응적인 교사들과 함께 자유롭게 움직이고, 자료를 탐색하고, 창의적으로 움직이며, 문제를 해결하는 경험을 한다.

■ 일과계획

하이스코프 교실에서의 일과는 지속적이면서도 융통성이 있다. 이러한 일과는 영아 개개인의 자연적인 리듬과 기질에 부합하고, 영아들이 안전하다는 느낌과 안정감을 가지고 성장하도록 돕는다. 또한 지속적이며 융통성 있게 운영되는 하이스코프 교육의 일과는 영아와 교사 간의 신뢰감 형성을 돕고, 영아들이 교실환경과 주위 사람들과 함께 지내면서 자율성을 발달시키는 데도 도움이 된다. 하이스코프 교실에서 매일 규칙적으로 이루어지는 활동과 보살핌의 일과는 영아가 능동적으로 학습하는 데 가치를 둔다.

■ 관찰

영아와 프로그램에 대하여 상시 진행되는 평가는 하이스코프 교육과정의 가장 기본적인 요인이다. 교사는 특정한 목적을 가지고 이루어지는 영아들에 대한 관찰을 통해 학습자인 영아 개개인과 영아 집단의 흥미를 고려하여 계획을 수립한다. 영아관찰은 또한 영아들의 학습을 지원하고 확장시키면서 영아들의 발달을 위한 비계를 설정하는 데도 도움이 된다.

② 하이스코프 영아교육과정의 교육내용

하이스코프 영아교육과정의 교육내용은 42가지 핵심발달지표(KDIs: Key Developmental Indicators)로 구성되어 있다. 핵심발달지표는 발달의 각 단계별 기술과 행동으로 추후 학교에서의 학습과 성공적인 성인기를 위한 조건과 연관된다. 각 핵심발달지표는 비계설정 전략을 통해 영아의 학습을 지원하고 확장시키도록 구성된다.

■ 하이스코프 영아교육과정의 6가지 내용영역

- 학습에의 접근성
- 사회 · 정서발달
- 신체발달과 건강
- 의사소통, 언어, 문해
- 인지발달
- 창의적 예술

(2) 하이스코프 유아교육과정(Preschool Curriculum)

하이스코프 유아교육과정은 유아가 학습에 대한 흥미를 가지고, 학습 자료를 탐색하고, 교사와 또래들과 상호작용하도록 격려한다. 또한 유아기 학습자들이 의사결정하고, 학문적 기술을 익히고, 사회적 · 정서적으로 발달하고, 교실 공동체의 일원이 되도록 지원하는 데 초점이 맞춰져 있다. 유아를 위한 교육과정의 핵심인 능동적인 학습은 자연스러운 놀이와 환경, 활동, 그리고 다른 사람들과의 상호작용을 통해 유아들이 지식을 획득하도록 돕는 기초가 된다. 유아를 위한 하이스코프 교육과정의 핵심인 능동적인 학습을 위한 구성요소들을 교수방법과 교육내용을 중심으로 살펴보면 다음과 같다.

① 하이스코프 유아교육과정의 교수방법

- 교사-유아 상호작용

교사는 유아와 함께 활동에 참여하면서 유아의 학습을 격려하기 위해 언어적·비언어적으로 상호작용하는 유아 학습의 협력자이다. 교사-유아 상호작용의 핵심 전략은 유아와 함께 환경을 통제하고, 유아의 협력자로서 의사소통하고, 유아의 놀이에 비계를 설정하고, 적절한 방법으로 격려하고, 갈등의 해결을 지원하기 위하여 문제해결 접근법을 사용하는 것이다.

- 학습환경

하이스코프 교육에서는 예측이 가능하고 적극적으로 학습할 수 있는 환경을 조성하기 위하여 유아의 가정, 문화, 그리고 언어를 반영하는 다양하고 개방적인 자료로 교실의 환경을 구성한다. 이렇게 조성된 교실에서 유아들은 자신의 의도대로 놀이할 수 있는 자발성을 발전시키도록 격려받는다.

- 일과계획

하이스코프 교육과정의 지속적인 하루 일과는 균형 잡힌 다양한 경험과 학습 기회를 제공한다. 유아는 개별적으로 놀이하는 동시에 사회적인 놀이에도 참여하며, 소집단 활동과 대집단 활동을 통해 학습한다. 또한 유아들은 정리정돈을 돕고, 식사시간을 통해 사회화되며, 자조기술을 발달시키고, 대·소근육활동을 한다. 하이스코프 교육의 일과에서 가장 중요한 부분은 연속적으로 이루어지는 계획하기-실행하기-평가하기(plan-do-review)이다. 이러한 일과를 통해 유아들은 무엇을 할지를 결정하고, 자신의 아이디어를 실행하며, 교사와 또래와 함께 실행한 활동에 대하여 반성적으로 성찰한다. 이러한 높은 수준의 사고기술은 이후 학교에서의 학문적 성취와 성인이 되어서의 삶을 성공적으로 살아내는 데 필요한 실행기술 발달과 관련이 있다.

- 평가

지속적으로 이루어지는 평가는 유아를 위한 하이스코프 교육과정의 기본 요소이다. 유아의 자연스러운 놀이의 과정에서 수집되는 목적이 있는 일화관찰은 유아의 발달을 평가하고 의미 있는 학습경험을 계획하기 위하여 필요하다.

② 하이스코프 유아교육과정의 교육내용

3세부터 5세까지의 유아들을 위한 하이스코프 교육과정의 교육내용은 58가지 핵심발달지표(KDIs: Key Developmental Indicators)로 구성되어 있다. 각 핵심발달지표는 유아를 위한 중요한 학습목표와 부합한다. 유아의 일반적인 발달의 속도에 근거하여 8가지 영역이 광범위하게 포함되도록 구성된 하이스코프 유아교육과정의 핵심발달지표는 유아의 학습에 대한 포괄적인 기대를 반영하고 있다. 하이스코프 교육과정을 실행하는 교사들은 유아들이 이러한 8가지 영역 모두에서 학습할 수 있도록 적절한 비계를 설정한다.

- 하이스코프 유아교육과정의 8가지 내용 영역
  - 학습에의 접근성
  - 사회 · 정서발달
  - 신체발달과 건강
  - 언어, 문해, 의사소통
  - 수학
  - 창의적 예술
  - 과학과 기술
  - 사회과학

3) 유아관찰기록

하이스코프 교육과정에서는 프로그램의 효과를 평가하기 위하여 유아관찰기록을 사용하여 몇 개월에 걸친 유아의 행동을 기록한다. 유아관찰기록은 핵심 경험에 관하여 간략하게 기록한 후 유아의 행동을 5수준의 30가지로 분류하여 평가하게 되어 있다(이기숙 외, 2014).

4) 부모와 지역사회의 역할

부모참여는 하이스코프 교육과정의 두드러진 특징 중 하나로 처음에는 교사가 매주 가정방문을 하였으나 이후 집단면담을 비롯한 다양한 방법으로 부모와 교사 간의 쌍방향 소통이 이루어진다. 부모와 교사는 상대방을 전문가로 신뢰함으로써 다양한 환경에서 프로그램의 효과를 성취하게 한다.

하이스코프 교육과정은 질 높은 유아교육이 유아의 장기간에 걸친 성공의 기회를 담보하고 유아의 현재의 삶을 넘어서 미래 세대의 삶의 질을 향상시키는 데 긍정적인 영향을 미친다는 연구결과를 근거로 교육과정을 운영한다. 하이스코프에서는 수준 높은 유아교육을 경험한 유아들이 성장하면서 학교생활을 더 잘 준비하고, 정서적으로 성숙하고, 수준 높은 자기규제능력을 가지며, 높은 수준의 학력을 가지게 된다는 믿음을 가지고 운영된다. 하이스코프 교육과정은 유아들이 성인이 되었을 때 고용 안정도가 더 높으며, 더 수준 높은 처우를 받는 직장에 고용되며, 가정에서 자녀들에게 더 안정적인 가정환경을 제공하고, 건강하고 참여적인 민주사회의 시민이 될 것으로 기대하고 운영되며 다양한 연구결과를 통해 이러한 효과들이 확인되고 있다.

3 프로젝트 접근법

프로젝트 접근법(Project Approach)은 진보주의 시대에 듀이(John Dewey)와 킬패트릭(William H. Kilpatrick)에 의하여 시작된 주제에 관한 심층연구라고 할 수 있다. 프로젝트 수업에서 소집단의 유아들은 프로젝트 활동에 참여하면서 학습할 가치가 있는 특정 주제에 대하여 서로 협력하면서 심층적으로 연구할 수 있게 된다(Katz & Chard, 2005). 이러한 프로젝트 접근법은 사회·문화적으로 적합한 교육이 중요하다는 인식을 반영하며, 어떤 특정한 교육학적 방법이나 모델이라고 하기보다는 약 3~8세의 유아를 위한 교육과정의 한 부분으로서 교육과정의 다양한 양상과 보완적인 관계에서 기능한다. 현대 유아교육에서는 3R's에 대한 체계적인 지도를 한다는 입장에서 교육내용을 교과영역으로 분리하여 학습을 지도하거나 아니면 놀이를 통한 학습이라는 미명하에 의미 없이 놀리기만 하는 방임의 형태를 취하여 온 것에 대한 대안으로 프로젝트 접근법의 의미가 재조명되고 있다(이기숙, 2000).

1) 교육목표

프로젝트 접근법의 주 목적은 유아의 주변 세계에 대한 이해를 증진시키고 꾸준히 학습하고자 하는 성향을 강하게 키워줌으로써 유아의 정신을 계발하는 것이다. 정신(mind)이란 지식, 기능뿐 아니라 정서적·도덕적·심미적인 감수성까지를 포함하는 개념이다(지옥정, 2000). 프로젝트의 주제에 관한 지식과 기술을 획득하고 학습에 관한 성향과 감정을 발달시키는 프로젝트 접근법의 교육목표를 살펴보면 다음과 같다(Katz & Chard, 2000, 2005).

(1) 지식의 획득

유아는 프로젝트에 참여하면서 새로운 지식을 획득한다. 지식은 도식, 아이디어, 사실, 개념, 정보 등을 말하는데, 유아는 프로젝트 활동을 수행하는 과정에서 조사하고 토론하면서 새로운 정보와 개념의 의미를 습득하거나 수정한다. 교사는 교실에서 프로젝트 활동을 진행하면서 유아가 실제 세계의 사회적 · 과학적 개념을 습득하고 유아에게 필요한 정보나 관계, 의미 등을 알 수 있는 기회를 제공해야 한다.

(2) 기술의 발달

유아는 프로젝트에 참여하면서 인지적 · 사회적 의사소통 및 신체적 능력을 향상시키기 위한 기술을 발달시킨다. 프로젝트에 참여하면서 이룰 수 있는 기술을 구체적으로 살펴보면 차례 지키기, 협상하기, 문제해결하기 등의 사회적 역량과 관련된 기술, 타인과의 의사소통능력, 자기표현능력과 추론능력 등의 의사소통능력, 쓰기 · 읽기 · 셈하기 등의 기본적인 학문적 기술 등이 있다. 프로젝트에 참여하면서 유아는 이러한 기술의 습득과 연습, 그리고 이를 응용할 수 있는 기회를 가지게 된다.

(3) 성향의 발달

유아는 프로젝트에 참여하면서 바람직한 성향을 기르게 된다. 성향이란 여러 상황에서 겪는 다양한 경험에 대해 반응하는 행동과 태도의 지속적인 습관으로, 예를 들면 세심한 관찰력과 호기심, 모험심, 과제에 대한 지구력, 문제를 해결하거나 책을 읽고 싶어 하는 성향 등이 있다. 유아는 프로젝트에 참여하면서 새로운 것에 대하여 지속적으로 호기심을 가지게 되고 문제를 해결하기 위하여 끈기 있게 도전하며 반성적으로 사고하는 성향을 발달시킨다.

(4) 감정의 발달

유아는 프로젝트에 참여하면서 긍정적인 감정을 기르게 된다. 긍정적인 감정이란 수용감, 자신감, 소속감, 안정감, 유대감, 상호 의존감 등과 같이 집단생활을 하는 가운데 주관적으로 느끼는 긍정적 감정 혹은 정서적 상태를 의미하는데, 이러한 감정은 유아의 성취도를 향상시키는 데 중요한 역할을 한다. 유아는 프로젝트에 참여하면서 공동의 목적을 성취하기 위해 자신의 학습 스타일과 강점에 따라 다양하게 집단에 공헌할 수 있는 기회를 가질 수 있으므로 자신이 그 집단에 필요하다는 소속감과 자기존중감을 발달시킨다.

2) 프로젝트 접근법의 실제

(1) 주제 선정하기

프로젝트를 수행하기 위해서는 좋은 주제를 선정하는 것이 매우 중요하다. 좋은 주제란 유아의 흥미와 교사의 가치 판단을 기반으로 하여 선정된 주제이다. 즉, 유아의 흥미와 함께 유아가 가지고 있는 경험의 다양성과 유아가 속한 사회·문화적 배경의 다양성을 고려해야 하며 민주사회에 참여하기 위한 준비를 하는 데 도움이 되는 주제를 선정해야 한다. 주제를 선정할 때 고려해야 할 요소는 다음과 같다(이기숙, 2000).

- 유아의 측면 : 프로젝트 작업을 할 유아 집단의 특성을 고려한다.
- 교사의 측면 : 주제와 흥미에 대한 교사의 지식과 경험의 특성을 고려한다.
- 사회의 측면 : 학교 및 공동체라는 더 큰 맥락의 특성을 고려한다.
- 자원의 측면 : 이용 가능한 지역 자원의 특성을 고려한다.
- 결합의 측면 : 위의 네 가지 요소들의 다양한 결합을 고려한다.

프로젝트의 주제 선정을 위한 기준을 정리하면 다음과 같다(Katz & Chard, 2000).

- 유아 자신의 환경(실제 세계)에서 직접적으로 관찰이 가능해야 한다.

- 유아의 경험과 관련되어야 한다.
- 직접적으로 조사할 수 있어야 한다.
- 활용 가능한 지역 자원이 있어야 한다.
- 다양한 표상활동이 가능해야 한다.
- 부모가 참여하고 공헌할 수 있어야 한다.
- 지역 문화뿐만 아니라 보편적인 문화에도 적절해야 한다.
- 유아에게 흥미를 줄 수 있으면서도 교사가 판단하기에 유아의 발달에 가치가 있다고 판단되는 것이어야 한다.
- 유아교육기관과 지역 차원의 교육과정 목표와 연관이 있어야 한다.
- 유아의 연령에 따라 기초적 기술을 적용해 볼 수 있는 충분한 기회가 제공되어야 한다.
- 주제가 너무 편협하거나 광범위하지 않고 적절해야 한다.

(2) 프로젝트의 실행

프로젝트 접근법은 계획 및 준비 단계, 탐색 및 표상 단계, 마무리와 전시 및 평가 단계로 실행된다. 프로젝트에 소요되는 시간은 일정하지 않으며 유아의 흥미와 관심, 경험, 주제의 성격 등에 따라 며칠 동안 진행되기도 하고 몇 주 혹은 몇 달 동안 지속되기도 한다.

① 1단계 : 계획 및 준비

1단계는 프로젝트를 계획하고 시작하는 단계이다. 1단계에서 유아들과의 협력연구를 위해 적합한 주제를 선정하는 일은 매우 중요하다. 주제를 선정하는 방법에는 교사가 유아와 기관의 여러 요건을 고려하여 선정하는 방법, 유아의 관심사 중에서 교사와 협의하여 적합한 주제를 선정하는 방법, 생활주제의 하위 주제들 중에서 유아의 흥미에 따라 선정하는 방법 등이 있다. 교사는 특히 선정하는 주제가 유아의 현재의 생활과 관심사를 반영함으로써 지역적으로 적합한가를 고려해야 한다. 유아들마다 생활 세계가 다르므로 그들 각자에게 친숙하고, 흥미 있고, 의미 있는 주제가 각각 다를 것이므로 이를 고려해야 한다. 똑같은 주제로 프로젝트를 진행한다 해도 교육내용이나 활동은 각 지역 유아들의 생활과 관심사를 반영하므로 다를 수 있다.

주제가 선정되면 교사는 유아들의 경험, 흥미, 자료 제공 및 현장 경험의 가능성들을 생각하면서 예비 프로젝트 망 또는 개념 지도를 유아들과 함께 조직해 본다. 유아들과 프로젝트 주제에 대하여 무엇을 알고 있는지, 무엇을 알고 싶은지, 무엇을 해보고 싶은지, 그리고 무엇을 할 수 있는지에 대하여 의논한다. 협의하는 동안 교사는 유아들이 주제에 대하여 이미 알고 있는 지식, 경험, 아이디어 및 생각을 파악하고 이를 다양한 활동으로 구체화시킬 수 있다. 교사는 유아의 의견을 수렴하여 보다 확장·발전된 프로젝트 망을 구성한다. 프로젝트에 대한 계획을 구상하고 발전시켜 나가는 동안 유아에게 주제와 관련된 경험을 이야기로 쓰거나 그림으로 그리게 한다. 또한 프로젝트 실행에 필요한 자료와 출처를 미리 함께 생각해 보고 부모의 도움을 요청한다. 부모는 프로젝트의 성공적인 수행에 매우 중요한 역할을 수행하는데, 예를 들어 프로젝트와 관련된 경험담을 들려주고, 자료를 제공해 주고, 현장 활동을 계획·조정·안내하는 역할을 한다.

② 2단계 : 탐색 및 표상

프로젝트 접근법의 두 번째 단계는 탐색과 표상활동의 단계이다. 이 단계에서 유아는 지역의 특정 장소, 사물 또는 사건 등을 현장 견학하고, 관찰하거나 발견한 것을 표상한다. 현장 견학은 교실을 벗어나 유아교육기관 밖에서 체험을 통한 학습을 경험해 보도록 하는 것이다. 현장 견학을 마친 후 토의시간을 갖고 견학내용에 대하여 이야기를 나눈다. 토의의 내용에는 견학하는 동안 무슨 일이 일어났고 누구와 이야기를 나누었는지, 견학을 통하여 보고 배운 것은 무엇이었는지 등이 포함된다. 토의를 거쳐 현장에서 알아온 것들은 다양한 방법으로 표상을 시도한다. 표상의 방법에는 그리기, 쓰기, 읽기, 그래프·차트·도표 만들기, 벽에 장식하기, 모형 만들기, 극놀이하기 등이 있다. 표상활동을 진행하면서 문해 능력이 있는 유아는 혼자서도 표상 작업을 수행할 수 있지만 문해능력이 부족한 유아는 교사의 보다 많은 지도와 대화를 필요로 한다.

③ 3단계 : 마무리와 전시 및 평가

3단계는 프로젝트를 마무리하고 최종 결과물을 발표하고 평가하는 단계이다. 프로젝트를 진행하는 동안 만든 여러 결과물을 교실의 벽이나 선반에 전시하여 다른 학급의 유아와 교사, 원장, 학부모 및 지역사회 인사 등 프로젝트 수업에 관심이 있는 사람들이 함께 관람할 수 있는 기회를 제공한다. 이러한 기회를 통하여 유아들은 그들의 경험을 다른 사람들과 공유할 수 있는 기회를 가지게 되며, 지역사회의 인사들은 유아교육기관에서 어떠한 활동이 어떻게 진행되는지에 관하여 관심을 가지게 된다.

3) 프로젝트 접근법과 관련된 논의점

프로젝트 접근법은 유아와 교사 모두에게 의미 있는 주제를 통하여 유아 스스로 깊이 있는 탐색을 하도록 함으로써 유아교육 및 보육현장에서 이루어지던 기존의 교육과정을 보완할 수 있다(Chard, 1992; Katz & Chard, 2000, 2005). 프로젝트 접근법의 특성 및 의의를 정리하면 다음과 같다(지옥정, 2000, 2006).

(1) 프로젝트 접근법의 특성

- 프로젝트 접근법은 학습 내용 선정 방법과 교수–학습방법을 함께 제시하고 있는 교육방법론적 이론이다.

- 프로젝트 접근법에서는 학습의 전 영역이라고 할 수 있는 지식, 기능, 성향, 느낌의 상호 보완적이고 유기적인 관계를 통한 인격적 통합을 강조한다.
- 프로젝트 접근법에서는 학습내용이 유아 개개인에게 유의미하여야 한다는 점을 강조한다.
- 교수-학습과정 면에서 프로젝트 접근법은 시작, 전개, 마무리의 3단계 과정으로 구분되는데, 각 단계마다 중심 사건과 과정, 그리고 영유아의 활동내용이 다르며 유기적인 관계 속에서 교사의 관심 및 역할이 달라진다.
- 프로젝트 접근법은 바람직한 유아교육을 위해 부모나 주변 사람들, 더 나아가 지역사회 구성원들과의 협력적 관계를 강조한다.
- 프로젝트 접근법에서는 프로젝트 전 과정을 통하여 교사와 유아, 유아와 유아 간의 적극적인 사고의 교류와 상호작용 및 협동적 학습을 강조한다.

(2) 프로젝트 접근법의 의의

- 프로젝트에 의한 학습활동은 학습자의 생리적 특성, 보다 구체적으로 인간 두뇌의 기능적 특성 및 발달영역의 상호 연관성(또는 통합성)에 비추어 볼 때 적합한 방법이라 할 수 있다.
- 프로젝트에 의한 학습방법은 유아 개개인의 능동적인 학습 태도를 촉진할 뿐만 아니라 사회 구성원으로서 필요한 능력을 획득할 수 있도록 한다.
- 정보의 선택과 분석 및 판단능력, 탐구력, 문제해결력, 타인에 대한 이해와 여러 가지 상황에서의 올바른 판단능력을 필요로 하는 현대사회의 시대적 · 사회적 요구에 부합하는 능력을 획득하는 데 도움이 된다.

4 레지오 에밀리아 접근법

레지오 에밀리아 접근법(Reggio Emilia Approach)은 로리스 말라구찌(Loris Malaguzzi)에 의하여 이탈리아의 레지오 에밀리아시에서 시작된 3개월에서 6세의 유아를 대상으로 하는 유아교육 프로그램으로, 레지오 에밀리아의 독특한 사회 · 문화 · 역사적 맥락에서 이해될 수 있다. 레지오 에밀리아 접근법은 진보적이고 사회주의적인 성향이 강하여 유아를 위한 교육의 책임이 사회에 있다고 생각한다. 레지오 에밀리아시는 풍부한 재정을 기반으로 유아교육에 대한 높은 수준의 재정적 지원을 하고 있고, 지역사회 주민 모두가 협력하여 새로운 교육적 시도를 하는 가운데 이 접근법이 탄생하였다. 레지오 에밀리아 프로그램은 1991년 미국 뉴스위크지에 의하여 선정된 세계에서 가장 훌륭한 10개의 학교 중 유아교육 분야에서 유일하게 선정되었다.

레지오 에밀리아 접근법은 유아교육에 헌신한 교사가 개인적 철학, 직관, 경험을 기반으로 특수한 사회문화적 배경을 가진 유아, 학부모, 동료교사, 지역사회 등과 상호작용을 하며 발전시킨 교육체제이다. 특정한 한두 가지 이론을 근거로 하기보다는 다양한 이론을 고찰하여 교육과정을 풍부히 하고 있다. 듀이, 피아제, 브론펜브레너, 비고츠키, 가드너 등의 이론에 영향을 받았으며, 특히 행함으로써 배운다(learning by doing)는 개념과 과정을 수용하고 있다. 이 밖에 상호작용에 의한 교육, 가설적 이론 및 반영적 사고, 협상을 통한 지식의 공동 구성 등을 핵심 개념으로 하고 있다. 레지오 에밀리아 접근법에서는 교육을 개혁하고, 관료주의에서 교육을 보호하고, 교육자와 부모 간의 협력을 촉진시키는 수단으로 부모와 지역사회의 참여를 교육의 필수조건으로 생각하고 있다. 레지오 에밀리아 접근법의 기본 원칙을 살펴보면 다음과 같다(이기숙, 2000; Edwards, Gandini & Forman, 1993; Grand Rapids Child Discovery Center, 2002, http://www.childdiscoverycenter.org).

1) 유아의 이미지

레지오 에밀리아에서의 유아의 이미지는 능력 있고, 호기심 많으며, 풍부한 지식과 잠재력을 가지고 자신을 둘러싼 주위의 세상과 관계를 맺는 데 흥미를 가지고 있는 존재이다. 유아는 자신의 생각과 이론을 가지고 태어나기 때문에 성인이 무엇인가를 담아주어야 하는 것이 아니다. 오히려 교사와 부모를 포함한 성인과 또래의 상호관계에서 자신의 생각과 이론을 주고받음으로써 지식을 구성하고 발전시킨다. 유아는 사회적 관계를 맺으려는 강한 성향을 가지고 있으므로 타인과의 관계에서 양질의 행복한 삶을 즐기고 유지할 수 있도록 교육적이고 보호적인 공간을 필요로 한다.

2) 협력자로서의 교사

교사는 유아의 학습경험을 촉진하는 사람이다. 협력자로서 교사는 유아의 목소리를 듣고, 기록하고, 새로운 작업에 도전한다. 교사는 또한 다른 동료들과 협력적인 관계에서 유아의 학습을 조직한다. 협력자로서의 역할을 수행하기 위하여 교사는 유아와 동료교사들의 목소리를 주의 깊게 들어야 한다. 작업과 관련하여 무엇을 계획하고 어떻게 진행해야 할지를 알기 위하여 유아를 세심히 관찰하고 그들의 목소리를 들어야 한다. 유아에게 질문하고 그들의 아이디어와 생각을 발견해야 하며, 유아가 관찰하고 기록한 것을 모아서 토론하고 그에 따라 융통성 있게 다음 과제를 계획해야 한다. 교사는 유아와 대화하고 그들에게 발견의 기회를 제공하고 반성적으로 사고해야 하며, 학습은 항상 현재 진행되는 과정이라는 생각을 가지고 지속적으로 유아의 협력자 역할을 수행해야 한다. 레지오 에밀리아의 교육체제에서 일하는 사람들은 페다고지스타, 교사, 아뜰리에리스타 등이 있다.

(1) 페다고지스타(Pedagogista)

교육조정자로 한 명이 몇 개의 유아교육기관을 담당한다. 이들은 유아교육기관의 전반적인 정책이나 문제를 토론하거나 교사의 현직교육을 계획·실행하며, 직원의 임무 배정, 일의 양과 시간 조정, 유아교육기관 설비의 보수와 신설 등과 같은 운영에 관련된 일을 한다. 또한 현재 진행되는 프로젝트에 참여하거나 자문을 해주어 교사를 지원한다.

(2) 교사

레지오 에밀리아에서는 두 명의 교사가 한 팀으로 한 학급을 3년간 담당한다. 교사는 동반자, 양육자, 안내자의 역할을 수행한다. 교육과정을 결정하고 학습자와 연구자로서의 태도로 교육에 임한다. 교사들 간에는 위계가 없고 서로에게 배우는 협력적인 관계에서 함께 일을 함으로써 공동사회 의식을 함양한다. 레지오 에밀리아의 교사는 유아를 가르치는 것 이외에 107시간은 현직교육에 참여하고, 43시간은 부모 및 학부모위원회와 만나며, 40시간은 세미나와 워크숍에 참여한다.

(3) 아뜰리에리스타(Atelierista)

시각예술을 전공한 교사로 아뜰리에에서 주로 일하며 학급의 담임교사들과 협력하여 교육과정의 개발과 기록작업을 수행한다.

3) 발현적인 학습과정

레지오 에밀리아 접근법에서는 아직 발견되지 않은 학습의 이론을 찾아내어 확장시키고, 새로운 이론을 확립하기 위하여 아이디어를 공유하고, 작업을 교환하며, 기회를 창조한다. 레지오 에밀리아의 교육과정은 미리 정해진 장·단기 교육과정이 아니라 유아의 흥미와 교육적 가치에 따라 지속적으로 정해지는 발현적 교육과정(emergent curriculum)이라고 할 수 있다. 발현적 교육과정에서는 유아의 흥미와 상호협동의 중요성을 강조하고 프로젝트라 불리는 한 가지 주제 또는 개념을 심도 있게 학습한다. 발현적 교육과정에서 교사는 교육과정의 주제와 프로젝트를 정하는 과정에 참여하여 교사의 관심과 유아들의 흥미 사이의 공유영역을 알아내는 역할을 한다(New, 2000).

이러한 작업의 과정에서 몇 날 혹은 몇 개월 동안 지속되는 프로젝트가 이루어진다. 레지오 에밀리아 접근법에서는 교사와 보통 3~4명으로 구성된 소집단의 유아가 함께 다양한 주제의 장·단기 프로젝트를 수행한다. 기본적으로 유아의 흥미에 기초하지만 유아들의 관심, 교육적 가치, 사회문화적인 의미에 대한 교사의 판단을 중요하게 고려하며, 프로젝트가 진행되는 과정에서 이루어지는 교사와 유아의 지속적인 평가를 통해 새로운 계획과 실행이 이루어진다.

4) 부모의 역할

부모는 레지오 에밀리아 접근법의 필수적인 구성요소이다. 부모는 자녀의 학습 경험을 구성하는 데 적극적인 역할을 수행하고 유아교육기관에 다니는 모든 유아들의 복지를 확실히 하기 위하여 도움을 제공한다. 이를 위하여 부모는 각 학교의 위원회에 포함되고 학교에서 진행되는 모든 교육과정, 예를 들어 유아들과의 매일의 상호작용, 교육과정에의 참여, 교육적·심리적 문제에 관한 논의, 특별한 사건의 해결과정 등에 참여한다.

5) 유아들의 수많은 언어

레지오 에밀리아에서 유아는 그림, 조각, 상상놀이, 쓰기 등을 포함한 다양한 형태의 상징언어로 그들이 이해한 것을 묘사한다. 그들은 자신이 사용한 표상방법이 표현하고자 의도한 것을 충분히 표현했는지 토론하고, 활동을 반복하고, 주제를 더 잘 이해하려는 공동의 목적을 달성하기 위하여 서로의 작품을 수정한다. 레지오 에밀리아에서 유아는 자신의 아이디어를 표현하기 위한 표상활동을 하면서 온갖 종류의 다양한 자료로 작업한다. 유아는 자신의 아이디어를 표현하고 그들이 살고 있는 사회에 관한 생각과 감정을 표현하기 위하여 사용 가능한 재료에 관한 모든 것을 학습한다. 교사는 유아의 작품을 발전시키기 위한 탐색과 평가의 과정에 유아들이 참여하도록 격려함으로써 수많은 언어로 표상하도록 한다.

6) 사회적 상호작용

교육은 학습자인 유아에 초점을 맞추어 가족, 교사, 학교환경, 지역사회, 그리고 더 광범위한 사회와의 관계에서 이루어진다. 이처럼 상호연관된 관계는 상호작용하며 교육체계를 지원한다. 레지오에서는 유아가 사회적 상호작용을 통해 학습한다는 비고츠키의 생각과 학습을 지원하고 학습의 과정에서 중요한 역할을 하는 존재로 환경에 의미를 부여한 몬테소리의 생각을 받아들였다. 유아는 또래와 상호작용할 때, 특히 소집단으로 상호작용할 때 많은 것을 학습한다. 유아는 소집단에 참여하며 상호작용하면서 호기심과 흥미를 발달시키고 질문을 하고 주의집중하고 반응한다. 이러한 과정에서 유아는 타협을 경험하고 역동적인 의사소통의 기회를 갖게 된다. 레지오 에밀리아의 교실에서는 집단에서의 관계를 중요하게 생각하지만 혼자 있을 시간이 필요한 유아에게는 혼자 있도록 배려한다.

7) 기록 작업(Documentation)

레지오 에밀리아 접근법에서는 유아의 활동과정을 기록으로 남기는 과정과 그 행위의 결과인 작품을 모두 중요하게 생각하여 기록 작업에 독특한 의미를 부여한다. 기록 작업을 통하여 유아와 교사 간의 학습과정이 포착되고 시각화되며, 교사와 유아의 경이감을 지원하고, 연구와 학습을 장려한다. 기록 작업은 다음 세 가지 측면에서 의미가 있다(이기숙, 2000).

- 유아는 기록 작업을 통해 성인이 유아들의 작품을 소중히 여기는 것을 보면서 자신감과 자아존중감을 갖게 되며, 기록 작업을 기억의 창고로 사용한다.
- 교사는 기록 작업을 통해 유아들이 무엇에 관심이 있는지, 무엇을 알고 모르는지, 프로젝트를 어떤 방향으로 이끌어 나가야 할지 등에 관하여 반성적으로 사고할 수 있는 기회를 가진다.
- 부모와 지역사회 인사들은 기록 작업을 통하여 유아교육기관에서 이루어지는 작업에 관하여 자연스럽게 알게 됨으로써 유아교육기관과의 관계에서 연대감을 형성하고 적극적인 상호작용 및 의사소통의 기회를 갖게 되며 이를 근거로 협력의 기반을 마련한다.

8) 환경의 역할

레지오 에밀리아 접근법에서는 교육의 질을 높이기 위하여 교육활동이 이루어지는 공간인 환경의 중요성을 강조한다. 환경은 공간, 색, 빛, 유아 작업의 전시, 자연에 대한 세심한 관찰 등이 이루어지도록 함으로써 또 다른 교사로서의 역할을 담당하는 것이다. 레지오 에밀리아의 물리적 환경의 전반적인 특징은 방문하는 사람은 누구나 환영받는다는 느낌을 줌과 동시에 만남과 의사소통, 그리고 관계 형성을 촉진하도록 마련되어 있다는 것이다. 레지오 에밀리아의 학교는 아름답다. 이러한 아름다움은 학습의 즐거움에 함께 참여하는 유아와 교사에 관하여 학교 전체가 전달하는 메시지라고도 할 수 있다. 벽의 색, 가구의 모양, 선반과 책상에 진열되어 있는 단순한 물건 등 레지오 에밀리아의 모든 것에는 세심한 주의가 기울여 있다. 창문과 문에서 들어오는 빛은 유아의 작업인 콜라주와 직물을 투과하고, 건강한 초록 식물들이 곳곳에 있으며 조개껍데기와 물체 등은 교사와 유아가 창조한 패턴을 반영한다. 레지오 에밀리아의 환경은 매우 개인적이라고 할 수 있는데, 예를 들어 교사와 유아는 작은 상자에 서로를 위한 작은 선물이나 편지를 남겨 놓기도 한다. 교실은 유아의 그림, 종이로 만든 구성물, 철사로 만든 구조물, 빛이 들어오는 콜라주, 모빌 등 유아의 작업으로 가득 채워져 있다. 이러한 레지오 에밀리아의 물리적 환경은 순환성과 투명성이라는 개념으로 가장 잘 표현된다(이기숙, 2000).

순환성이란 모든 공간이 자연적으로 연결되어 있어서 막힘 없이 어느 곳으로나 통할 수 있다는 의미로, 유아-유아, 유아-교사, 유아-환경 간의 상호작용을 최대한 장려하는 레지오의 정신을 반영하고 있다. 이러한 개념을 반영하는 레지오 에밀리아 유아교육기관의 환경은 공통적으로 건물의 어느 곳에서나 직접 연결되는 중앙 공용 공간(피아자, piazza)이 중심부에 자리 잡고 있고 주위의 네 면을 따라 아뜰리에, 활동실, 각 학급별 미니 아뜰리에, 그리고 화장실이나 부엌 같은 부대시설이 배치되어 있는데, 이러한 공간은 문을 통해 모두 연결되어 있다.

투명성이란 같은 공간에 있지 않아도 서로의 존재를 보고 느낄 수 있는 가능성을 의미하는 것이다. 이러한 개념을 반영하는 레지오 에밀리아의 유아교육기관은 모든 문과 창에 유리를 사용하여 서로 볼 수 있도록 하였다. 이 밖에 가능한 한 자연색을 사용하고 모든 종류의 빛(자연채광, 형광등, 백열등)과 빛을 활용하는 기구(투시물 환등기, 슬라이드 프로젝트, 빛책상, 손전등)를 많이 활용하여 투명성의 원리를 실현하고 있다.

위와 같은 환경의 원리를 실현하기 위하여 레지오 에밀리아의 유아교육기관에는 유아와 교사가 모두 사용하는 아뜰리에라는 특별한 이름의 작업실이 있다. 이곳에서 유아와 교사는 다양한 종류의 도구와 자료, 과거에 만든 프로젝트와 경험에 관한 기록을 함께 마련한다. 공동의 아뜰리에와 각 교실의 미니 아뜰리에에서 유아와 교사는 토론하고 다양한 자료를 선택하고 경험을 표현한다. 이곳에서 유아와 교사는 다양한 매체를 사용하여 작업함으로써 예술을 비롯한 다른 교육과정 활동을 인지적·상징적 표현의 통합적 부분으로 인식하여 분리될 수 없는 학습의 과정에 포함시킨다.

9) 시간

레지오 에밀리아 교실에서는 유아의 감각과 개인적인 리듬으로 활동과 프로젝트를 계획하고 수행하기 때문에 시계에 의하여 시간을 정하지 않고 달력의 날짜가 변한다고 해서 활동의 지속성이 방해받지 않는다. 시간은 유아들이 일상적인 삶에서 학교로 가지고 오는 흥미와 활동에 의하여 영향을 받는다. 그리고 이는 다시 계획과 집단화, 그리고 일정에 영향을 미친다. 레지오 에밀리아에서 보편적으로 이루어지는 종일 프로그램과 3년 동안 지속되는 담임 연임제는 유아에게 또래와 함께 할 수 있는 충분한 시간을 제공하고 교사에게는 각 유아의 개인적인 리듬과 학습 스타일을 파악할 수 있는 기회를 제공함으로써 교사와 유아가 서로에 대하여 진정으로 이해하는 것을 가능하게 한다.

10) 레지오 에밀리아 접근법 적용의 실례

레지오 에밀리아 접근법은 레지오 에밀리아라고 하는 특정 문화와 사회에 적절한 유아교육 프로그램이다. 레지오 에밀리아 접근법의 기본 원칙에 따라 다른 문화에서의 적용 실례를 미국 미시간주에 위치한 Grand Rapids Child Discovery Center(2002)의 예를 통해 살펴보면 다음과 같다(http://www.childdiscovery center.org).

- 부모의 목소리를 학교신문, 기록 작업, 사진, 그리고 교실에서 적극적으로 수용한다.

- 레지오 에밀리아 접근법을 실시하는 교육기관이 위치한 미시간주의 핵심 교육과정을 본 교육기관의 유아중심적인 발현적 교육과정에 접목시킨다.
- 유아, 교사, 부모 간의 지속적인 협력이 기록되고 교육기관 전체에 전시된다.
- 유아의 아이디어와 이론이 찰흙, 전선, 그리기 재료 등을 통하여 아름답게 표현된다.
- 유아의 흥미와 능력, 그리고 교사가 중요하게 생각하는 내용에 초점을 맞추기 위하여 다연령 집단을 구성하고 융통성 있게 운영한다.
- 각 유아는 미시간 핵심 교육과정에 의하여 1년에 2회씩 형식적인 평가를 받는다.
- 창의적인 지도와 차트를 만들어 각 교실의 일과를 볼 수 있게 한다.
- 교사, 부모, 그리고 유아는 잘 계획된 대화와 활동을 하면서 지식을 함께 구성한다.
- 유아는 학교에서 일어나는 모든 문제를 해결하는 데 참여한다.
- 학교 전체의 아름다운 공간은 학습 의욕을 일깨우고 지원한다.
- 빛, 식물, 나무, 그리고 물 등을 통하여 학교의 내부와 외부는 상호 연관되어 있다.
- 학교와 지역사회 조직들 간의 협력관계가 강조된다.
- 교수-학습과정을 강화하기 위하여 과학기술이 활용된다.
- 스페인어가 학교생활에서 적절히 사용된다.
- 교사는 전문가로서 지속적으로 발전하기 위하여 헌신한다.
- 재료와 아이디어를 탐색하기 위한 실험실로 아뜰리에를 활용한다.
- 다양성을 식물, 동물, 사람, 그리고 사람들의 관점에서 찾아낼 수 있는 축복으로 여긴다.

레지오 에밀리아의 교육은 유아들이 협동적 학습을 통해 스스로 학습하는 과정을 실천적으로 보여주고, 교사들의 협력적인 지도와 부모 및 지역사회의 참여가 성공적인 유아교육 및 보육을 위하여 매우 중요한 요인임을 알려준다. 우리나라에서도 한국레지오교육협회(KAREA: Korea Association for the Reggio Emilia Approach) 등을 중심으로 레지오 에밀리아 접근법의 이론과 현장 적용 방안에 대한 연구가 이루어지고 있다.

5 발도르프 교육과정

발도르프 교육은 오스트리아의 슈타이너(R. Steiner)의 사상적 기초인 인지학(Anthroposophy)을 바탕으로 시작되어 오늘날 세계에서 가장 빠른 속도로 발전하고 있는 사적이고 비종파적인 교육운동이다. 발도르프 교육은 제1차 세계대전이 끝나고 황폐한 공장지대의 환경에서 공장 노동자 자녀의 교육환경을 개선하기 위한 시도로 1919년 독일의 슈투트가르트에 최초의 발도르프 학교가 설립되면서 시작되었다. 발도르프 교육에서는 인간을 육체와 영혼과 정신의 조화적 통일체로 보고 의지와 감정과 사고, 즉 지 · 정 · 의가 조화된 인간을 기르기 위하여 예술적 감각을 바탕으로 하는 구체적인 교육 프로그램을 실시하고 있다(박의수, 1994; Jaffke, 1991).

1) 아동관과 교육목표

발도르프 교육은 슈타이너의 인지학에 기초하고 있다. 슈타이너는 현대사회의 많은 문제와 재앙이 물질주의적 세계관과 인간관에 기인한다고 보고, 눈에 보이는 세계를 창조하고 지배하는 눈에 보이지 않는 세계와 인간의 정신적 차원에 눈을 돌려야 한다고 보았다(박의수, 1994). 그는 인간의 본성이 무엇인가에 대해 관심을 가지고 탐구하면서 인간의 정신을 객관적으로 설명하고자 하였다. 그는 인간의 본성에는 감각으로 지각할 수 있는 것 이외의 초감각적인 것까지 포함되며 인간은 신체(body), 영혼(soul), 정신(spirit)의 통합체라고 주장하였다(홍지연, 2002). 그는 인간의 성장과정을 3단계로 제시하면서 인간의 발달이 매우 점진적으로 이루어진다고 하였으며, 특히 영유아 및 아동이 속한 전반부를 7년씩 3단계로 나누어 각 단계마다 배움을 지배하는 근본적인 힘이 다르다고 하였다. 유아기(1단계)를 중심으로 각 단계를 간략히 정리하면 다음과 같다(박의수, 1994; 정윤경, 2004; 홍지연, 2002).

(1) 유아기(출생~7세)

행동을 통해 발달하며 신체적인 유기체가 형성되는 단계이다. 이 시기에 속한 유아는 주로 활동적인 놀이와 모방을 통해 세상을 배운다. 이 시기는 다시 3단계로 구분된다.

- 1시기는 0세부터 2세 반까지의 시기로, 주로 감각 신경이 발달하며 서기와 걷기, 말하기를 배운다.
- 2시기는 3세에서 5세까지의 시기로, 리듬적 유기체인 심장과 허파가 발달하는 시기이다. 이 시기에는 즉흥적인 놀이를 통해 상상력과 기억력이 발달한다. 이 시기 유아의 놀이는 외부의 자극이나 놀잇감에 의하여 영향을 받고 수정된다.
- 3시기는 5세에서 7세까지의 시기로, 신진대사의 발달과 손, 발 등 사지가 발달하는 시기이다. 이 시기 유아는 외부 자극에 의해 놀이하기보다는 스스로 먼저 놀이를 계획하고 놀이 계획에 필요한 놀잇감을 가지고 하는 계획된 놀이가 일어난다.

(2) 아동기(7~14세)

이 시기에 속한 아동의 학습과 활동을 이루게 하는 원동력은 감성으로 이 시기 아동의 상상력은 발달이나 학습과 밀접한 관계가 있다. 아동의 감성교육을 위하여 예술과 권위자에 의한 교육이 중시된다.

(3) 청년기(14~21세)

청년기에 이르면 자신의 자아에 관심을 가지고 자아정체감을 이루게 된다. 이 시기에는 사고의 능력이 발달하여 상상력과 권위에 기초하여 이루어진 이전의 지식을 자신의 논리로 확신을 가지고 말할 수 있게 된다. 교육은 자아를 초월하여 객관적 영역의 지식과 경험으로 이끌어 가는 개인적 발견의 과정이 된다.

이처럼 발도르프 교육의 기본인 인지학에서는 유아를 신체, 영혼, 정신의 통합체인 조화롭고 자유로운 존재로 보는 이미지를 기본으로 교육과정을 전개하고 있다. 따라서 발도르프 교육에서는 인간중심의 전인 아동을 교육의 목적으로 하여 손과 심장, 머리의 조화롭고 균형 잡힌 발달을 실현하고자 하였다. 이를 위하여 발도르프 교육에서는 유아를 존중하는 마음을 가지고, 사랑으로 유아를 가르치며, 유아가 자유 속에서 성장하도록 하는 것을 중요한 원칙으로 하고 있다.

2) 교육의 원리

슈타이너의 인지학에서는 인간을 신분과 계급으로 차별하지 않고 하나의 개별적인 존재로 본다. 교육은 예술이며 모든 교육은 예술의 원리인 통합적 원리로 접근해야 한다. 교육을 통해 인간의 내면적인 본질과 핵심, 그리고 인간의 자질이 인식되어야 하고, 이러한 교육을 통해 유아는 통찰력을 기르게 된다. 인간에게 잠재되어 있는 소질과 다양한 능력은 유아의 본질적 특성에 맞는 교육을 통해 이루어질 수 있어야 하고 이를 위하여 유아 스스로 발전할 수 있는 교육 환경을 제공해야 한다. 발도르프 교육을 통해 유아는 조화로운 인간성을 자신의 내면에서 스스로 의식할 수 있게 되어야 한다. 이러한 기본적인 교육의 원리에 따라 유아교육현장에서는 유아의 창의적 사고를 위한 리듬, 모방, 본보기 등을 유아교육원리로 활용하여 유아의 내면 세계를 표현하도록 한다. 발도르프 유아교육의 원리를 살펴보면 다음과 같다(김정임, 2003).

(1) 리듬의 원리

인간의 전체적인 삶은 신체적 · 정신적 리듬을 타고 이루어지므로 인간은 이러한 규칙적인 리듬을 통해 삶의 원리를 배운다. 리듬은 외적으로 보이는 행동뿐만 아니라 인간의 내면에도 전체적으로 영향을 미침으로써 인간의 삶 전체를 형성하는 데 큰 역할을 한다. 즉, 일상생활뿐만 아니라 자고 깨어남, 식사와 소화 등 대조적인 것이 이상적인 방법으로 리듬을 타고 이루어지는 것이 바람직하다. 유아의 경우 아직 이러한 다양한 인간의 리듬을 스스로 만들 수가 없으므로 유아를 위해서는 정리된 환경을 제공해야 하며 전체적으로 예측할 수 있는 반복적인 일상을 제공해 주어야 한다. 연간 교육과정에서는 계절과 절기의 리듬에 따라 연중행사가 계획되어야 하고, 일일 교육에서는 기본적인 생활 리듬에 따라 일과가 구성되어야 하는데, 이러한 일과는 함께 모여서 하는 활동(들숨: 식사시간, 이야기 듣기, 낮잠 자는 시간 등)과 개별적으로 할 수 있는 활동(날숨: 정리 · 정돈, 자유놀이, 바깥놀이, 나들이시간 등)이 조화롭게 구성되어야 한다(정윤경, 2004). 이러한 일과는 규정된 시간에 의하여 운영되기보다는 유아의 내적 상태에 따라 유동성 있게 운영되고, 교육과정을 진행하면서 대화, 노래, 스토리텔링 등을 통하여 언어가 풍부히 사용된다(홍지연, 2002).

(2) 모방과 본보기의 원리

인간은 출생부터 모방을 통한 학습능력을 가지고 태어난다. 유아의 모방능력은 유아 내부에 있는 자유의 표현으로 유아가 주변 인물들 속에서 비교할 수 있는 것을 인지한 경우에 개발된다. 출생부터 7세까지의 유아는 직접적인 감각 체험을 통해 모방함으로써 학습하므로 이 시기 유아의 기본적인 학습 형태는 본보기와 모방이라고 할 수 있다. 이러한 모방은 어른의 시범적인 행동을 따라하는 것을 의미하는 것이 아니라 어른과 유아의 내적인 유대를 의미한다(신화식 외, 2004). 어른과 유아는 모방과 본보기를 통하여 서로에게 영향을 주는 상호교류를 통하여 만남을 이룬다.

(3) 질서의 원리

발도르프 교육에서는 질서를 중요하게 여긴다. 유아는 질서를 통해 주위 환경에 있는 사물을 익히고 인간관계를 알아가면서 세상에 대한 안정감과 신뢰를 쌓는다. 이러한 외부 환경의 질서는 유아가 새로운 세계를 만들어 갈 수 있는 기본을 형성하게 한다.

- 공간의 질서 : 유아는 정리된 공간에서 창의적인 활동에 몰두할 수 있는 여유를 가지므로 공간적 질서를 갖춘 환경은 교육과정을 운영하는 데 매우 중요하다.
- 시간의 질서 : 시간에 대한 질서는 하루 일과, 일주일, 한 달, 일 년을 주기로 규칙적으로 운영되어야 한다. 이러한 리듬 있는 질서를 통하여 유아는 삶의 뿌리를 제대로 내리게 된다.
- 영혼의 질서 : 유아는 감정과 내면적으로 자기 세계를 형성하려는 동기 속에서 타인과의 평온한 만남을 통해 외부에 대한 신뢰감을 형성한다. 이러한 내적인 질서는 유아가 외부 세계를 받아들이는 데 긍정적인 역할을 하게 된다.

3) 발도르프 교육의 내용

(1) 예술교육

슈타이너에 의하면 예술은 유아의 정신과 영혼과 신체를 조화롭게 해줄 수 있는 것으로 전인교육의 효과를 거두기 위해서는 조각과 회화, 음악과 시, 오이리트미 등의 다양한 예술교육을 실시해야 한다.

(2) 조각과 회화

조각과 회화는 유아의 생각을 감각과 경험으로 표현하게 해주며 외부 세계와의 관계를 성립시켜 준다. 다양한 색의 경험은 유아의 감정을 풍부하게 해주고 자연스러운 표현을 가능하게 한다. 또한 수채화 그리기를 통하여 경계가 없이 조화를 이루는 자연의 원리를 경험하게 된다(곽노의, 1997).

(3) 음악과 시

음악과 시는 또 다른 형태의 예술활동으로 유아와 사회 간의 관계를 유지시키고 발전시켜 줌으로써 유아의 사회성을 함양시켜 주는 예술이다.

(4) 오이리트미

오이리트미는 음악과 그림을 인간의 동작으로 재현하는 동작예술로 인간의 신체 움직임을 통해서 인간의 영적 상태와 정신적 상태, 인간 전체를 투사하여 표현하는 동작예술이다. 오이리트미는 몸을 통하여 소리를 보여주는 움직임의 예술로 '볼 수 있는 언어'이고, '볼 수 있는 노래'라고 할 수 있다(신화식 외, 2004). 슈타이너는 인간의 모든 감정과 의미, 정서를 신체에 담아 전달할 수 있다고 보고 오이리트미를 통해 전인적인 인간, 조화로운 인간의 발달을 이루고자 하였다. 유아는 간단한 리듬에 따라 움직이거나 나무막대 또는 동으로 된 막대를 이용하여 간단한 오이리트미를 시작하다가 시나 음악, 동화의 내용을 표현하게 된다.

(5) 스토리텔링

발도르프 교육에서는 다양한 이야기를 반복해서 들려준다. 유아는 지난 일주일 동안의 주제에 관한 이야기를 반복적으로 들으며 질문하고 상상하고 그 내용에 관하여 그림, 인형극 등으로 표현한다. 교사는 유아들이 지은 이야기를 다시 들려준다.

4) 교사의 역할

발도르프 교육에서는 자기수양(self-cultivation) 혹은 자기교육(self-education)을 지속적으로 실천하는 동시에 영혼과 정신과 신체를 통합하는 교육을 하는 교사를 필요로 한다. 즉, 발도르프 교육에서 교사는 사상가, 예술가, 과학자, 시인, 환경보호자, 음악가의 역할을 모두 감당할 수 있어야 한다(홍지연, 2002).

(1) 자기수양이나 자기 교육을 실천하는 교사

영유아는 자기 주변의 인물들과 환경에 대하여 끊임없는 모방과 본보기를 통하여 학습하기 때문에 발도르프 교육에서는 이론적 전문가인 교사보다 끊임없이 자기수양이나 자기교육을 실천하는 교사를 더 훌륭한 교사로 여긴다.

(2) 영혼과 정신과 신체를 통합하는 교육자

발도르프 교육의 교사는 언어, 수학, 역사, 기악, 과학 등을 가르치는 동시에 그리기, 페인팅, 조각, 음악, 드라마와 같은 것들도 가르침으로써 영유아의 영혼, 정신, 신체를 건강하게 유지하도록 하는 교사를 훌륭한 교사로 여긴다.

발도르프 교육에서 교사 역할을 구체적으로 정리하면 다음과 같다(홍지연, 2002).

- 조화로운 인간으로서의 가치와 교사라는 직업적 전문성을 통합해야 한다.
- 학급에서 유아의 요구에 부응할 수 있는 자유로움을 지녀야 한다.
- 교사 자신이 예술, 동작, 음악에 대한 창조성을 계발할 수 있어야 한다.
- 유아와 교과과정에 대하여 끊임없이 연구해야 한다.
- 학교생활에 대한 학부모의 관심과 후원을 유도해야 한다.
- 역사, 과학, 문학, 예술에 대한 이론적 지식을 발전시켜야 한다.
- 각 유아의 성장을 지켜주는 파트너가 되어야 한다.

5) 환경구성 및 교육방법

발도르프 유아교육기관은 지붕, 교실, 복도 등이 모두 곡선 구조로 되어 있어 전체적으로 각이 없이 다양한 곡선으로 지어짐으로써 자연을 닮아 있다. 실내와 실외 환경도 모두 자연물로 이루어져 있다. 실외 놀이터는 모래밭, 나무 오두막, 고목 그루터기 등이 있으며 인공적으로 만들어진 미끄럼틀, 그네, 정관짐 등은 없다. 실내 환경도 TV나 컴퓨터를 비롯한 전자제품이나 완제품을 사용하는 것이 아니라 상상력을 마음껏 발휘할 수 있도록 자연물을 꾸밈없이 있는 그대로 제공하고 있다. 이러한 환경에서 유아는 안정감을 가지고 놀이를 통하여 창의적이고 예술적인 경험을 하며 성장하게 된다.

이렇게 자연으로 이루어진 발도르프 교육환경에서 유아는 반일제를 원칙으로 혼합연령집단으로 구성된 학급에서 지내게 된다. 또한 발도르프 학교에서는 좀 더 깊이 영유아를 이해하기 위하여 한 담임교사가 3년 정도 같은 반을 맡는 담임연임제를 실시하고 있다. 영유아는 같은 선생님과 오랜 시간을 함께 보내며 서로에 대한 깊은 이해와 신뢰를 형성하게 된다.

6 숲 유치원

우리나라에서 1990년대 후반부터 자연체험교육의 한 부분으로 시작된 숲과 관련된 교육은 2003년 독일의 숲 유치원이 소개되면서 본격적으로 시작되었다. 숲 유치원은 스웨덴, 덴마크 등의 북유럽 국가들에서 시작되었고, 독일은 1968년 우루술라 수베(Ursula Sube)부인의 '숲 산책 그룹(Waldwandergruppe)'으로 숲 유치원이 시작되었다. 그 후 독일의 숲 유치원은 학부모, 사회단체, 지방자치단체의 후원과 지지 속에 꾸준히 발전해 오고 있다(곽노의, 이경순, 윤흥순, 2010; 이명환, 2007). 숲 유치원은 기존의 획일화된 주입식 교육의 틀에서 벗어나 자연에서 교육을 실시하면서 생명존중사상과 생태계의 원리와 다양성을 이해하고, 자연친화적 태도를 기르며, 환경교육까지 아우르는 포괄적인 대안교육으로 이해할 수 있다.

1) 숲 유치원의 교육철학

유아들은 숲 유치원에 참여하면서 자연하늘 아래서 인간과 자연의 조화로운 관계를 경험하고, 신체와 정신을 조화롭게 발달시키게 되어 전인적 성장과 발달을 이루게 된다. 숲 유치원에서는 일반 유치원처럼 교사가 존재하지만 기본적으로 자연을 최고의 교육환경으로 생각하는 것이 가장 큰 특징이며, 유아가 최고의 교육환경인 자연에서 마음껏 뛰어놀면서 오감과 신체를 통해 최고의 교사인 자연과 직접 교감하고 체험하면서 스스로 전인적으로 성장한다(곽노의, 이경순, 윤승훈, 2010). 숲 유치원의 교육철학을 간략히 제시하면 다음과 같다(이성자, 2010; 이숙희, 2016).

(1) 생태계의 다양성을 존중하는 생태교육

숲은 나무와 풀, 꽃, 동물, 물 등을 포함한 다양한 유기체들이 공존하는 곳으로 자연의 질서 속에 다양한 생명체들이 조화로운 관계를 형성하고, 친밀하게 상호작용하면서 존재하는 곳이다. 숲 유치원에서는 이러한 생명체의 공존 현장인 숲에서 이루어지는 생태교육을 통해 생명체에 대한 애정을 기르고, 자연과 대화하며, 자연에 대한 경이로움을 느낄 수 있는 지식, 기술, 태도를 기르게 된다(박봉우, 1998). 숲에서 이루어지는 생태교육은 자연에 존재하고 있는 모든 생명체에 대한 경외심을 갖게 하고 생태계의 순환성을 이해하도록 하는 교육과정을 통해 삶과 생명의 의미를 찾아가는 과정이라고 할 수 있다.

(2) 환경친화적 태도 형성을 위한 환경교육

숲 유치원에서는 유아들이 자신과 환경과의 관계에 관하여 진정으로 이해할 수 있도록 하여 환경에 대한 감수성을 기반으로 하는 환경친화적 태도를 길러줄 수 있다(최미영, 2007; 황인숙, 2004). 특히 유아를 대상으로 하는 환경친화교육은 숲에서 이루어지는 자연환경과의 직접적인 체험과 자연친화적 교육방법을 통해 효과적으로 이루어질 수 있다. 유아들은 숲에서 이루어지는 교육에 참여하면서 자연의 섭리를 직접 체험하고 인간과 환경의 관계를 이해하며 인간이 자연의 주인이라기보다는 자연과 더불어 존재해야 한다는 생각을 가지도록 함으로써 이후 성인기까지 지속될 수 있는 환경친화적 태도를 갖추는 데 도움이 된다.

(3) 생명의 존엄성을 인식하는 생명교육

숲 유치원에서는 유아들이 숲에서 살아 숨 쉬고 있는 모든 생명체를 귀하게 여기고 보호해야 한다는 것을 깨닫도록 한다. 자연의 혜택을 입고 살아가는 사람들은 아름다운 자연환경 속에서 또래와 협력하며, 놀이를 통해 기쁨과 즐거움을 경험하고, 자기 자신과 다른 생명체들을 존중하는 창조적이고 정서적인 유아로 자라갈 수 있다(김은주, 2003). 숲 유치원에 참여하는 유아들은 자연생태계를 직접 체험할 기회를 가지고 자연과 친밀하게 상호작용하면서 숲에서 함께 살고 있는 모든 생명이 소중하고 경이롭다는 생각을 가지게 된다.

(4) 자연생태 원리를 이해하는 녹색교육

숲 유치원은 자연과의 관계성에 대한 이해를 토대로 생태학적 원리를 알아가는 데 효과적이다. 따라서 숲 유치원은 생태학의 원리에 입각하여 영성이 충만한 인간이 윤리의식을 함양하고 생태적 감수성을 키우며 아름다움에 반응하는 심미성을 갖추도록 하는 녹색교육의 원리를 적용하는 데 적절하다(이수종, 2001). 녹색교육은 자연을 공부하는 교육 시스템뿐만 아니라, 교육의 내용을 세분화, 전문화, 파편화하는 주입교육의 틀에 길들여진 현재 우리 사회의 교육시스템을 돌아보고 자연의 총체적 관계를 주체적으로 배우는 데 초점을 맞추는 것으로 숲에서 이루어지는 교육을 통해 실현 가능하다.

(5) 자연과 공존하는 대안교육

대안교육은 제도권 안의 정규학교 교육의 한계를 극복하고 학습자 개개인을 존중하고 특성을 인정하는 교육으로 합리성, 보편성, 편리함, 물질적 풍요 등 종래 학교에서 추구하던 것에서 벗어나 교과 지식보다 다양한 체험을 통한 감성을 중시하고, 노동을 통해 자립성을 추구하고자 한다(이정원, 2001). 이러한 대안교육에서 중시하는 가치가 자연생태계에서 상호 유기적 원리를 이해하고, 자연과의 조화로운 삶을 문화적 가치로 표출함으로써 생명공동체 의식을 함양하고자 하는 숲 유치원에서 추구하는 가치와 부합한다.

2) 숲 유치원의 교육목적

숲 유치원은 자연 속에서 놀이를 중심으로 자연체험 활동을 하면서 유아의 전인적인 성장과 발달을 이루고자 한다. 숲 유치원의 교육목적은 다음과 같다(이명환, 2003, 2007).

- 숲에서의 자연체험교육을 통해 자연과 공존하는 방법과 규칙을 익히고 생명의 존엄성을 터득한다.
- 숲에서의 생활을 통해 건강한 삶의 방식과 지혜를 획득한다.
- 숲에서의 자연체험을 통해 청각, 시각, 후각, 촉각, 미각을 훈련시키며 사물과 세상을 이해하고 파악하게 된다.
- 감각의 민감함을 통한 지적교육으로 사물을 구별하고 인지하는 능력을 기른다.

- 숲에서 놀이하면서 사회성을 기르고 언어적 능력을 향상시킨다.
- 숲에서의 활동을 통해 동작활동을 경험하고 위험을 예방하며 위험한 상황을 만났을 때 바르게 대처할 수 있는 능력을 함양한다.
- 숲에서의 자연체험활동은 유아들의 상상력을 일깨우고 창의성을 기르는 데 도움이 된다.
- 숲 유치원에서는 유아들이 단순하면서도 원초적인 원래의 천성을 회복하도록 하여 학교교육을 준비하는 데 도움이 된다.

3) 숲 유치원의 운영 유형

우리나라에서 숲 유치원은 유아교육법에 따라 설립되고 운영되는 학교인 유치원으로 운영되기보다는 대안교육의 형태로 운영되고 있다. 따라서 숲 유치원의 운영은 전적으로 부모의 교육비에 의하여 운영되기 때문에 독일의 경우처럼 유아들이 매일 숲으로 오는 순수한 의미의 숲 유치원으로 운영되기에는 어려움이 있다. 이러한 상황에서 우리나라의 숲 유치원은 운영 현황에 따라 다음과 같이 분류될 수 있다(이명환, 2003; 이성자, 2010; 이숙희, 2016).

- 매일형 숲 유치원 : 매일 숲으로 등원하여 숲에서 일과가 진행되며, 하원까지 숲에서 이루어지는 형태로 유아교사나 숲 지도사에 의하여 진행된다.
- 체험형 숲 유치원 : 유치원이나 어린이집에서 유아를 대상으로 산림청 산하 각 지역 국유림 관리소나 자연휴양림에 숲 체험을 신청하거나 업무협약에 기초하여 숲 지도사나 숲 해설가에 의하여 진행된다.
- 산책형 숲 유치원 : 일반유아교육기관에서 유아교사에 의해 진행되는 숲 체험 위주의 숲 유치원이다.

독일 숲 유치원의 하루일과를 제시하면 다음과 같다.

표 8-2 독일 숲 유치원의 하루일과

활동명	시간	활동내용
등원	08:00~	• 부모가 만남의 장소로 유아를 데리고 옴
아침모임	08:00~08:30	• 출석 확인 • 아침 노래
숲으로 이동	08:30~09:00	• 각자의 배낭을 메고 목적된 숲으로 이동 • 이동하면서 관심이 있는 것을 관찰하고, 묻고, 다시 숲으로 이동
도착 및 간식	09:00~09:20	• 숲에 도착하면 간단하게 간식을 먹음
이야기나누기	09:20~09:40	• 간단하게 이야기 나누기를 함
자유놀이	09:40~11:40	• 숲에서 구한 자연물을 가지고 자유놀이를 즐김
서클활동과 동화	11:40~12:00	• 그날의 주요 토픽이나 유아들이 그린 그림에 대해 이야기를 나누고 관련 노래를 부름
마무리 활동	12:00~12:15	• 다 함께 노래를 부르며 숲 유원장을 몇 바퀴 돔
귀가	12:15~12:30	• 만남의 장소로 이동 • 귀가

등원에서 귀가에 이르기까지 독일 숲 유치원의 일과를 좀 더 자세히 설명하면 다음과 같다(곽노의, 이경순, 윤흥순, 2010; 이명환, 2007).

- 등원 : 부모가 등원을 위한 만남의 장소로 자녀를 데리고 오는데, 만남의 장소는 산 밑 산책로 입구나 등산로 입구에 있는 공터라고 생각하면 된다. 부모들은 눈, 비, 바람 등의 날씨에 상관없이 매일 숲으로 자녀를 데리고 오며, 교사는 미리 와서 유아들을 기다라고 있다가 도착한 유아를 맞이하면서 부모와 간단한 대화를 나눈다.

- 아침모임 : 유아가 모두 도착하면 숲 유치원으로 바로 올라가는 것이 아니라 부모와 떨어지게 하기 위해 부모가 보이지 않는 정도까지 가다가 숲 놀이터에서 아침모임을 한다. 3~5세의 혼합연령 집단으로 구성된 유아들이 둥글게 모여 노래와 신체표현활동을 하며, 이 시간 동안 잠에서 깨기도 하고 자연스럽게 출석을 확인하기도 한다.
- 숲으로 이동 : 숲 유치원이 있는 장소로 다시 이동을 하는 동안 유아들은 천천히 걸으면서 주위를 살피며 관찰하고 묻고, 교사나 친구들과 이야기를 나눈다. 숲 유치원이 시작되는 시기에는 유아에게 안전감과 방향감을 익히게 하기 위해서 항상 같은 장소로 가는 것이 중요하다.
- 도착 및 간식 : 벽도 지붕도 없는 숲 자체가 유치원 교실인 숲 유치원에 도착하면, 집에서 간단히 준비해 온 음료수, 과일, 샌드위치 등으로 간식을 먹는다. 생일을 맞이한 유아가 있으면 이 시간에 선물을 주고 노래를 불러준다.
- 이야기 나누기 : 나무토막 위에 둥그렇게 걸터앉아 그날의 주제에 따라 이야기 나누기를 진행한다.
- 자유놀이 : 숲 유치원에는 사방에 다양한 놀이영역이 존재하므로 유아들은 자유롭게 활동을 선택하여 놀이한다. 대부분의 유아들은 숲에서 구한 자연물을 가지고 놀이한다. 자유놀이시간은 그날의 상황에 따라 다르지만 평균적으로 1시간에서 1시간 30분 정도가 주어진다.
- 서클활동 및 동화 : 교사가 동화를 들려주거나, 그림책을 보거나 혹은 새노래를 배우거나 공작시간을 갖거나 프로젝트 활동을 전개하기도 한다. 숲 유치원에서는 원래 계획했던 활동이라도 융통성 있게 변경하거나 다른 활동으로 대체할 수 있다.
- 마무리 활동 : 유아들이 어깨에 손을 얹고 한 줄로 서고, 교사가 맨 앞에서 유아

들을 인도하여 노래를 부르며 숲 유원장을 몇 바퀴 돈다.

- 귀가 : 유아들은 아침에 출발했던 지점으로 돌아가는데, 천천히 걸어가면서 주변을 자연스럽게 관찰하면서 걷는다. 부모들은 아침에 자녀를 데려다 주었던 장소로 다시 자녀를 데리러 오게 되고, 이 시간 동안 교사와 부모는 교육에 필요한 정보를 주고받는다.

4) 숲 유치원의 교육과정의 특징

우리나라에서 숲 유치원은 다양한 유형으로 운영되고 있다. 숲 유치원 교육과정의 구성방향을 살펴보면 다음과 같다(김학선, 2015; 이숙희, 2016; 임재택, 2010).

- 자연과의 공존을 중요시하며 생명과 생태를 중요시한다.
- 숲은 교실이고 자연물을 교재교구 및 놀잇감으로 활용하는 체험과 경험을 중심으로 하는 통합교육으로 이루어진다.
- 자연에서 주체적이고 자발적인 움직임을 토대로 오감을 깨우는 방향으로 구성된다.
- 사계절 반일제 및 전일제 숲 활동을 기준으로 운영된다.
- 연령별로 학급을 구성하기 보다는 3~5세의 혼합연령으로 학급을 구성한다.

이러한 구성방향에 따라 구성된 숲 유치원 교육과정의 교수-학습방법은 유아 주도로 놀이를 중심으로 이루어진다. 숲 유치원의 교수-학습방법을 간략히 정리해 보면 다음과 같다(임재택, 2013; 장희정, 2010).

- 숲 유치원 교육과정에서는 유아 주도의 자유로운 교육이 이루어진다. 유아 자신이 스스로 놀이 및 학습을 이끌어내는 유아 주도형 교육방법으로 운영되는 숲 유치원에서는 유아가 오감을 활용하여 자연과 관계를 맺으며 스스로 동기

부여하며 교육과정에 참여한다. 교사 주도의 주입식 교육과정과 달리 영유아가 자기 생각을 공간과 시간의 제약 없이 표현하며 스스로 성장하고 발달한다. 숲 유치원에서의 최고의 교사는 자연이다.

- 숲 유치원 교육과정은 놀이 자체가 배움이고 삶이고 교육이다. 시간별로 분절되고 세부적으로 정해진 교육계획 없이 함께 숲에서 하루를 시작하고, 간식을 먹고, 그리고 집으로 돌아가는 마무리 모임 시간 등 큰 틀만 계획된 교육과정이다. 영유아들은 숲 유치원 교육과정에서 어떤 목적을 가지고 접근하는 활동을 하는 것이 아니라 실제적인 목적이 없는 놀이에 참여하고, 어떤 간섭도 없는 상태에서 마음껏 움직이며 상상하고 뛰어놀게 된다.

부록 1 2019 개정 누리과정

누리과정의 성격

누리과정은 3~5세 유아를 위한 국가 수준의 공통 교육과정이다.

가. 국가 수준의 공통성과 지역, 기관 및 개인수준의 다양성을 동시에 추구한다.
나. 유아의 전인적 발달과 행복을 추구한다.
다. 유아중심과 놀이중심을 추구한다.
라. 유아의 자율성과 창의성 신장을 추구한다.
마. 유아, 교사, 원장(감), 학부모 및 지역사회가 함께 실현해가는 것을 추구한다.

제1장 총 론

Ⅰ. 누리과정의 구성방향

1. 추구하는 인간상

누리과정이 추구하는 인간상은 다음과 같다.

가. 건강한 사람
나. 자주적인 사람
다. 창의적인 사람
라. 감성이 풍부한 사람
마. 더불어 사는 사람

2. 목적과 목표

누리과정의 목적은 유아가 놀이를 통해 심신의 건강과 조화로운 발달을 이루고 바른 인성과 민주 시민의 기초를 형성하는 데에 있다.

이를 실현하기 위한 목표는 다음과 같다.

가. 자신의 소중함을 알고, 건강하고 안전한 생활습관을 기른다.
나. 자신의 일을 스스로 해결하는 기초능력을 기른다.
다. 호기심과 탐구심을 가지고 상상력과 창의력을 기른다.
라. 일상에서 아름다움을 느끼고 문화적 감수성을 기른다.
마. 사람과 자연을 존중하고 배려하며 소통하는 태도를 기른다.

3. 구성의 중점

누리과정 구성의 중점은 다음과 같다.

가. 3~5세 모든 유아에게 적용할 수 있도록 구성한다.
나. 추구하는 인간상 구현을 위한 지식, 기능, 태도 및 가치를 반영하여 구성한다.
다. 신체운동・건강, 의사소통, 사회관계, 예술경험, 자연탐구의 5개 영역을 중심으로 구성한다.
라. 3~5세 유아가 경험해야 할 내용으로 구성한다.
마. 0~2세 보육과정 및 초등학교 교육과정과의 연계성을 고려하여 구성한다.

Ⅱ. 누리과정의 운영

1. 편성・운영

다음의 사항에 따라 누리과정을 편성・운영한다.
가. 1일 4~5시간을 기준으로 편성한다.
나. 일과 운영에 따라 확장하여 편성할 수 있다.
다. 누리과정을 바탕으로 각 기관의 실정에 적합한 계획을 수립하여 운영한다.
라. 하루 일과에서 바깥 놀이를 포함하여 유아의 놀이가 충분히 이루어지도록 편성하여 운영한다.
마. 성, 신체적 특성, 장애, 종교, 가족 및 문화적 배경 등으로 인한 차별이 없도록 편성하여 운영한다.
바. 유아의 발달과 장애 정도에 따라 조정하여 운영한다.
사. 가정과 지역사회와의 협력과 참여에 기반하여 운영한다.
아. 교사 연수를 통해 누리과정의 운영이 개선되도록 한다.

2. 교수 · 학습

교사는 다음 사항에 따라 유아를 지원한다.

가. 유아가 흥미와 관심에 따라 놀이에 자유롭게 참여하고 즐기도록 한다.
나. 유아가 놀이를 통해 배우도록 한다.
다. 유아가 다양한 놀이와 활동을 경험할 수 있도록 실내·외 환경을 구성한다.
라. 유아와 유아, 유아와 교사, 유아와 환경 간에 능동적인 상호작용이 이루어지도록 한다.
마. 5개 영역의 내용이 통합적으로 유아의 경험과 연계되도록 한다.
바. 개별 유아의 요구에 따라 휴식과 일상생활이 원활히 이루어지도록 한다.
사. 유아의 연령, 발달, 장애, 배경 등을 고려하여 개별 특성에 적합한 방식으로 배우도록 한다.

3. 평가

평가는 다음 사항에 중점을 두고 실시한다.

가. 누리과정 운영의 질을 진단하고 개선하기 위해 평가를 계획하고 실시한다.
나. 유아의 특성 및 변화 정도와 누리과정의 운영을 평가한다.
다. 평가의 목적에 따라 적합한 방법을 사용하여 평가한다.
라. 평가의 결과는 유아에 대한 이해와 누리과정 운영 개선을 위한 자료로 활용할 수 있다.

제2장 영역별 목표 및 내용

Ⅰ. 신체운동 · 건강

1. 목표

실내·외에서 신체활동을 즐기고, 건강하고 안전한 생활을 한다.

1) 신체활동에 즐겁게 참여한다.
2) 건강한 생활습관을 기른다.
3) 안전한 생활습관을 기른다.

2. 내용

내용 범주	내용
신체활동 즐기기	신체를 인식하고 움직인다.
	신체 움직임을 조절한다.
	기초적인 이동운동, 제자리 운동, 도구를 이용한 운동을 한다.
	실내·외 신체활동에 자발적으로 참여한다.
건강하게 생활하기	자신의 몸과 주변을 깨끗이 한다.
	몸에 좋은 음식에 관심을 가지고 바른 태도로 즐겁게 먹는다.
	하루 일과에서 적당한 휴식을 취한다.
	질병을 예방하는 방법을 알고 실천한다.
안전하게 생활하기	일상에서 안전하게 놀이하고 생활한다.
	TV, 컴퓨터, 스마트폰 등을 바르게 사용한다.
	교통안전 규칙을 지킨다.
	안전사고, 화재, 재난, 학대, 유괴 등에 대처하는 방법을 경험한다.

Ⅱ. 의사소통

1. 목표

일상생활에 필요한 의사소통 능력과 상상력을 기른다.

1) 일상생활에서 듣고 말하기를 즐긴다.
2) 읽기와 쓰기에 관심을 가진다.
3) 책이나 이야기를 통해 상상하기를 즐긴다.

2. 내용

내용범주	내용
듣기와 말하기	말이나 이야기를 관심 있게 듣는다.
	자신의 경험, 느낌, 생각을 말한다.
	상황에 적절한 단어를 사용하여 말한다.
	상대방이 하는 이야기를 듣고 관련해서 말한다.
	바른 태도로 듣고 말한다.
	고운 말을 사용한다.

읽기와 쓰기에 관심 가지기	말과 글의 관계에 관심을 가진다.
	주변의 상징, 글자 등의 읽기에 관심을 가진다.
	자신의 생각을 글자와 비슷한 형태로 표현한다.
책과 이야기 즐기기	책에 관심을 가지고 상상하기를 즐긴다.
	동화, 동시에서 말의 재미를 느낀다.
	말놀이와 이야기 짓기를 즐긴다.

Ⅲ. 사회관계

1. 목표

자신을 존중하고 더불어 생활하는 태도를 가진다.

1) 자신을 이해하고 존중한다.
2) 다른 사람과 사이좋게 지낸다.
3) 우리가 사는 사회와 다양한 문화에 관심을 가진다.

2. 내용

내용범주	내용
나를 알고 존중하기	나를 알고 소중히 여긴다.
	나의 감정을 알고 상황에 맞게 표현한다.
	내가 할 수 있는 것을 스스로 한다.
더불어 생활하기	가족의 의미를 알고 화목하게 지낸다.
	친구와 서로 도우며 사이좋게 지낸다.
	친구와의 갈등을 긍정적인 방법으로 해결한다.
	서로 다른 감정, 생각, 행동을 존중한다.
	친구와 어른께 예의 바르게 행동한다.
	약속과 규칙의 필요성을 알고 지킨다.
사회에 관심 가지기	내가 살고 있는 곳에 대해 궁금한 것을 알아본다.
	우리나라에 대해 자부심을 가진다.
	다양한 문화에 관심을 가진다.

Ⅳ. 예술경험

1. 목표

아름다움과 예술에 관심을 가지고 창의적 표현을 즐긴다.

1) 자연과 생활 및 예술에서 아름다움을 느낀다.
2) 예술을 통해 창의적으로 표현하는 과정을 즐긴다.
3) 다양한 예술 표현을 존중한다.

2. 내용

내용범주	내용
아름다움 찾아보기	자연과 생활에서 아름다움을 느끼고 즐긴다.
	예술적 요소에 관심을 갖고 찾아본다.
창의적으로 표현하기	노래를 즐겨 부른다.
	신체, 사물, 악기로 간단한 소리와 리듬을 만들어 본다.
	신체나 도구를 활용하여 움직임과 춤으로 자유롭게 표현한다.
	다양한 미술 재료와 도구로 자신의 생각과 느낌을 표현한다.
	극놀이로 경험이나 이야기를 표현한다.
예술 감상하기	다양한 예술을 감상하며 상상하기를 즐긴다.
	서로 다른 예술 표현을 존중한다.
	우리나라 전통 예술에 관심을 갖고 친숙해진다.

Ⅴ. 자연탐구

1. 목표

탐구하는 과정을 즐기고, 자연과 더불어 살아가는 태도를 가진다.

1) 일상에서 호기심을 가지고 탐구하는 과정을 즐긴다.
2) 생활 속의 문제를 수학적, 과학적으로 탐구한다.
3) 생명과 자연을 존중한다.

2. 내용

내용범주	내용
탐구과정 즐기기	주변 세계와 자연에 대해 지속적으로 호기심을 가진다.
	궁금한 것을 탐구하는 과정에 즐겁게 참여한다.
	탐구과정에서 서로 다른 생각에 관심을 가진다.
생활 속에서 탐구하기	물체의 특성과 변화를 여러 가지 방법으로 탐색한다.
	물체를 세어 수량을 알아본다.
	물체의 위치와 방향, 모양을 알고 구별한다.
	일상에서 길이, 무게 등의 속성을 비교한다.
	주변에서 반복되는 규칙을 찾는다.
	일상에서 모은 자료를 기준에 따라 분류한다.
	도구와 기계에 대해 관심을 가진다.
자연과 더불어 살기	주변의 동식물에 관심을 가진다.
	생명과 자연환경을 소중히 여긴다.
	날씨와 계절의 변화를 생활과 관련짓는다.

부록 2

제4차 어린이집 표준보육과정

1. 기본생활

연령	만 0~1세	만 2세
목표 / 내용 범주	건강하고 안전한 일상생활을 경험한다. 1) 건강한 일상생활을 경험한다. 2) 안전한 일상생활을 경험한다.	건강하고 안전한 생활습관의 기초를 형성한다. 1) 건강한 생활습관의 기초를 형성한다. 2) 안전한 생활습관의 기초를 형성한다.
건강하게 생활하기	- 도움을 받아 몸을 깨끗이 한다. - 음식을 즐겁게 먹는다. - 하루일과를 편안하게 경험한다. - 배변의사를 표현한다.	- 자신의 몸을 깨끗이 해본다. - 음식에 관심을 가지고 즐겁게 먹는다. - 하루일과를 즐겁게 경험한다. - 건강한 배변습관을 갖는다.
안전하게 생활하기	- 안전한 상황에서 놀이하고 생활한다. - 안전한 상황에서 교통수단을 이용해 본다. - 위험하다는 말에 주의한다.	- 일상에서 안전하게 놀이하고 생활한다. - 교통수단을 안전하게 이용해 본다. - 위험한 상황에 대처하는 방법을 경험한다.

2. 신체운동

연령	만 0~1세	만 2세
목표 / 내용 범주	감각으로 탐색하고 신체활동을 즐긴다. 1) 감각 탐색을 즐긴다. 2) 신체활동을 즐겁게 경험한다.	감각을 활용하고, 신체활동을 즐긴다. 1) 감각을 활용하고, 신체를 인식한다. 2) 신체활동을 즐긴다.
감각과 신체 인식하기	- 감각적 자극에 반응한다. - 감각으로 주변을 탐색한다. - 신체를 탐색한다.	- 감각능력을 활용한다. - 신체를 인식하고 움직인다.
신체활동 즐기기	- 대·소근육을 조절한다. - 기본운동을 시도한다. - 실내·외 신체활동을 즐긴다.	- 대·소근육을 조절한다. - 기본운동을 즐긴다. - 실내·외 신체활동을 즐긴다.

3. 의사소통

연령 내용 범주	만 0~1세	만 2세
목표	의사소통 능력의 기초를 형성한다. 1) 일상생활에서 듣고 말하기를 즐긴다. 2) 읽기와 쓰기에 관련된 관심을 가진다. 3) 책과 이야기에 관심을 가진다.	의사소통능력과 상상력의 기초를 형성한다. 1) 일상생활에서 듣기와 말하기를 즐긴다. 2) 읽기와 쓰기에 관심을 가진다. 3) 책과 이야기에 재미를 느낀다.
듣기와 말하기	- 표정, 몸짓, 말과 주변의 소리에 관심을 갖고 듣는다. - 상대방의 이야기를 들으면서 말소리를 낸다. - 표정, 몸짓, 말소리로 의사를 표현한다.	- 표정, 몸짓, 말에 관심을 갖고 듣는다. - 상대방의 이야기를 듣고 말한다. - 표정, 몸짓, 단어로 의사를 표현한다. - 자신의 요구와 느낌을 말한다.
읽기와 쓰기에 관심 가지기	- 주변의 그림과 상징에 관심을 가진다. - 끼적이기에 관심을 가진다.	- 주변의 그림과 상징, 글자에 관심을 가진다. - 끼적이며 표현하기를 즐긴다.
책과 이야기 즐기기	- 책에 관심을 가진다. - 이야기에 관심을 가진다.	- 책에 관심을 가지고 상상한다. - 말놀이와 이야기에 재미를 느낀다.

4. 사회관계

연령 내용 범주	만 0~1세	만 2세
목표	나를 인식하고, 친숙한 사람과 관계를 맺는다. 1) 나를 고유한 존재로 안다. 2) 안정적인 애착을 형성하고, 또래, 교사와 함께 지낸다.	나를 알고, 다른 사람과 더불어 생활하는 경험을 한다. 1) 나를 알고 긍정적으로 여긴다. 2) 다른 사람과 즐겁게 지내기 위한 태도를 기른다.
나를 알고 존중하기	- 나를 인식한다. - 나의 욕구와 감정을 나타낸다. - 나와 친숙한 것을 안다.	- 나와 다른 사람을 구별한다. - 나의 감정을 표현한다. - 내가 좋아하는 것을 한다.
더불어 생활하기	- 안정적인 애착을 형성한다. - 또래에게 관심을 가진다. - 다른 사람의 감정과 행동에 관심을 가진다. - 반에서 편안하게 지낸다.	- 가족에게 관심을 가진다. - 또래와 함께 놀이한다. - 다른 사람의 감정과 행동에 반응한다. - 반에서의 규칙과 약속을 알고 지킨다.

5. 예술경험

연령 / 내용범주	만 0~1세	만 2세
목표	아름다움을 느끼고 경험한다. 1) 자연과 생활에서 아름다움에 관심을 가진다. 2) 예술적 경험을 표현한다.	아름다움을 느끼고 즐긴다. 1) 자연과 생활에서 아름다움을 느끼고 관심을 가진다. 2) 예술을 통해 자유롭게 표현한다.
아름다움 찾아보기	- 자연과 생활에서 아름다움을 느낀다. - 아름다움에 관심을 가진다.	- 자연과 생활에서 아름다움을 느끼고 즐긴다. - 아름다움에 관심을 가지고 찾아본다.
창의적으로 표현하기	- 소리와 리듬, 노래로 표현한다. - 감각을 통해 미술을 경험한다. - 모방행동을 즐긴다.	- 익숙한 노래와 리듬을 표현한다. - 움직임과 춤으로 자유롭게 표현한다. - 미술 재료와 도구로 표현해 본다. - 일상생활 경험을 상상놀이로 표현한다.

6. 자연탐구

연령 / 내용범주	만 0~1세	만 2세
목표	주변 환경과 자연에 관심을 가진다. 1) 일상에서 탐색을 즐긴다. 2) 주변 환경을 탐색한다. 3) 생명과 자연에 관심을 가진다.	주변 환경과 자연을 탐색하는 과정을 즐긴다. 1) 일상에서 탐색하는 과정을 즐긴다. 2) 주변 환경에 관심을 가지고 탐색한다. 3) 생명과 자연에 관심을 가진다.
탐구과정 즐기기	- 주변 세계와 자연에 대해 호기심을 가진다. - 사물과 자연 탐색하기를 즐긴다.	- 주변 세계와 자연에 대해 호기심을 가진다. - 사물과 자연을 반복하여 탐색하기를 즐긴다.
생활 속에서 탐구하기	- 친숙한 물체를 감각으로 탐색한다. - 물체의 수량에 관심을 가진다. - 주변 공간과 모양을 탐색한다. - 규칙성을 경험한다.	- 친숙한 물체의 특성과 변화를 감각으로 탐색한다. - 물체의 수량에 관심을 가진다. - 주변 공간과 모양을 탐색한다. - 규칙성에 관심을 가진다. - 주변 사물을 같고 다름에 따라 구분한다. - 생활도구에 관심을 가진다.
자연과 더불어 살기	- 주변의 동식물에 관심을 가진다. - 날씨의 변화를 감각으로 느낀다.	- 주변의 동식물에 관심을 가진다. - 날씨와 계절의 변화를 감각으로 느낀다.

참고 문헌

강문희, 문미옥, 박경자, 서영숙, 우남희, 이강이, 이숙재, 이순형, 이 영, 이 옥(2002). 21**세기 유아 교육**. 서울: 학지사.

강상, 권정심, 신지혜(2012). 장애 통합교육 경험 유무에 따른 일반유아의 장애 이해의 차이 및 통합학급 상호작용의 실제. **유아교육 · 보육복지연구**, 16(2), 25-46.

강숙현(2000). **교수-학습과정 되돌아보기: 유아교사의 자기반성적 평가탐구**. 서울: 창지사.

강영욱(2002). 영유아보육정책의 변천에 관한 사적 고찰. **한국행정사학지**, 통권 제11호, 295.

강현석, 주동범(2004). **현대교육과정과 교육평가**. 서울: 학지사.

곽노의(1997). 독일의 열린 학교: 자유 발도로프 유치원. **열린유아교육연구**, 2(1), 92-104.

곽노의, 이경순, 윤홍순(2010). **숲 유치원 아이들**. 서울: 교육자치연구소.

고영자, 조안나(2017). 동화를 활용한 평화교육활동이 유아의 친사회적 행동 및 갈등해결 능력에 미치는 영향. **어린이문학교육연구**, 18(1), 23-46.

교육개혁위원회(1997). 세계화 · 정보화 시대를 주도하는 신교육 체제수립을 위한 교육개혁방안 (Ⅳ). 제5차 대통령 보고서. 1997. 6. 2.

교육과정개정연구위원회(1996). 통합교과의 교육과정: 교과서 구조 개선 연구. 한국교육개발원.

교육과정개정연구위원회(1997). 제7차 초등학교 통합교과 교육과정 개발 연구. 한국교육개발원.

교육과학기술부(2009). 유아교육 선진화 추진 계획. 서울: 저자.

교육과학기술부(2010). 선진화기반 조성사업 교육과정 T/F 보고서. 서울: 저자.

교육과학기술부(2011). 2011-2013년 제2주기 유치원 평가 추진 계획.

교육과학기술부(2011b). 유치원 기본과정 내실화를 위한 인성교육 프로그램. 세종: 교육과학기술부.

교육과학기술부(2012a). 보도자료(2012. 2. 27). 3~4세 누리과정 확대 및 유아교육 선진화 추진을 위한 유아교육법, 교육공무원법 개정 완료.

교육과학기술부, 보건복지부(2012a). 5세 누리과정 해설서.

교육과학기술부, 보건복지부(2012b). 5세 누리과정 교사용 지침서.

교육복지우선지원사업(2013). http://eduzone.kedi.re.kr/ 한국교육개발원사이트 2013. 1. 인출.

교육부(1992). 유치원 교육과정. 서울: 대한교과서주식회사.

교육부(1993). 유치원 교육과정 해설. 서울: 대한교과서주식회사.

교육부(1995). 유치원 교육과정에 기초한 유아관찰 척도. 서울: 교육부.

교육부(1998). 유치원 교육과정 해설. 서울: 대한교과서주식회사.

교육부(2000). 유치원 교육활동지도자료 Ⅰ 총론. 서울: 교육부.

교육부(2019). 발간등록번호 11-1342000-000521-01, 교육부 고시 제2019-189호 유치원 교육과정. 세종: 교육부.

교육부(2019. 7. 19). 보도자료 – 2019 개정 누리과정 확정 · 발표 유아가 중심이 되고 놀이가 살아 나는 3~5세 공통 교육과정.

교육부, 보건복지부(2019a). 발간등록번호 11-1342000-000522-01, 2019 개정 누리과정 해설서. 세종: 교육부, 보건복지부.

교육부, 보건복지부(2019b). 발간등록번호 11-1342000-000524-01, 2019 개정 누리과정 놀이실행 자료. 세종: 교육부, 보건복지부.

교육인적자원부(2007a). 2007 개정 유치원교육과정. 서울: 교육인적자원부.

교육인적자원부(2007b). 유치원 평가 기본 계획. 서울: 교육인적자원부.

구경선(2005). **영유아 교사를 위한 몬테소리 교육의 사상과 실제**. 서울: 교육아카데미.

김경배, 김재건, 이홍숙(2005). **교육과정과 교육평가**. 서울: 학지사.

김경자(2000). **학교교육과정론**. 파주: 교육과학사.

김경자(2014a). 국가 교육과정 무엇을 왜 개정하는가?. 제1차 국가 교육과정 전문가 포럼. 한국교육과정학회.

김경자(2014b). 2015 문 · 이과 통합형 교육과정의 총론 내용과 교과 개발자와의 소통을 위한 제언. 한국교육과정학회 2014년 추계학술대회. 2015 문 · 이과 통합교육과정개정(안)의 기본 방향에 대한 소통과 논의(pp. 59-78). 서울대학교 사범대학.

김경철, 김영호, 엄익명, 조옥희(2001). **영 · 유아교육과정**. 서울: 학지사.

김규수(2001). 포스트모더니즘적 유아교육관 고찰. **유아교육연구**, 21(1), 161-177.

김동찬, 이정님(2013). 자연중심의 녹색교육 활성화를 위한 숲유치원 프로그램 분석: 북부지방산림청 숲유치원을 중심으로. **인간식물환경학회지**, 16(4), 209-216.

김명순, 김일옥, 김정원, 김지은, 백선희, 조부경(2005). 표준보육과정 연구. 연구보고 2005-26.

여성가족부.

김명희, 신화식(2001). 다중지능에 의한 부모-교사의 유아 잠재능력 평가 간의 인식 비교 연구. **아동학회지**, 22(4), 33-50.

김민정, 강수경, 주연진, 이방실(2015). 뇌 기반 영아보육 실행을 위한 교사교육 프로그램 요구. **한국보육학회지**, 15(1), 1-25.

김승권(2005). 한국사회 저출산의 원인과 대응 전략. 한국보건사회연구원.

김연진, 김병희(2019). Lickona의 통합적 인격교육론에 기반한 유아 인성교육 프로그램 개발 및 효과. **열린유아교육연구**, 24(2), 489-524.

김영숙(2005). 우리나라 보육정책의 개선방안에 관한 연구. 경희대학교 행정대학원 석사학위논문

김영옥, 박혜경, 양옥승, 이기숙, 이영자, 이원영, 이윤경, 장영희, 정미라, 주영희(1995). **한국 현대 유아교육사**. 파주: 양서원.

김은영, 임부연(2019). 누리과정 개정 정책 연구. 교육부 · 충청남도교육청 · 육아정책연구소.

김은주(2003). 생태유아교육의 사상체계 및 실천원리 연구. **열린유아교육연구**, 9(3), 73-91.

김은주(2005). **생태유아교육의 이해**. 파주: 한국학술정보.

김은혜(2021). 포스트모더니즘 관점에서 본 2019 개정 누리과정 함의. **유아교육연구**, 41(3), 237-267.

김의영(1997). **아동보육론**. 서울: 동문사.

김재복(1998). **교육과정의 통합적 접근**. 파주: 교육과학사.

김정실, 김정원(2010). 영유아기 자녀를 둔 아버지의 역할지능과 행복감 간의 관계. **육아지원연구**, 9(1), 29-47.

김정옥(1990). 유아기 자녀를 둔 어머니의 아버지 역할 인식과 역할수행 기대에 관한 연구. 이화여자대학교 교육대학원 석사학위논문.

김정원, 김영숙(2006). 자연체험 프로그램이 유아의 친환경적 태도와 과학탐구능력에 미치는 영향. **열린유아교육연구**, 11(6), 435-457.

김정원, 민희숙, 방승연(2014). 누리과정에 근거한 그림책을 활용한 인성교육활동이 유아의 리더십과 정서지능에 미치는 영향. **유아교육연구**, 34(1), 227-249.

김정원, 심은희, 이경화, 이연규, 장은주, 전선옥, 조순옥, 조화연, 최일선(2005). **보육학개론**. 파주: 정민사.

김정원, 전선옥(2016). **영유아교육기관의 부모교육**. 서울: 창지사.

김종서, 이영덕, 황정규, 이홍우(1988). **교육과정과 교육평가**. 파주: 교육과학사.

김진숙(2018). 포괄성으로 본 유아교육과정 재설계. 한국유아교육학회 2018년 춘계정기학술대회. 예측 불가능한 미래사회와 유아교육과정 재설계 Ⅰ(pp. 53-66).

김진형(2016). 4차 산업혁명, 인공지능 시대의 교육. 지속가능과학회 춘계학술대회 자료집: 4차 산업시대에서 미래세대의 일자리 창출을 위한 지속가능한 과학적 이슈개발(pp. 21-29).

김창완(2014). 미래사회와 유아역량. 한국육아지원학회 2014년 춘계학술대회. 현대사회의 육아지원을 위한 다각적 접근: 영·유아의 역량강화(pp. 11-47).

김학선(2015). 숲유치원 일과에서 나타나는 유아의 의사결정 과정 및 유형 분석. 인천대학교 대학원 박사학위논문.

김희진, 김언아, 홍희란(2004). **영아를 위한 프로그램의 이론과 실제**. 서울: 창지사.

김희진, 김언아, 홍희란(2005). **영아교사를 위한 교사 교육 매뉴얼**. 서울: 창지사.

김희진, 박은혜, 이지현(2000). **유아교육기관에서의 관찰**. 서울: 창지사.

나 정(2005). 출산율의 핵심요소인 영유아 보육, 교육정책을 우선하라. 한국교육개발원. **교육개발**, 2005. 11., 통권 154호.

나 정, 장영숙(2002). OECD**국가들의 유아교육과 보호정책 동향**. 파주: 양서원.

나귀옥(2013). 핵심역량의 관점에서 본 누리과정의 방향. **미래유아교육학회지**, 20(2), 425-447.

목영해(1994). **후 현대주의 교육학**. 파주: 교육과학사.

문교부(1969). 유치원 교육과정. 서울: 대한교과서주식회사.

문교부(1979). 유치원 교육과정. 서울: 대한교과서주식회사.

문교부(1981). 유치원 교육과정. 서울: 대한교과서주식회사.

문교부(1987). 유치원 교육과정. 서울: 대한교과서주식회사.

박병춘(1999). 보살핌 윤리의 도덕교육적 접근 연구. 서울대학교 대학원 박사학위논문.

박숙희, 염명숙(2001). **교수·학습과 교육공학**. 서울: 학지사.

박은혜, 신은수, 조형숙(2012). 세계 유아교유과정 동향에 비추어 본 국가 수준 교육과정의 개정 방향: 영국, 뉴질랜드, 미국의 유아교육과정 비교를 기반으로. **유아교육학논집**, 16(5), 487-514.

박의수(1994). 루돌프 슈타이너와 발도르프 교육. **안암교육학연구**, 1(1), 107-126.

방지선(2017). 조부모양육의 참여현황과 어려움 및 지원요구 연구. **영유아교육지원연구**, 2(1), 77-110.

변영계, 김영환, 손 미(2003). **교육방법 및 교육공학**. 서울: 학지사.

보건복지부(2012. 3. 2). 보도자료. 제2차 표준보육과정 개정 고시 공포.

보건복지부(2017a). 제3차 어린이집 표준보육과정 해설서. 세종: 보건복지부·육아정책연구소.

보건복지부(2017b). 제3차 어린이집 표준보육과정 교사용 지침서. 세종: 보건복지부 · 육아정책연구소.

보건복지부(2020a). 발간등록번호 11-1352000-002773-01 (보건복지부 고시 제2020-75호에 따른) 제4차 어린이집 표준보육과정. 세종: 보건복지부.

보건복지부(2020b). 발간등록번호 11-1352000-002773-01 (보건복지부 고시 제2020-75호에 따른) 제4차 어린이집 표준보육과정 해설서. 세종: 보건복지부.

보건복지부(2021). 2021년 보육사업안내. 세종: 보건복지부.

보건복지부, 한국보육진흥원(2017). 제3차 어린이집 평가인증 안내 · 통합지표.

보건복지부, 한국보육진흥원(2019). 2019 어린이집 평가 매뉴얼 -어린이집용.

삼성복지재단(2005). **삼성어린이집 영아프로그램 총론**. 서울: 다음세대.

서울특별시 교육위원회(1981). **서울교육사**.

서울특별시교육청 · 유아교육진흥원(2020). 2020 유치원평가 가이드북-제5주기(2020~2022).

성태제(2017). 제4차 산업혁명시대의 인간상과 교육의 방향 및 제언. **교육학연구**, 55(2), 1-21.

송윤나, 박희숙(2017). 4차 산업혁명 기반 유아교육에 대한 유아교사의 인식과 교사교육 요구도에 관한 연구. **학습자중심교과교육연구**, 17(13), 65-90.

신국원(2019). 기독교세계관으로 본 놀이문화와 교육. 2019년 한국기독교유아교육학회 추계학술대회 자료집. (pp.11-22). 서울: 아이코리아.

신화식(2007). 유치원에 적용하는 다중지능이론-자연물을 통한 실외놀이를 중심으로-2007년 정기학술대회. 한국유아교육학회.

신화식, 양옥승, 신현옥, 이상화, 김명희, 김향자, 곽노의, 이희경, 오은순, 김영숙, 이성희, 배지희(2004). 영유아교육 프로그램. 서울: 교문사.

신화식, 주은희, 이경선, 소현아(2001). 프로젝트 스펙트럼에 기초한 영역별 교수 · 학습 평가도구 개발-만 4, 5세 유아를 대상으로. 한국교원대학교 부설 교과교육공동연구소.

심성경, 조순옥, 이정숙, 이춘자, 이선경, 이효숙(2004). **개정 유아교육개론**. 서울: 창지사.

양미경(1997). 교과 통합지도의 의의 및 방법적 원리 탐색. **교육학 연구**, 35(4), 111-132.

양애경, 조호제, 노신민(2008). 초등 방과후 보육 교실의 실태와 활성화 방안. **육아정책연구**, 2(2), 65-94.

양옥승(2004). 보살핌의 텍스트로서 유아교육과정 이해. **유아교육연구**, 24(4), 247-262.

양옥승(2018). 예측 불가능한 미래사회와 유아교육과정. 한국유아교육학회 2018년 춘계정기학술대회. 예측 불가능한 미래사회와 유아교육과정 재설계 Ⅰ(pp. 19-31).

양옥승, 김미경, 김숙령, 김영연, 김진영, 박선희, 서현아, 오문자, 장혜순, 조성연, 조은진, 최양미, 현은자(2001). **유아교육개론**. 서울: 학지사.

여성가족부(2007). 여성가족부 고시 제2007-1호 표준보육과정의 구체적 보육내용 및 교사지침.

오채선(2019). 누리과정, 놀이와 교육의 변증법적 이해. **유아교육연구**, 39(2), 279-305.

유아교육법 시행령 제13조 [시행 2020. 11. 27.] [대통령령 제31145호, 2020. 11. 10. 타법개정]

유혜령, 강은희, 박지영(2003). **유아 교수공학과 교수 · 학습 방법**. 서울: 창지사.

유희정, 김은영, 박진재, 오경숙, 최혜선(2007). 연구보고 2007-05 보육프로그램 개발 제2권 0세 보육프로그램. 육아정책개발센터.

유희정, 김은영, 최혜선(2007). 연구보고 2007-05 보육프로그램 개발 제1권 총론. 육아정책개발센터.

육아정책연구소(2011). 만 5세 공통과정 시행 방안 연구. 연구보고서.

육아정책연구소(2019). 2019 개정 누리과정 유치원관리자 연수자료. 서울: 교육부.

윤기영(1998). 유아교육의 사회적 기초. 이영석 · 이항재 편. **최신 유아교육학 개론**(pp. 85-106). 파주: 교육과학사.

윤애희, 박정민(1998). **유아환경교육**. 서울: 보육사.

이 옥(2002). 보육시설 평가인증제 도입과 보육의 질. 사회과학연구, 제8권. 덕성여자대학교 사회과학연구소.

이귀윤(1990). 교육과정. 조경원 · 이기숙 · 오욱환 · 이귀윤 · 오은경. **교육학의 이해**(pp. 210-266). 서울: 이화여자대학교출판부.

이기섭(2010). 유아교육, 보육 이원화의 문제점과 개선 방안 연구. 고려대학교 행정대학원 석사학위논문.

이기숙(2000). **유아교육과정(개정판)**. 파주: 교문사.

이기숙(2007). 유아의 일상생활보고서: 동아시아 5개 도시 조사. Benesse교육연구개발센터. 2006. 3.연구소 보고 vol.36을 기초로 국제 유아교육심포지엄 발표자료. 서남재단. 2007. 10. 25.

이기숙(2015a). **적기교육**. 서울: 글담출판.

이기숙(2015b). 한국 유아교육과정의 과거, 현재, 미래에 대한 조망. 한국유아교육학회 2015년 춘계정기학술대회. 한국 유아교육 연구와 정책의 변화와 향후 전망(pp. 19-47).

이기숙, 김정원, 이현숙, 전석옥(2008). **영유아교육과정**. 고양: 공동체.

이기숙, 김정원, 이현숙, 전선옥(2018). **영유아교육과정(제4판)**. 고양: 공동체.

이기숙, 박은혜(2002). 한국의 유아교육기관 인정기준 및 체제의 개발, 제10회 국제학술대회, 삼성복지재단.

이기숙, 홍순정(2001). **유아교육과정**. 서울: 한국방송통신대학교출판부.

이길동(2010). 장애유아 통합교육의 효과적인 운영 방안. **열린유아교육연구**, 15(4), 169-189.

이명환(2003). 독일 숲유치원의 현장상황에 관한 연구. **열린유아교육연구**, 8(3), 71-97.

이명환(2007). 독일의 숲 유치원(1). **숲과 문화**, 16(5), 48-54.

이미정, 조인숙, 서소정, 박수현(2007). 연구보고 2007-05 보육프로그램 개발 제4권 2세 보육프로그램. 육아정책개발센터.

이미화, 유해미, 최효미, 조아라(2015). 무상보육 이후 보육정책방향 연구. 2015 보육정책포럼. 보건복지부 · 육아정책연구소.

이상금(1987). **한국 근대 유치원 교육사**. 서울: 이화여자대학교출판부.

이상은, 소경희(2019). 미래지향적 교육과정 설계를 위한 OECD 역량교육의 틀 변화 분석: 'Education 2030'을 중심으로. **교육과정연구**, 37(1), 139-164.

이성자(2010). 숲유치원 운영사례에 관한 연구. 고려대학교 행정대학원 석사학위논문.

이성호(2004). **교육과정 개발과 평가**. 파주: 양서원.

이소현(2003). **유아특수교육**. 서울: 학지사.

이소현(2005). 장애아동 통합을 위한 보육프로그램 개발. 삼성복지재단 연구보고서.

이수종(2001). 녹색교육이란 무엇인가?. **참교육연구보고**, 1(1), 1.

이수진, 신금호(2019). 문화다양성에 기반한 유아 다문화교육 프로그램이 유아의 다문화 수용성, 반편견 인식에 미치는 효과. **어린이미디어연구**, 18(4), 171-196.

이숙자(2006). 여성부 보육시설 평가인증지표에 관한 보육교사의 인식 연구. 성균관대학교 생활과학대학원 석사학위논문.

이숙재(2019). **영유아놀이 이론과 실제(5판)**. 서울: 창지사.

이숙희(2016). 한국형 숲유치원 교육과정 연구-P어린이집 숲반을 중심으로. 부산대학교 대학원 박사학위논문.

이영숙(2000). **몬테소리, 그 교육의 모든 것**. 서울: 창지사.

이옥(2002). 보육시설 평가인증제 도입과 보육의 질. 사회과학연구, 제8권. 덕성여자대학교 사회과학연구소.

이은해(1995). **아동발달의 평가와 측정**. 파주: 교문사.

이재희(2018). 초등자녀 방과후 돌봄 지원방안. 육아정책연구소 이슈페이퍼 2018-02. 서울: 육아정책연구소.

이정원(2001). 대안교육의 발전방안에 관한 연구-우리나라 대안교육을 중심으로. 전남대학교 대학원 석사학위논문.
이종희, 조은진, 김송이(2009). 놀이. **아동학회지**, 30(6), 309-321.
이홍우, 유한구, 장성모(2003). **교육과정이론**. 서울: 교육과학사.
이화여자대학교 사범대학 부속 이화유치원 편(2002). **이화유치원 교육과정**. 파주: 교문사.
임재택(2010). **생태유아교육개론**. 파주: 양서원.
임혜정(2019). 초등학생의 방과후 돌봄공백과 교육적 함의. **교육사회학연구**, 27(4), 137-169.
임희옥, 김정원, 김유정(2019). 기독교세계관으로 조명하는 영유아 놀이 및 기독교사의 역할. 2019년 한국기독교유아교육학회 추계학술대회 자료집. (pp.15-45). 서울: 아이코리아.
장필성(2016). 2016 다보스포럼: 다가오는 4차 산업혁명에 대한 우리의 전략은?. **과학기술정책**, 1(1), 12-15.
장혜진, 김정숙, 임준범(2014). 누리과정 연계성 분석-초등학교와의 연계를 중심으로. 육아정책연구소 연구보고 2014-28. 한국육아정책연구소.
장희정(2010). **숲유치원**. 서울: 호미.
전선옥(1996). 한국 유치원 교육과정의 변천과정. 이화여자대학교 대학원 박사학위논문.
전연우, 조희숙(2015). 유아교육현장 들여다보기: 포스트모던적 양상을 중심으로. **한국보육지원학회지**, 11(1), 435-459.
전인옥, 박선희(2001). **현대사회와 아동**. 서울: 한국방송통신대학교출판부.
전향임(2011). 유치원 평가에 참여한 교원의 유치원 평가에 대한 인식. 한국교원대학교 교육대학원 석사학위논문.
정윤경(2004). **발도르프 교육학**. 서울: 학지사.
조덕주(1997). 통합 교육과정 적용의 이유에 대한 고찰. **인간발달연구**, 25, 441-452.
조연순, 김경자(1996). 주제중심 통합교육과정 구성: 숙의과정. **교육학연구**, 34(1), 251-272.
조영희(2014). 초등학생 방과후 돌봄 서비스 분석과 개선방안. **한국가족자원경영학회지**, 18(1), 141-162.
중앙일보(2018. 3. 21). 가정 꾸리기도 버거운 한국... 천 명당 혼인건수 5.2건으로 역대 최저.
지옥정(2000). **유아교육현장에서의 프로젝트 접근법**. 서울: 창지사.
지옥정(2006). **프로젝트 학습 공동체를 통한 프로젝트 접근법의 유아교육현장 적용**. 서울: 창지사.
최경숙(2001). **발달심리학: 아동 · 청소년기**. 서울: 교문사.
최양미(2012). 포스트모던 관점에서 보육과정의 적용과 확장. **한국영유아보육학**, 71, 1-17.
최영애(2006). 다중지능이론에 기초한 유아음악교육 프로그램이 유아의 전인발달에 미치는 효과.

한국외국어대학교 교육대학원 석사학위논문.

최윤경(2017). 유아교육 · 보육의 공공성 강화를 위한 인프라 구축 방안. 제3차 KEDI 미래교육 정책포럼. 출발점 교육평등 실현을 위한 유아교육 · 보육의 공공성 제고 방안(pp. 3-19). 서울 중앙우체국 A코어 21층 스카이홀. (연구자료 CRM 2017-112).

최윤경, 임부연(2021). 유아교사의 PCK(Pedagogical Content Knowledge) 재개념화. **학습자중심교과교육연구**, 21(10), 461-479.

최은영, 박창현, 송신영(2016). **공공형 사립유치원 제도 도입 방안**. 서울: 육아정책연구소.

통계청(2018. 3. 21). 사회통계국 인구동향과 보도자료.

통계청(2020). 2019 혼인 · 이혼통계.

통계청(2021). 인구동향조사.

한국교육개발원(1981). 유치원 교육과정 개정 연구. 연구보고 RR-143.

한국교육과정평가원(2007). 유치원 교육과정 개정 시안 수정 · 보완 연구. 연구보고 CRC 2007-3.

한국보육진흥원(2017). 2017 어린이집 평가인증 안내(40인 이상). 서울: 보건복지부 · 한국보육진흥원.

한국여성개발원(1997). **방과후 아동지도 프로그램 총론**. 파주: 교육과학사.

한국유아교육학회(1996). **유아교육사전(용어편)**. 서울: 교문사.

홍지연(2002). **영유아 교육 프로그램**. 서울: 창지사.

환경처(1994). 유치원 환경교육 프로그램 개발 연구. 한국교육개발원.

황해익(2000). **유아교육평가**. 파주: 양서원.

황해익, 송연숙, 최혜진, 정혜영, 이경철, 민순영, 박순호, 손원경(2001). **유아교육기관에서의 포트폴리오 평가**. 서울: 창지사.

Armstrong, T.(1994). Multiple intelligences: seven ways to approach curriculum. *Educational Leadership, 52*(3), 26-28.

Biber, B.(1984). *Early education and psychological development.* New Haven, CT: Yale University Press.

Bowe, F. G.(2004). *Birth to five: Early childhood special education*(3rd ed.). Albany, NY: Delmar.

Bredekamp, S.(1987). *Developmentally appropriate practice in early childhood programs serving children from birth through age 8*. New York: Teachers College Press.

Bredekamp, S.(1986). *Developmentally appropriate practice*. Washington, DC: NAEYC.

Bredekamp, S., & Copple, C.(1997). *Developmentally appropriate practice in early childhood programs*(rev. ed.). Washington, DC: NAEYC.

Bredekamp, S., & Rosegrant, T.(Eds.)(1995). *Reaching potetials: Transforming early childhood curriculum and assessment*(Vol. 2). Washington, DC: NAEYC.

Bronfenbrenner, U.(1986). Ecology of Family as a context for human development: Research Perspectives. *Developmental Psychology, 22*, 723-742.

Brophy, J. E., Good, T., & Nedler, S.(1975). *Teaching in the preschool*. New York: Harper & Row.

Cailois, R.(1994). **놀이와 인간**. [*Le masque et vertige*] (이상률 역) 서울: 문예출판사. (원저 1994 출판)

Caine, R., & Caine, G.(1990). Understanding a brain-based approach to learning and teaching. *Educational Leadership, 48*(2), 66-70.

Cartwright, G. A., & Cartwright, G. P.(1984). *Developing observational skills*. New York: McGraw-Hill.

Chard, S. C.(1992). **프로젝트 접근법: 교사를 위한 실행 지침서** [*The project approach: A practical guide for teacher*] (지옥정 역). 서울: 창지사.

Clark, M. (2020). Pillars of peace: Tips for peacemaking in the early childhood classroom. *Teaching Young Children, 13*(5), https://www.naeyc.org/resources/pubs/tyc/aug2020/pillars-peace에서 인출

Cryan, J. R.(1986). Evaluation: Plague or promise?. *Childhood Education, 62*, 344-350.

Decker, C. A., & Decker, J. R.(1997). *Planning and administering early childhood programs*(6th ed.). NJ: Allyn & Bacon.

Decker, C. A., & Decker, J. R.(2005). *Planning and administering early childhood programs*(8th ed.). NJ: Pearson Merrill-Prentice Hall.

Derman-Sparks, L., & A. B. C. Task Force(1989). *Anti-bias curriculum: Tools for empowering young children*. Washington, DC: NAEYC.

Doherty-Derkowski, G.(1995). *Quality matters excellence in early childhood programs*. Don Mills, Ontarino: Addison-Wesley Publishers Limited.

Edwards, C., Gandini, L., & Forman, G.(Eds.)(1993). **레지오 에밀리아의 유아교육** [*The hundred languages of children: The Reggio Emilia approach to early childhood education*]. (김희진, 오문자 공역). 파주: 정민사.

Eisner, E. W.(1994). *The educational imagination on the design and evaluation of school programs*(3rd ed.). NY: Macmillan.

Eliason, C., & Jenkins L.(2003). *A Practical Guide to Early Childhood Curriculum.* Person Education, Inc., Upper Saddle River, New Jersey.

Fischer, K. W.(2012). Starting well: Connecting research with practice in preschool learning. *Early Education and Development, 23*(1), 131-137.

Fogarty, R.(1998). **교사를 위한 교육과정 통합의 방법** [*The mindful school: How to integrated the curriculua*]. (구자억 · 구원회 공역). 서울: 원미사. (원저 1991년 출판)

Freeman, N. K., Decker, C. A., & Decker, J. R.(2013). *Planning and Administering Early Childhood Programs*(10th ed.). NJ: Pearson.

Gardner, H.(1969). Early Childhood Education: A look ahead. *Contemporary Education, 143.*

Gardner, H.(1993). *Multiple intelligences: The theory in practice*. New York: Basic Books.

Gardner, H.(1993). **마음의 틀** [*Frams of mind: The theory of multiple intelligence*]. (이경희 역). 서울: 문음사.

Gardner, H.(1999). Are there additional intelligences? The case for naturalist, spiritual, and existential intelligences. In J. Kane(Ed.), *Education, information and transformation*(pp. 111-131). Englewood Cliffs, NJ: Prentice Hall.

Gardner, H.(2006). **다중지능** [*Multiple intelligences*]. 문용린 역(2007). 서울: 웅진지식하우스.

Gatzke, M.(1991). Creating meaningful kindergarten programs. In B. Spodek(Ed.), *Educationally appropriate kindergarten practices*. A Naitonal Educational Association.

Goldman, J.(1981). The social participation of pre-school children in same-age versus mixed-age groupings. *Child Development, 52,* 644-650.

Goldstein, L. S.(2001). **사랑으로 가르치기: 유아교육에 대한 페미니스트 접근** [*Teaching with love: A feminist approach to early childhood education*]. (염지숙 역). 서울: 창지사.

Golink, R., & Hirsh-Pasek, K.(2016). 최고의 교육. [*Becoming Brilliant*]서울: 예문아카이브.

Gullo, D. F.(1994). *Understanding assessment and evaluation in early childhood education.* New York: Teachers College Press.

Hills, T. W.(1992). Reaching potentials through appropriate assessment. In S. Bredekamp, & T. Rosengrant(Eds.), *Reaching potentials: Appropriate curriculum and assessment for young children.* Washington, DC: National Association for the Education of Young Children.

Huizinga, J.(2002). **놀이와 인간** [*Homo Ludens: A study of the play-element in culture*]. (이상률 역) 서울: 문예출판사. (원저 1955년 출판)

Hymel, S., Darwich, L.(2018). Building peace through education. *Journal of Peace Education, 15*(3), 345-357.

Ingram, J. B.(1995). **교육과정 통합과 평생교육** [*Curriculum integration and lifelong education*]. Paris: Unesco. (배진수, 이영만 공역). 서울: 창지사. (원저 1979년 출판)

Jaffke, F.(1991). **발도르프 킨더가르텐에서의 놀이와 작업** [*Spielen und arbeiten im Waldorfkindergarten*]. 윤선영 역. 서울: 창지사.

Johnson, J. E., Christie J. F., & Yakey, T. D.(1999). *Play and early childhood development*(2nd ed.). NY: Longman.

Katz, L. G., & Chard, S. C.(2000). *Engaging children's minds: The project approach*(2nd ed.). Stanford, CT: Ablex.

Katz, L. G., & Chard, S. C.(2005). The project approach: An overview. In J. L. Roopnarine & J. E. Johnson(Eds.), *Approaches to early childhood education*(4th ed.). NJ: Pearson.

Katz, L. G., Evangelou, D., & Hartman, J. A.(1990). *The case for mixed-age groupings in early education*. Washington, DC: National Association for the Education of Young Children.

Kessler, S.(1991). Early childhood education as development: Critique of the metaphor. *Early Education and Development, 2*, 137-157.

Kohlberg, L., & Mayer, R.(1972). Development as the aim of education. *Harvard Educational Review, 42*, 449-496.

Krogh, S.(1990). *The integrated early childhood curriculum*. New York: McGraw Hill.

Kuhl, P. K.(2011). Early language learning and literacy: Neuroscience implications for education. *Mind, Brain, and Education, 5*(3), 128-142.

Lamb, M. E.(1987). *The Father's role-cross cultural perspectives*. NJ: Lawrence Erlbaum.

Lazerson, M.(1972). The historical antecedents of early childhood education. In I. J. Gordon(Ed.), *Early childhood education: The seventy-first yearbook of National society for the study of education, part Ⅱ*(pp. 33-35). Chicago: University of Chicago Press.

Lombardo, L. X., Polonko, K. A.(2015), Peace education and childhood. *Journal of Peace Education, 12*(2), 182-203.

Melhuish, E.(2007). Long-term effects of education in the early years and the role of the Uk government. 2007년 환태평양 유아교육연구학회 한국학회 국제세미나, 39-57.

Minch, M.(2019). Education for global peace. *Childhood Education, 95*(6), 34-41.

Morrison, G. S.(2008). *Fundamentals of Early Childhood Education*(5th ed.). Upper Saddle River, NJ: Pearson Education, Inc.

Morrison, G. S.(1988). *Early childhood education today*(4th ed.). Columbus, OH: Merrill.

Mounts, N. S., & Roopnarine, J. L.(1987). Social cognitive play patterns in same-age and mixed-age preschool classroom. *American Educational Research Journal, 24*, 463-476.

NAEYC & NAECS/SDE(2003). Early childhood Curriculum, Assessment, and Program Evaluation.Building an Effective, Accountable System in Programs for Children Birth through Age 8, Position Statement, NAEYC(National Association for the Education of Young Children) & NAECS/SDE(National Association of Early Childhood Specialists in State Departments of Education).

NAEYC(2020). Developmentally appropriate practice: A Position statement of the National Association for the Education of Young Children. NAEYC.

Naisbitt, J.(1987). **첨단시대의 새로운 물결: 지구촌 어떻게 변할 것인가.** [*The new direction transforming our lives*] (이병국 역). 서울: 청하출판사.

National Association for the Education of Young Children(1991). Guidelines for appropriate curriculum content and assessment in programs serving children ages 3 through 8. *Young Children, 30*, 21-67.

New, R. S.(2000). Reggio Emilia. An approach or an attitude. In J. L. Roopnarine & J. E. Johnson(Eds.), *Approaches to early childhood education*(pp. 341-358). Merrill: Prentice Hall.

Noble, K. G., Houston, S. M., Kan, E., & Sowell, E. R.(2012). Neural correlates of socioeconomic status in the developing human brain. *Developmental Science, 14*(4), 516-527.

Noddings, N.(1995). Teaching themes of care. *Phi Delta Kappan, 76*(9), 675-679.

Nourot, P. M.(2005). Historical perspectives on early childhood education. In Roopnarine, J. L., & Johnson, J. E.(Eds.), *Approaches to early childhood education*(4th ed.)(pp. 3-33). NJ: Prentice Hall.

OECD(2005). *The Definition and Selection of Key Competencies: Executive Summary*. Paris, France: OECD.

OECD(2006). *Starting Strong Ⅱ: Early Childhood Education and Care*. Paris, France: OECD.

OECD(2012). *Starting Strong Ⅲ: A Quality Toolbox for Early Childhood Education and Care.* Paris, France: OECD.

OECD(2018). *The future of education and skills: Education 2030.* Position Paper.

Ramsey, P. G.(2008). Children's responses to differences. *NHSA Dialog, 11*(4), 225-237.

Roberta M. Golinkoff, Kathy Hirsh-Pasek(2018). **최고의 교육** [*Becoming Brilliant*] (김선아 역). 서울: 예문아카이브.

Sapon-Shevin, M.(1983). Teaching young children about differences: Resources for teaching. *Young Children, 38*(2), 24-32.

Sapon-Shevin, M.(2000). **유아교육과정의 재개념화: 그 대화의 시작** [*Reconceptualizing the early childhood curriculum: Beginning the dialogue*]. (신옥순, 염지숙 공역). 서울: 창지사.

Schwartz, S. L., & Robison, H. F.(1982). *Designing curriculum for early childhood.* Boston, MA: Allyn & Bacon.

Seefeldt, C.(1980). *A curriculum for preschool.* Columbus, OH: Chares E. Merrill.

Shoemaker, B.(1991). Education 2000: Integrated curriculum. *Educational Leadership, 48*(9), 793-797.

Shulman, L. S.(2004). *The wisdom of practice: Essays on teaching, learning, and learning to teach.* San Francisco, CA: Jowwey-Bass.

Spodek, B.(1991). Early childhood curriculum and cultural definitions of knowledge. In B. Spodek, & O. N. Saracho(Eds.), *Issues in early childhood curriculum*(pp.1-20). New York: Teachers College Press.

Tanner, D., & Tanner, L. N.(1980). *Curriculum Development: Theory into practice.* NY: Macmillan.

Torrence, M., & Chattin-McNicholas, J.(2005). Montessori education today. In J. L. Roopnarine & J. E. Johnson(Eds.), *Approaches to early childhood education*(4th ed.)(pp. 363-394). Upper Saddle River, NJ: Merrill Prentice Hall.

Twardosz, S.(2012). Effects of experience on the brain: The role of neuroscience in early development and education. *Early Education and Development, 23*(1), 96-119.

Tyler, Ralph W.(1949). *Basic principles of curriculum & Instruction.* Chicago: The Univ. of Chicago Press.

Wardle, F.(2003). *Introduction to early childhood education: A multidimensional approach to child-centered care and learning.* Allyn and Bacon Co.

Wardle, F.(2018). Adding to our view of early childhood multicultural education. *Childhood*

Education, 94(5), 34-40.

Weber, E.(1970). *Early childhood education: Perspectives on change.* Belmont, CA: Wadsworth.

Weikart, D. P.(1972). Relationship of Curriculum, teaching and learning in preschool education. In J. C. Stanley(Ed.), *Preschool programs for the disadvantaged.* Baltimore, MD: The Johns Hopkins University Press.

Whaley, K. L.(2005). Programs for infants and toddlers. In J. L. Roopnarine & J. E. Johnson(Eds.), *Approaches to early childhood education*(4th ed.)(pp. 44-61). NJ: Pearson Merrill-Prentice Hall.

Williams, L. R.(1999). Determining the Early Childhood Curriculum: The Evolution of goals and strategies through consonance and controversy. In C. Seefeldt(Ed.), *The early childhood curriculum: Current Findings in Theory and Practice*(2nd ed.). NY: Teachers College Press.

Williams, L. R., & Fromberg, D. P.(1992). *Encyclopedia of early childhood education.* New York: Garland.

Winsler, A., Caverly, S., Willson-Quayle, A., Carlton, M. P., Howell, C., & Long, G. N.(2002). The social and behavioral ecology of mixed-age and same-age preschool classrooms: A natural experiment. *Journal of Applied Developmental Psychology, 23,* 305-330.

Wortham, S. C.(1990). *Tests and measurement in early childhood education.* Columbus, OH: Merrill Publishing Company.

〈참고 사이트〉

중앙일보 www.joins.com

통계청 www.nso.go.kr

한국여성정책연구원 www.kwdi.re.kr

Child Discovery Center www.childdiscoverycenter.org

e- 나라지표 www.index.go.kr/main.do

High/Scope Educational Research Foundation, www.highscope.org/Educational Programs 2021

HIGH SCOPE www.highscope.org/Educational Programs

Montessori de Terra Linda www.mdtl.org

NAEYC www.naeyc.org

찾아보기

ㄱ

ㅇ

ㅈ

ㅊ

ㅋ

ㅌ

ㅍ

저자소개

이기숙

이화여자대학교 사범대학 유아교육과(문학사)
미국 피바디 사범대학 대학원(M.A.)
미국 피바디 사범대학 대학원(Ph.D.)
전) 한국유아교육학회 회장
대한어린이교육협회 회장
세계유아교육기구 한국위원회 회장
한국육아지원학회 회장
이화여자대학교 사범대학부속 이화유치원 원장
이화어린이연구원 원장
현) 이화여자대학교 사범대학 유아교육과 명예교수

〈저서〉 유아교육과정, 유아를 위한 교수-학습방법, 유아교육개론, 영유아교육과정, 적기교육 등

김정원

이화여자대학교 사범대학 유아교육학과(문학사)
캘리포니아 주립대학교 대학원 유아교육전공(M.S.)
이화여자대학교 대학원 유아교육과(문학박사)
전) 이화여자대학교 사범대학 부속 이화유치원 교사
한국성서대학교 어린이집 원장
현) 한국성서대학교 영유아보육학전공 교수

〈저서〉 영유아를 위한 부모교육, 유아교육개론, 영유아를 위한 교수학습방법, 유아다문화교육 프로그램, 유아문학교육프로그램 등

이현숙

이화여자대학교 사범대학 유아교육과(문학사)
이화여자대학교 대학원 유아교육과(문학석사)
이화여자대학교 대학원 유아교육과(문학박사)
전) 이화여자대학교 사범대학 부속 이화유치원 교사
현) 경북대학교 유아교육과 교수

〈저서〉 유아건강교육, 유치원 교육과정 운영의 실제, 반편견 교육을 위한 유아교사교육의 새로운 접근(편역), 어린이 문학교육, 영유아 안전관리와 교육 등

전선옥

이화여자대학교 사범대학 유아교육과(문학사)
이화여자대학교 대학원 유아교육과(문학석사)
이화여자대학교 대학원 유아교육과(문학박사)
전) 홍신유치원 교사
한림성심대학교 부속 한림유치원 원장
현) 한림성심대학교 유아교육과 교수

〈저서〉 영유아를 위한 부모교육, 유아교육개론, 유아문학교육, 영유아교육기관 학부모상담, 종일제 유치원: 교육과정의 계획에서 실천까지(역서), 이혼가정 자녀를 위하여(역서), 유아교육 평가의 이해(역서) 등

제5판
유아교육과정

1판 1쇄 발행 2008년 2월 29일
5판 1쇄 발행 2021년 8월 20일
5판 4쇄 발행 2025년 1월 30일

저 자 | 이기숙 · 김정원 · 이현숙 · 전선옥
발 행 인 | 박철용
발 행 처 | 양서원
주 소 | 경기도 파주시 직지길 522 파주출판도시
전 화 | 031-955-8000(代)
팩 스 | 031-955-8005
홈페이지 | www.yswpub.co.kr
이 메 일 | yswgroup@naver.com
출판등록 | 1987년 11월 24일 제 406-2003-037 호

ISBN 978-89-994-1186-1

정가 22,000원